INFINITY GAUNTLET

DIE EWIGE FEHDE

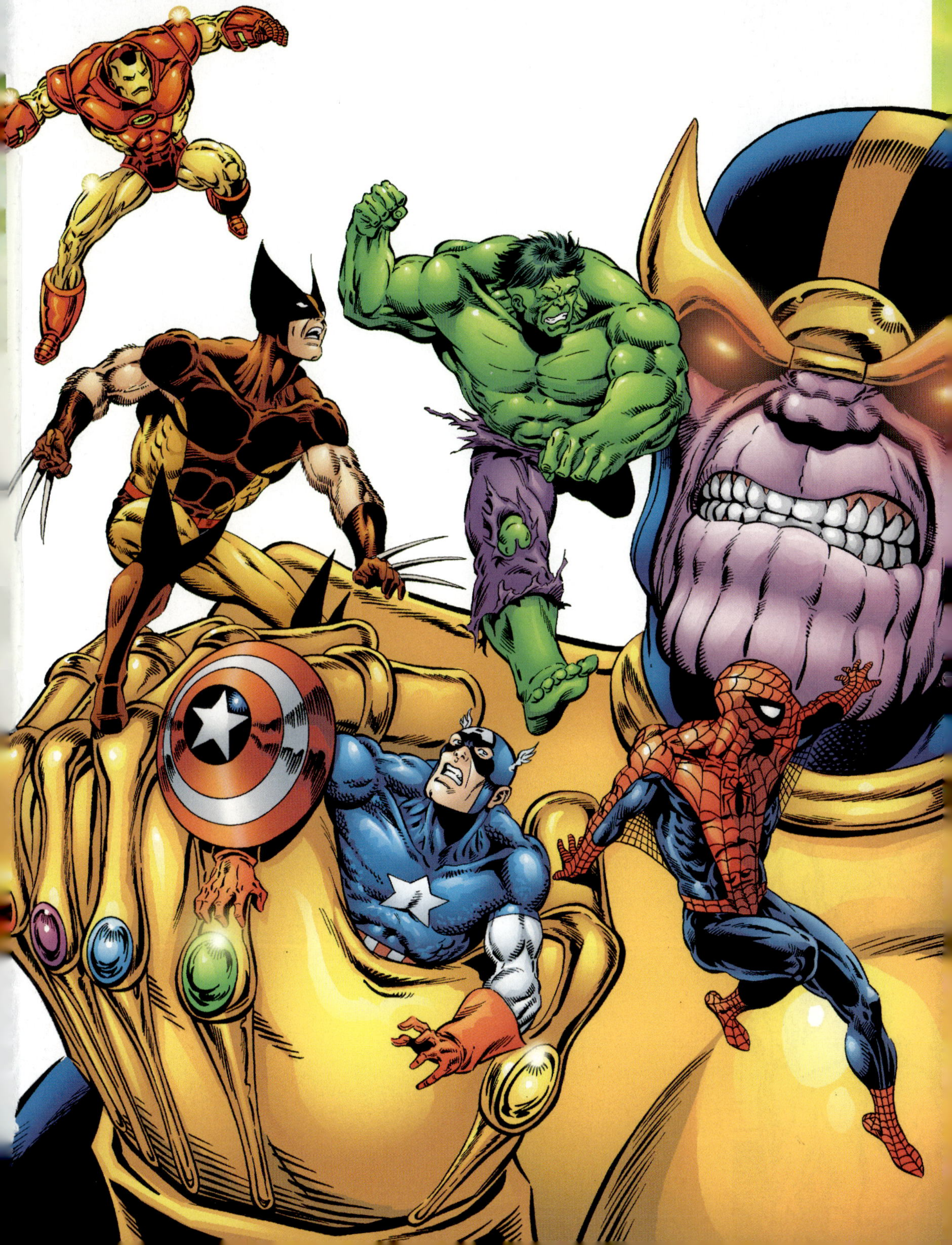

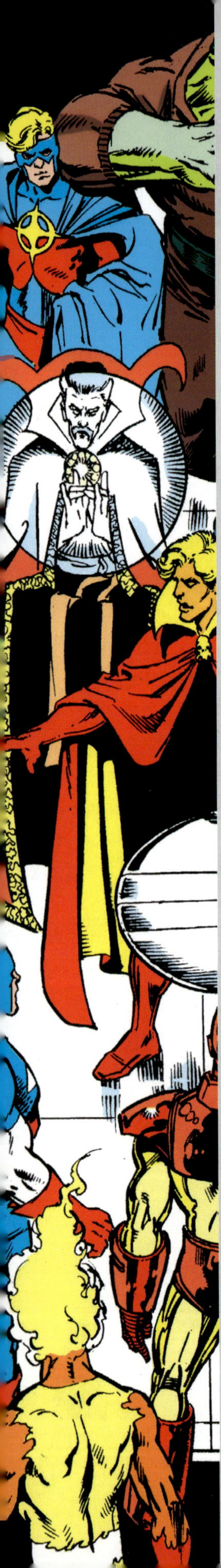

INHALT

MIX
Paper from responsible sources
FSC
www.fsc.org
FSC® C115044

INFINITY GAUNTLET

DIE EWIGE FEHDE

JIM STARLIN
AUTOR

RON LIM (4-6)
GEORGE PÉREZ (1-4)
ZEICHNER

TOM CHRISTOPHER (1)
JOSEF RUBINSTEIN (1-6)
BRUCE N. SOLOTOFF (4)
TUSCHE

IAN LAUGHLIN (1, 3-5)
MAX SCHEELE (1-6)
EVELYN STEIN (6)
FARBEN

ASTARTE DESIGN
DATAGRAFIX
LETTERING

JÜRGEN PETZ
ÜBERSETZUNG

CRAIG ANDERSON
TOM DeFALCO
JOHN LEWANDOWSKI
REDAKTION USA

C. B. CEBULSKI
CHEFREDAKTEUR USA

JOE QUESADA
CHIEF CREATIVE OFFICER USA

DAN BUCKLEY
HERAUSGEBER USA

ALAN FINE
PRODUZENT USA

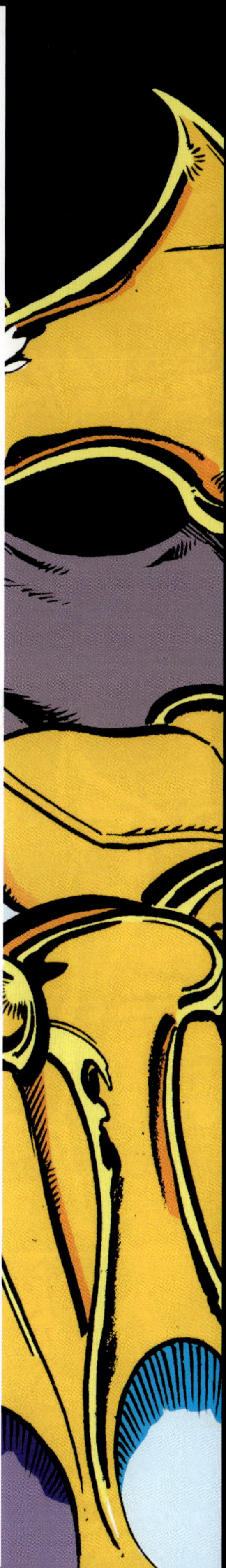

MARVEL MUST-HAVE: INFINITY GAUNTLET – DIE EWIGE FEHDE erscheint bei **PANINI COMICS**, Schloßstraße 76, D-70176 Stuttgart. Druck: Lito Terrazzi Industria Grafica. Pressevertrieb: Stella Distribution GmbH, D-22297 Hamburg. Direkt-Abos auf **www.paninicomics.de.** Anzeigenverkauf: BLAUFEUER VERLAGSVERTRETUNGEN GmbH, info@blaufeuer.com. Es gilt die Anzeigenpreisliste Nr. 17 vom 01.10.2019. Geschäftsführer **Hermann Paul**, Publishing Director Europe **Marco M. Lupoi**, Finanzen **Felix Bauer**, Marketing Director **Holger Wiest**, Marketing **Fabio Cunetto**, Vertrieb **Alexander Bubenheimer**, Logistik **Ronald Schäffer**, PR/Presse **Steffen Volkmer**, Publishing Manager **Lisa Pancaldi**, Redaktion **Christian Endres**, **Harald Gantzberg**, **Matthias Korn**, **Anja Seiffert**, **Kristina Starschinski**, **Ilaria Tavoni**, **Daniela Uhlmann**, Übersetzung **Carolin Hidalgo**, **Jürgen Petz**, Proofreading **Tomislav Subasic**, Lettering **Astarte Design**, **Datagrafix**, grafische Gestaltung **Marco Paroli**, **Barbara Sarti**, Art Director **Mario Corticelli**, Redaktion Panini Comics **Annalisa Califano**, **Beatrice Doti**, Prepress **Cristina Bedini**, **Andrea Lusoli**, **Nicola Soressi**, Repro/Packager **Alessandro Nalli** (coordinator), **Mario Da Rin Zanco**, **Valentina Esposito**, **Luca Ficarelli**, **Linda Leporati**. Deutsche Edition bei Panini Verlags-GmbH unter Lizenz von Marvel Characters B.V. Cover von **George Pérez**, *Infinity Gauntlet* (1991) 1.

Bibliografische Information der Deutschen Nationalbibliothek
Die Deutsche Nationalbibliothek verzeichnet diese Publikation in der Deutschen Nationalbibliografie; detaillierte bibliografische Daten sind im Internet über dnb.d-nb.de abrufbar.

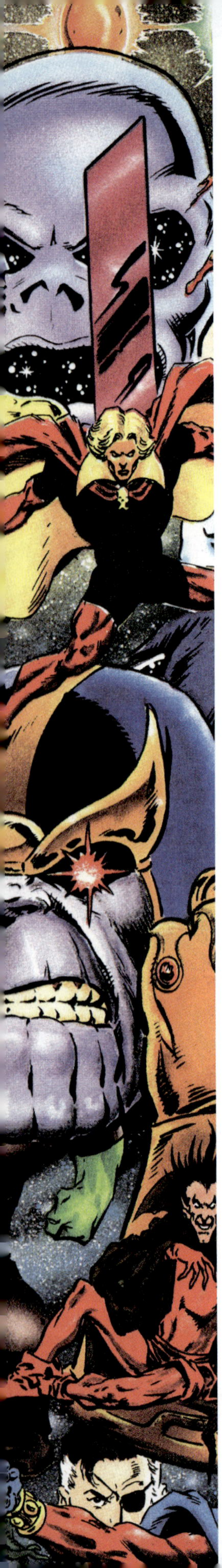

KOSMISCHE SCHWERGEWICHTE

Der wahnsinnige Titan **Thanos** ist einer der größten kosmischen Superschurken und Schwergewichte von Marvel. Der Weltenverschlinger **Galactus** oder der Tyrann **Dr. Doom**? Der rücksichtslose Thanos übertrifft sie alle! Autor und Zeichner **Jim Starlin** führte ihn 1973 in einer **Iron Man**-Story ein und trug über ein halbes Jahrhundert lang in einer Vielzahl Comics dazu bei, den Titanen zu definieren und unser Bild von ihm zu prägen. Wenn Thanos heute in einem Comic oder einem Film auftaucht, wird zumeist die Essenz vom Starlins Arbeit angezapft. Jim Starlin war es schließlich, der den als genetischen Mutanten auf dem Saturnmond Titan geborenen Thanos zu einem ewig Suchenden und Getriebenen machte, der nach Allmacht ebenso strebt wie nach der Liebe von **Mistress Death**, der Personifizierung des Todes. Nicht zu vergessen, dass Starlin Thanos' hasserfüllte Jäger **Drax** und **Gamora** – die gefährliche Ziehtochter des Titanen – ersann, die Jahrzehnte vor dem Debüt der modernen **Guardians of the Galaxy** beide noch anders aussahen. 1991 inszenierte Jim Starlin als Autor mit der Event-Miniserie INFINITY GAUNTLET dann einen wahren Marvel-Klassiker, der bis heute nichts von seiner Wucht oder seinem Unterhaltungsfaktor eingebüßt hat, wie alte und neue Leser dank dieser Neuausgabe feststellen werden – von seiner Bedeutung für das Marvel-Filmuniversum ganz zu schweigen.

Zu Beginn der Geschichte hat sich der wiedergeborene Thanos nicht nur mit Höllenfürst **Mephisto** verbündet, sondern auch alle **Infinity-Steine** zusammengetragen, was dem Titanen Allmacht bescherte. Leider weilte **Adam Warlock**, der im Ringen um die Steine immer wieder den Part von Thanos' Gegenspieler einnahm und die **Infinity Watch** anführte, nebst Gamora und dem Troll **Pip** seit Längerem in der Welt im Inneren des Seelensteins und galt als tot. Und auch sonst war Anfang der 1990er im Marvel-Comic-Universum der **Avengers** um **Captain America** und **Sersi** von den **Eternals** einiges anders. **Eric Masterson** fungierte als Hammerschwinger **Thor**, und der **Hulk** hatte mal wieder eine seiner intelligenten Phasen. **Quasar**, der Champion der kosmischen Entitäten **Eon** und **Epoch**, war ein äußerst präsenter Held und ein Avenger. Zauberer **Dr. Strange** hatte den außerirdischen Minotaurus **Rintrah** als Lehrling angenommen. Bei Oberspion und **SHIELD**-Taktgeber **Nick Fury** handelte es sich um einen Veteranen aus dem Zweiten Weltkrieg. Und während **Eros** alias **Starfox** schon immer Thanos' Bruder war, deklarierte sich die Weltraumpiratin **Nebula** in den Comics ursprünglich als Enkelin des Titanen, was diesen nicht davon abhielt, sie zu foltern und Nebulas Überreste als Trophäe in seiner Nähe zu behalten.

Mehr muss man aber nicht wissen, um INFINITY GAUNTLET zu genießen. Und ein Genuss wird es – titanisches Ehrenwort. Viel Vergnügen mit diesem kosmischen Marvel-Spektakel und Thanos-Evergreen aus Jim Starlins Feder, das der legendäre **George Pérez** und Starlins oftmaliger kreativer Kompagnon **Ron Lim** wuchtig bebilderten.

Christian Endres

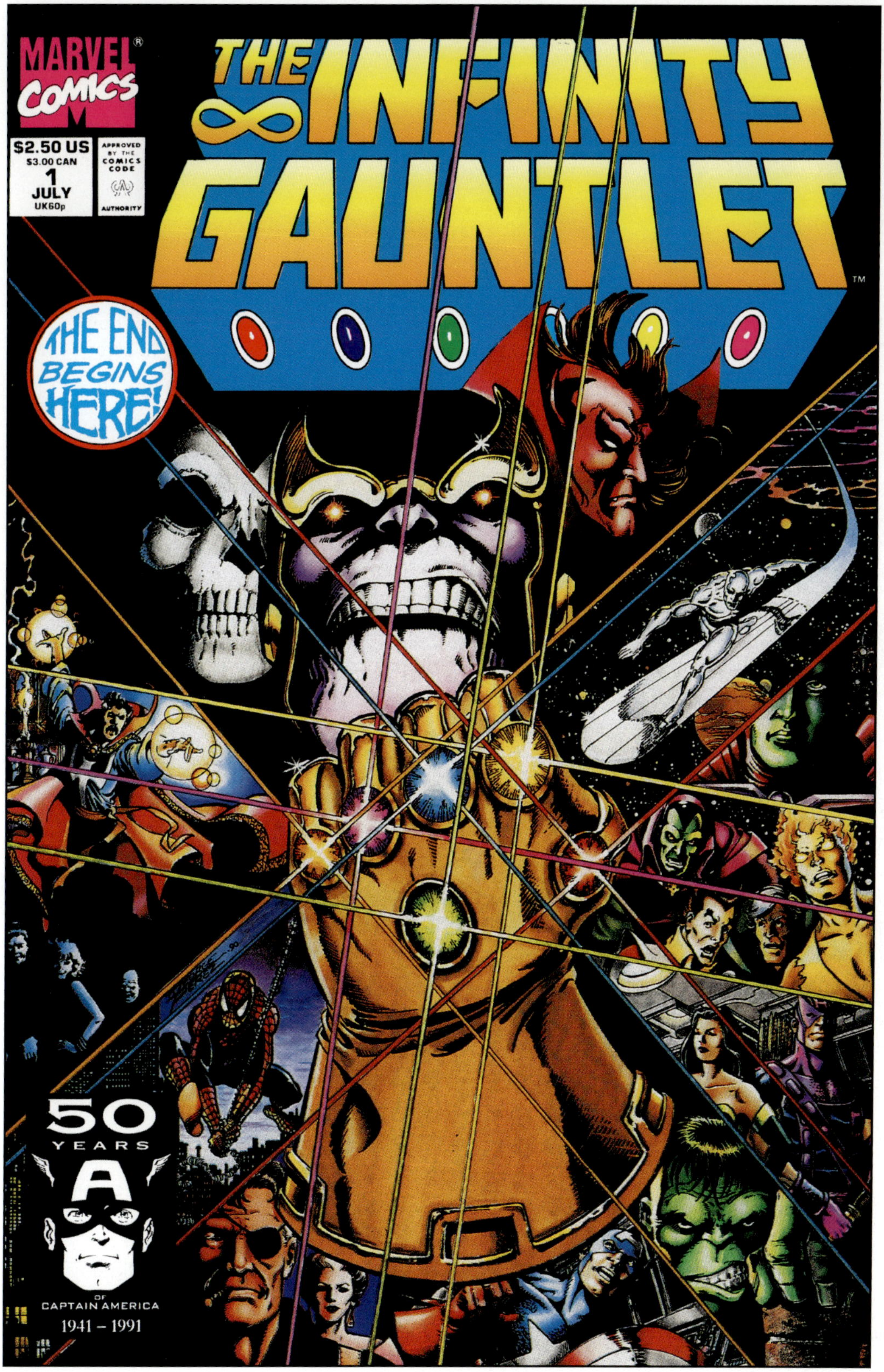

Infinity Gauntlet (1991) 1
Cover von **GEORGE PÉREZ**

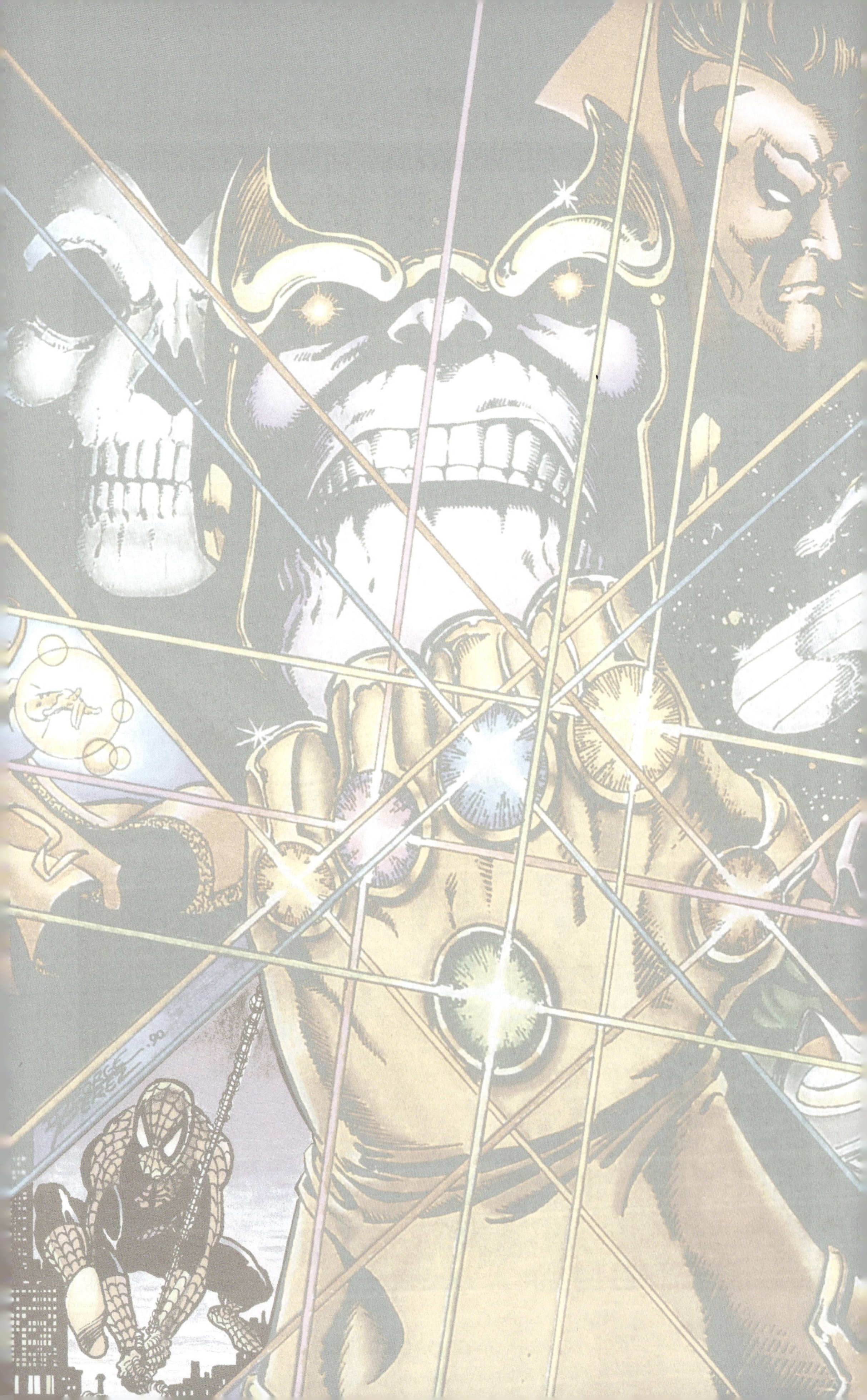

STAN LEE PRÄSENTIERT:

DIE EWIGE FEHDE

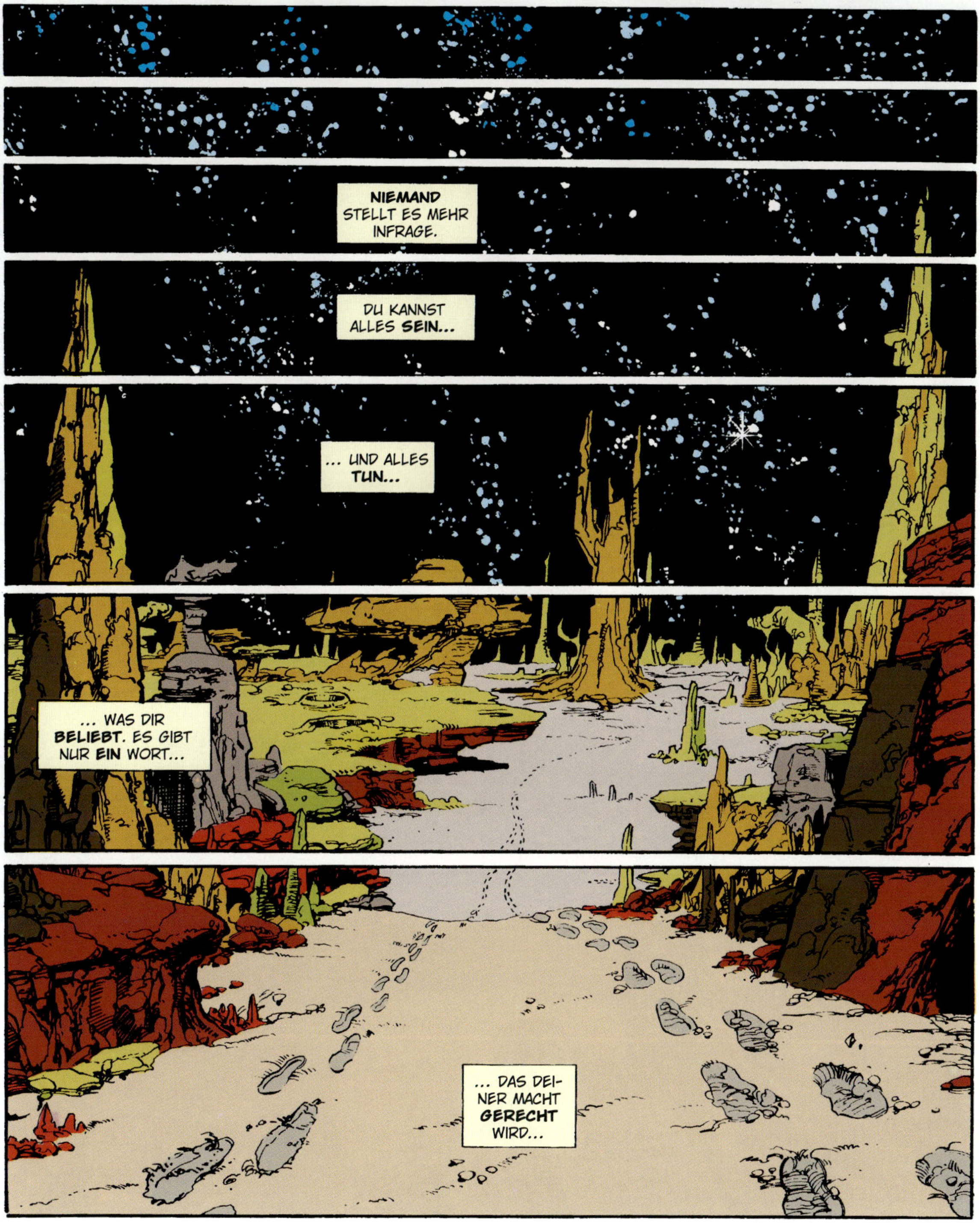

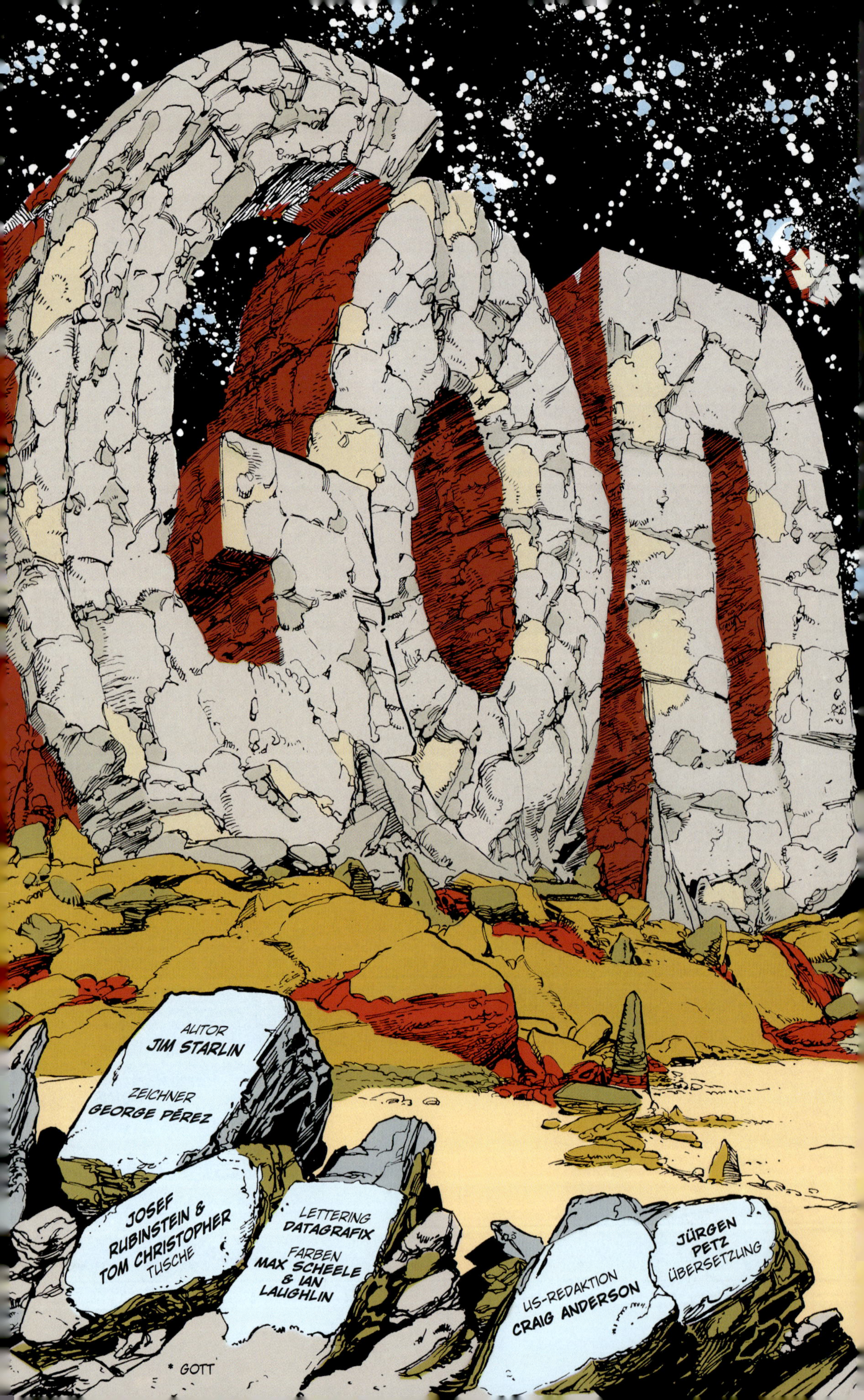
AUTOR
JIM STARLIN
ZEICHNER
GEORGE PÉREZ
JOSEF RUBINSTEIN & TOM CHRISTOPHER
TUSCHE
LETTERING
DATAGRAFIX
FARBEN
MAX SCHEELE & IAN LAUGHLIN
US-REDAKTION
CRAIG ANDERSON
JÜRGEN PETZ
ÜBERSETZUNG
* GOTT

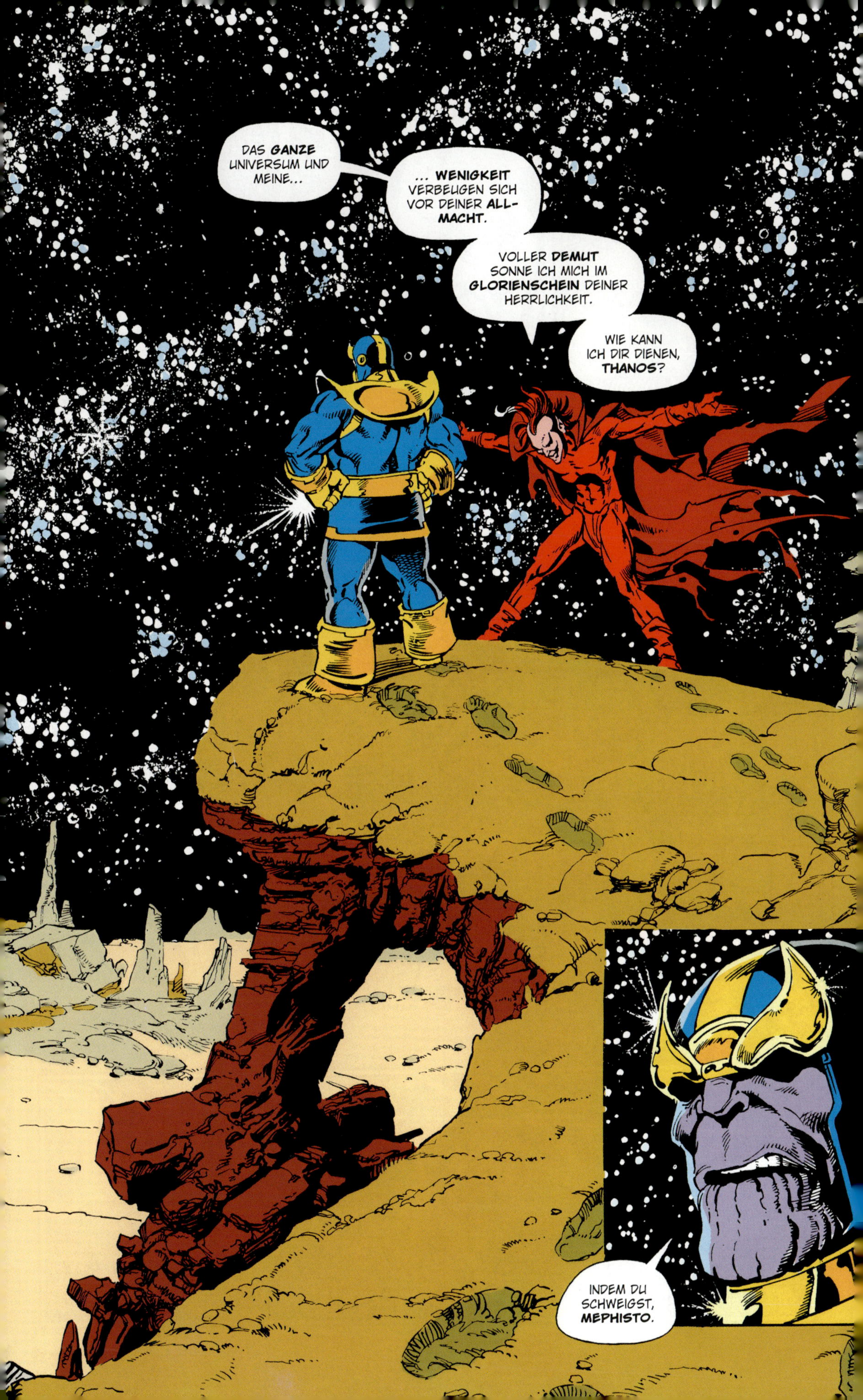

DAS **GANZE** UNIVERSUM UND MEINE...
... **WENIGKEIT** VERBEUGEN SICH VOR DEINER **ALL-MACHT**.
VOLLER **DEMUT** SONNE ICH MICH IM **GLORIENSCHEIN** DEINER HERRLICHKEIT.
WIE KANN ICH DIR DIENEN, **THANOS**?
INDEM DU SCHWEIGST, **MEPHISTO**.

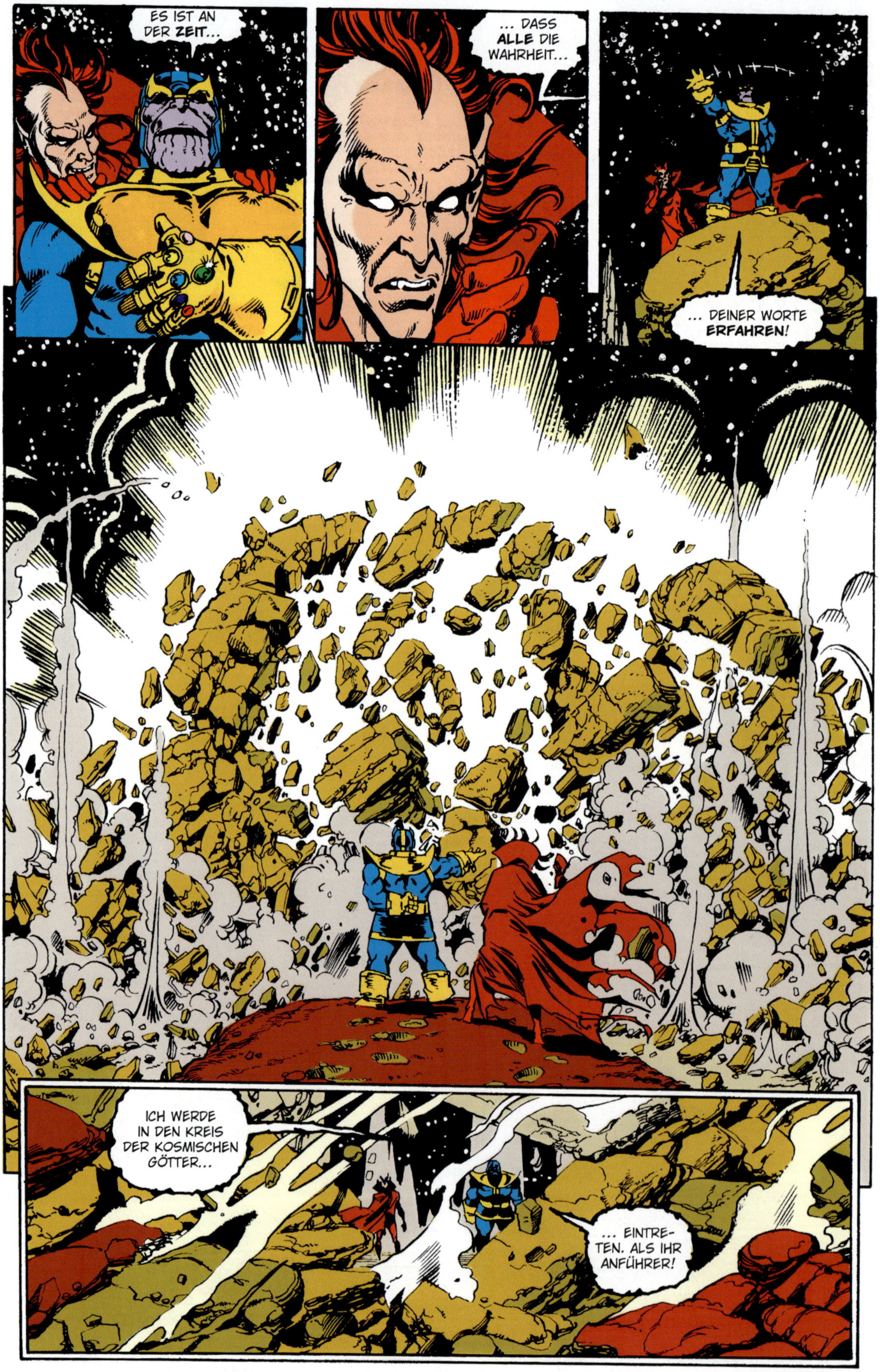
ES IST AN DER ZEIT...
... DASS ALLE DIE WAHRHEIT...
... DEINER WORTE ERFAHREN!
ICH WERDE IN DEN KREIS DER KOSMISCHEN GÖTTER...
... EINTRETEN. ALS IHR ANFÜHRER!

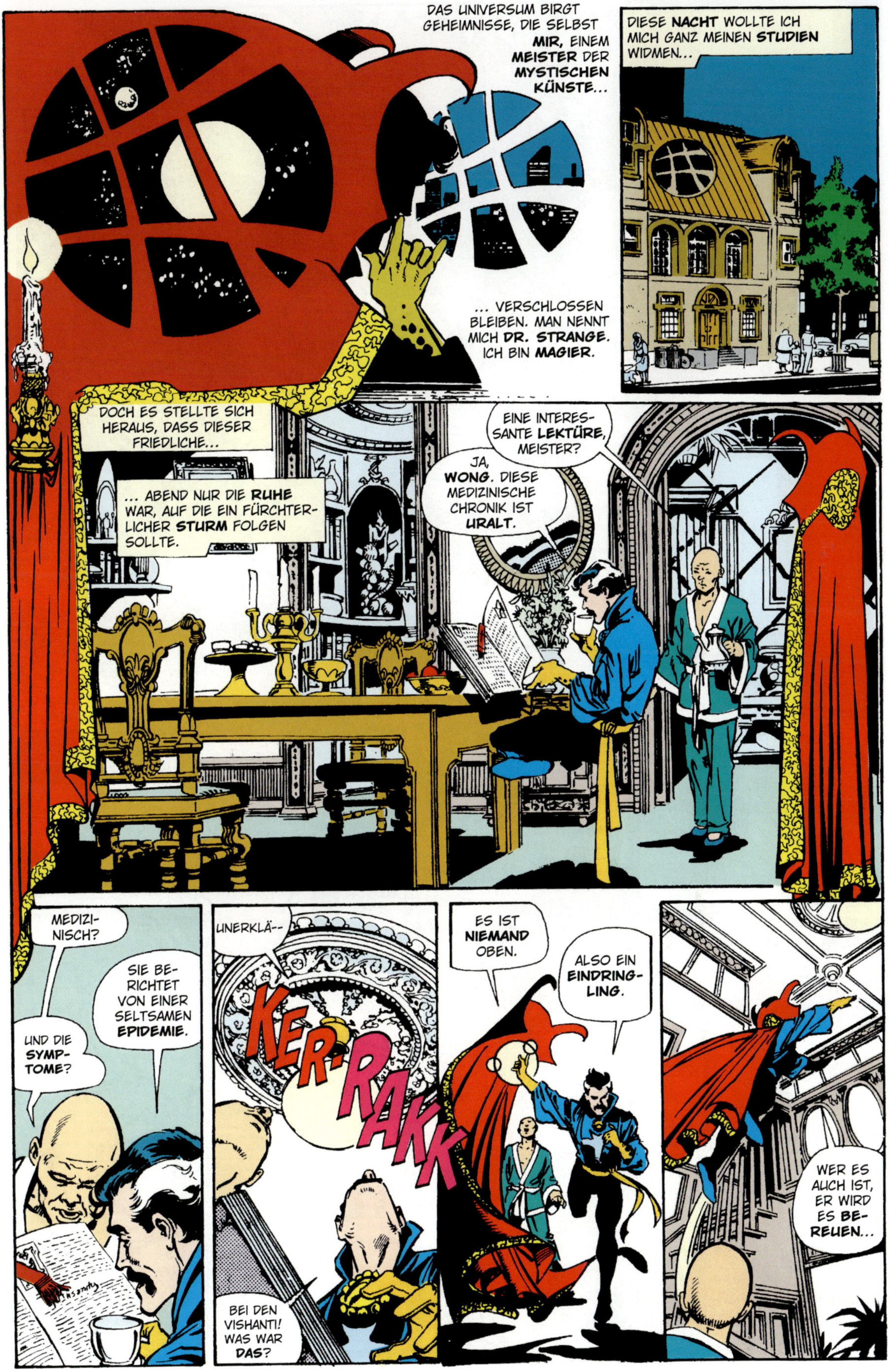
DAS UNIVERSUM BIRGT GEHEIMNISSE, DIE SELBST MIR, EINEM MEISTER DER MYSTISCHEN KÜNSTE...
... VERSCHLOSSEN BLEIBEN. MAN NENNT MICH DR. STRANGE. ICH BIN MAGIER.
DIESE NACHT WOLLTE ICH MICH GANZ MEINEN STUDIEN WIDMEN...
DOCH ES STELLTE SICH HERAUS, DASS DIESER FRIEDLICHE...
... ABEND NUR DIE RUHE WAR, AUF DIE EIN FÜRCHTERLICHER STURM FOLGEN SOLLTE.
EINE INTERESSANTE LEKTÜRE, MEISTER?
JA, WONG. DIESE MEDIZINISCHE CHRONIK IST URALT.
MEDIZINISCH?
SIE BERICHTET VON EINER SELTSAMEN EPIDEMIE.
UND DIE SYMPTOME?
UNERKLÄ--
KER-RAKK
BEI DEN VISHANTI! WAS WAR DAS?
ES IST NIEMAND OBEN.
ALSO EIN EINDRINGLING.
WER ES AUCH IST, ER WIRD ES BEREUEN...

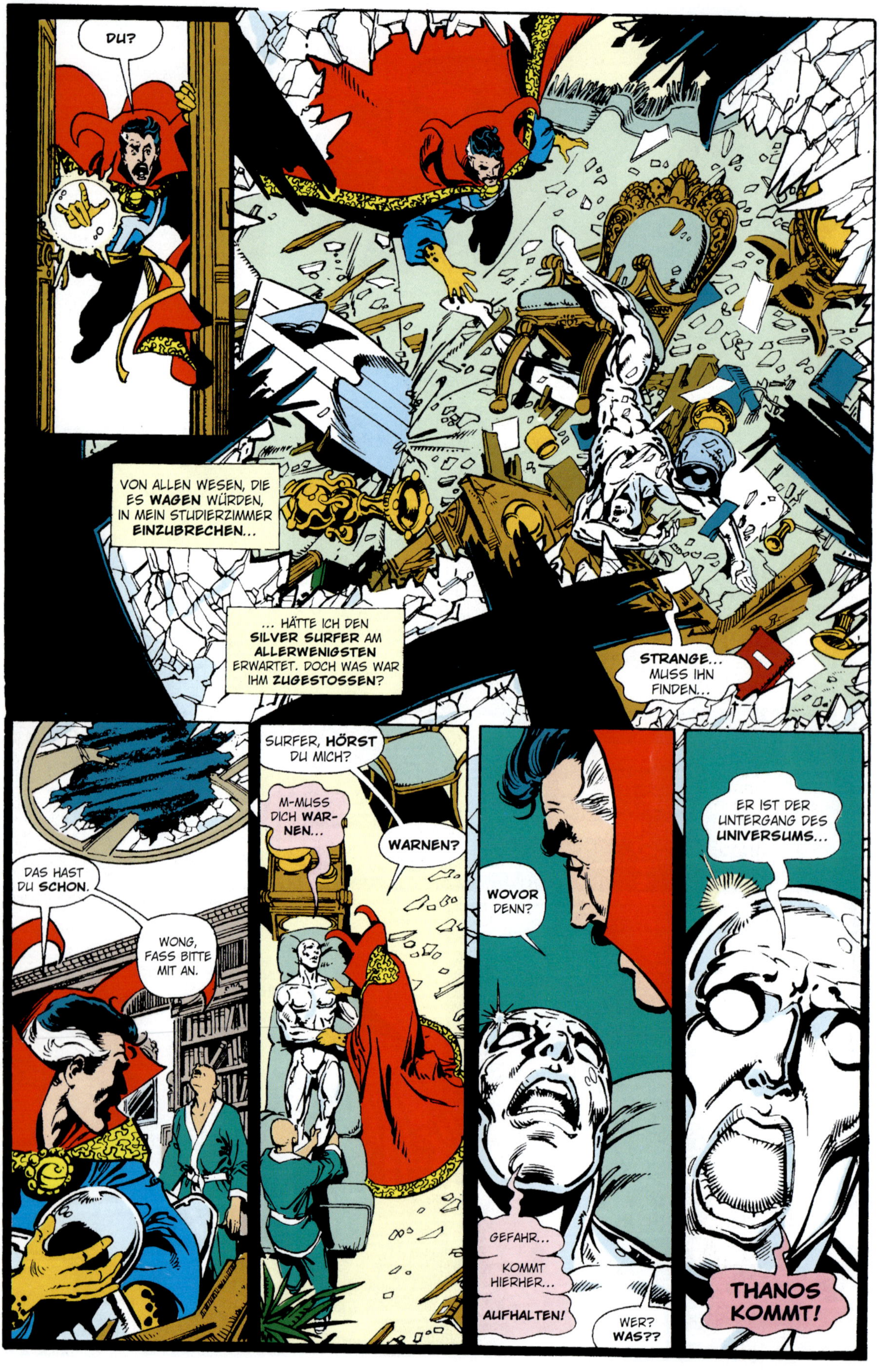
DU?
VON ALLEN WESEN, DIE ES WAGEN WÜRDEN, IN MEIN STUDIERZIMMER EINZUBRECHEN...
... HÄTTE ICH DEN SILVER SURFER AM ALLERWENIGSTEN ERWARTET. DOCH WAS WAR IHM ZUGESTOSSEN?
STRANGE... MUSS IHN FINDEN...
DAS HAST DU SCHON.
WONG, FASS BITTE MIT AN.
SURFER, HÖRST DU MICH?
M-MUSS DICH WARNEN...
WARNEN?
WOVOR DENN?
GEFAHR...
KOMMT HIERHER...
AUFHALTEN!
WER? WAS??
ER IST DER UNTERGANG DES UNIVERSUMS...
THANOS KOMMT!

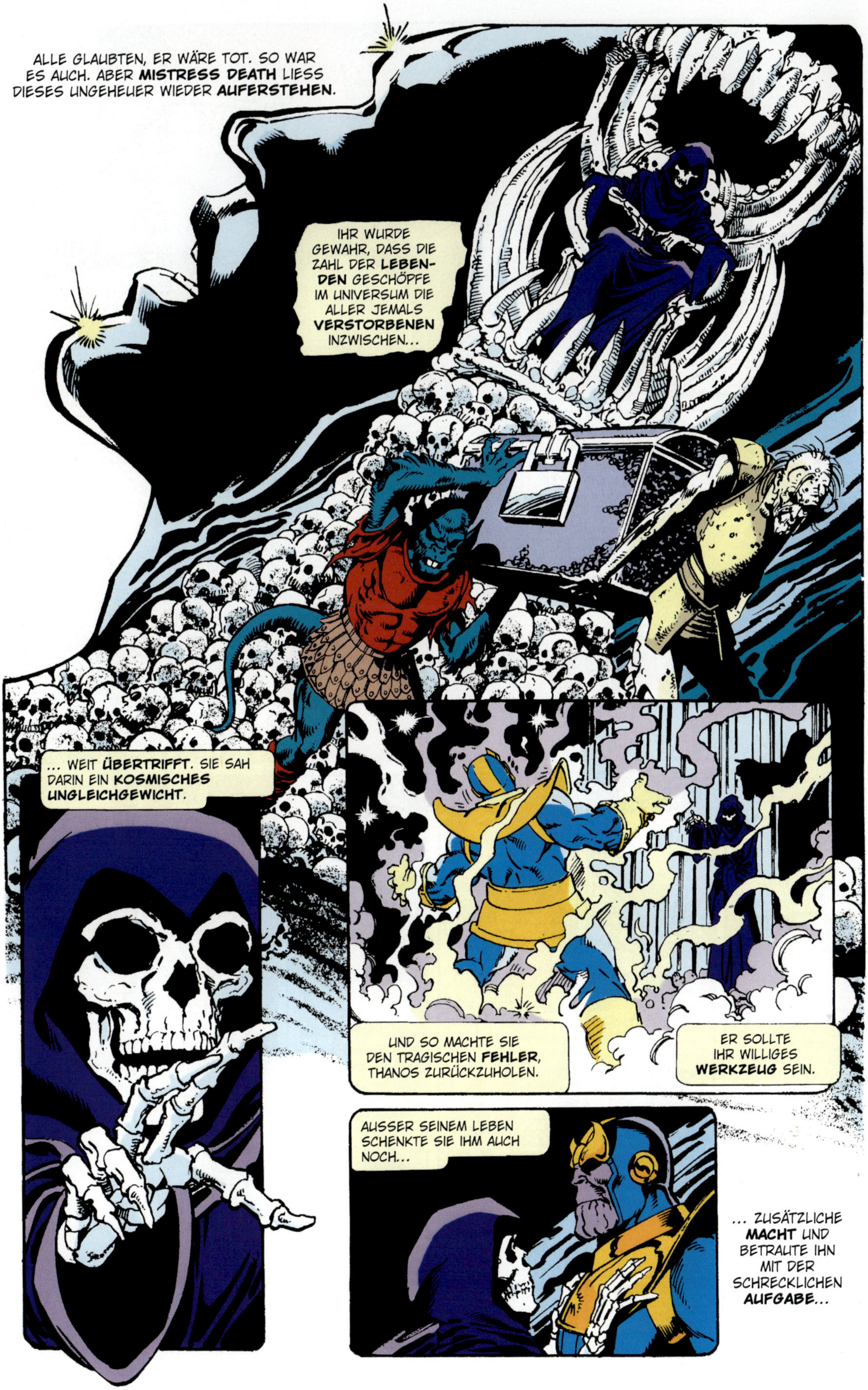

ALLE GLAUBTEN, ER WÄRE TOT. SO WAR ES AUCH. ABER MISTRESS DEATH LIESS DIESES UNGEHEUER WIEDER AUFERSTEHEN.
IHR WURDE GEWAHR, DASS DIE ZAHL DER LEBENDEN GESCHÖPFE IM UNIVERSUM DIE ALLER JEMALS VERSTORBENEN INZWISCHEN...
... WEIT ÜBERTRIFFT. SIE SAH DARIN EIN KOSMISCHES UNGLEICHGEWICHT.
UND SO MACHTE SIE DEN TRAGISCHEN FEHLER, THANOS ZURÜCKZUHOLEN.
ER SOLLTE IHR WILLIGES WERKZEUG SEIN.
AUSSER SEINEM LEBEN SCHENKTE SIE IHM AUCH NOCH...
... ZUSÄTZLICHE MACHT UND BETRAUTE IHN MIT DER SCHRECKLICHEN AUFGABE...

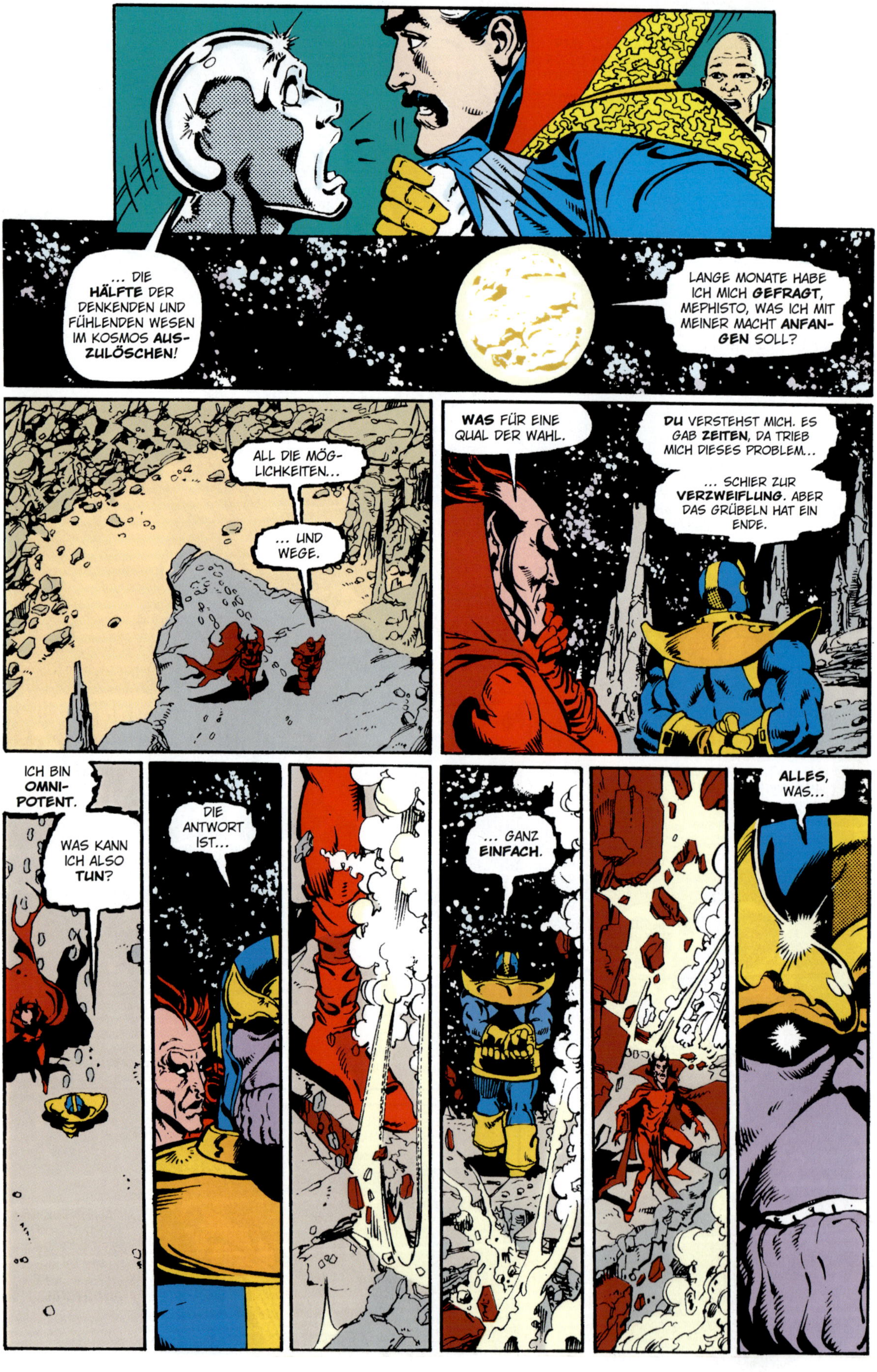
... DIE HÄLFTE DER DENKENDEN UND FÜHLENDEN WESEN IM KOSMOS AUSZULÖSCHEN!
LANGE MONATE HABE ICH MICH GEFRAGT, MEPHISTO, WAS ICH MIT MEINER MACHT ANFANGEN SOLL?
ALL DIE MÖGLICHKEITEN...
... UND WEGE.
WAS FÜR EINE QUAL DER WAHL.
DU VERSTEHST MICH. ES GAB ZEITEN, DA TRIEB MICH DIESES PROBLEM...
... SCHIER ZUR VERZWEIFLUNG. ABER DAS GRÜBELN HAT EIN ENDE.
ICH BIN OMNIPOTENT.
WAS KANN ICH ALSO TUN?
DIE ANTWORT IST...
... GANZ EINFACH.
ALLES, WAS...

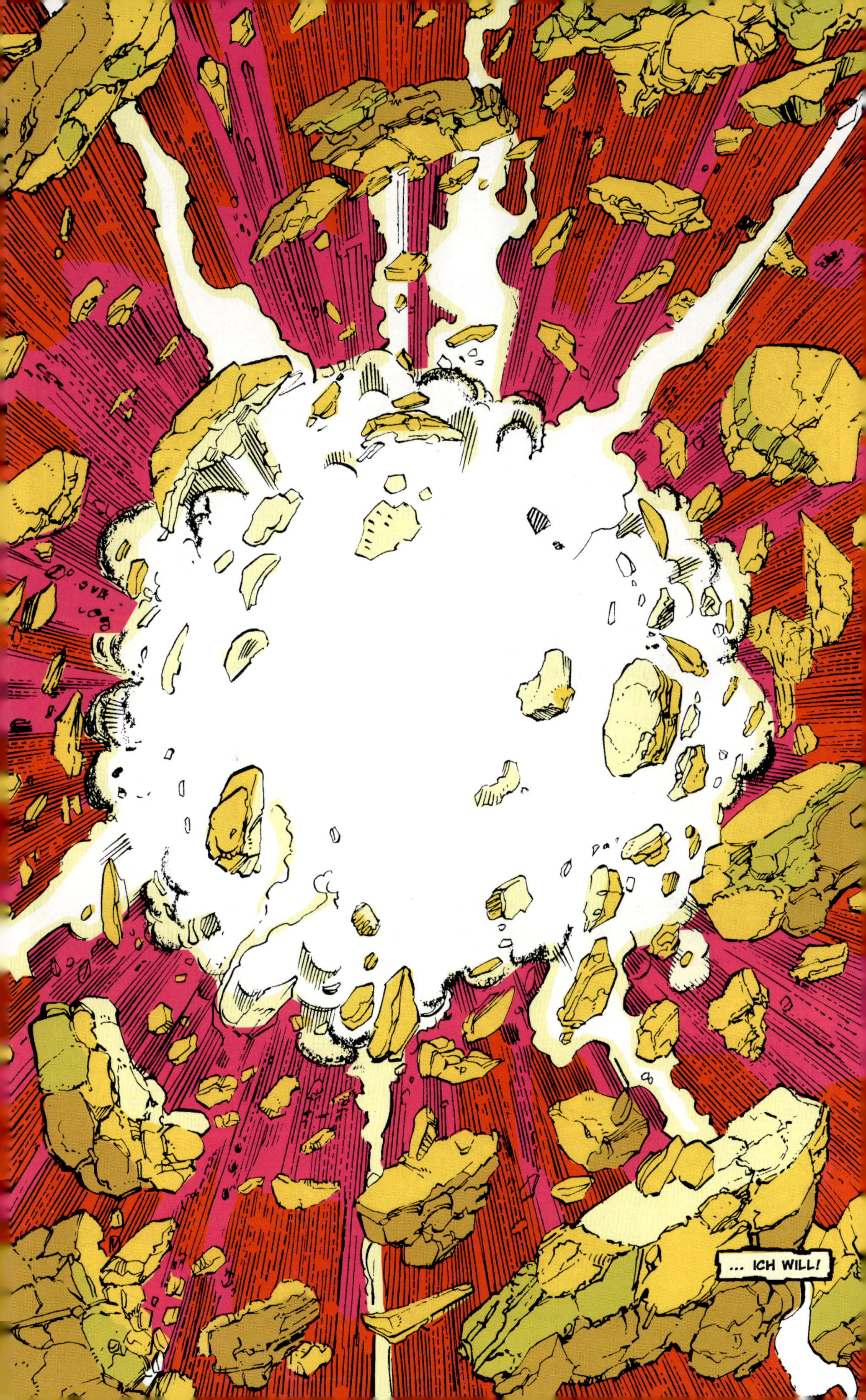
... ICH WILL!

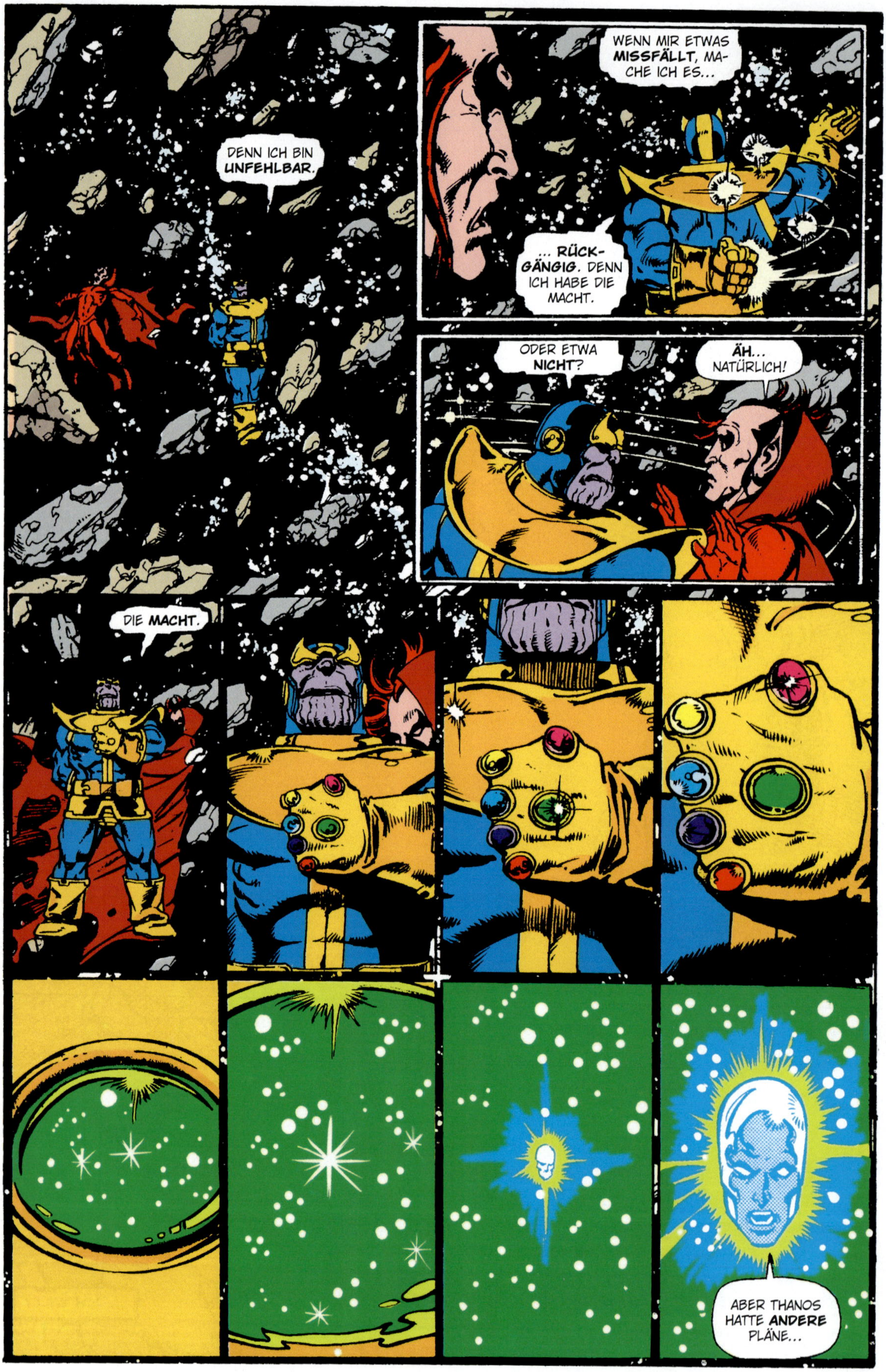
DENN ICH BIN UNFEHLBAR.
WENN MIR ETWAS MISSFÄLLT, MACHE ICH ES...
... RÜCKGÄNGIG. DENN ICH HABE DIE MACHT.
ODER ETWA NICHT?
ÄH... NATÜRLICH!
DIE MACHT.
ABER THANOS HATTE ANDERE PLÄNE...

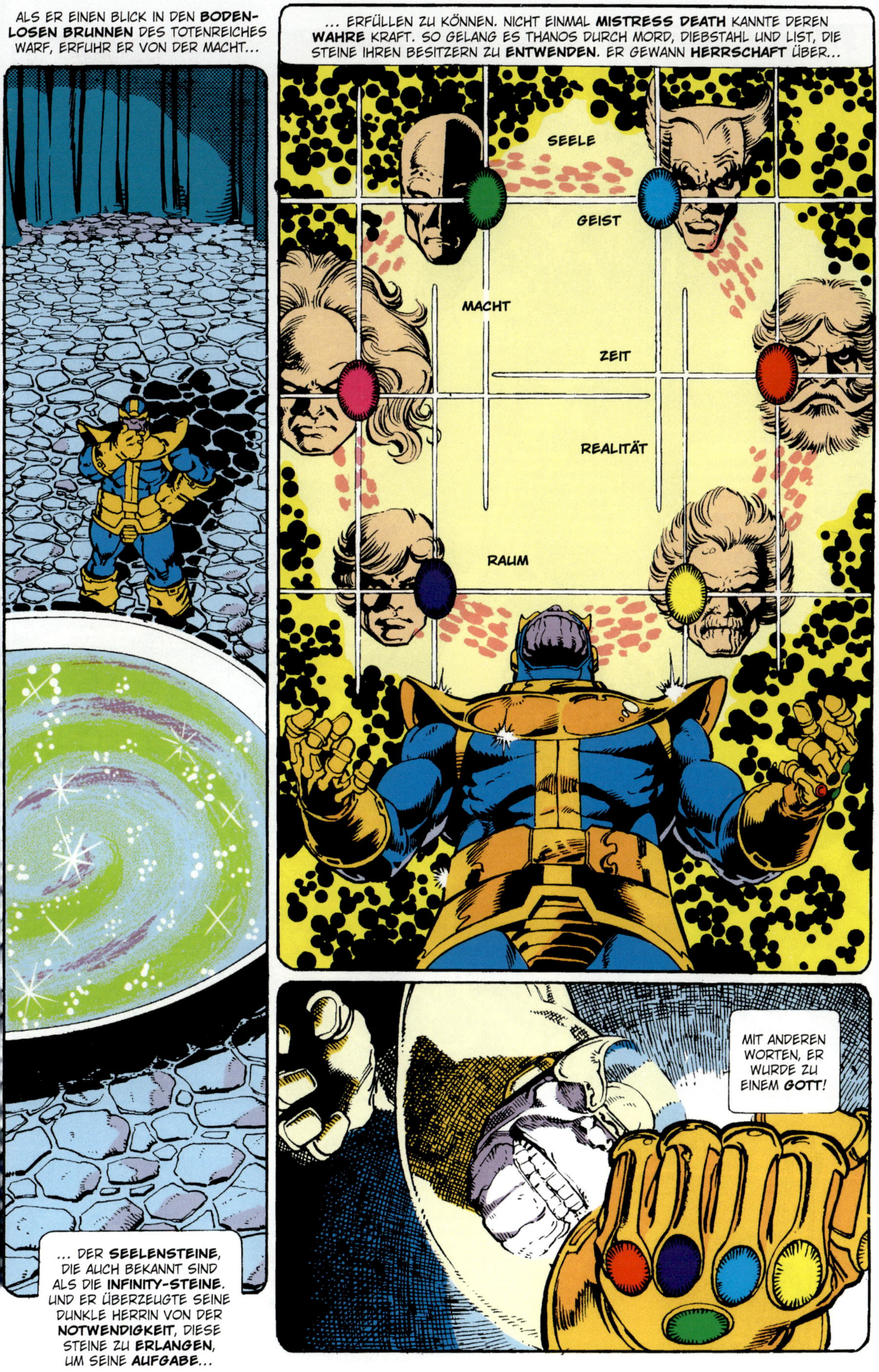
ALS ER EINEN BLICK IN DEN **BODEN-LOSEN BRUNNEN** DES TOTENREICHES WARF, ERFUHR ER VON DER MACHT...
... DER **SEELENSTEINE**, DIE AUCH BEKANNT SIND ALS DIE **INFINITY-STEINE**. UND ER ÜBERZEUGTE SEINE DUNKLE HERRIN VON DER **NOTWENDIGKEIT**, DIESE STEINE ZU **ERLANGEN**, UM SEINE **AUFGABE**...
... ERFÜLLEN ZU KÖNNEN. NICHT EINMAL **MISTRESS DEATH** KANNTE DEREN **WAHRE** KRAFT. SO GELANG ES THANOS DURCH MORD, DIEBSTAHL UND LIST, DIE STEINE IHREN BESITZERN ZU **ENTWENDEN**. ER GEWANN **HERRSCHAFT** ÜBER...
SEELE
GEIST
MACHT
ZEIT
REALITÄT
RAUM
MIT ANDEREN WORTEN, ER WURDE ZU EINEM **GOTT**!

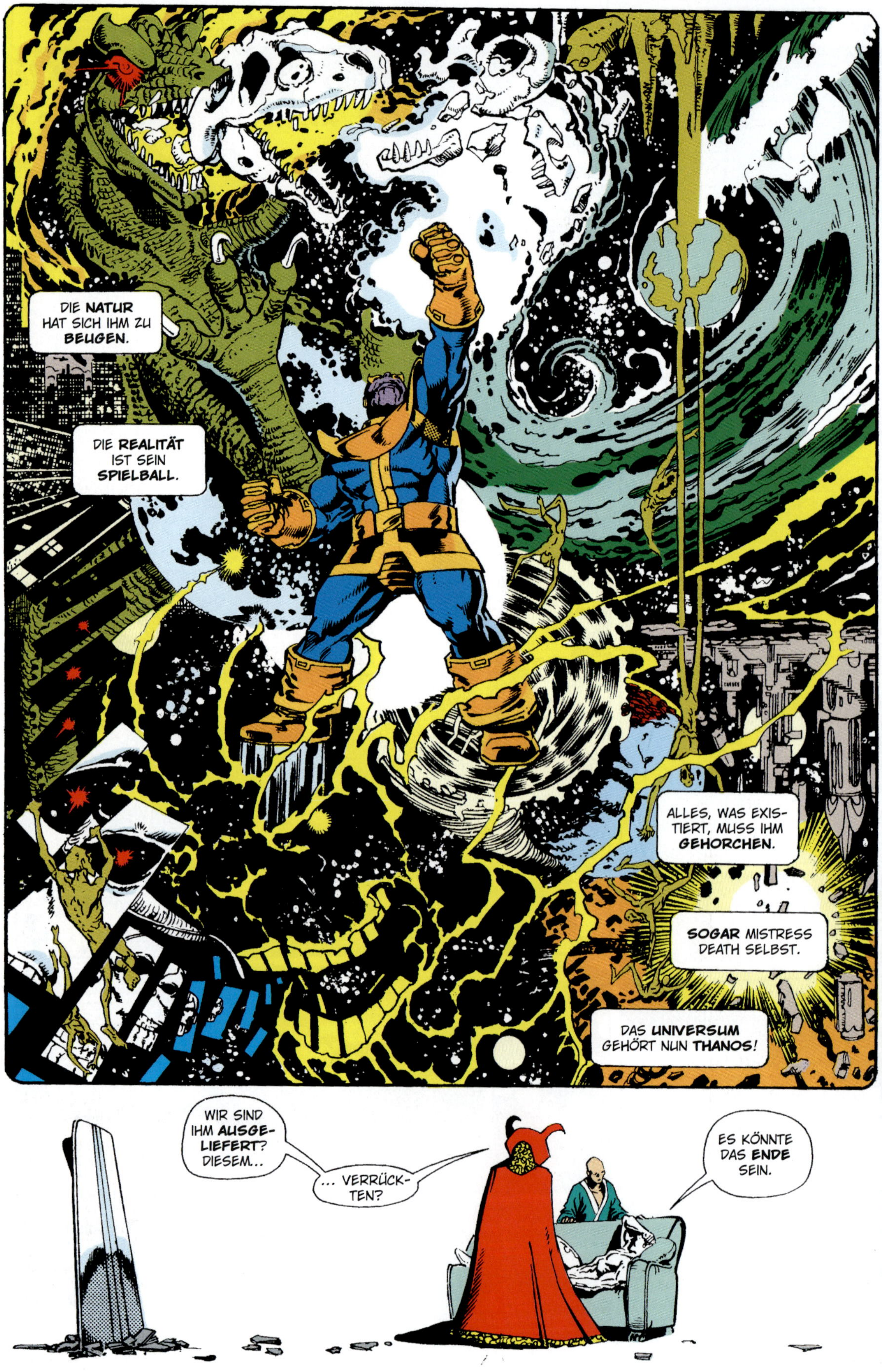
DIE NATUR HAT SICH IHM ZU BEUGEN.
DIE REALITÄT IST SEIN SPIELBALL.
ALLES, WAS EXIS-TIERT, MUSS IHM GEHORCHEN.
SOGAR MISTRESS DEATH SELBST.
DAS UNIVERSUM GEHÖRT NUN THANOS!
WIR SIND IHM AUSGE-LIEFERT? DIESEM...
... VERRÜCK-TEN?
ES KÖNNTE DAS ENDE SEIN.

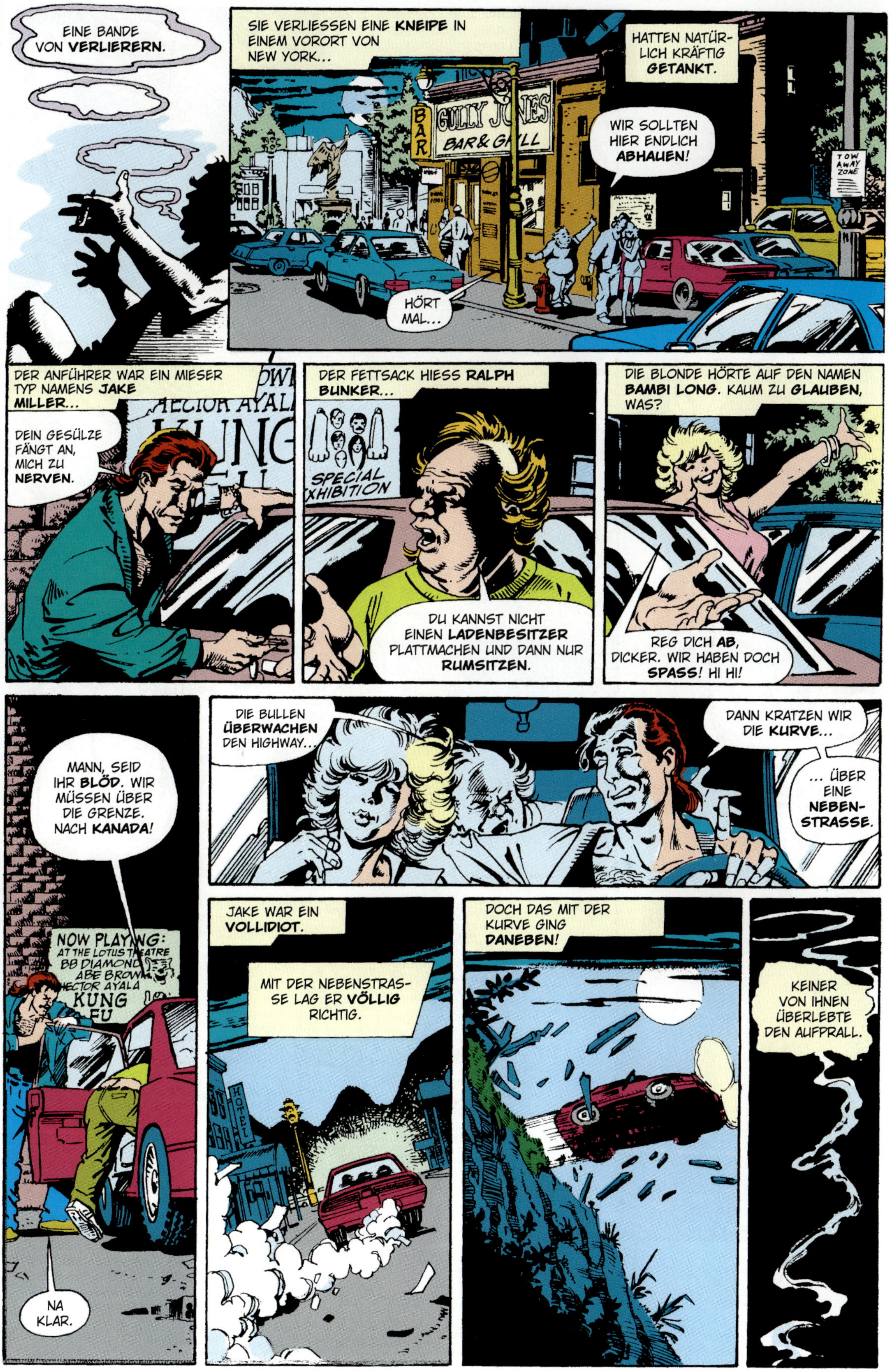
EINE BANDE VON VERLIERERN.
SIE VERLIESSEN EINE KNEIPE IN EINEM VORORT VON NEW YORK...
HATTEN NATÜRLICH KRÄFTIG GETANKT.
BAR
GULLY JONES BAR & GRILL
WIR SOLLTEN HIER ENDLICH ABHAUEN!
TOW AWAY ZONE
HÖRT MAL...
DER ANFÜHRER WAR EIN MIESER TYP NAMENS JAKE MILLER...
DEIN GESÜLZE FÄNGT AN, MICH ZU NERVEN.
DER FETTSACK HIESS RALPH BUNKER...
SPECIAL XHIBITION
DU KANNST NICHT EINEN LADENBESITZER PLATTMACHEN UND DANN NUR RUMSITZEN.
DIE BLONDE HÖRTE AUF DEN NAMEN BAMBI LONG. KAUM ZU GLAUBEN, WAS?
REG DICH AB, DICKER. WIR HABEN DOCH SPASS! HI HI!
MANN, SEID IHR BLÖD. WIR MÜSSEN ÜBER DIE GRENZE. NACH KANADA!
NOW PLAYING: AT THE LOTUS THEATRE BB DIAMOND ABE BROWN HECTOR AYALA KUNG FU
NA KLAR.
DIE BULLEN ÜBERWACHEN DEN HIGHWAY...
DANN KRATZEN WIR DIE KURVE...
... ÜBER EINE NEBENSTRASSE.
JAKE WAR EIN VOLLIDIOT.
MIT DER NEBENSTRASSE LAG ER VÖLLIG RICHTIG.
HOTEL
DOCH DAS MIT DER KURVE GING DANEBEN!
KEINER VON IHNEN ÜBERLEBTE DEN AUFPRALL.

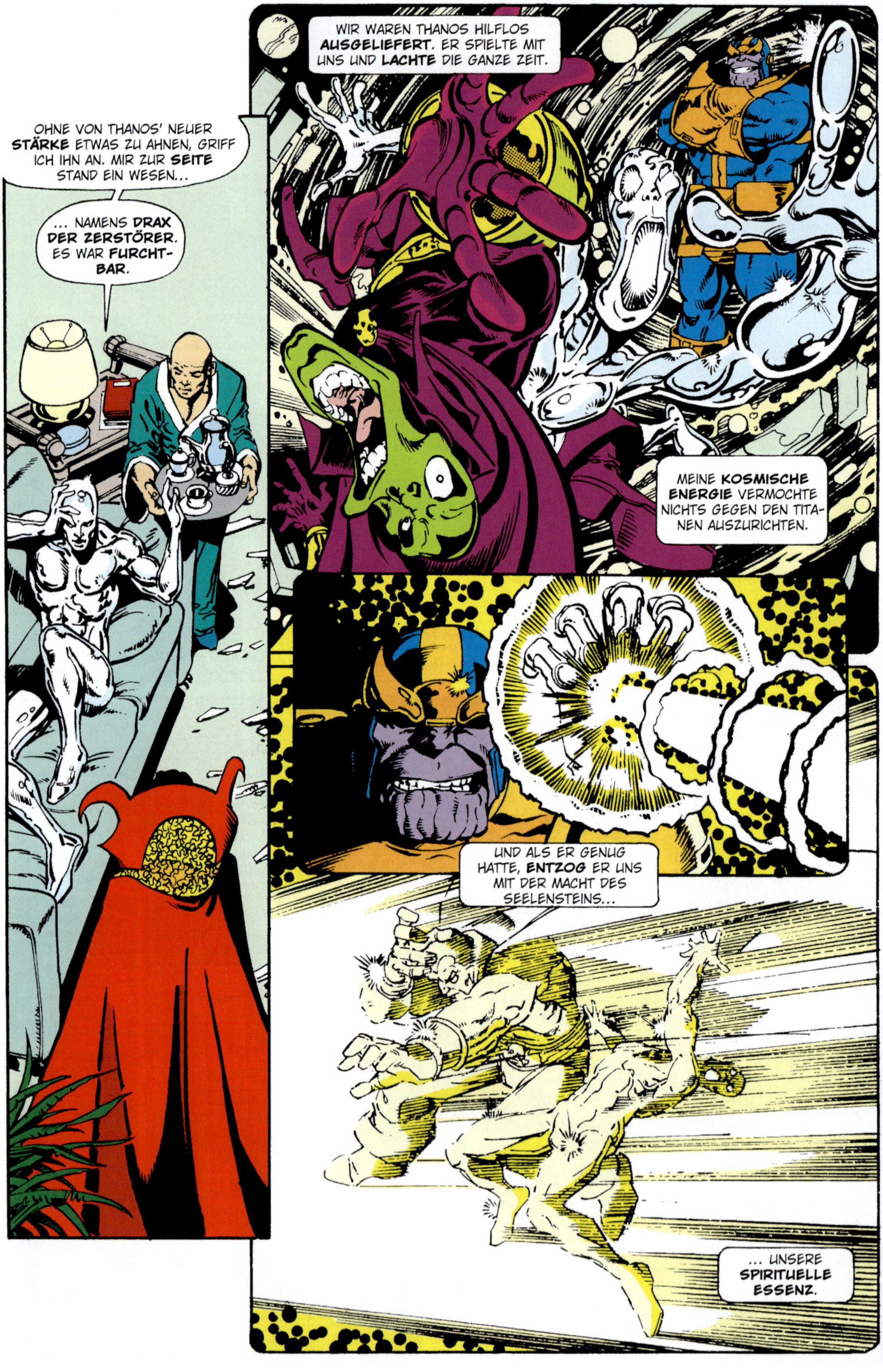

OHNE VON THANOS' NEUER STÄRKE ETWAS ZU AHNEN, GRIFF ICH IHN AN. MIR ZUR SEITE STAND EIN WESEN...
... NAMENS DRAX DER ZERSTÖRER. ES WAR FURCHTBAR.
WIR WAREN THANOS HILFLOS AUSGELIEFERT. ER SPIELTE MIT UNS UND LACHTE DIE GANZE ZEIT.
MEINE KOSMISCHE ENERGIE VERMOCHTE NICHTS GEGEN DEN TITANEN AUSZURICHTEN.
UND ALS ER GENUG HATTE, ENTZOG ER UNS MIT DER MACHT DES SEELENSTEINS...
... UNSERE SPIRITUELLE ESSENZ.

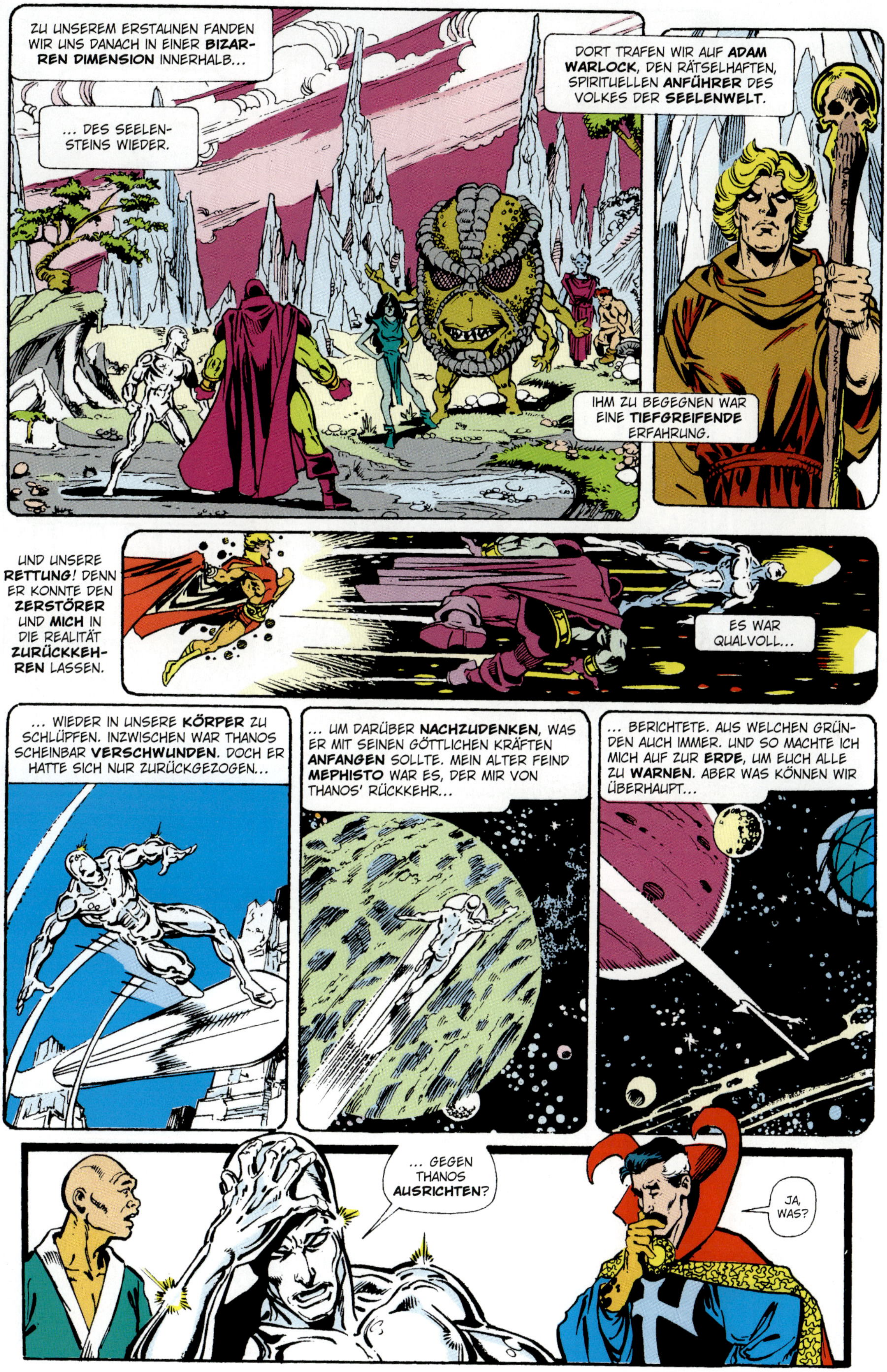

ZU UNSEREM ERSTAUNEN FANDEN WIR UNS DANACH IN EINER **BIZARREN DIMENSION** INNERHALB...
... DES SEELENSTEINS WIEDER.
DORT TRAFEN WIR AUF **ADAM WARLOCK**, DEN RÄTSELHAFTEN, SPIRITUELLEN **ANFÜHRER** DES VOLKES DER **SEELENWELT**.
IHM ZU BEGEGNEN WAR EINE **TIEFGREIFENDE** ERFAHRUNG.
UND UNSERE **RETTUNG!** DENN ER KONNTE DEN **ZERSTÖRER** UND **MICH** IN DIE REALITÄT **ZURÜCKKEHREN** LASSEN.
ES WAR QUALVOLL...
... WIEDER IN UNSERE **KÖRPER** ZU SCHLÜPFEN. INZWISCHEN WAR THANOS SCHEINBAR **VERSCHWUNDEN**. DOCH ER HATTE SICH NUR ZURÜCKGEZOGEN...
... UM DARÜBER **NACHZUDENKEN**, WAS ER MIT SEINEN GÖTTLICHEN KRÄFTEN **ANFANGEN** SOLLTE. MEIN ALTER FEIND **MEPHISTO** WAR ES, DER MIR VON THANOS' RÜCKKEHR...
... BERICHTETE. AUS WELCHEN GRÜNDEN AUCH IMMER. UND SO MACHTE ICH MICH AUF ZUR **ERDE**, UM EUCH ALLE ZU **WARNEN**. ABER WAS KÖNNEN WIR ÜBERHAUPT...
... GEGEN THANOS **AUSRICHTEN?**
JA, WAS?

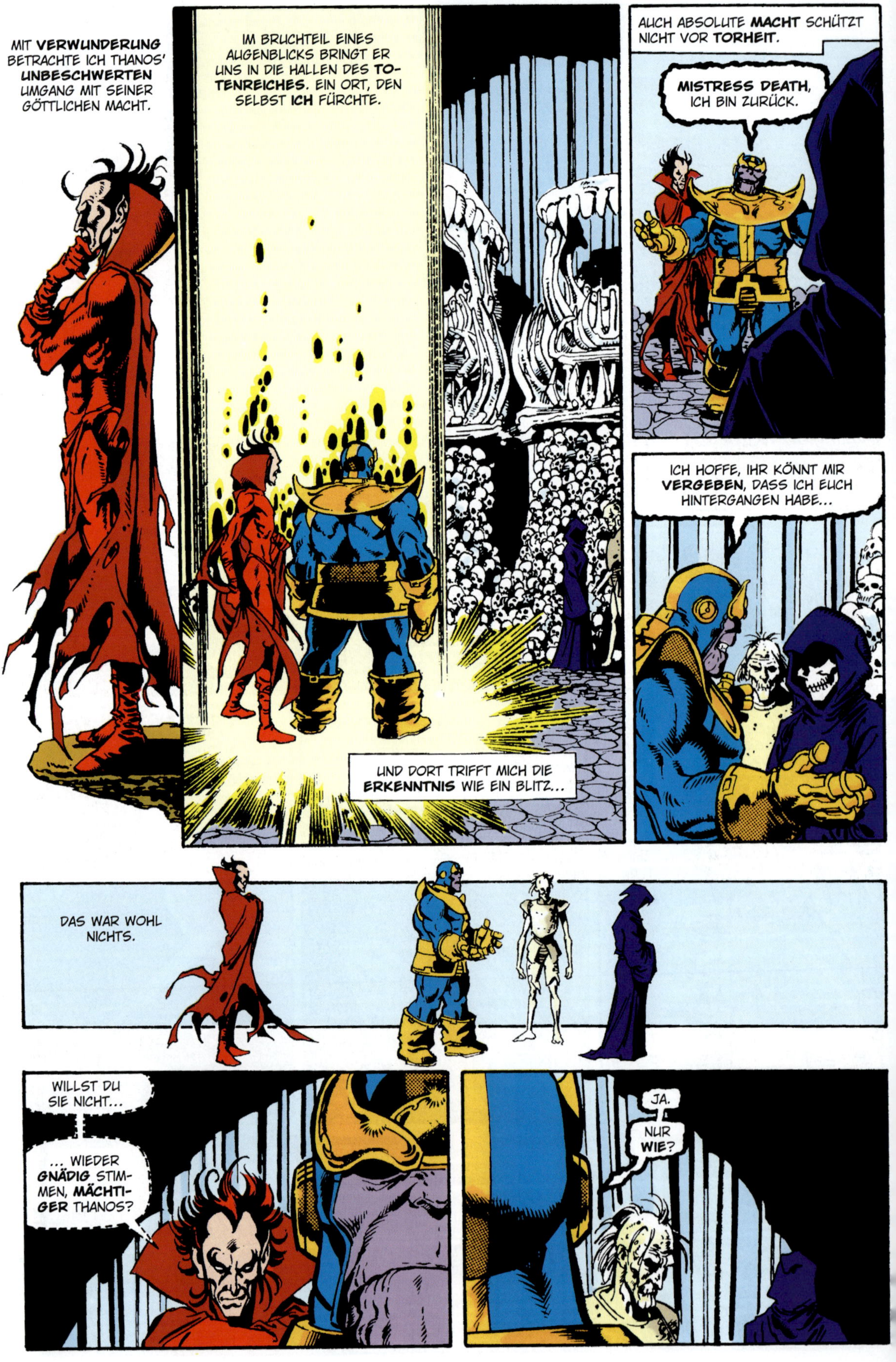
MIT **VERWUNDERUNG** BETRACHTE ICH THANOS' **UNBESCHWERTEN** UMGANG MIT SEINER GÖTTLICHEN MACHT.
IM BRUCHTEIL EINES AUGENBLICKS BRINGT ER UNS IN DIE HALLEN DES **TOTENREICHES**. EIN ORT, DEN SELBST **ICH** FÜRCHTE.
UND DORT TRIFFT MICH DIE **ERKENNTNIS** WIE EIN BLITZ...
AUCH ABSOLUTE **MACHT** SCHÜTZT NICHT VOR **TORHEIT**.
MISTRESS DEATH, ICH BIN ZURÜCK.
ICH HOFFE, IHR KÖNNT MIR **VERGEBEN**, DASS ICH EUCH HINTERGANGEN HABE...
DAS WAR WOHL NICHTS.
WILLST DU SIE NICHT...
... WIEDER **GNÄDIG** STIMMEN, **MÄCHTIGER** THANOS?
JA.
NUR **WIE**?

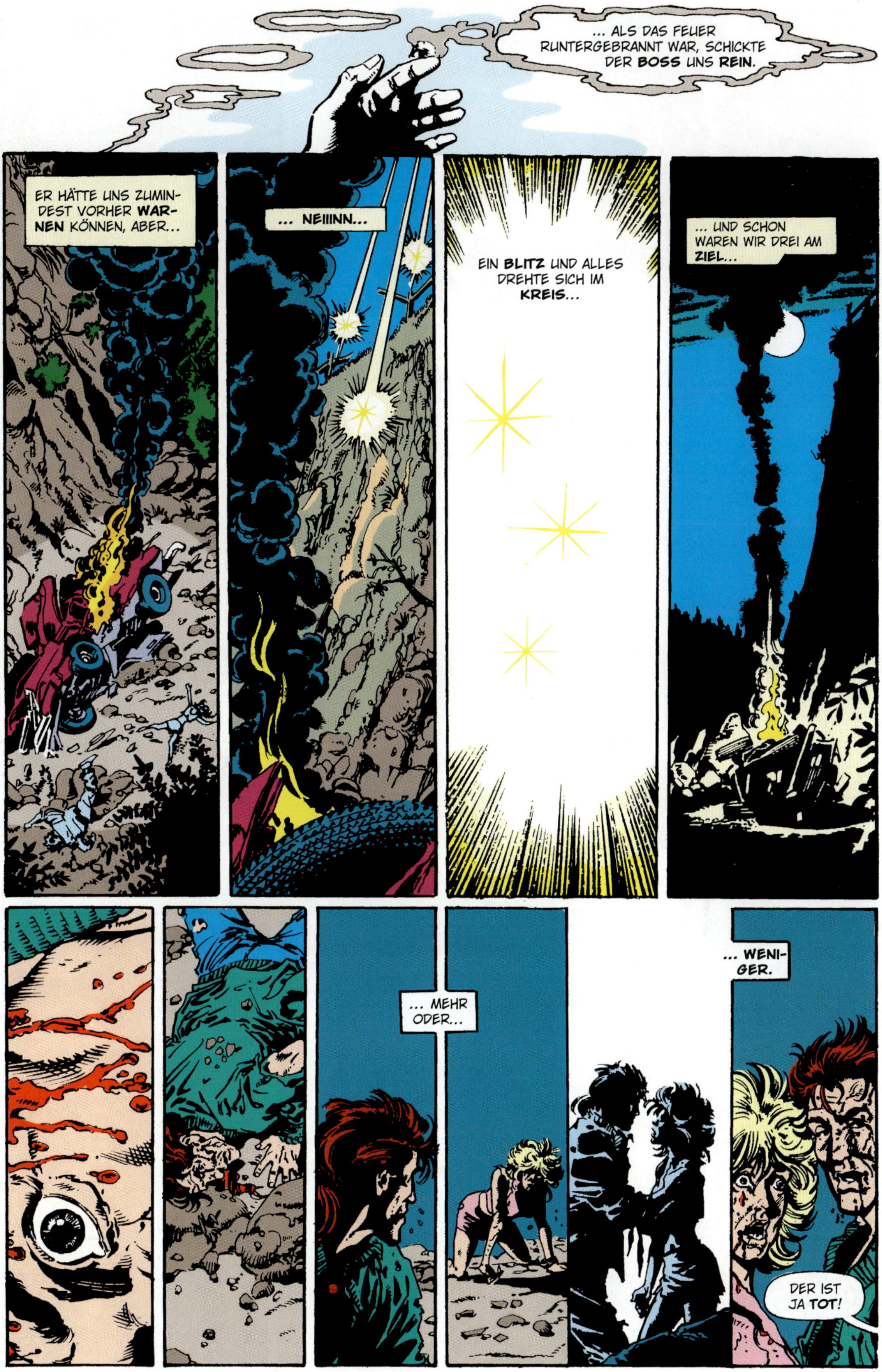

... ALS DAS FEUER RUNTERGEBRANNT WAR, SCHICKTE DER BOSS UNS REIN.
ER HÄTTE UNS ZUMINDEST VORHER WARNEN KÖNNEN, ABER...
... NEIIINN...
EIN BLITZ UND ALLES DREHTE SICH IM KREIS...
... UND SCHON WAREN WIR DREI AM ZIEL...
... MEHR ODER...
... WENIGER.
DER IST JA TOT!

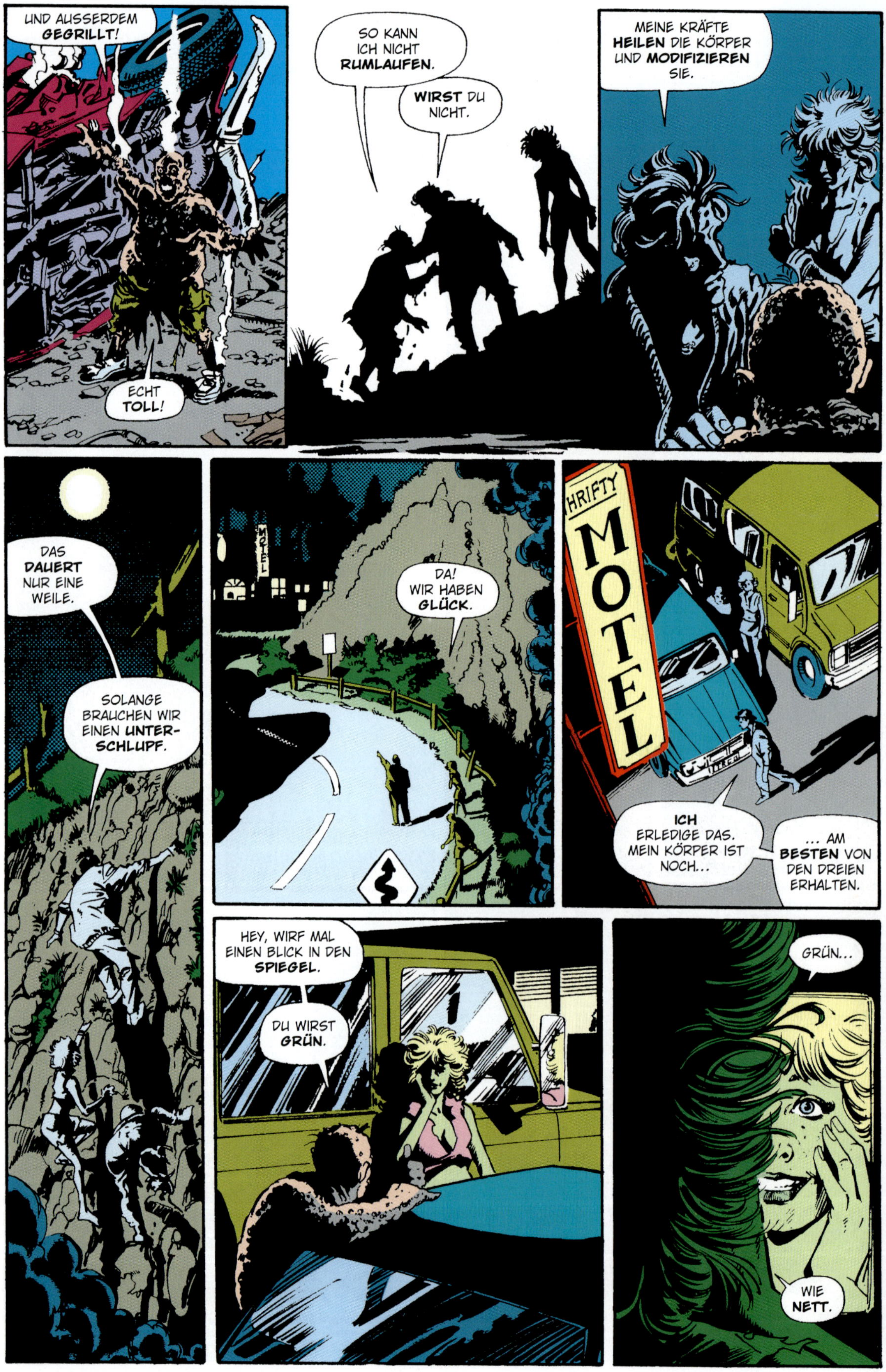
UND AUSSERDEM **GEGRILLT**!
ECHT **TOLL**!
SO KANN ICH NICHT **RUMLAUFEN**.
WIRST DU NICHT.
MEINE KRÄFTE **HEILEN** DIE KÖRPER UND **MODIFIZIEREN** SIE.
DAS **DAUERT** NUR EINE WEILE.
SOLANGE BRAUCHEN WIR EINEN **UNTER-SCHLUPF**.
MOTEL
DA! WIR HABEN **GLÜCK**.
HRIFTY
MOTEL
ICH ERLEDIGE DAS. MEIN KÖRPER IST NOCH...
... AM **BESTEN** VON DEN DREIEN ERHALTEN.
HEY, WIRF MAL EINEN BLICK IN DEN **SPIEGEL**.
DU WIRST **GRÜN**.
GRÜN...
WIE **NETT**.

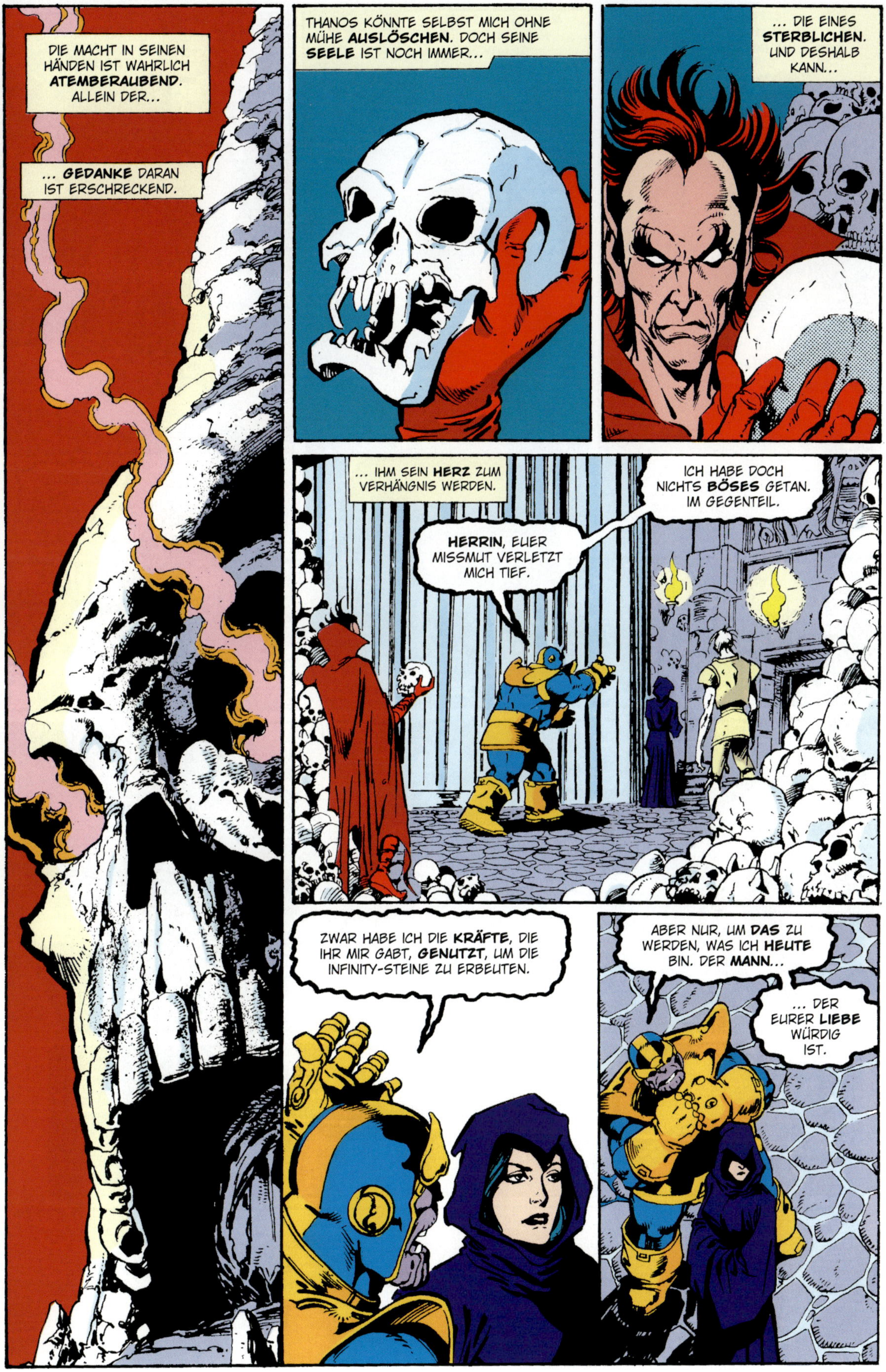
DIE MACHT IN SEINEN HÄNDEN IST WAHRLICH ATEMBERAUBEND. ALLEIN DER...
... GEDANKE DARAN IST ERSCHRECKEND.
THANOS KÖNNTE SELBST MICH OHNE MÜHE AUSLÖSCHEN. DOCH SEINE SEELE IST NOCH IMMER...
... DIE EINES STERBLICHEN. UND DESHALB KANN...
... IHM SEIN HERZ ZUM VERHÄNGNIS WERDEN.
HERRIN, EUER MISSMUT VERLETZT MICH TIEF.
ICH HABE DOCH NICHTS BÖSES GETAN. IM GEGENTEIL.
ZWAR HABE ICH DIE KRÄFTE, DIE IHR MIR GABT, GENUTZT, UM DIE INFINITY-STEINE ZU ERBEUTEN.
ABER NUR, UM DAS ZU WERDEN, WAS ICH HEUTE BIN. DER MANN...
... DER EURER LIEBE WÜRDIG IST.

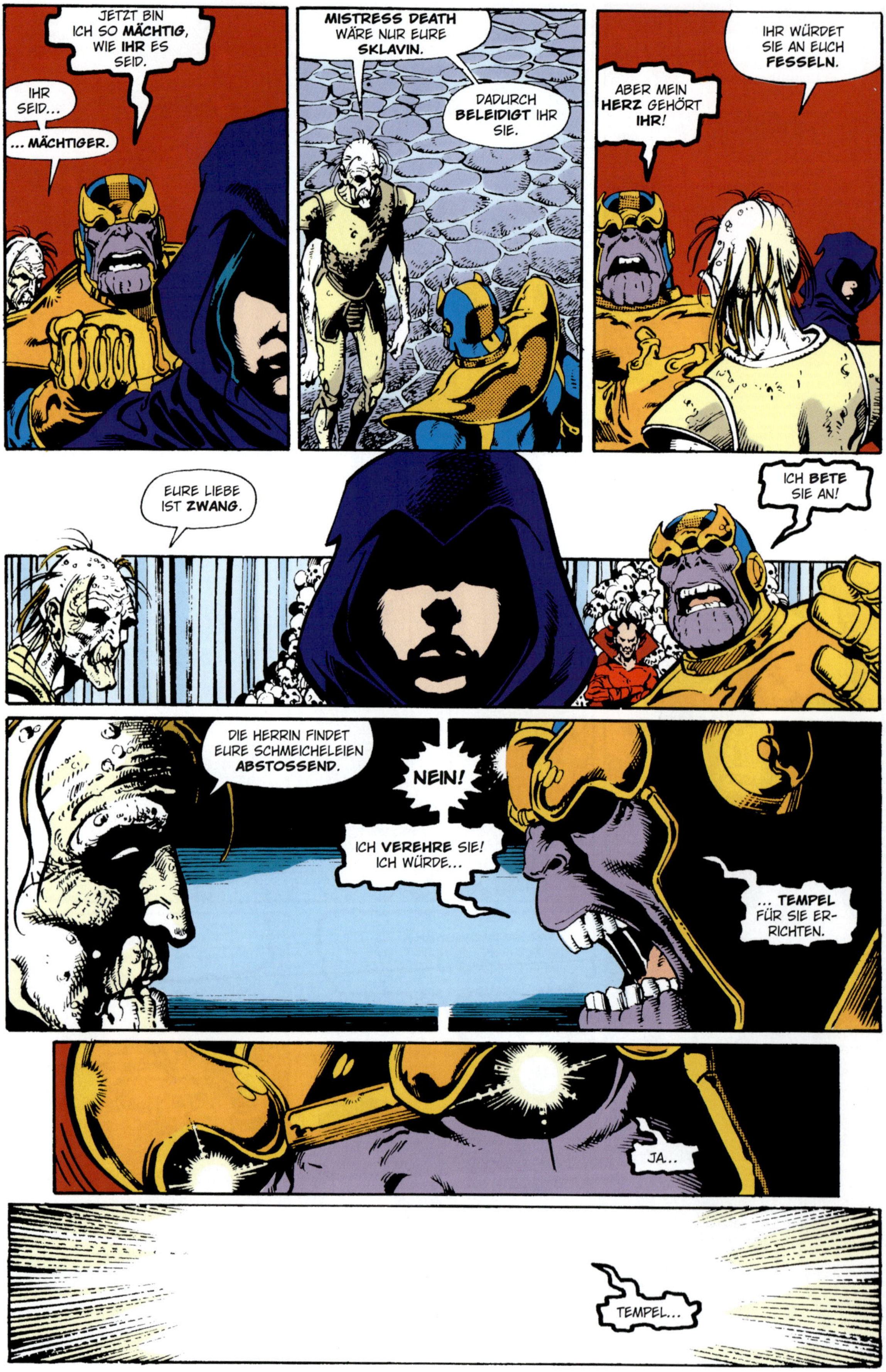
JETZT BIN ICH SO **MÄCHTIG**, WIE **IHR** ES SEID.
IHR SEID...
... **MÄCHTIGER.**
MISTRESS DEATH WÄRE NUR EURE **SKLAVIN.**
DADURCH **BELEIDIGT** IHR SIE.
IHR WÜRDET SIE AN EUCH **FESSELN.**
ABER MEIN **HERZ** GEHÖRT **IHR**!
EURE LIEBE IST **ZWANG.**
ICH **BETE** SIE AN!
DIE HERRIN FINDET EURE SCHMEICHELEIEN **ABSTOSSEND.**
NEIN!
ICH **VEREHRE** SIE! ICH WÜRDE...
... **TEMPEL** FÜR SIE ER-RICHTEN.
JA...
TEMPEL...

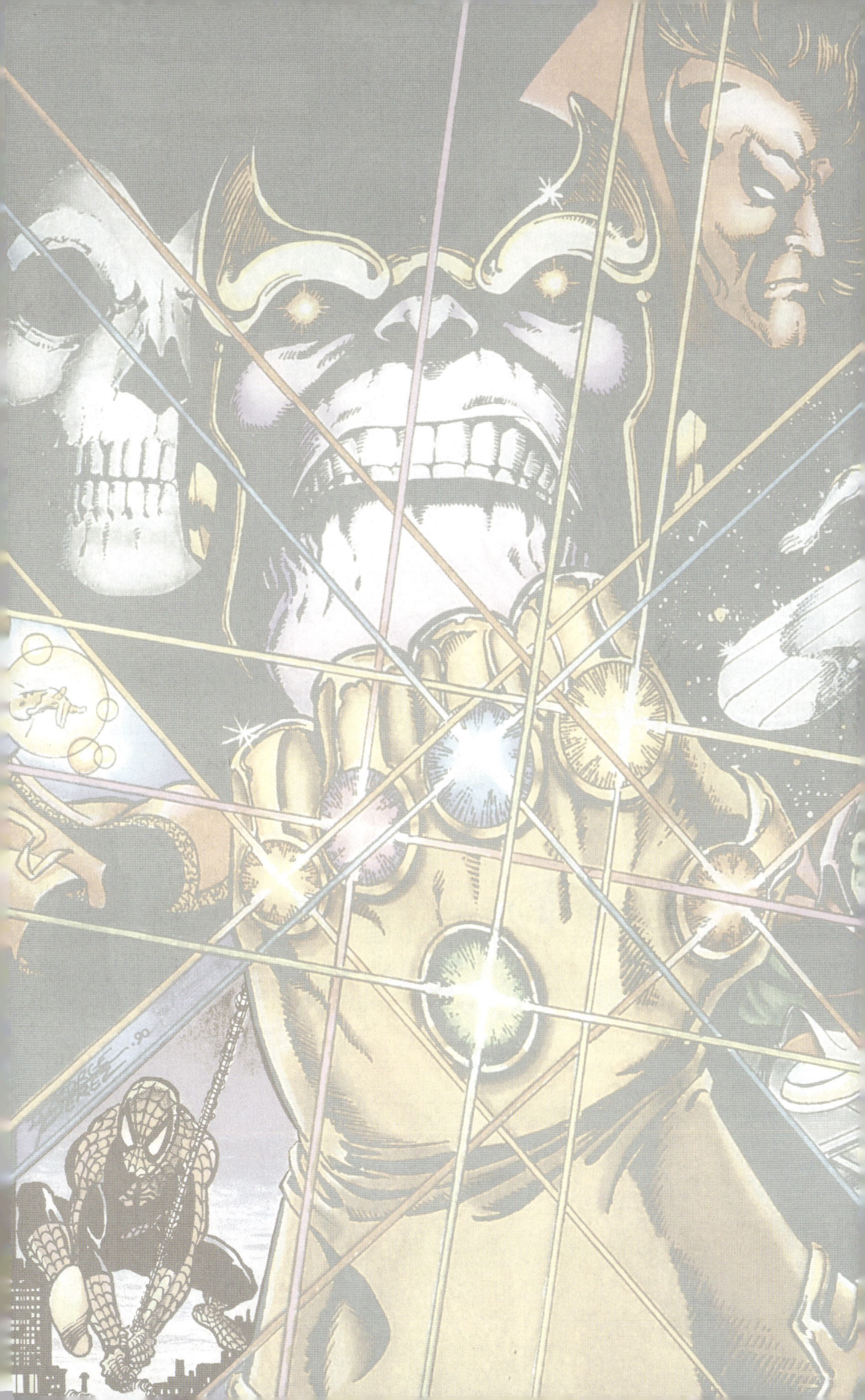

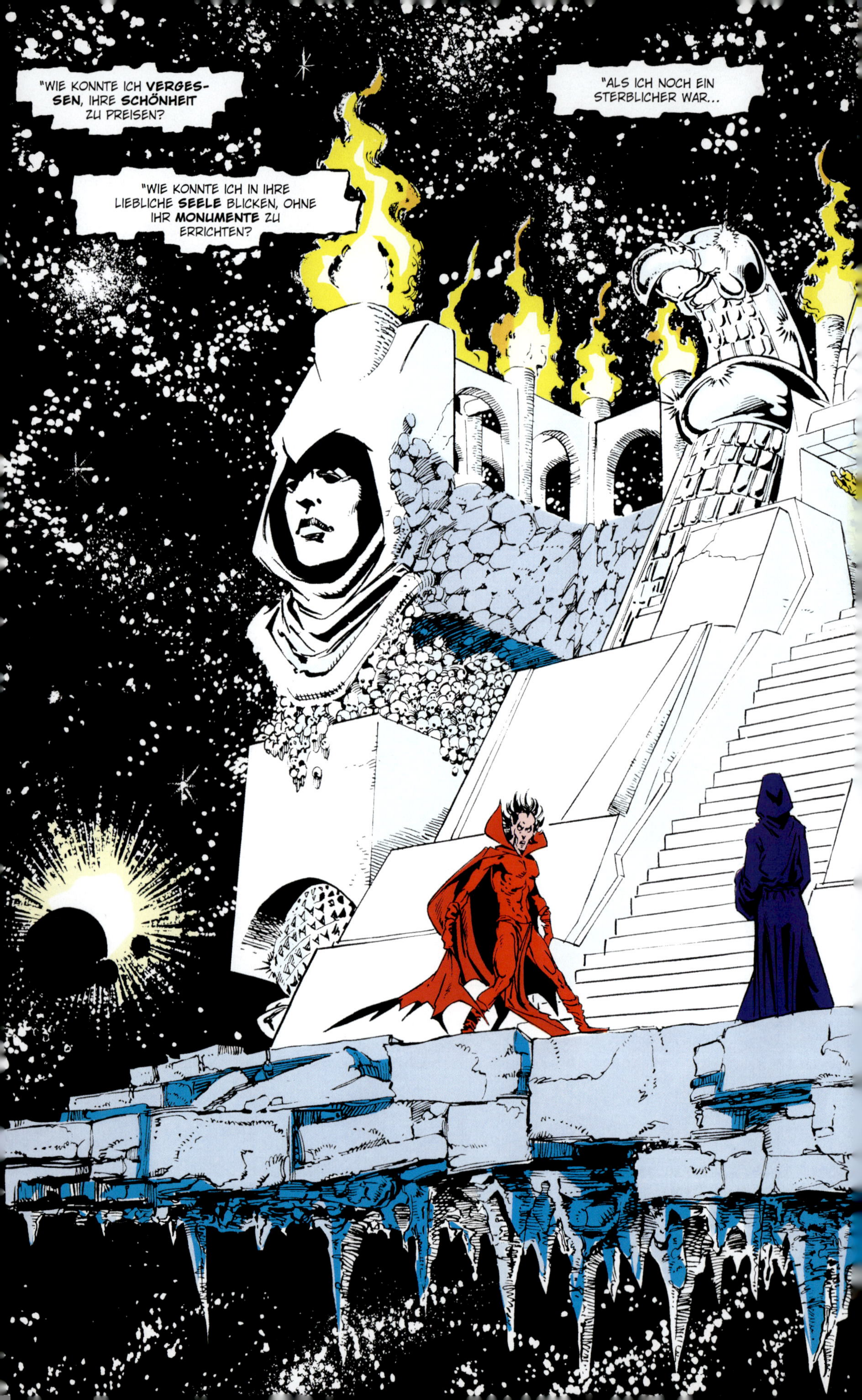
"WIE KONNTE ICH VERGES-SEN, IHRE SCHÖNHEIT ZU PREISEN?
"ALS ICH NOCH EIN STERBLICHER WAR...
"WIE KONNTE ICH IN IHRE LIEBLICHE SEELE BLICKEN, OHNE IHR MONUMENTE ZU ERRICHTEN?

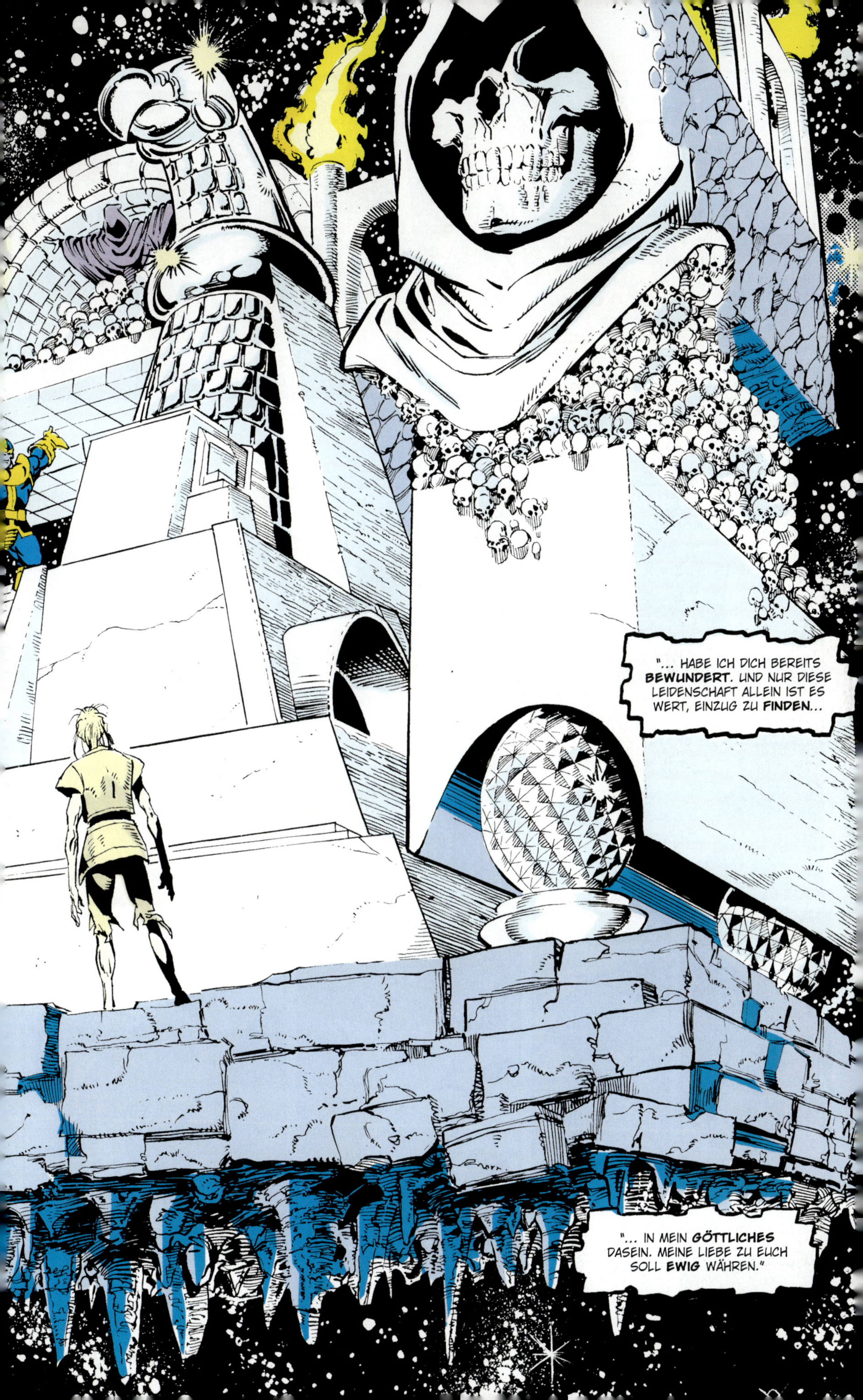
"... HABE ICH DICH BEREITS BEWUNDERT. UND NUR DIESE LEIDENSCHAFT ALLEIN IST ES WERT, EINZUG ZU FINDEN...
"... IN MEIN GÖTTLICHES DASEIN. MEINE LIEBE ZU EUCH SOLL EWIG WÄHREN."

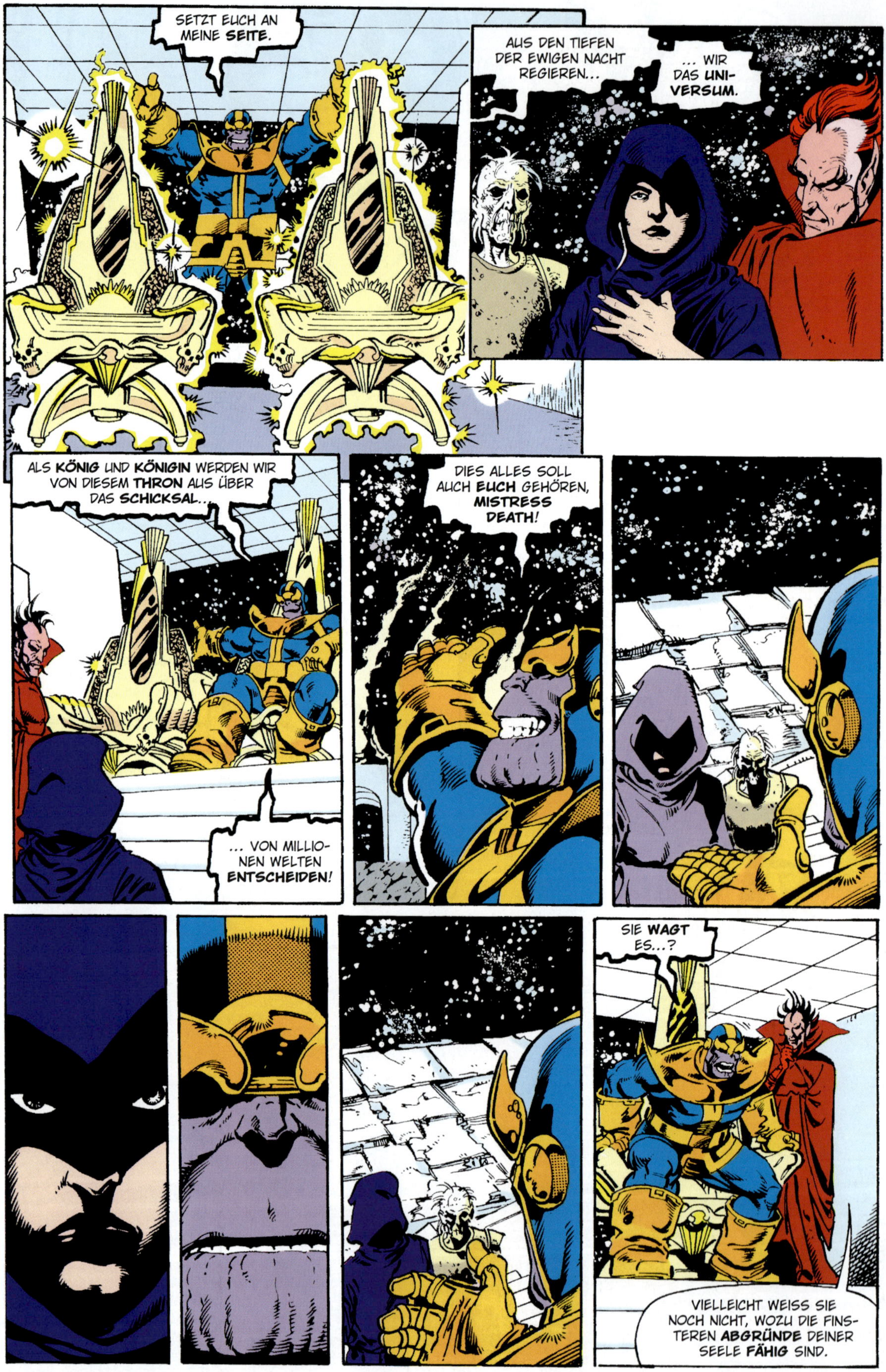
SETZT EUCH AN MEINE **SEITE**.
AUS DEN TIEFEN DER EWIGEN NACHT REGIEREN...
... WIR DAS **UNI-VERSUM**.
ALS **KÖNIG** UND **KÖNIGIN** WERDEN WIR VON DIESEM **THRON** AUS ÜBER DAS **SCHICKSAL**...
... VON MILLIO-NEN WELTEN **ENTSCHEIDEN**!
DIES ALLES SOLL AUCH **EUCH** GEHÖREN, **MISTRESS DEATH**!
SIE **WAGT** ES...?
VIELLEICHT WEISS SIE NOCH NICHT, WOZU DIE FINS-TEREN **ABGRÜNDE** DEINER SEELE **FÄHIG** SIND.

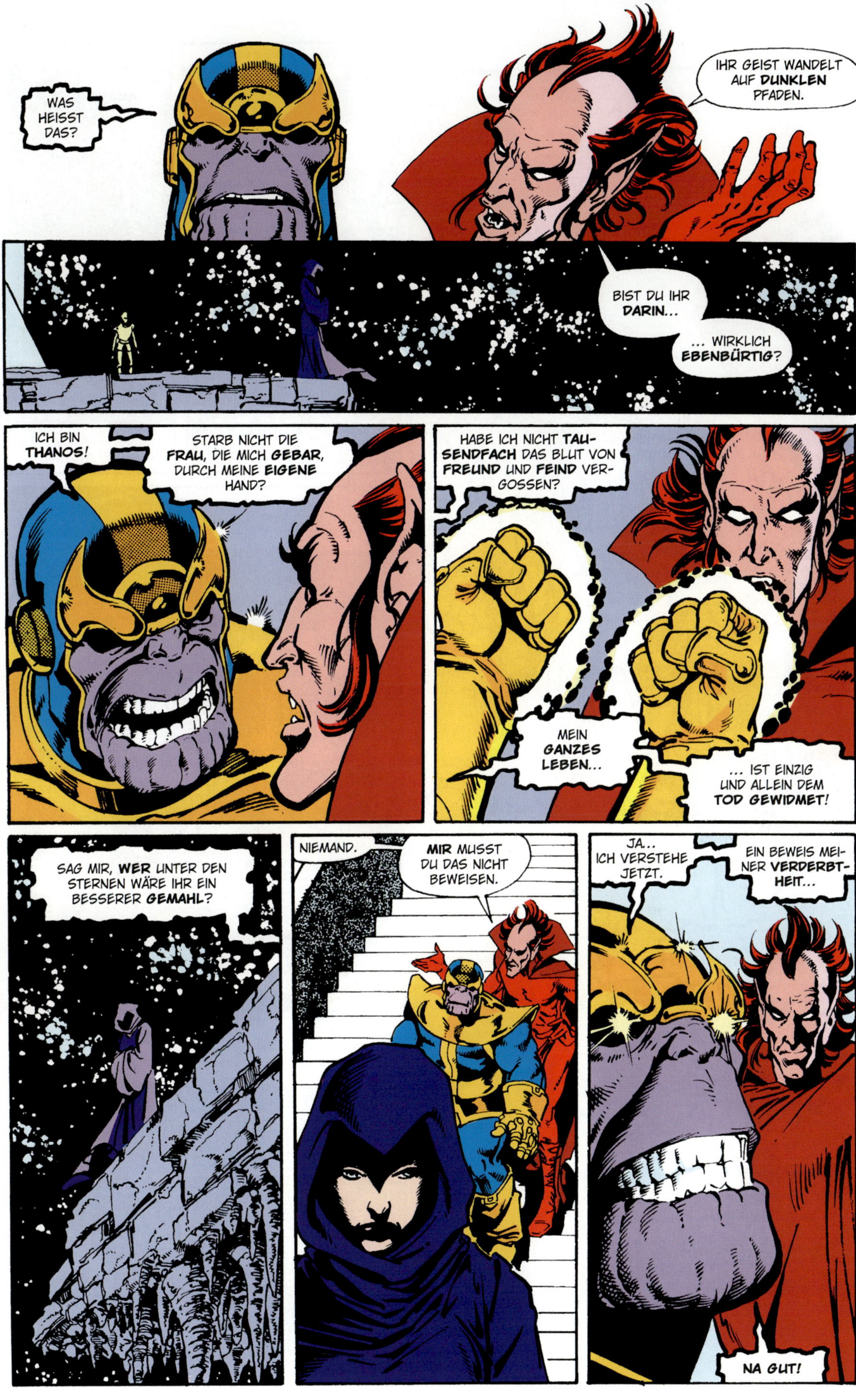
WAS HEISST DAS?
IHR GEIST WANDELT AUF DUNKLEN PFADEN.
BIST DU IHR DARIN...
... WIRKLICH EBENBÜRTIG?
ICH BIN THANOS!
STARB NICHT DIE FRAU, DIE MICH GEBAR, DURCH MEINE EIGENE HAND?
HABE ICH NICHT TAUSENDFACH DAS BLUT VON FREUND UND FEIND VERGOSSEN?
MEIN GANZES LEBEN...
... IST EINZIG UND ALLEIN DEM TOD GEWIDMET!
SAG MIR, WER UNTER DEN STERNEN WÄRE IHR EIN BESSERER GEMAHL?
NIEMAND.
MIR MUSST DU DAS NICHT BEWEISEN.
JA... ICH VERSTEHE JETZT.
EIN BEWEIS MEINER VERDERBTHEIT...
NA GUT!

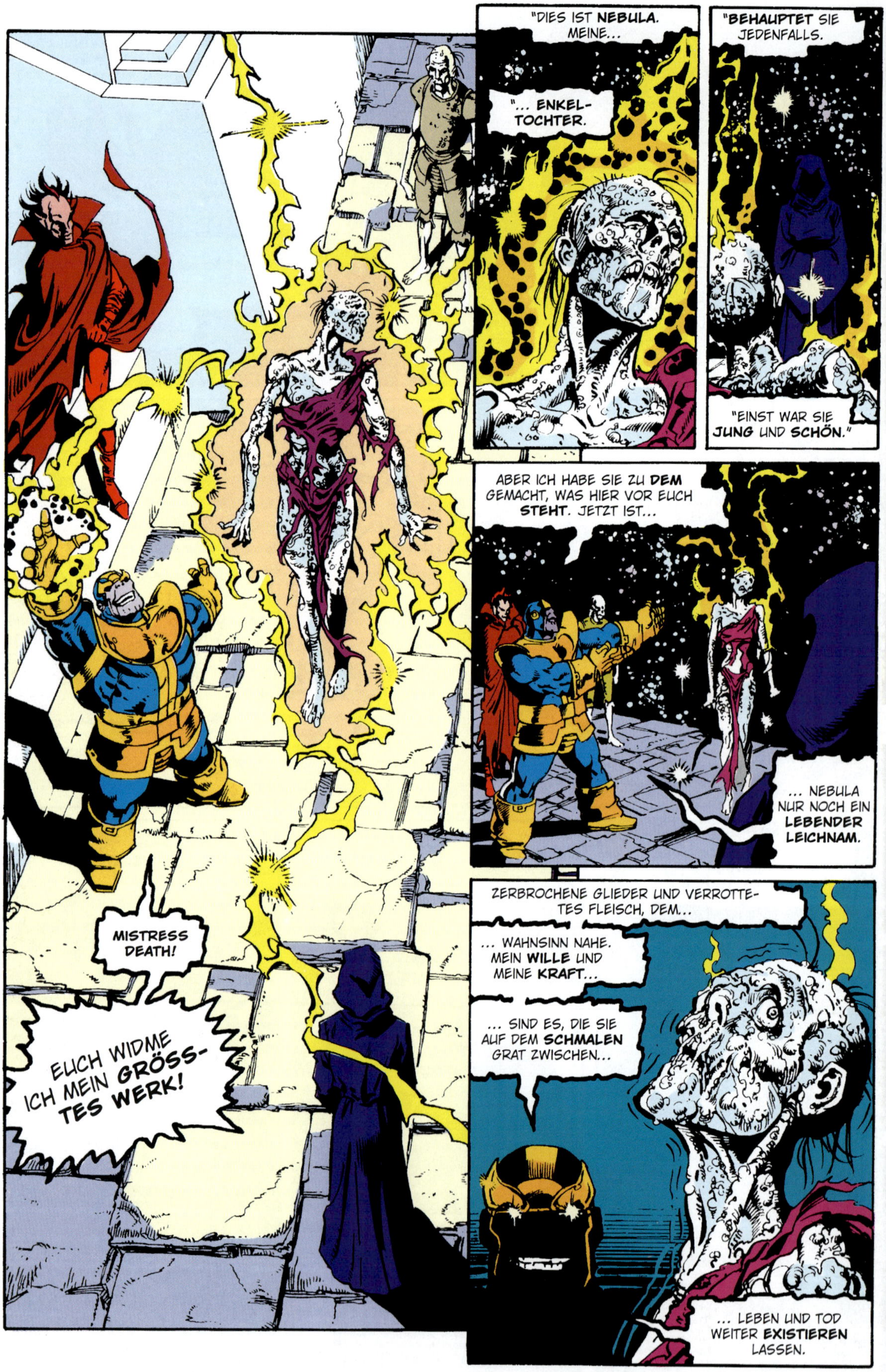

MISTRESS DEATH!
EUCH WIDME ICH MEIN GRÖSS-TES WERK!
"DIES IST NEBULA. MEINE...
"... ENKEL-TOCHTER.
"BEHAUPTET SIE JEDENFALLS.
"EINST WAR SIE JUNG UND SCHÖN."
ABER ICH HABE SIE ZU DEM GEMACHT, WAS HIER VOR EUCH STEHT. JETZT IST...
... NEBULA NUR NOCH EIN LEBENDER LEICHNAM.
ZERBROCHENE GLIEDER UND VERROTTE-TES FLEISCH, DEM...
... WAHNSINN NAHE. MEIN WILLE UND MEINE KRAFT...
... SIND ES, DIE SIE AUF DEM SCHMALEN GRAT ZWISCHEN...
... LEBEN UND TOD WEITER EXISTIEREN LASSEN.

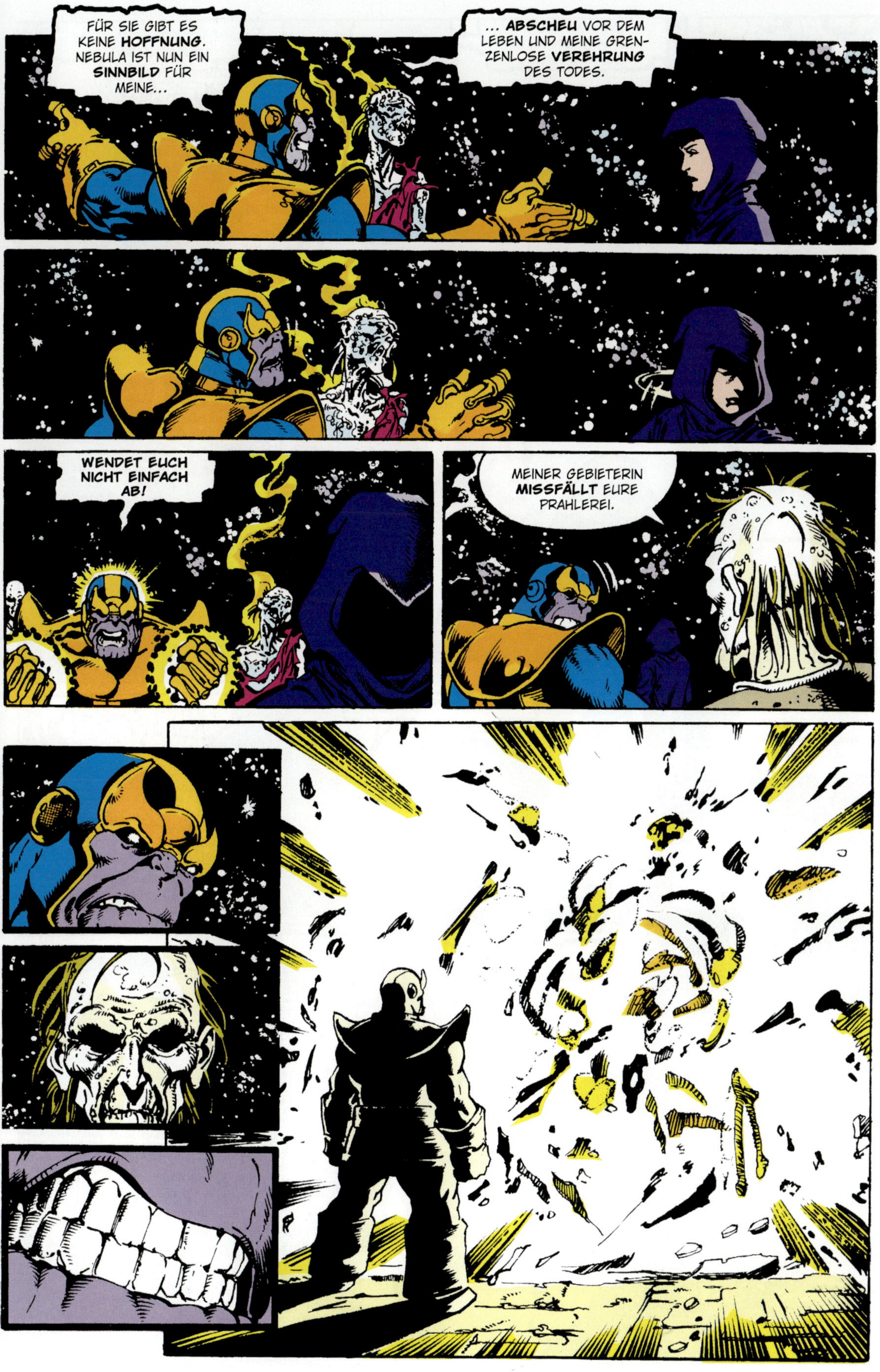
FÜR SIE GIBT ES KEINE HOFFNUNG. NEBULA IST NUN EIN SINNBILD FÜR MEINE...
... ABSCHEU VOR DEM LEBEN UND MEINE GRENZENLOSE VEREHRUNG DES TODES.
WENDET EUCH NICHT EINFACH AB!
MEINER GEBIETERIN MISSFÄLLT EURE PRAHLEREI.

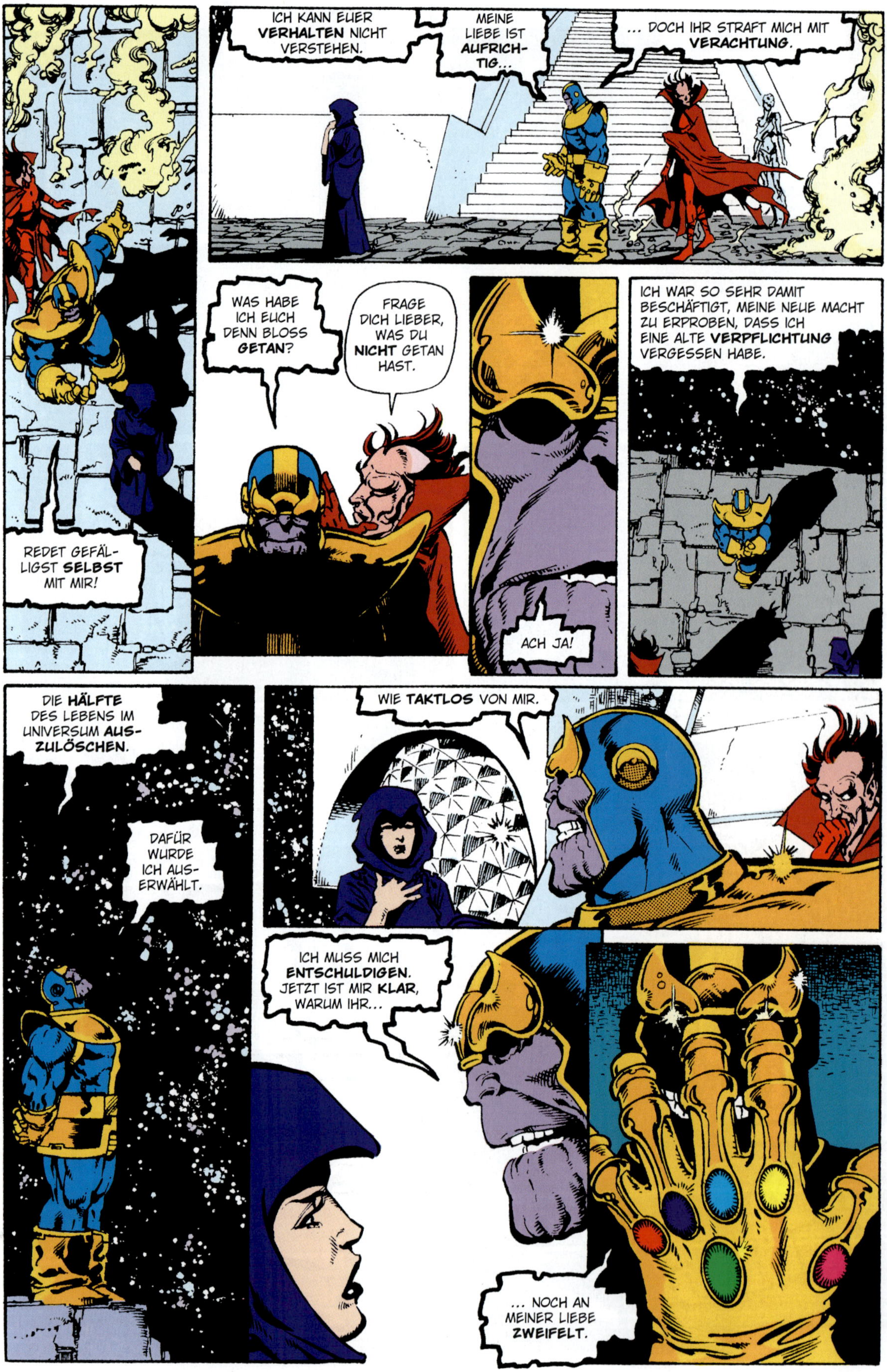

REDET GEFÄLLIGST **SELBST** MIT MIR!
ICH KANN EUER **VERHALTEN** NICHT VERSTEHEN.
MEINE LIEBE IST **AUFRICHTIG**...
... DOCH IHR STRAFT MICH MIT **VERACHTUNG**.
WAS HABE ICH EUCH DENN BLOSS **GETAN**?
FRAGE DICH LIEBER, WAS DU **NICHT** GETAN HAST.
ACH JA!
ICH WAR SO SEHR DAMIT BESCHÄFTIGT, MEINE NEUE MACHT ZU ERPROBEN, DASS ICH EINE ALTE **VERPFLICHTUNG** VERGESSEN HABE.
DIE **HÄLFTE** DES LEBENS IM UNIVERSUM **AUSZULÖSCHEN**.
DAFÜR WURDE ICH AUSERWÄHLT.
WIE **TAKTLOS** VON MIR.
ICH MUSS MICH **ENTSCHULDIGEN**. JETZT IST MIR **KLAR**, WARUM IHR...
... NOCH AN MEINER LIEBE **ZWEIFELT**.

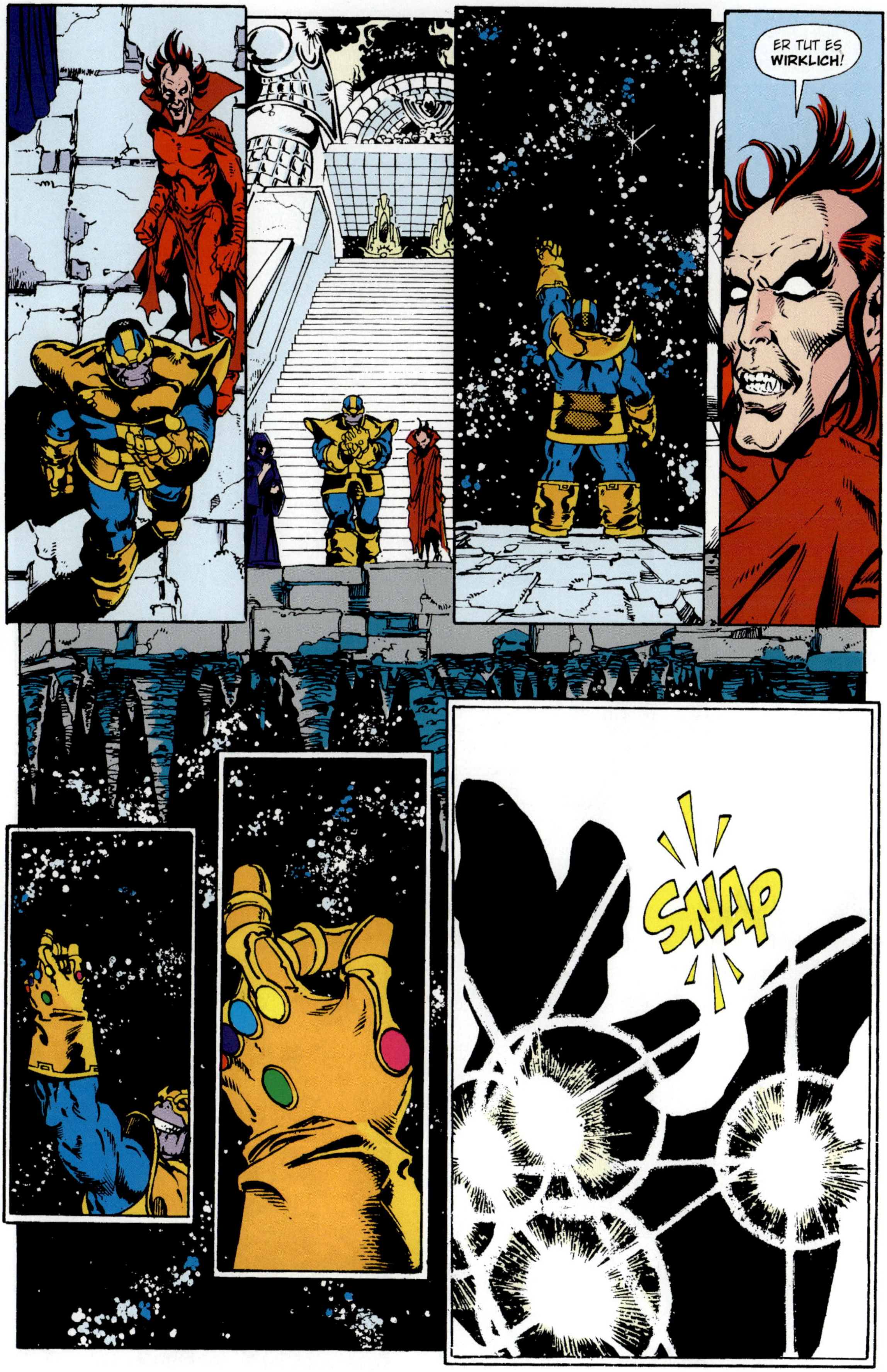
ER TUT ES WIRKLICH!
SNAP

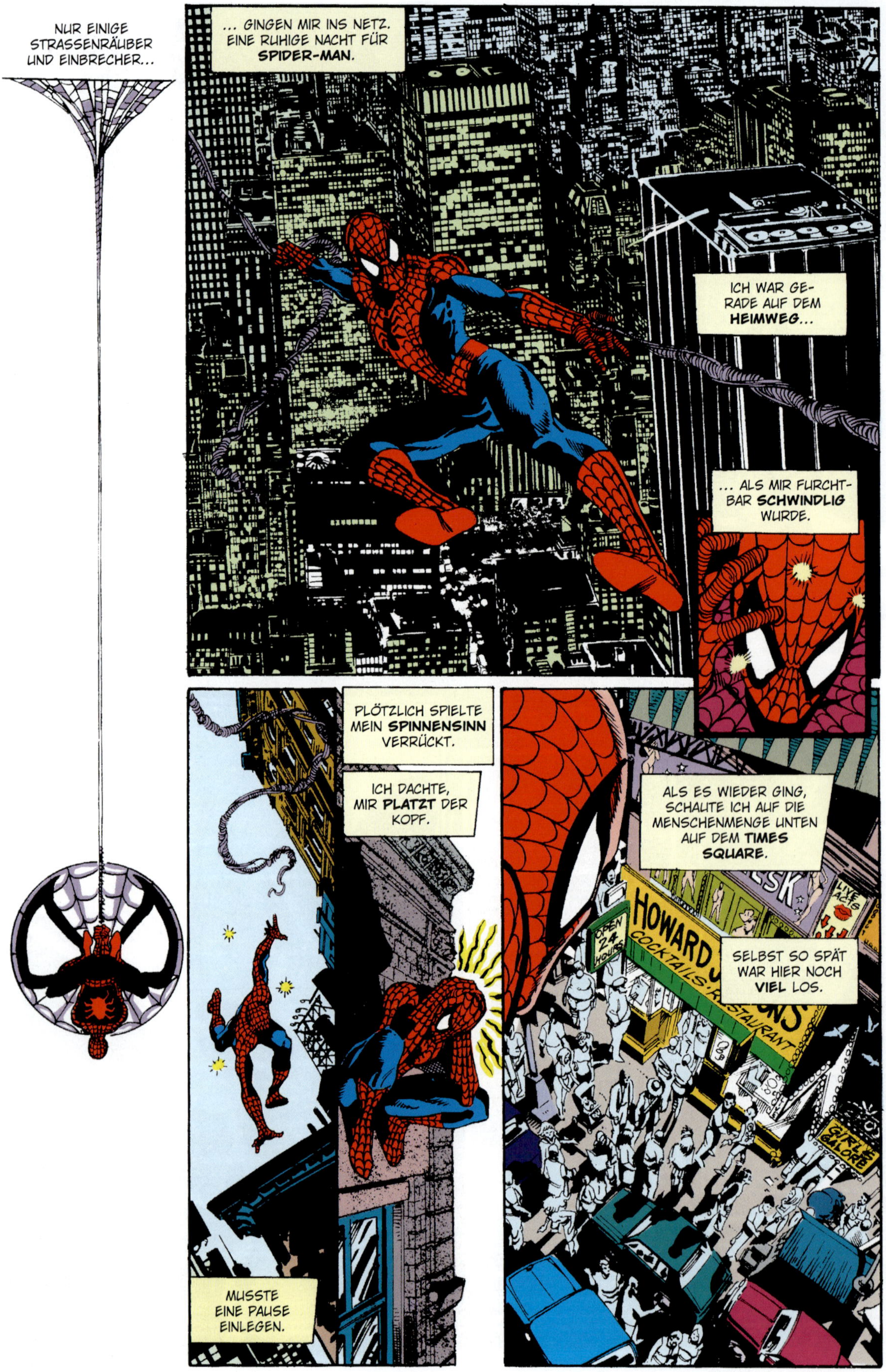
NUR EINIGE STRASSENRÄUBER UND EINBRECHER…
… GINGEN MIR INS NETZ. EINE RUHIGE NACHT FÜR **SPIDER-MAN**.
ICH WAR GERADE AUF DEM **HEIMWEG**…
… ALS MIR FURCHTBAR **SCHWINDLIG** WURDE.
PLÖTZLICH SPIELTE MEIN **SPINNENSINN** VERRÜCKT.
ICH DACHTE, MIR **PLATZT** DER KOPF.
MUSSTE EINE PAUSE EINLEGEN.
ALS ES WIEDER GING, SCHAUTE ICH AUF DIE MENSCHENMENGE UNTEN AUF DEM **TIMES SQUARE**.
OPEN 24 HOURS
HOWARD J
COCKTAILS RESTAURANT
LIVE ACTS
SELBST SO SPÄT WAR HIER NOCH **VIEL** LOS.
GIRLS GALORE

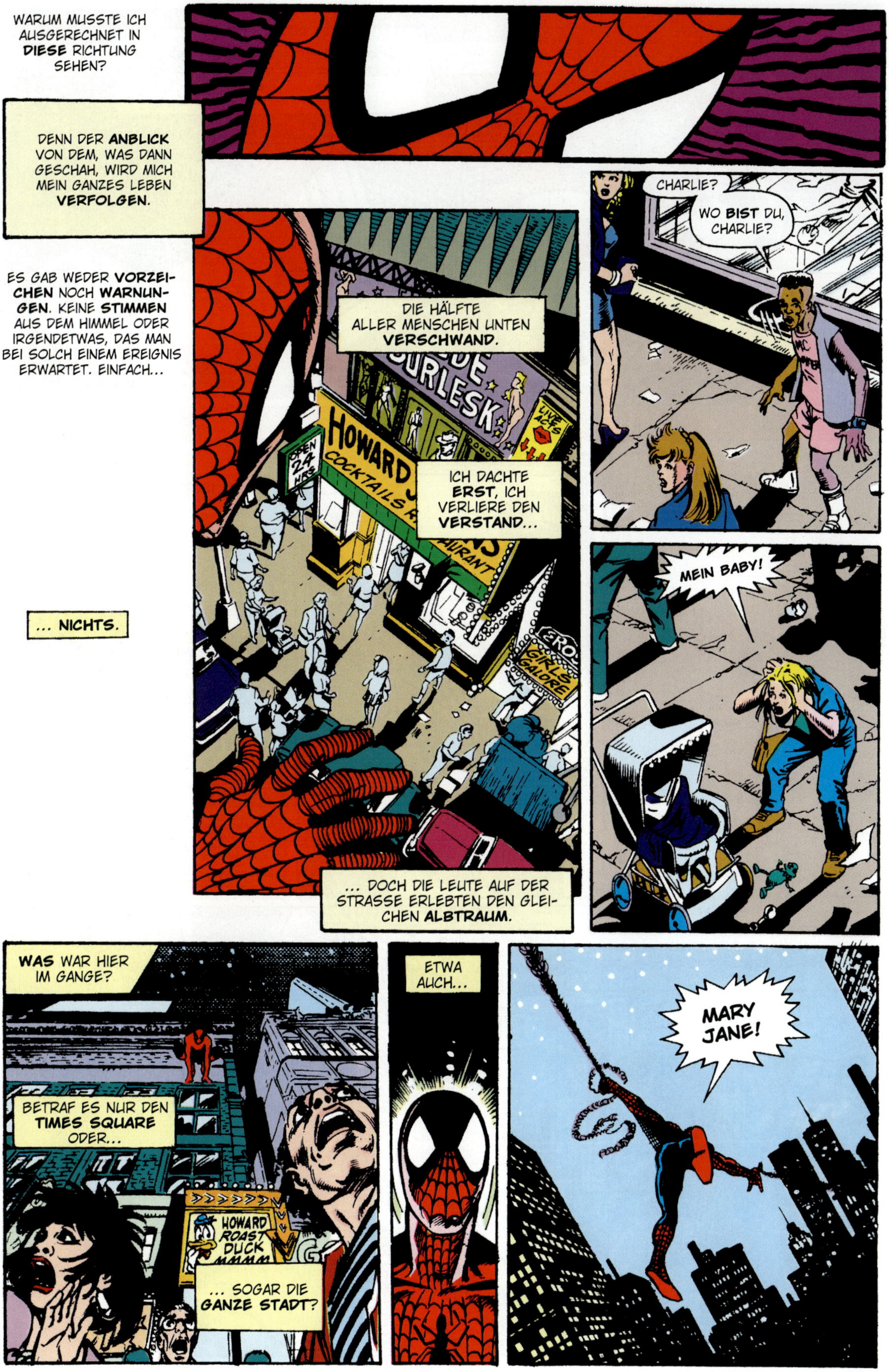
WARUM MUSSTE ICH AUSGERECHNET IN DIESE RICHTUNG SEHEN?
DENN DER ANBLICK VON DEM, WAS DANN GESCHAH, WIRD MICH MEIN GANZES LEBEN VERFOLGEN.
ES GAB WEDER VORZEICHEN NOCH WARNUNGEN. KEINE STIMMEN AUS DEM HIMMEL ODER IRGENDETWAS, DAS MAN BEI SOLCH EINEM EREIGNIS ERWARTET. EINFACH...
... NICHTS.
DIE HÄLFTE ALLER MENSCHEN UNTEN VERSCHWAND.
ICH DACHTE ERST, ICH VERLIERE DEN VERSTAND...
... DOCH DIE LEUTE AUF DER STRASSE ERLEBTEN DEN GLEICHEN ALBTRAUM.
CHARLIE?
WO BIST DU, CHARLIE?
MEIN BABY!
WAS WAR HIER IM GANGE?
BETRAF ES NUR DEN TIMES SQUARE ODER...
... SOGAR DIE GANZE STADT?
ETWA AUCH...
MARY JANE!

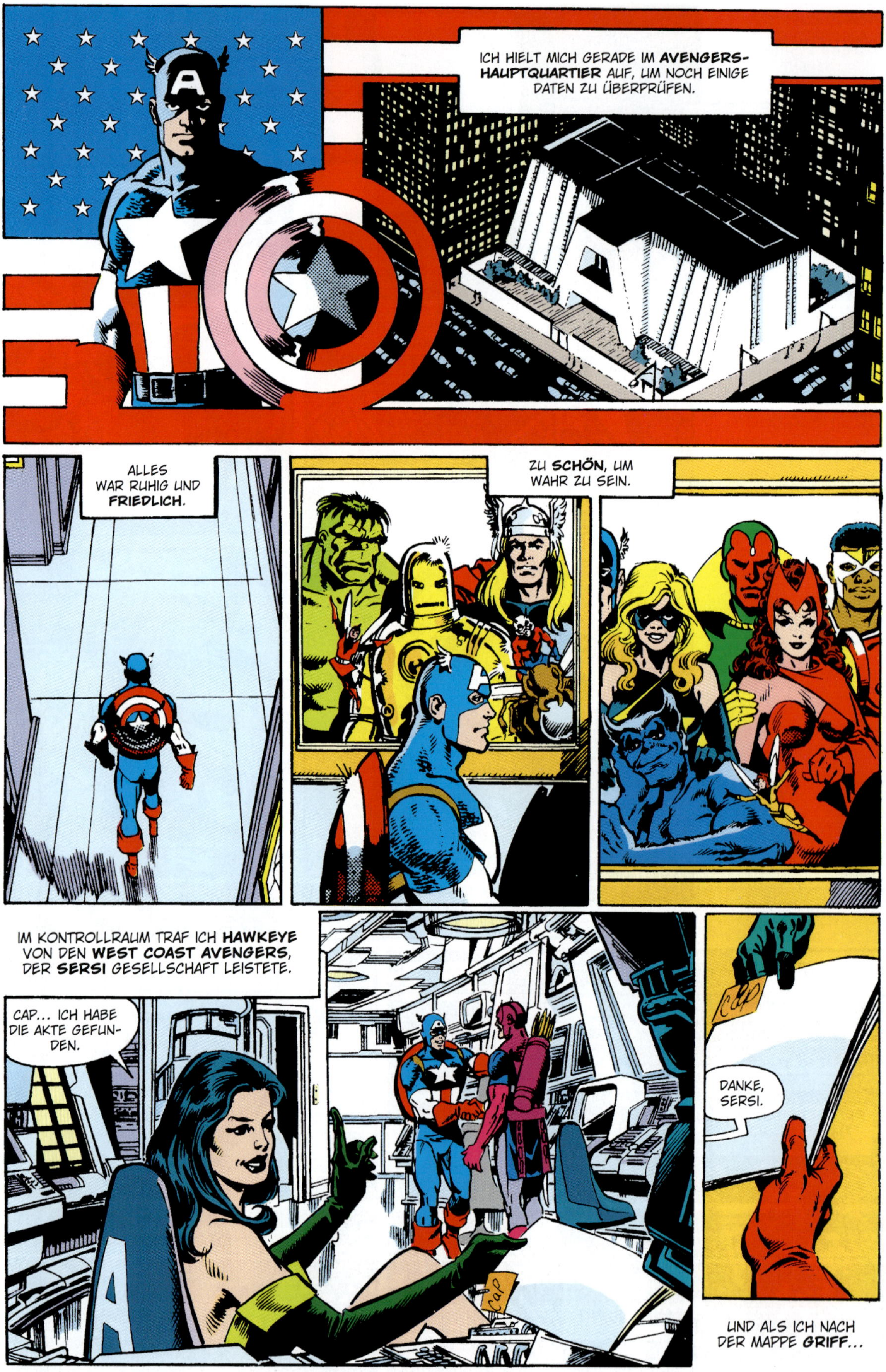
ICH HIELT MICH GERADE IM AVENGERS-HAUPTQUARTIER AUF, UM NOCH EINIGE DATEN ZU ÜBERPRÜFEN.
ALLES WAR RUHIG UND FRIEDLICH.
ZU SCHÖN, UM WAHR ZU SEIN.
IM KONTROLLRAUM TRAF ICH HAWKEYE VON DEN WEST COAST AVENGERS, DER SERSI GESELLSCHAFT LEISTETE.
CAP... ICH HABE DIE AKTE GEFUNDEN.
CAP
DANKE, SERSI.
UND ALS ICH NACH DER MAPPE GRIFF...

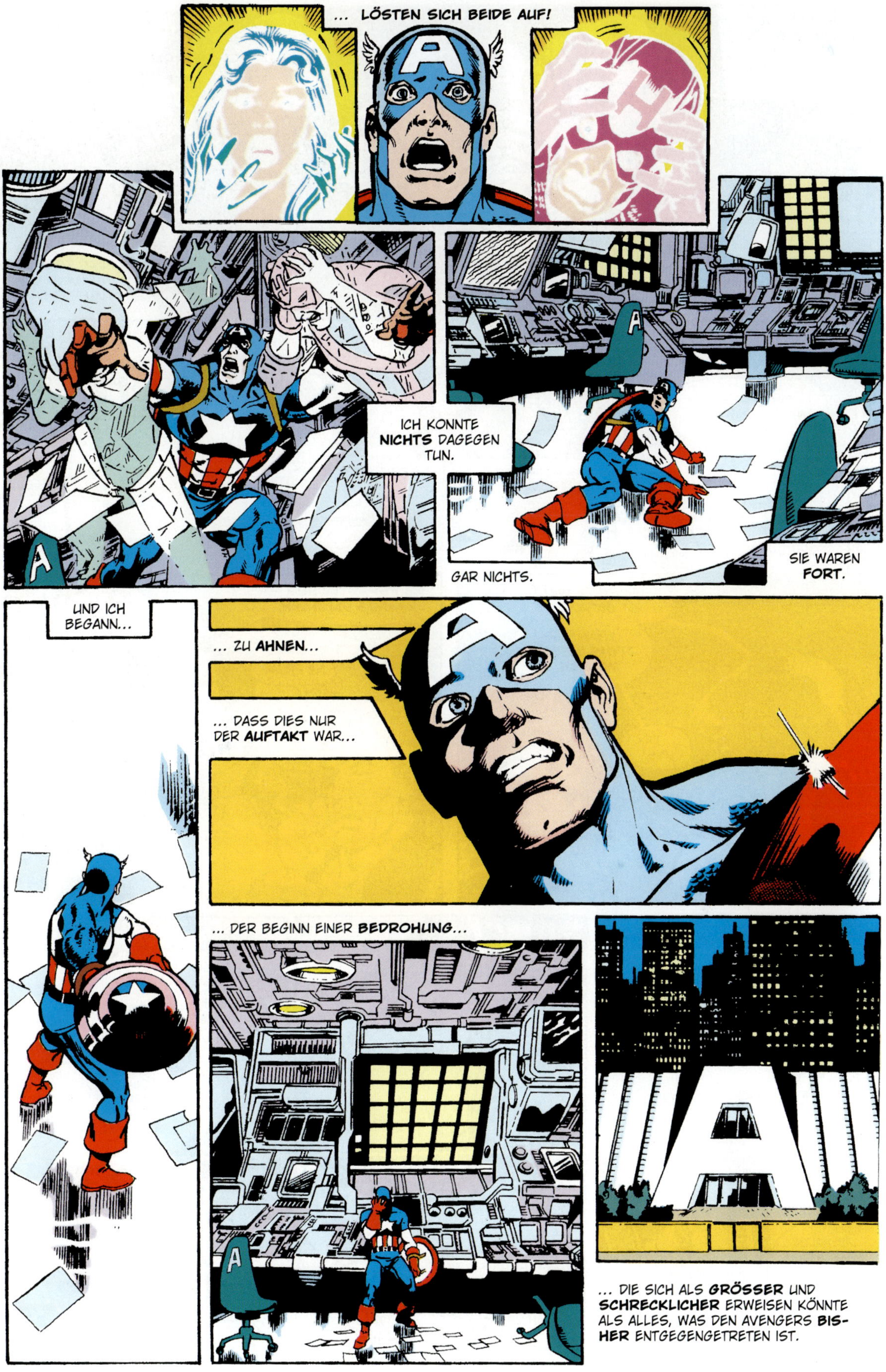
... LÖSTEN SICH BEIDE AUF!
ICH KONNTE NICHTS DAGEGEN TUN.
GAR NICHTS.
SIE WAREN FORT.
UND ICH BEGANN...
... ZU AHNEN...
... DASS DIES NUR DER AUFTAKT WAR...
... DER BEGINN EINER BEDROHUNG...
... DIE SICH ALS GRÖSSER UND SCHRECKLICHER ERWEISEN KÖNNTE ALS ALLES, WAS DEN AVENGERS BISHER ENTGEGENGETRETEN IST.

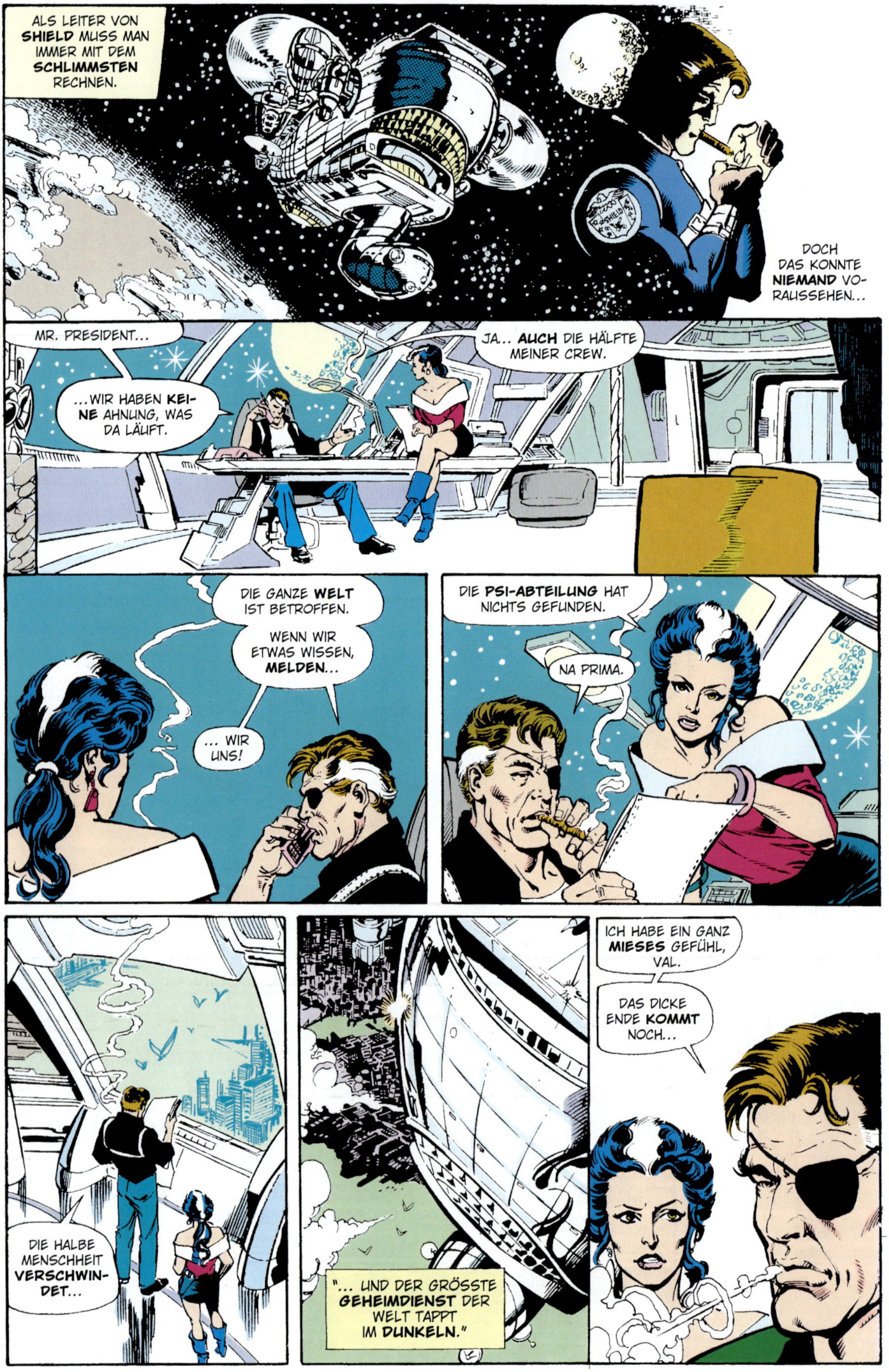
ALS LEITER VON SHIELD MUSS MAN IMMER MIT DEM SCHLIMMSTEN RECHNEN.
DOCH DAS KONNTE NIEMAND VORAUSSEHEN...
MR. PRESIDENT...
...WIR HABEN KEINE AHNUNG, WAS DA LÄUFT.
JA... AUCH DIE HÄLFTE MEINER CREW.
DIE GANZE WELT IST BETROFFEN.
WENN WIR ETWAS WISSEN, MELDEN...
... WIR UNS!
DIE PSI-ABTEILUNG HAT NICHTS GEFUNDEN.
NA PRIMA.
DIE HALBE MENSCHHEIT VERSCHWINDET...
"... UND DER GRÖSSTE GEHEIMDIENST DER WELT TAPPT IM DUNKELN."
ICH HABE EIN GANZ MIESES GEFÜHL, VAL.
DAS DICKE ENDE KOMMT NOCH...

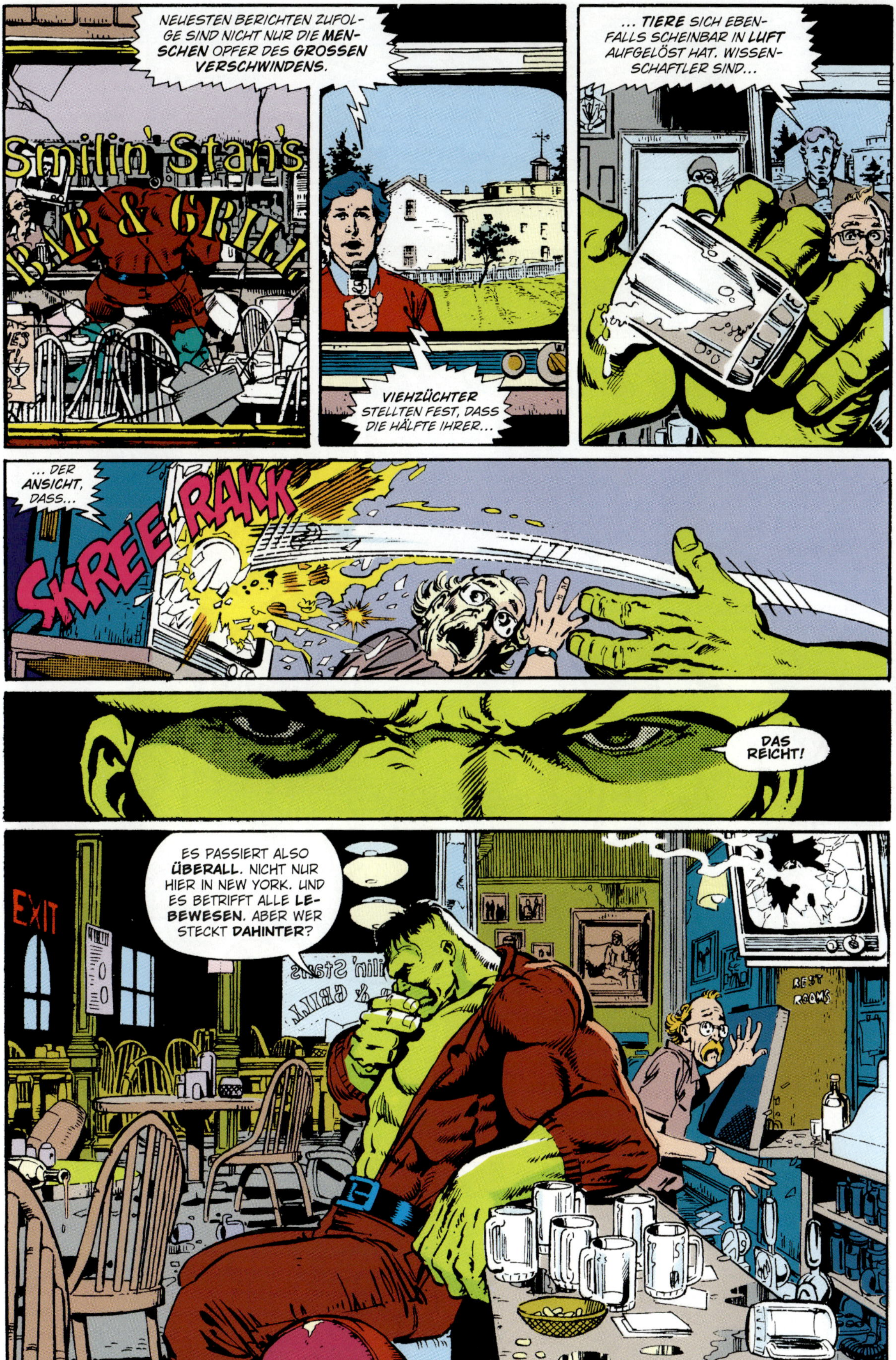
NEUESTEN BERICHTEN ZUFOLGE SIND NICHT NUR DIE MENSCHEN OPFER DES GROSSEN VERSCHWINDENS.
Smilin' Stan's
BAR & GRILL
VIEHZÜCHTER STELLTEN FEST, DASS DIE HÄLFTE IHRER...
... TIERE SICH EBENFALLS SCHEINBAR IN LUFT AUFGELÖST HAT. WISSENSCHAFTLER SIND...
... DER ANSICHT, DASS...
SKREE-RAKK
DAS REICHT!
ES PASSIERT ALSO ÜBERALL. NICHT NUR HIER IN NEW YORK. UND ES BETRIFFT ALLE LEBEWESEN. ABER WER STECKT DAHINTER?
EXIT
REST ROOMS

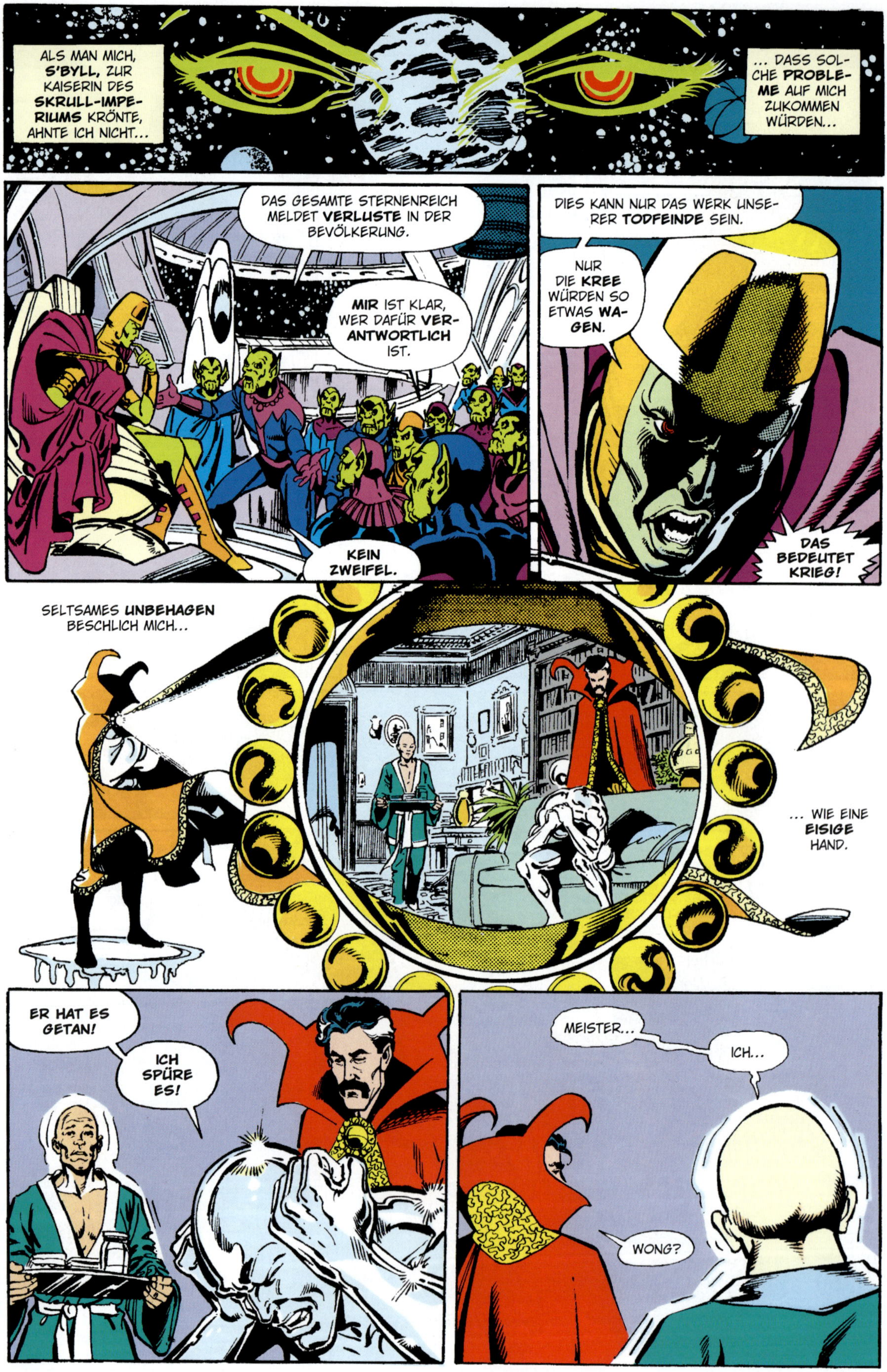
ALS MAN MICH, S'BYLL, ZUR KAISERIN DES SKRULL-IMPERIUMS KRÖNTE, AHNTE ICH NICHT...
... DASS SOLCHE PROBLEME AUF MICH ZUKOMMEN WÜRDEN...
DAS GESAMTE STERNENREICH MELDET VERLUSTE IN DER BEVÖLKERUNG.
MIR IST KLAR, WER DAFÜR VERANTWORTLICH IST.
KEIN ZWEIFEL.
DIES KANN NUR DAS WERK UNSERER TODFEINDE SEIN.
NUR DIE KREE WÜRDEN SO ETWAS WAGEN.
DAS BEDEUTET KRIEG!
SELTSAMES UNBEHAGEN BESCHLICH MICH...
... WIE EINE EISIGE HAND.
ER HAT ES GETAN!
ICH SPÜRE ES!
MEISTER...
ICH...
WONG?

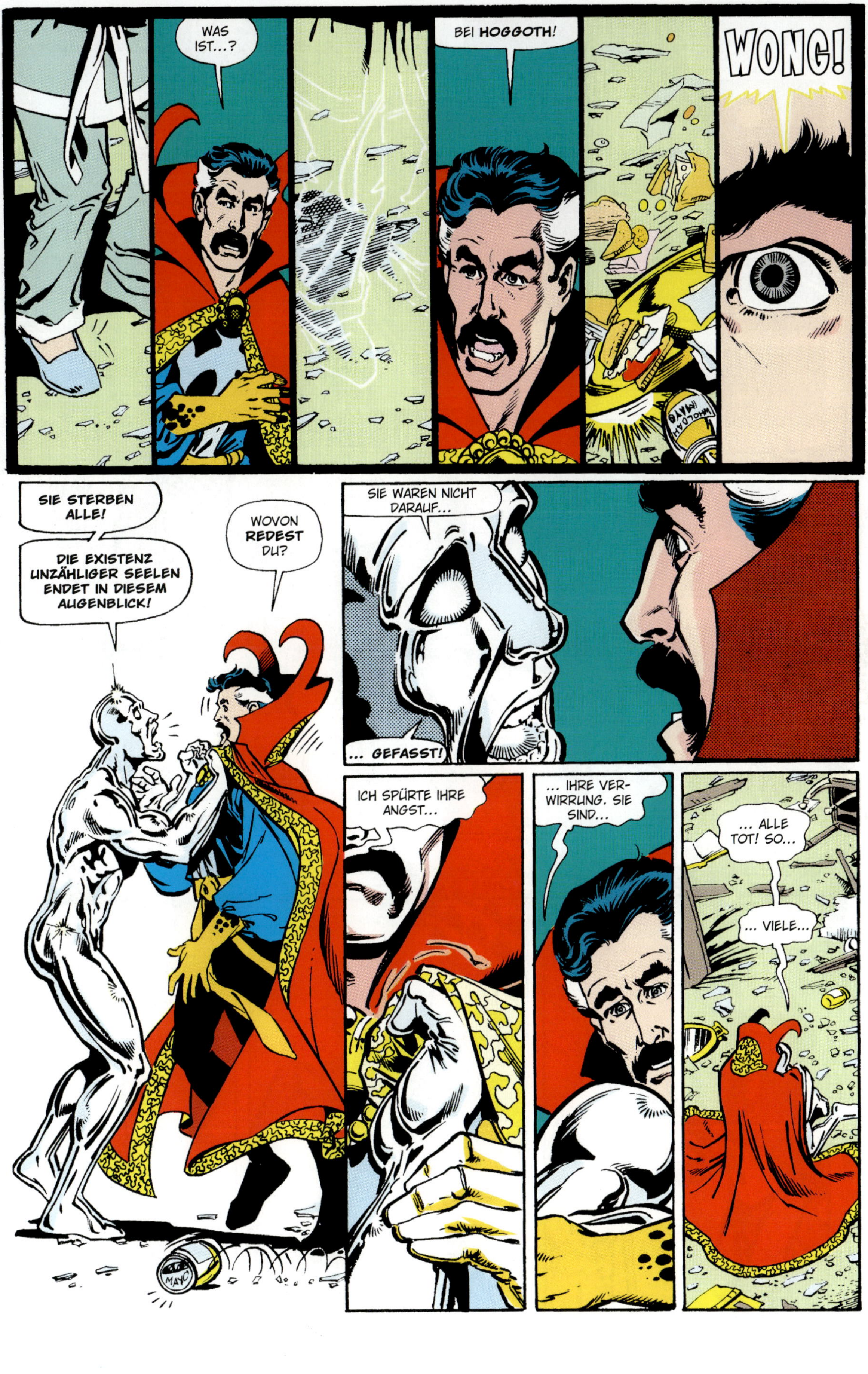
WAS IST...?
BEI HOGGOTH!
WONG!
SIE STERBEN ALLE!
DIE EXISTENZ UNZÄHLIGER SEELEN ENDET IN DIESEM AUGENBLICK!
WOVON REDEST DU?
SIE WAREN NICHT DARAUF...
... GEFASST!
ICH SPÜRTE IHRE ANGST...
... IHRE VERWIRRUNG. SIE SIND...
... ALLE TOT! SO...
... VIELE...

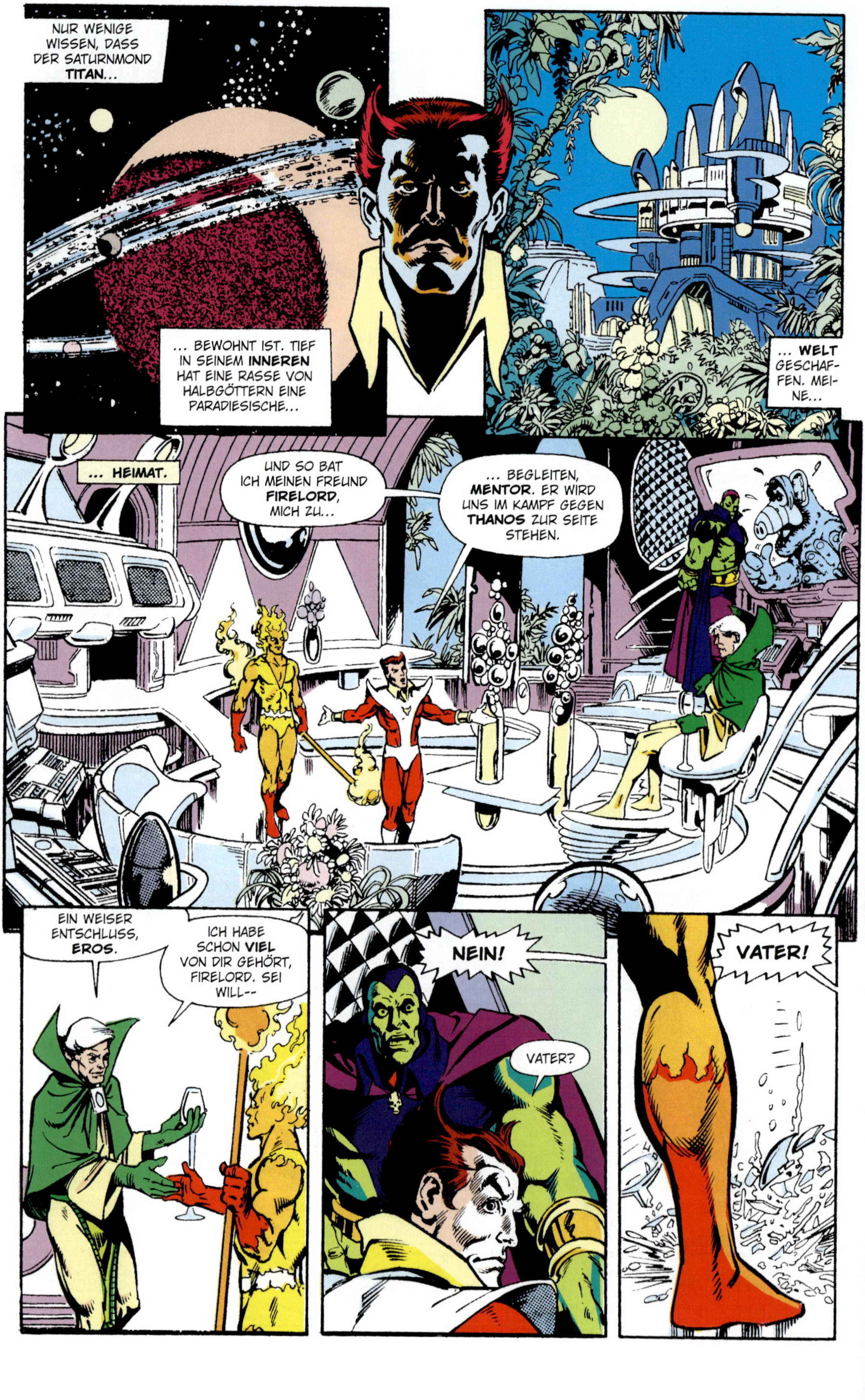

NUR WENIGE WISSEN, DASS DER SATURNMOND **TITAN**...
... BEWOHNT IST. TIEF IN SEINEM **INNEREN** HAT EINE RASSE VON HALBGÖTTERN EINE PARADIESISCHE...
... **WELT** GESCHAFFEN. MEINE...
... **HEIMAT.**
UND SO BAT ICH MEINEN FREUND **FIRELORD**, MICH ZU...
... BEGLEITEN, **MENTOR**. ER WIRD UNS IM KAMPF GEGEN **THANOS** ZUR SEITE STEHEN.
EIN WEISER ENTSCHLUSS, **EROS**.
ICH HABE SCHON **VIEL** VON DIR GEHÖRT, FIRELORD. SEI WILL--
NEIN!
VATER?
VATER!

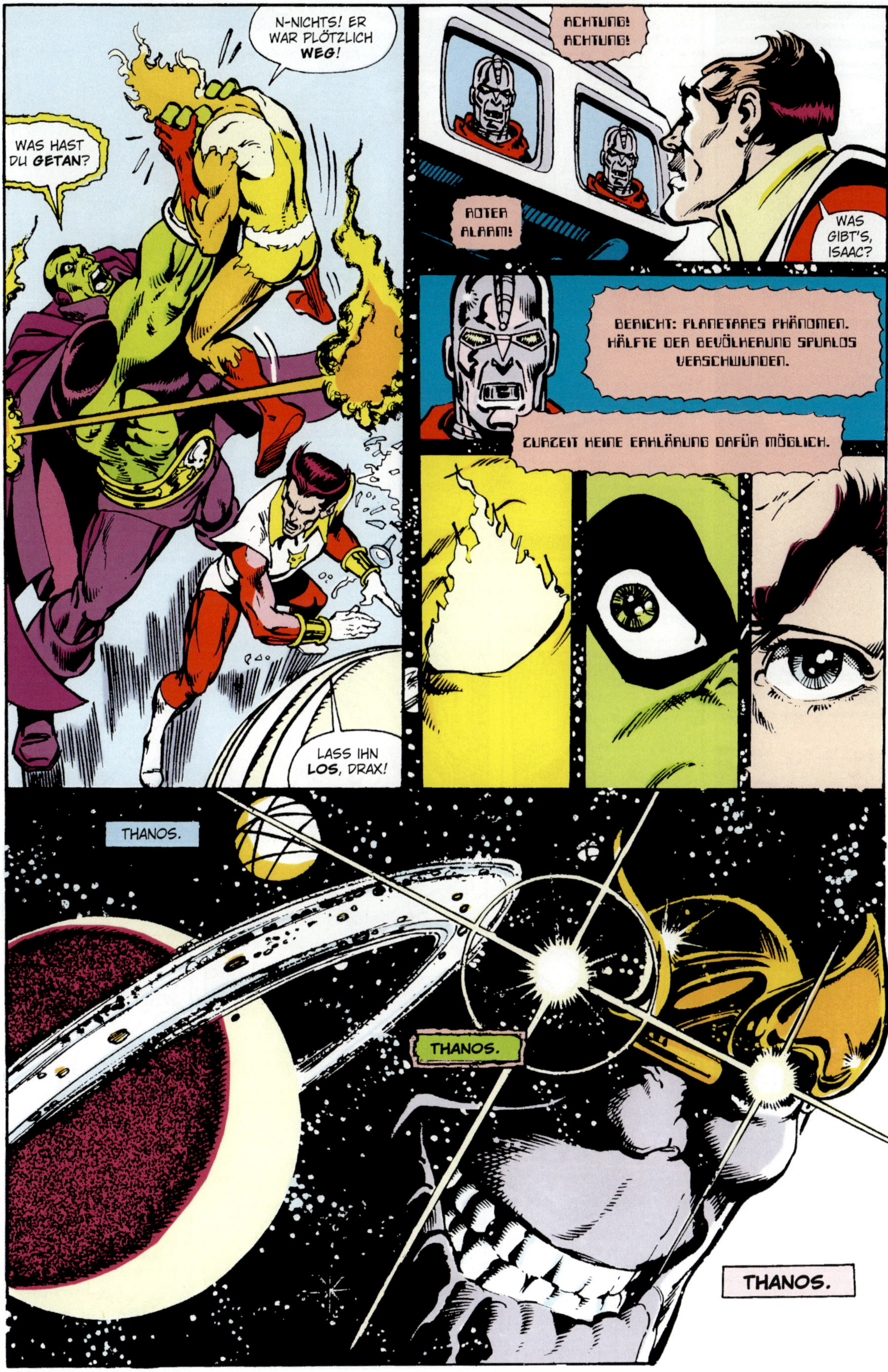
N-NICHTS! ER WAR PLÖTZLICH **WEG**!
WAS HAST DU **GETAN**?
ACHTUNG! ACHTUNG!
ROTER ALARM!
WAS GIBT'S, ISAAC?
BERICHT: PLANETARES PHÄNOMEN. HÄLFTE DER BEVÖLKERUNG SPURLOS VERSCHWUNDEN.
ZURZEIT KEINE ERKLÄRUNG DAFÜR MÖGLICH.
LASS IHN **LOS**, DRAX!
THANOS.
THANOS.
THANOS.

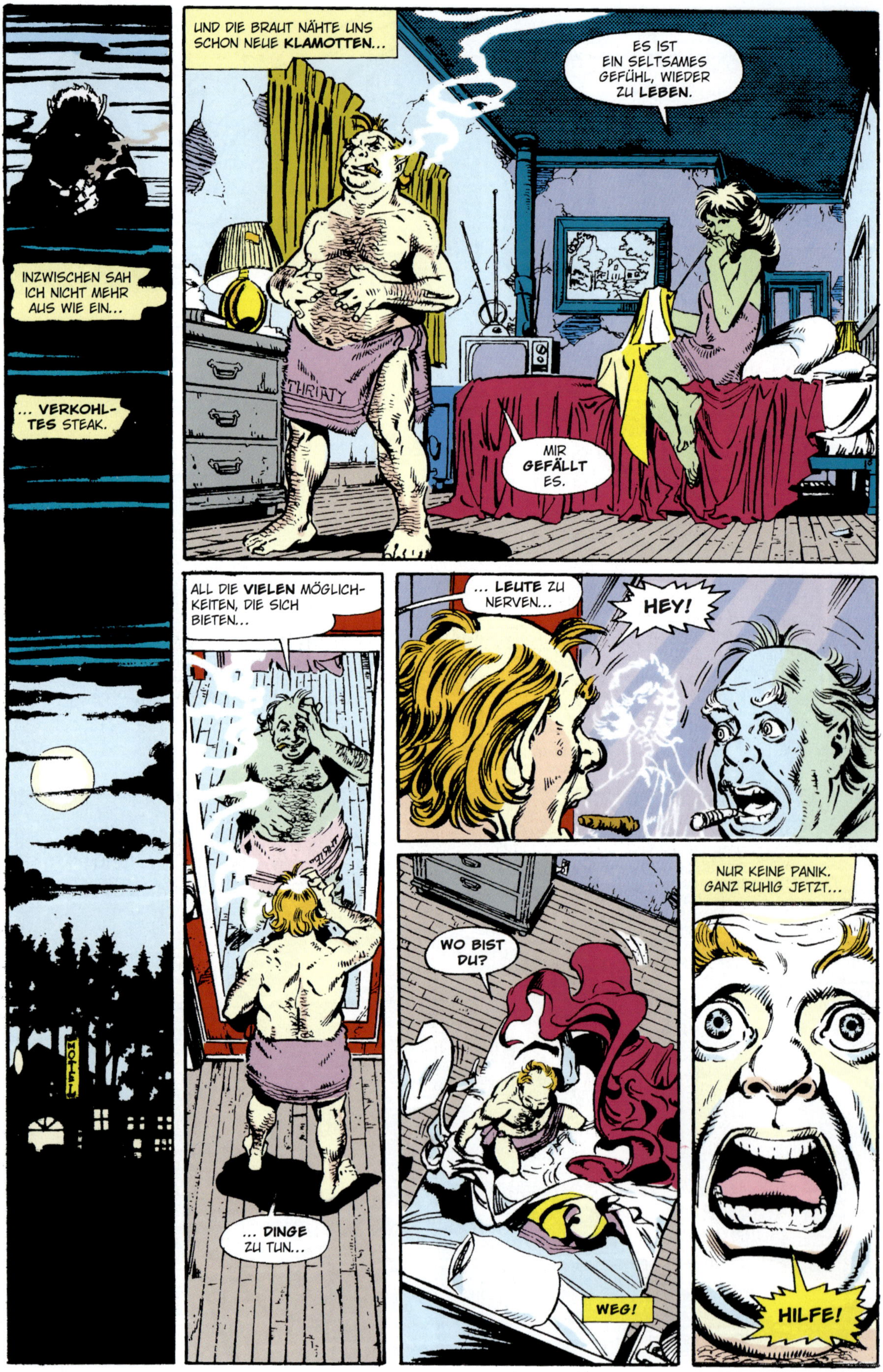

INZWISCHEN SAH ICH NICHT MEHR AUS WIE EIN...
... VERKOHL-TES STEAK.
UND DIE BRAUT NÄHTE UNS SCHON NEUE KLAMOTTEN...
ES IST EIN SELTSAMES GEFÜHL, WIEDER ZU LEBEN.
MIR GEFÄLLT ES.
THRIFTY
MOTEL
ALL DIE VIELEN MÖGLICH-KEITEN, DIE SICH BIETEN...
... DINGE ZU TUN...
... LEUTE ZU NERVEN...
HEY!
WO BIST DU?
WEG!
NUR KEINE PANIK. GANZ RUHIG JETZT...
HILFE!

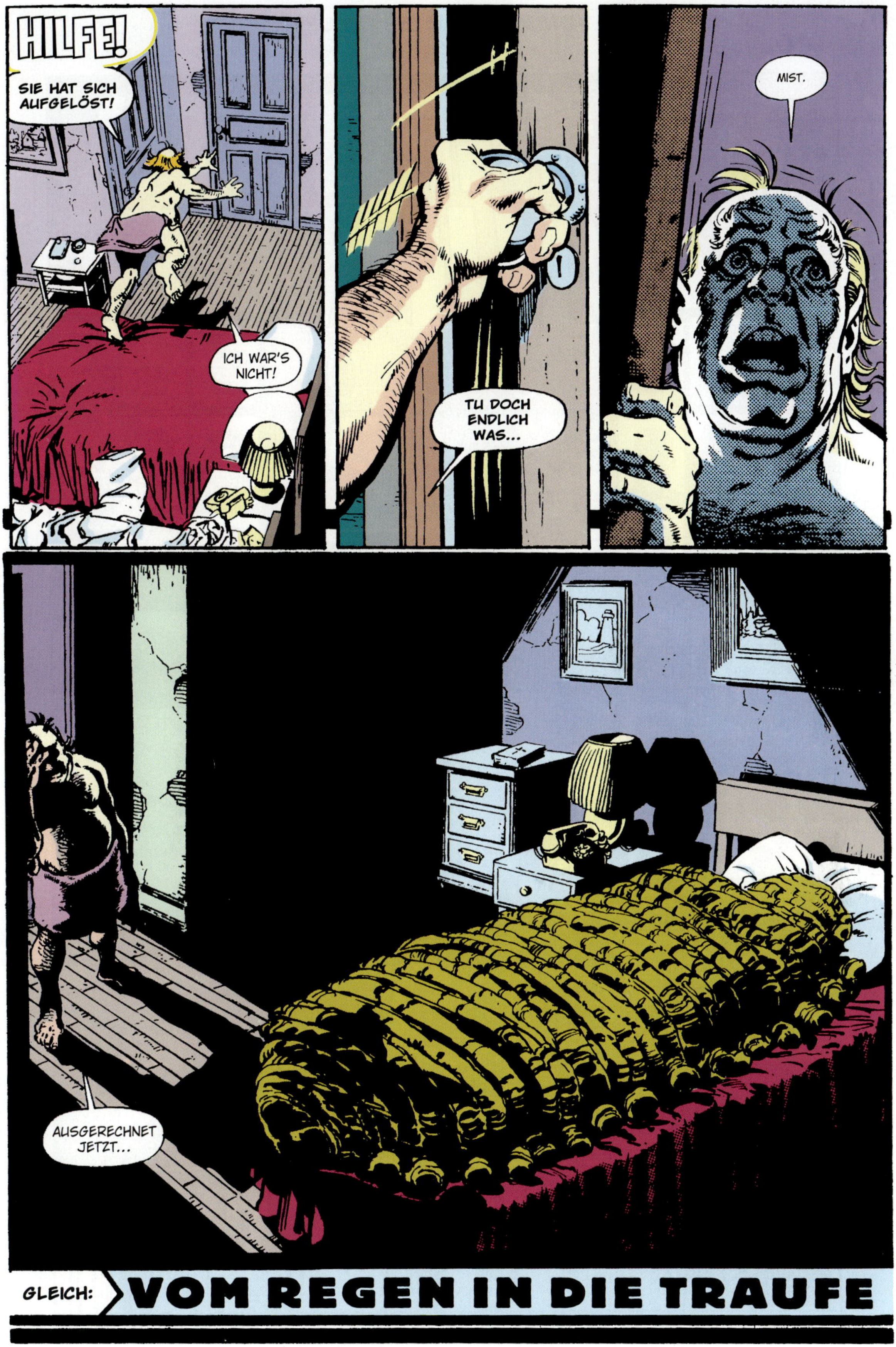

GLEICH: **VOM REGEN IN DIE TRAUFE**

VOM REGEN IN DIE TRAUFE

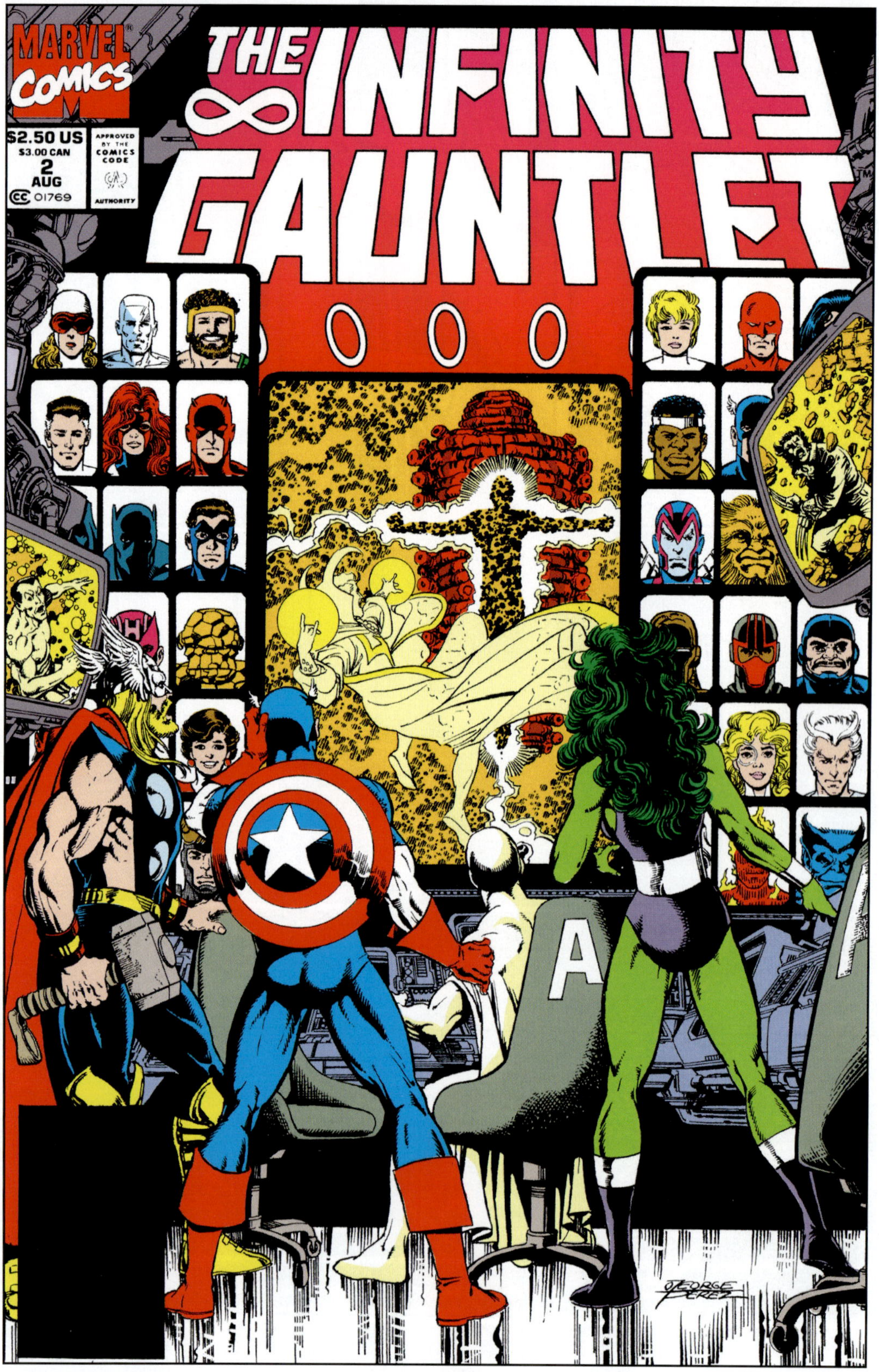

Infinity Gauntlet (1991) 2
Cover von **GEORGE PÉREZ**

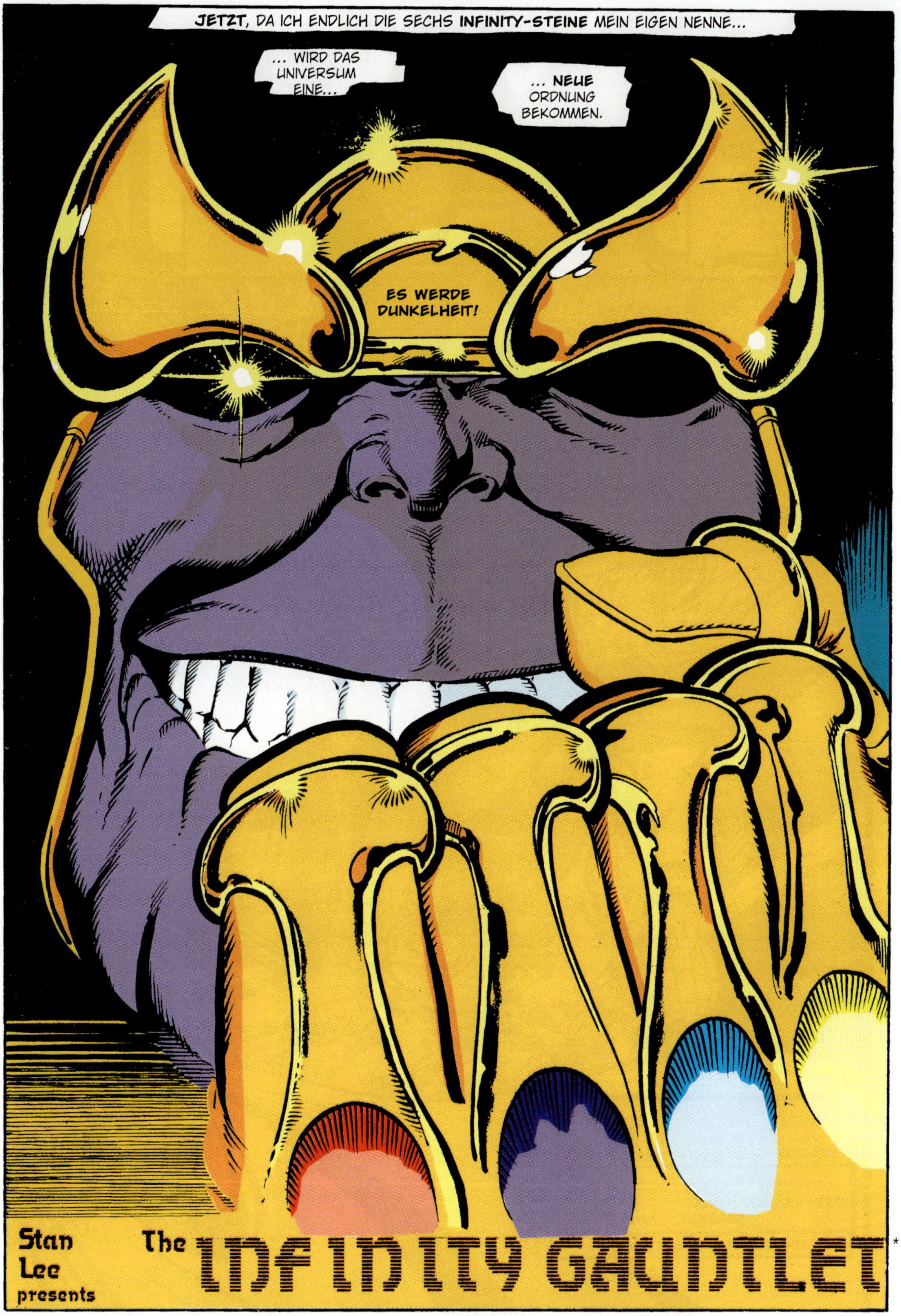

* STAN LEE PRÄSENTIERT: DIE EWIGE FEHDE

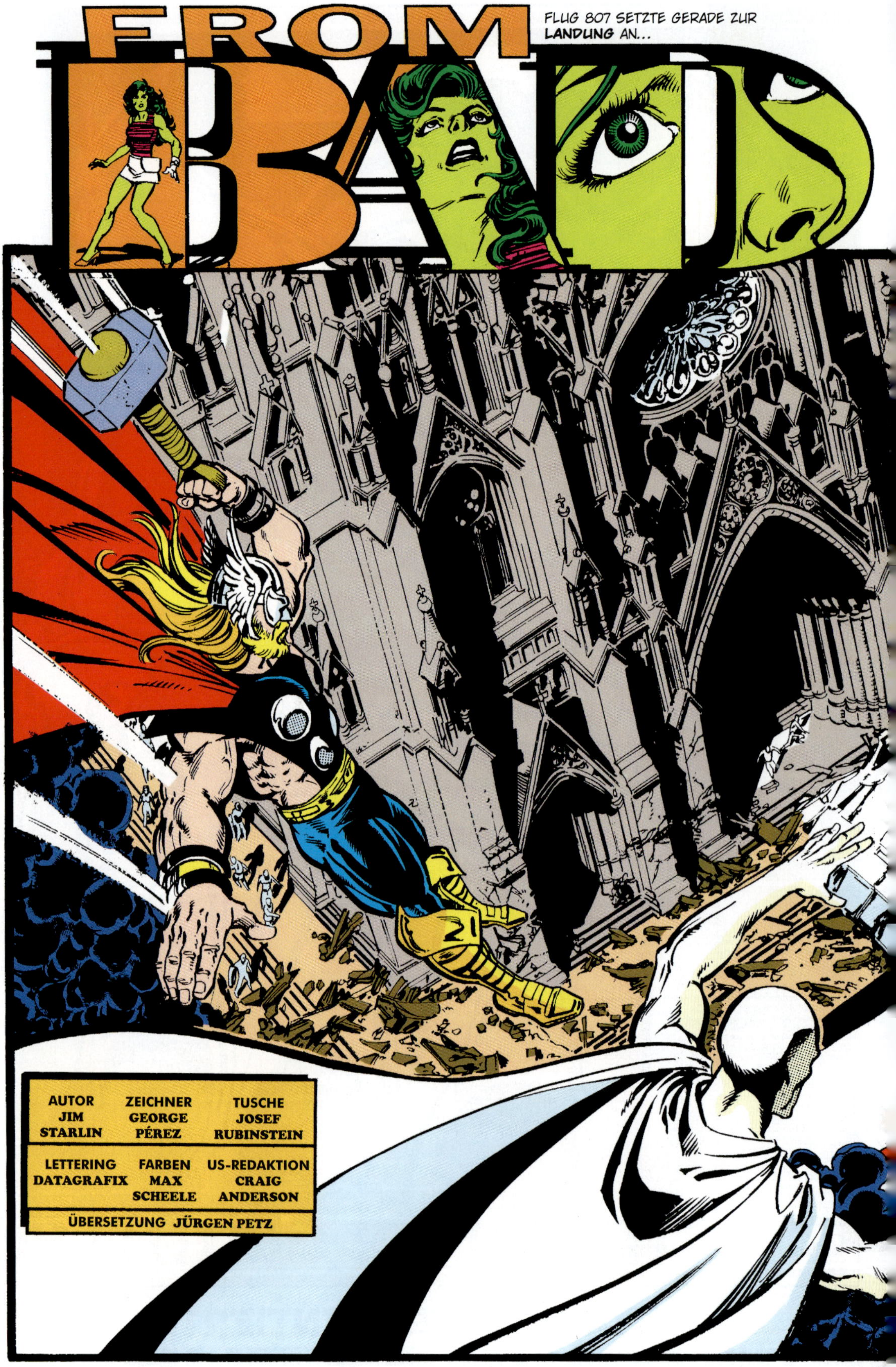
FROM
BAD
FLUG 807 SETZTE GERADE ZUR LANDUNG AN...
AUTOR JIM STARLIN
ZEICHNER GEORGE PÉREZ
TUSCHE JOSEF RUBINSTEIN
LETTERING DATAGRAFIX
FARBEN MAX SCHEELE
US-REDAKTION CRAIG ANDERSON
ÜBERSETZUNG JÜRGEN PETZ

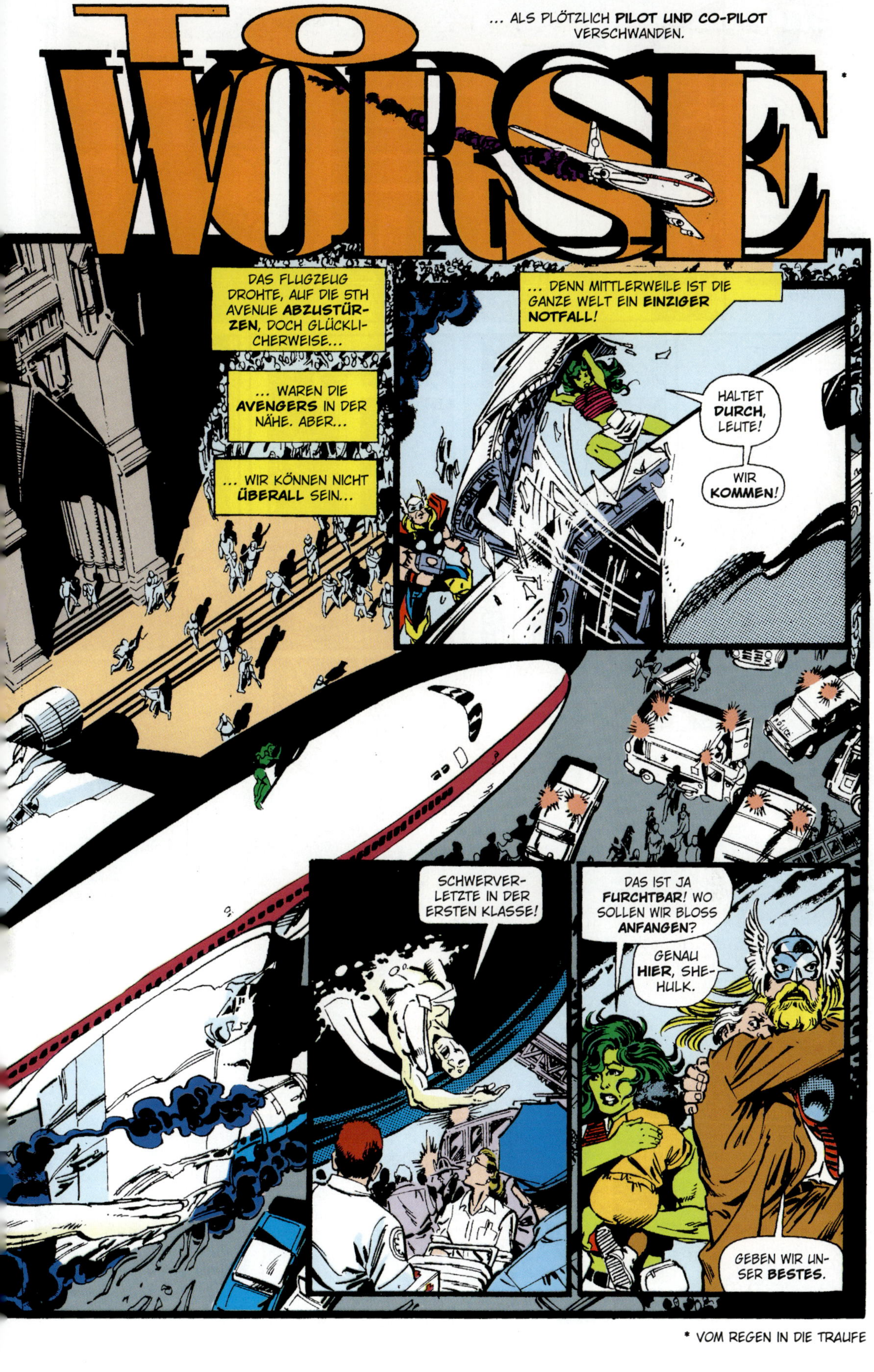

* VOM REGEN IN DIE TRAUFE

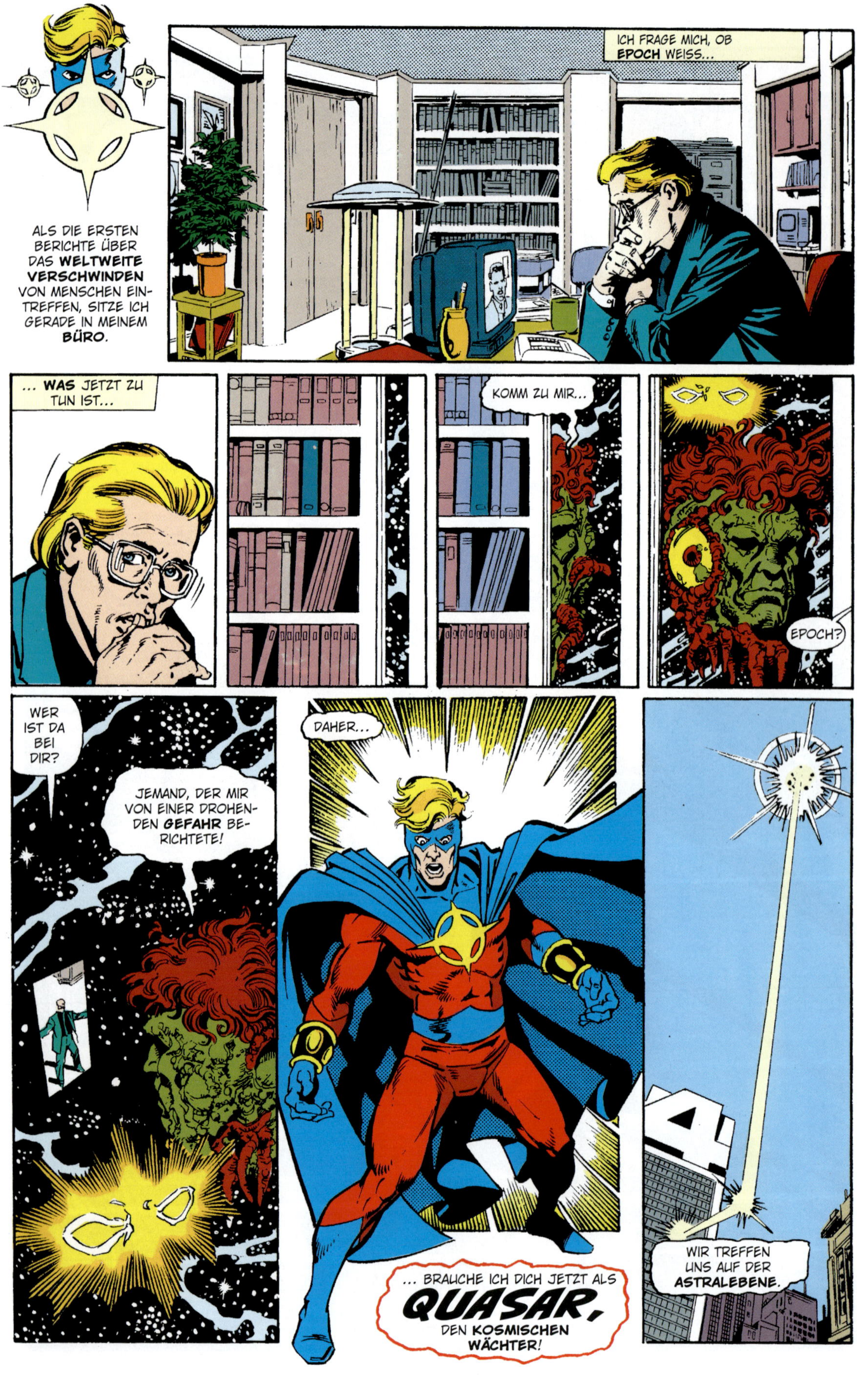
ALS DIE ERSTEN BERICHTE ÜBER DAS WELTWEITE VERSCHWINDEN VON MENSCHEN EINTREFFEN, SITZE ICH GERADE IN MEINEM BÜRO.
ICH FRAGE MICH, OB EPOCH WEISS...
... WAS JETZT ZU TUN IST...
KOMM ZU MIR...
EPOCH?
WER IST DA BEI DIR?
JEMAND, DER MIR VON EINER DROHENDEN GEFAHR BERICHTETE!
DAHER...
... BRAUCHE ICH DICH JETZT ALS QUASAR, DEN KOSMISCHEN WÄCHTER!
WIR TREFFEN UNS AUF DER ASTRALEBENE.

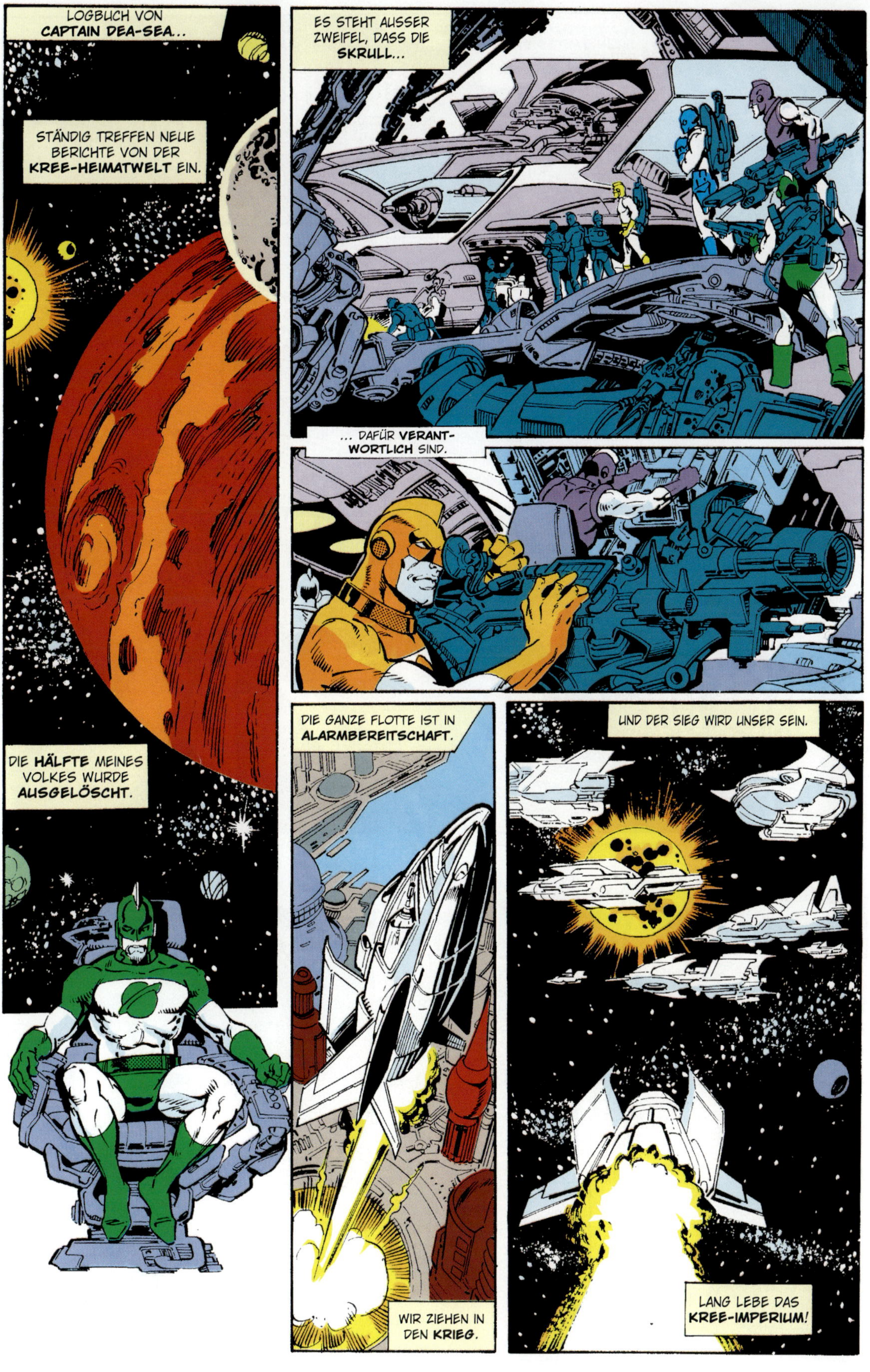
LOGBUCH VON CAPTAIN DEA-SEA...
STÄNDIG TREFFEN NEUE BERICHTE VON DER KREE-HEIMATWELT EIN.
DIE HÄLFTE MEINES VOLKES WURDE AUSGELÖSCHT.
ES STEHT AUSSER ZWEIFEL, DASS DIE SKRULL...
... DAFÜR VERANT-WORTLICH SIND.
DIE GANZE FLOTTE IST IN ALARMBEREITSCHAFT.
WIR ZIEHEN IN DEN KRIEG.
UND DER SIEG WIRD UNSER SEIN.
LANG LEBE DAS KREE-IMPERIUM!

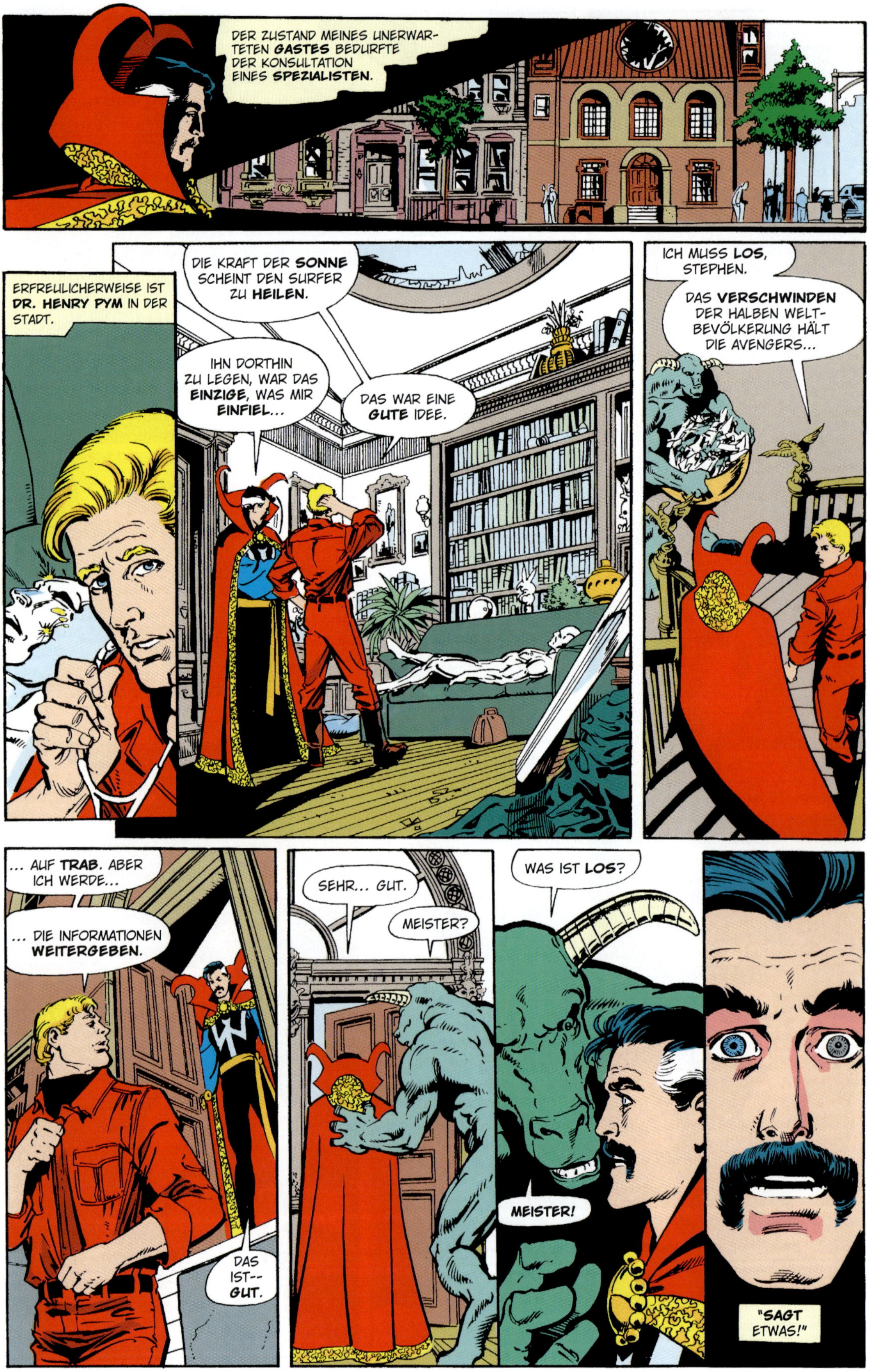
DER ZUSTAND MEINES UNERWARTETEN GASTES BEDURFTE DER KONSULTATION EINES SPEZIALISTEN.
ERFREULICHERWEISE IST DR. HENRY PYM IN DER STADT.
DIE KRAFT DER SONNE SCHEINT DEN SURFER ZU HEILEN.
IHN DORTHIN ZU LEGEN, WAR DAS EINZIGE, WAS MIR EINFIEL...
DAS WAR EINE GUTE IDEE.
ICH MUSS LOS, STEPHEN.
DAS VERSCHWINDEN DER HALBEN WELTBEVÖLKERUNG HÄLT DIE AVENGERS...
... AUF TRAB. ABER ICH WERDE...
... DIE INFORMATIONEN WEITERGEBEN.
DAS IST-- GUT.
SEHR... GUT.
MEISTER?
WAS IST LOS?
MEISTER!
"SAGT ETWAS!"

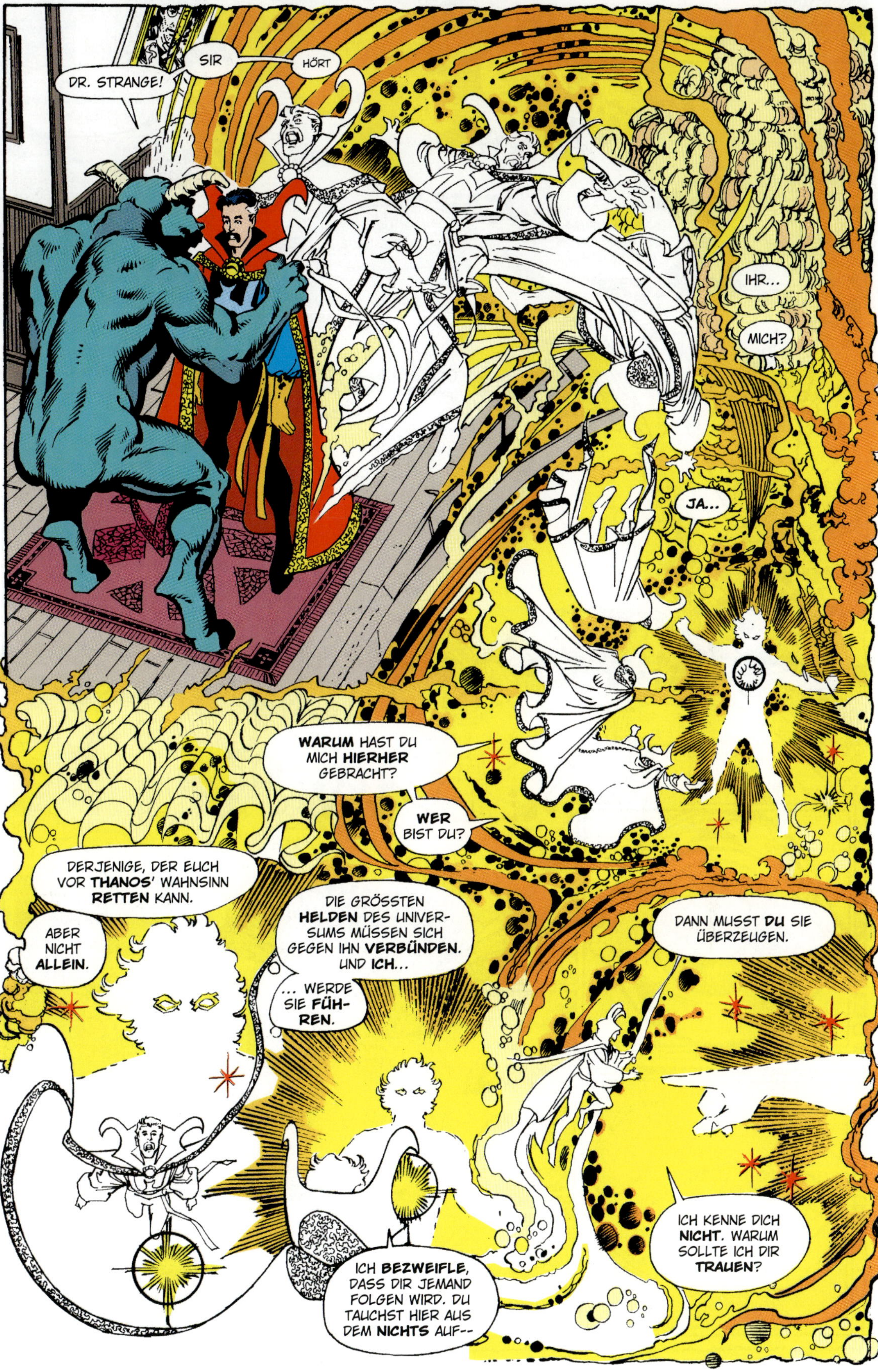

DR. STRANGE!
SIR
HÖRT
IHR...
MICH?
JA...
WARUM HAST DU MICH HIERHER GEBRACHT?
WER BIST DU?
DERJENIGE, DER EUCH VOR THANOS' WAHNSINN RETTEN KANN.
ABER NICHT ALLEIN.
DIE GRÖSSTEN HELDEN DES UNIVERSUMS MÜSSEN SICH GEGEN IHN VERBÜNDEN. UND ICH...
... WERDE SIE FÜHREN.
DANN MUSST DU SIE ÜBERZEUGEN.
ICH KENNE DICH NICHT. WARUM SOLLTE ICH DIR TRAUEN?
ICH BEZWEIFLE, DASS DIR JEMAND FOLGEN WIRD. DU TAUCHST HIER AUS DEM NICHTS AUF--

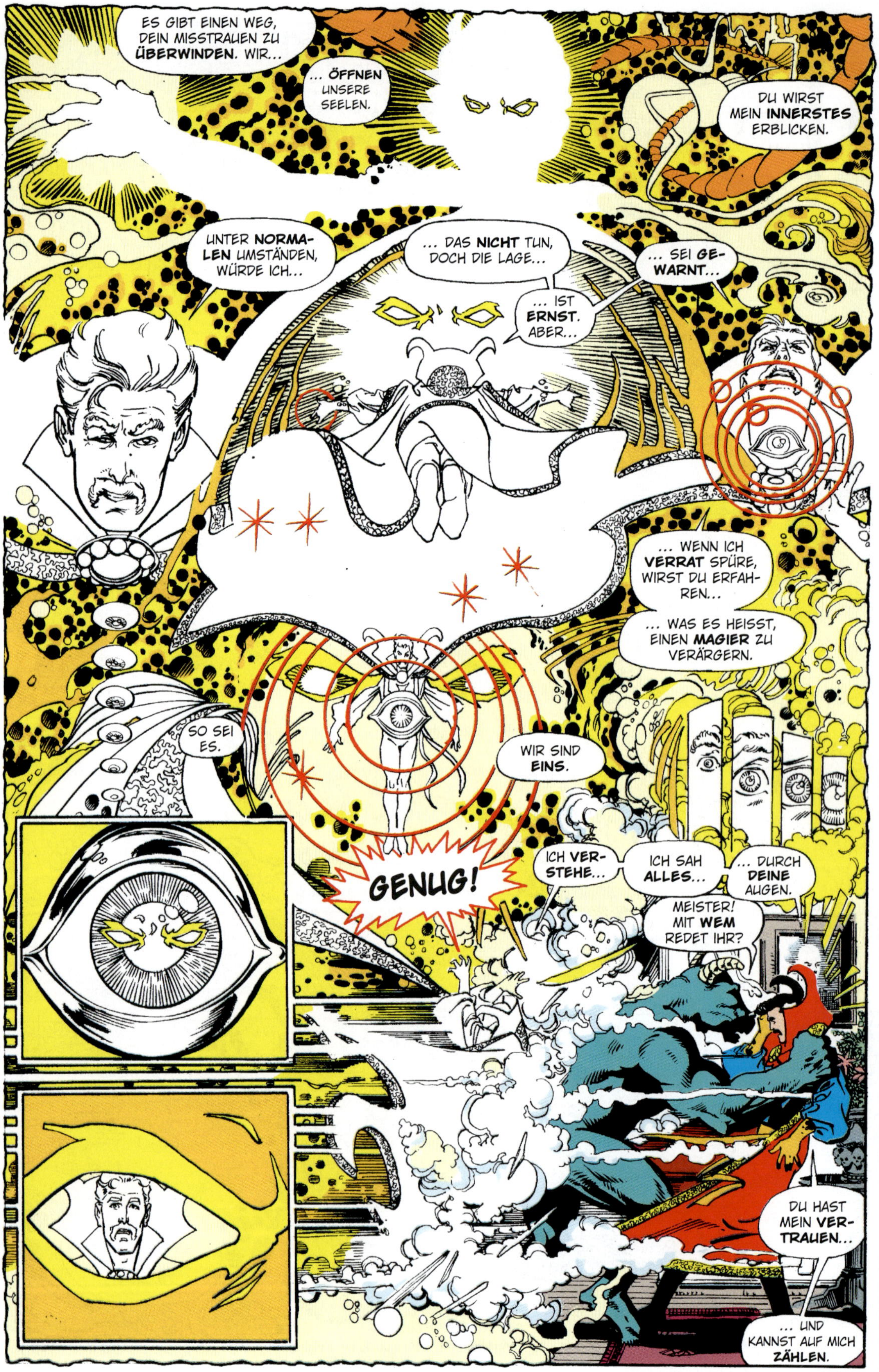

ES GIBT EINEN WEG, DEIN MISSTRAUEN ZU **ÜBERWINDEN**. WIR...
... **ÖFFNEN** UNSERE SEELEN.
DU WIRST MEIN **INNERSTES** ERBLICKEN.
UNTER **NORMALEN** UMSTÄNDEN, WÜRDE ICH...
... DAS **NICHT** TUN, DOCH DIE LAGE...
... IST **ERNST**. ABER...
... SEI **GEWARNT**...
... WENN ICH **VERRAT** SPÜRE, WIRST DU ERFAHREN...
... WAS ES HEISST, EINEN **MAGIER** ZU VERÄRGERN.
SO SEI ES.
WIR SIND **EINS**.
GENUG!
ICH **VERSTEHE**...
ICH SAH **ALLES**...
... DURCH **DEINE** AUGEN.
MEISTER! MIT **WEM** REDET IHR?
DU HAST MEIN **VERTRAUEN**...
... UND KANNST AUF MICH **ZÄHLEN**.

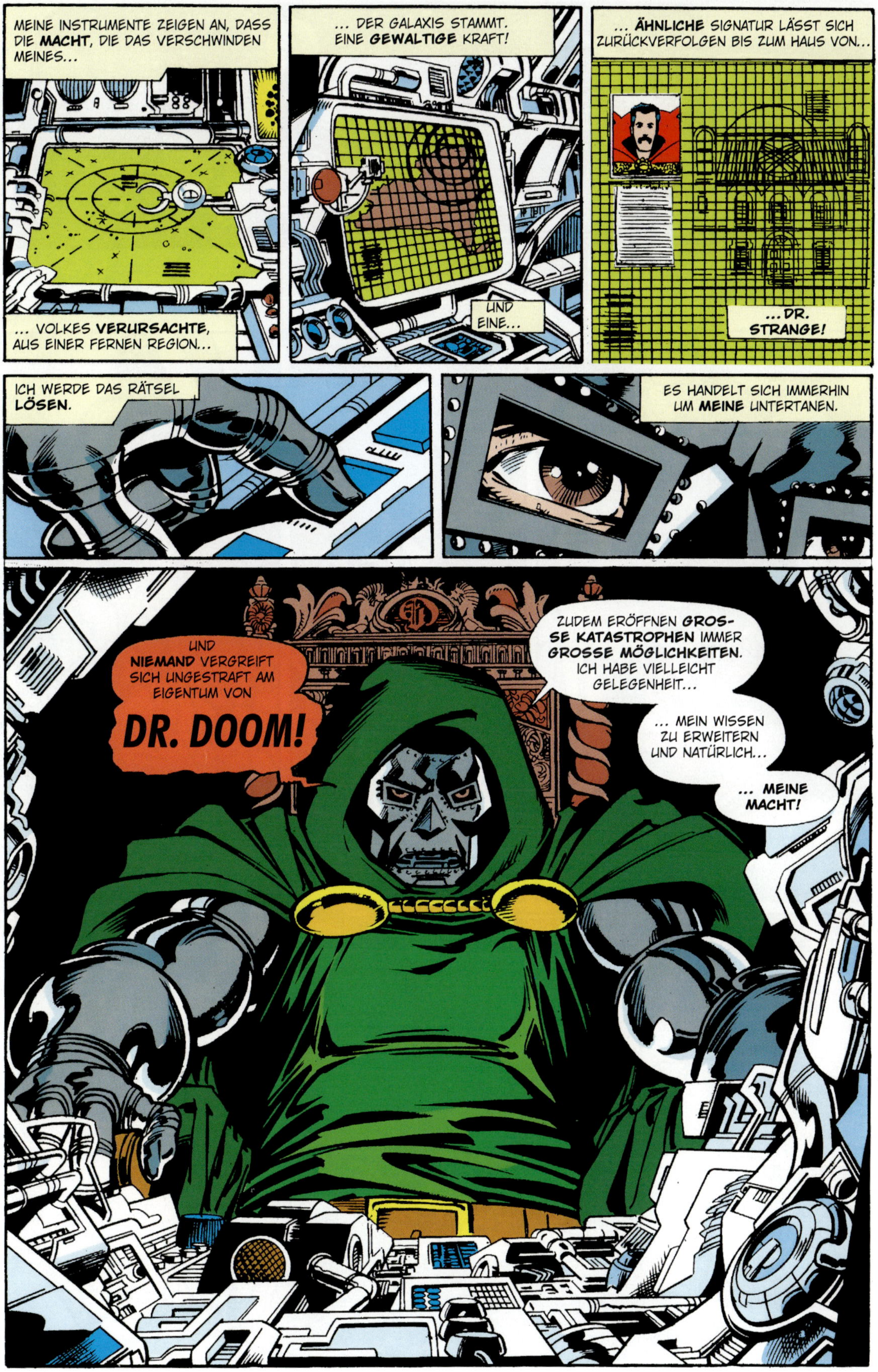

MEINE INSTRUMENTE ZEIGEN AN, DASS DIE MACHT, DIE DAS VERSCHWINDEN MEINES...
... VOLKES VERURSACHTE, AUS EINER FERNEN REGION...
... DER GALAXIS STAMMT. EINE GEWALTIGE KRAFT!
UND EINE...
... ÄHNLICHE SIGNATUR LÄSST SICH ZURÜCKVERFOLGEN BIS ZUM HAUS VON...
... DR. STRANGE!
ICH WERDE DAS RÄTSEL LÖSEN.
ES HANDELT SICH IMMERHIN UM MEINE UNTERTANEN.
UND NIEMAND VERGREIFT SICH UNGESTRAFT AM EIGENTUM VON
DR. DOOM!
ZUDEM ERÖFFNEN GROSSE KATASTROPHEN IMMER GROSSE MÖGLICHKEITEN. ICH HABE VIELLEICHT GELEGENHEIT...
... MEIN WISSEN ZU ERWEITERN UND NATÜRLICH...
... MEINE MACHT!

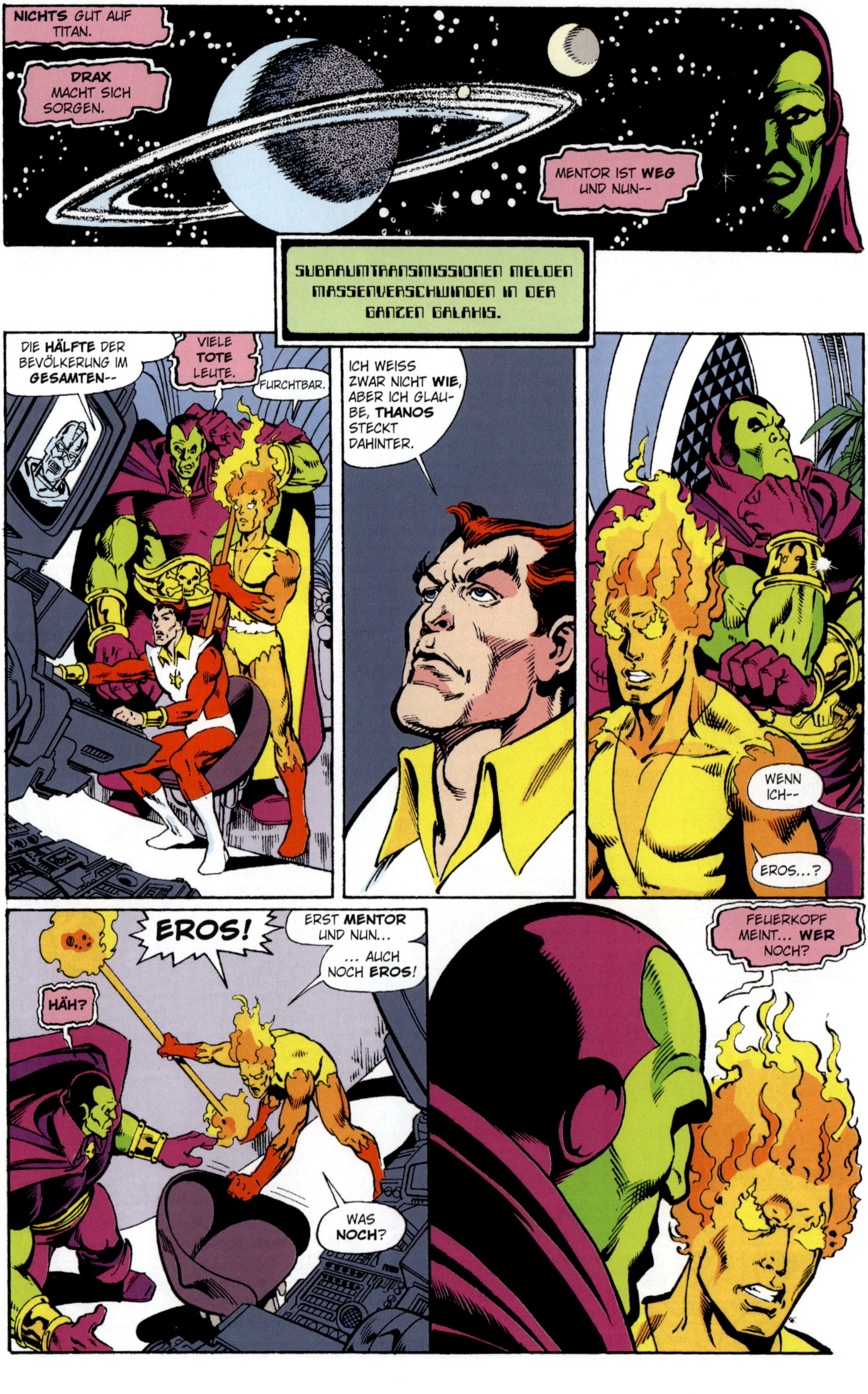
NICHTS GUT AUF TITAN.
DRAX MACHT SICH SORGEN.
MENTOR IST WEG UND NUN--
SUBRAUMTRANSMISSIONEN MELDEN MASSENVERSCHWINDEN IN DER GANZEN GALAXIS.
DIE HÄLFTE DER BEVÖLKERUNG IM GESAMTEN--
VIELE TOTE LEUTE.
FURCHTBAR.
ICH WEISS ZWAR NICHT WIE, ABER ICH GLAUBE, THANOS STECKT DAHINTER.
WENN ICH--
EROS...?
EROS!
ERST MENTOR UND NUN...
... AUCH NOCH EROS!
HÄH?
WAS NOCH?
FEUERKOPF MEINT... WER NOCH?

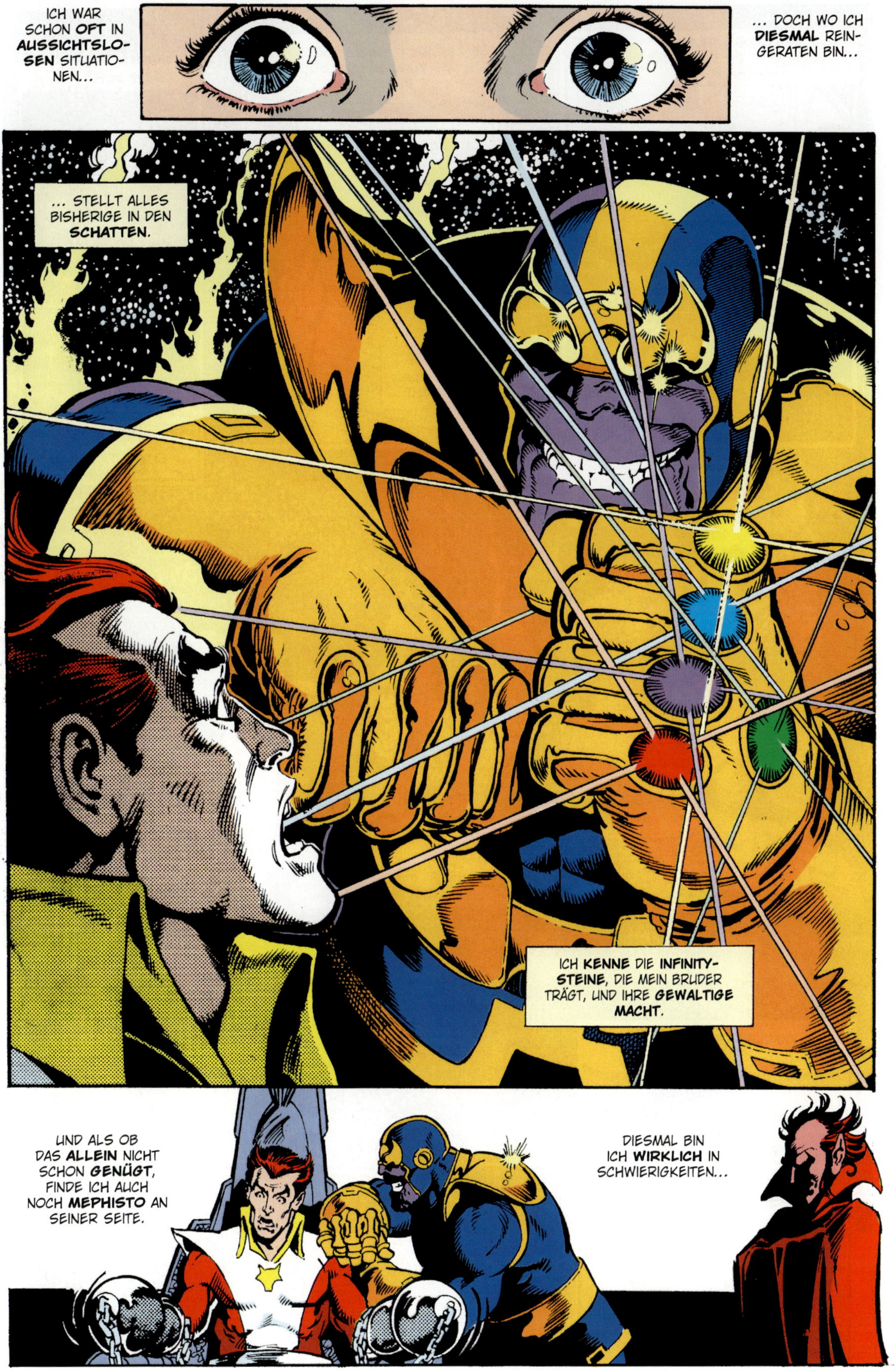
ICH WAR SCHON **OFT** IN **AUSSICHTSLOSEN** SITUATIONEN...
... DOCH WO ICH **DIESMAL** REINGERATEN BIN...
... STELLT ALLES BISHERIGE IN DEN **SCHATTEN**.
ICH **KENNE** DIE **INFINITY-STEINE**, DIE MEIN BRUDER TRÄGT, UND IHRE **GEWALTIGE MACHT**.
UND ALS OB DAS **ALLEIN** NICHT SCHON **GENÜGT**, FINDE ICH AUCH NOCH **MEPHISTO** AN SEINER SEITE.
DIESMAL BIN ICH **WIRKLICH** IN SCHWIERIGKEITEN...

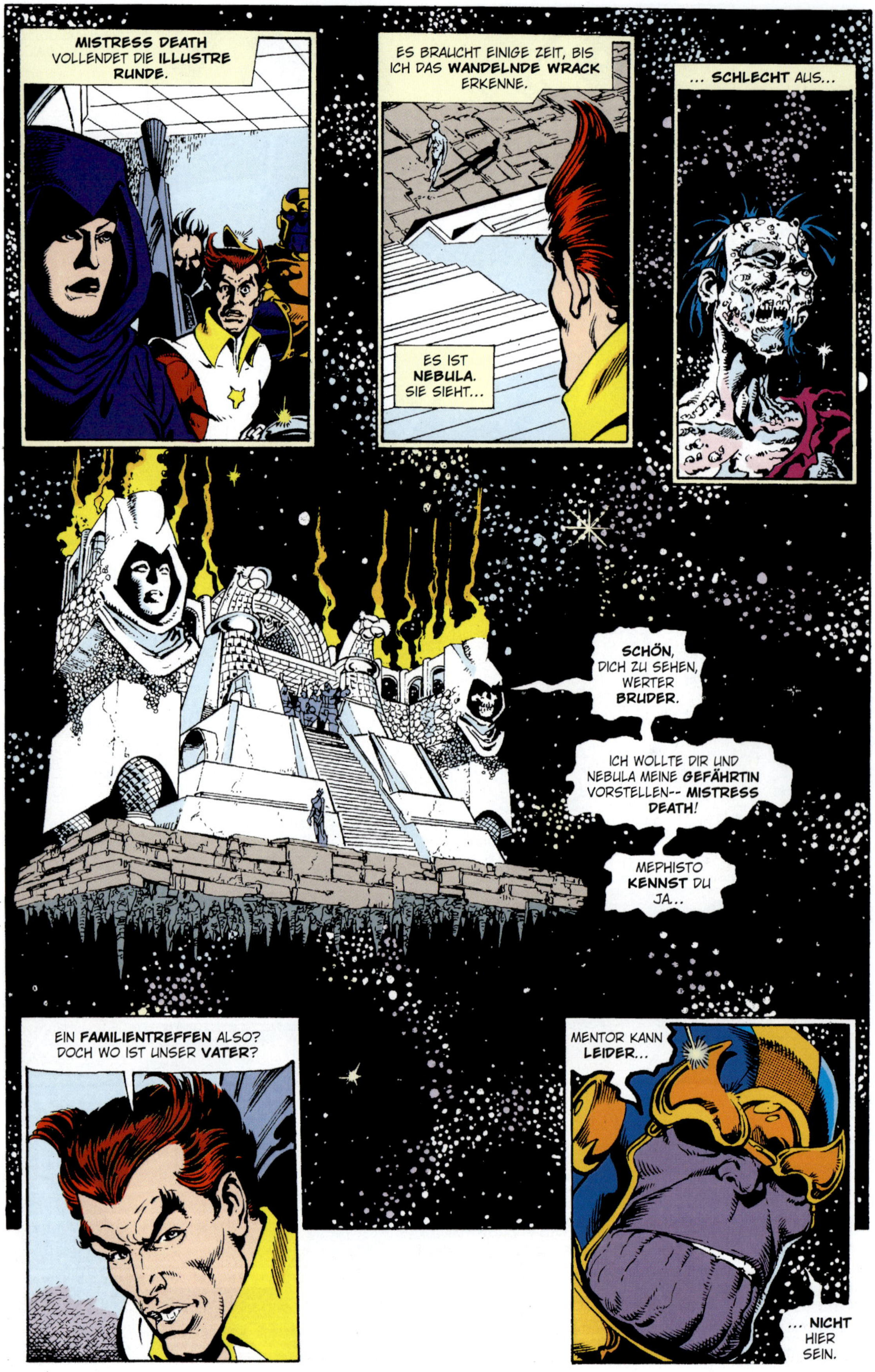
MISTRESS DEATH VOLLENDET DIE ILLUSTRE RUNDE.
ES BRAUCHT EINIGE ZEIT, BIS ICH DAS WANDELNDE WRACK ERKENNE.
ES IST NEBULA. SIE SIEHT...
... SCHLECHT AUS...
SCHÖN, DICH ZU SEHEN, WERTER BRUDER.
ICH WOLLTE DIR UND NEBULA MEINE GEFÄHRTIN VORSTELLEN-- MISTRESS DEATH!
MEPHISTO KENNST DU JA...
EIN FAMILIENTREFFEN ALSO? DOCH WO IST UNSER VATER?
MENTOR KANN LEIDER...
... NICHT HIER SEIN.

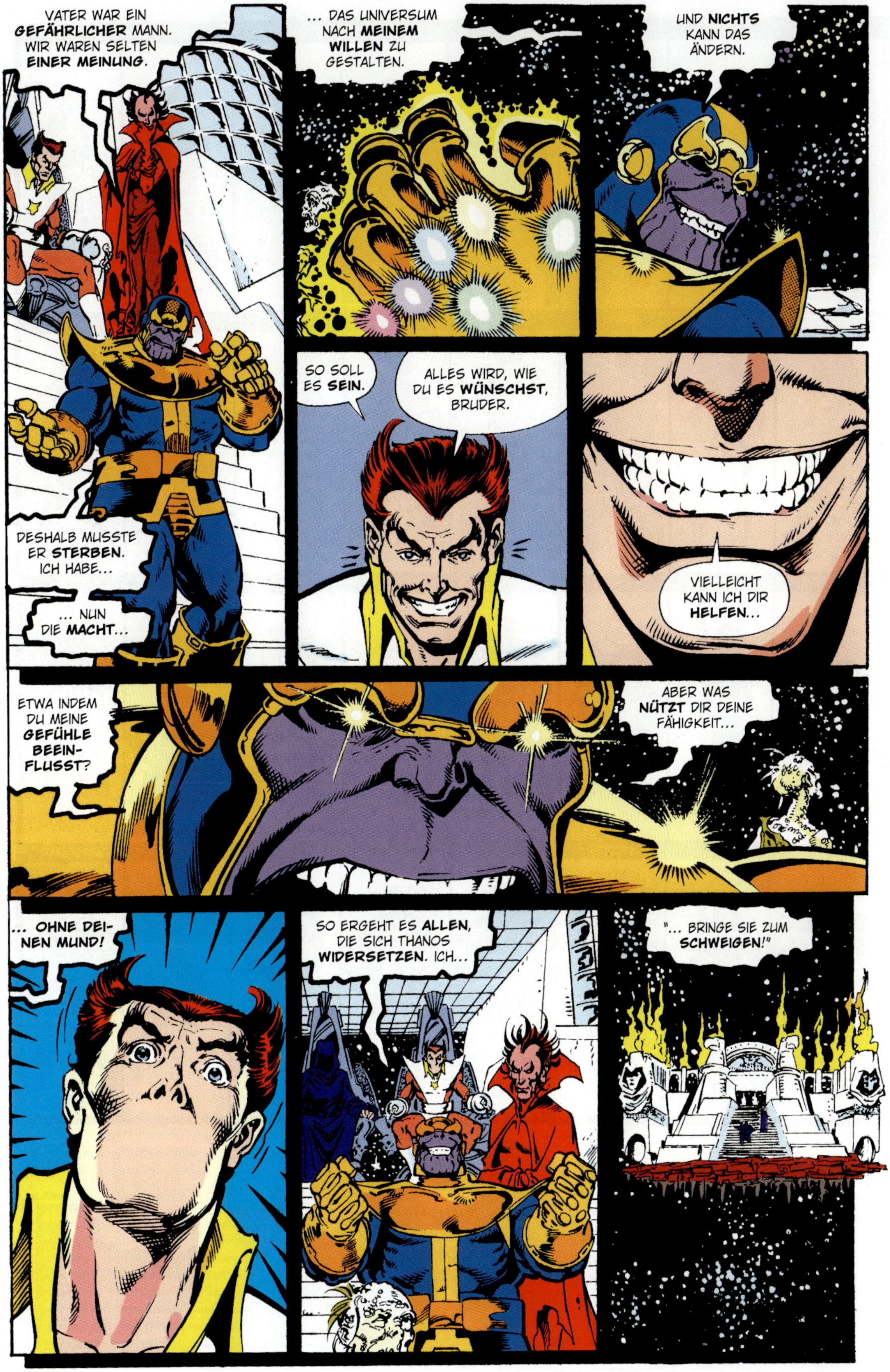
VATER WAR EIN GEFÄHRLICHER MANN. WIR WAREN SELTEN EINER MEINUNG.
DESHALB MUSSTE ER STERBEN. ICH HABE...
... NUN DIE MACHT...
... DAS UNIVERSUM NACH MEINEM WILLEN ZU GESTALTEN.
UND NICHTS KANN DAS ÄNDERN.
SO SOLL ES SEIN.
ALLES WIRD, WIE DU ES WÜNSCHST, BRUDER.
VIELLEICHT KANN ICH DIR HELFEN...
ETWA INDEM DU MEINE GEFÜHLE BEEIN-FLUSST?
ABER WAS NÜTZT DIR DEINE FÄHIGKEIT...
... OHNE DEI-NEN MUND!
SO ERGEHT ES ALLEN, DIE SICH THANOS WIDERSETZEN. ICH...
"... BRINGE SIE ZUM SCHWEIGEN!"

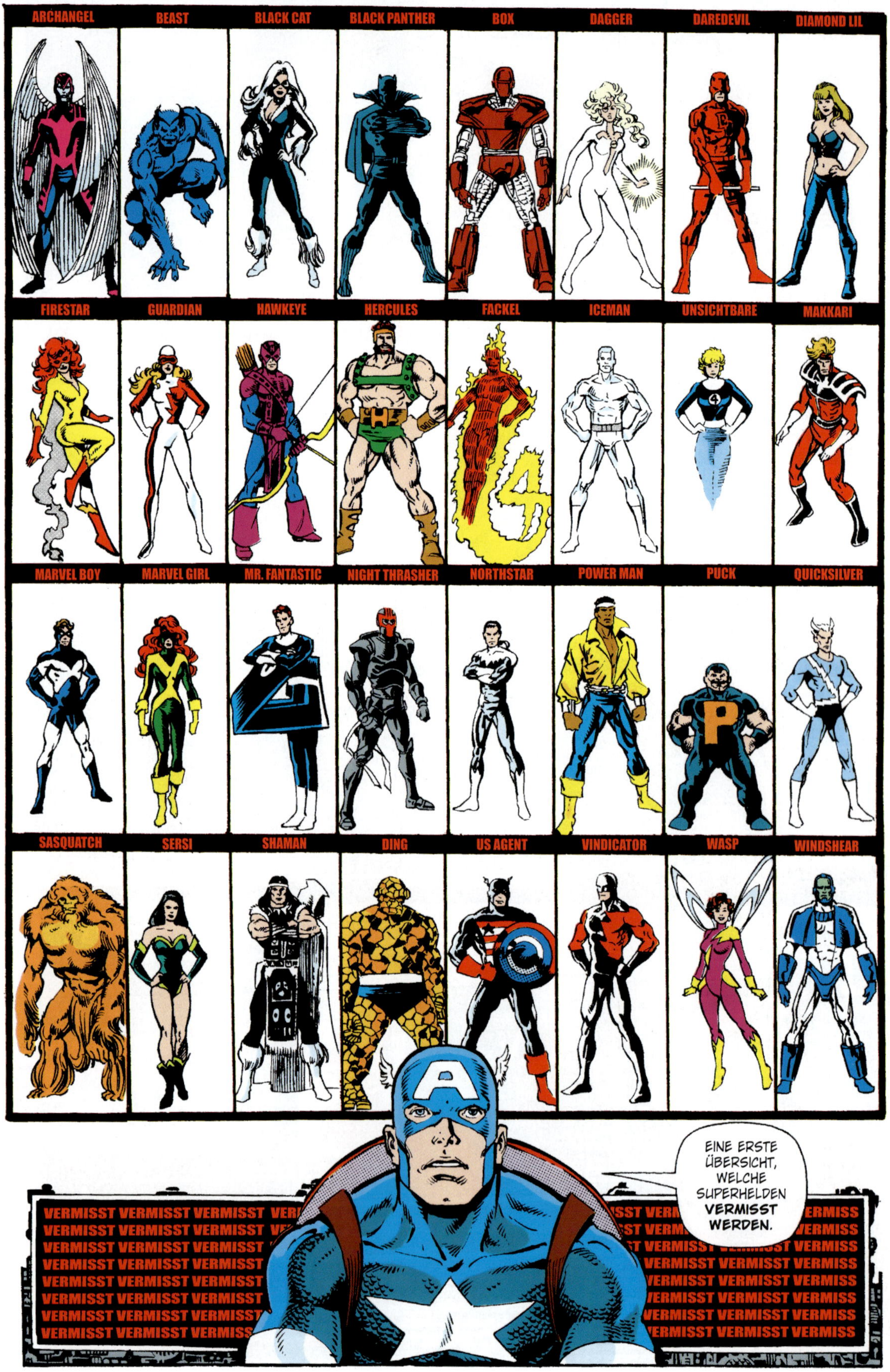
ARCHANGEL
BEAST
BLACK CAT
BLACK PANTHER
BOX
DAGGER
DAREDEVIL
DIAMOND LIL
FIRESTAR
GUARDIAN
HAWKEYE
HERCULES
FACKEL
ICEMAN
UNSICHTBARE
MAKKARI
MARVEL BOY
MARVEL GIRL
MR. FANTASTIC
NIGHT THRASHER
NORTHSTAR
POWER MAN
PUCK
QUICKSILVER
SASQUATCH
SERSI
SHAMAN
DING
US AGENT
VINDICATOR
WASP
WINDSHEAR
VERMISST VERMISST VERMISST
EINE ERSTE ÜBERSICHT, WELCHE SUPERHELDEN **VERMISST WERDEN.**

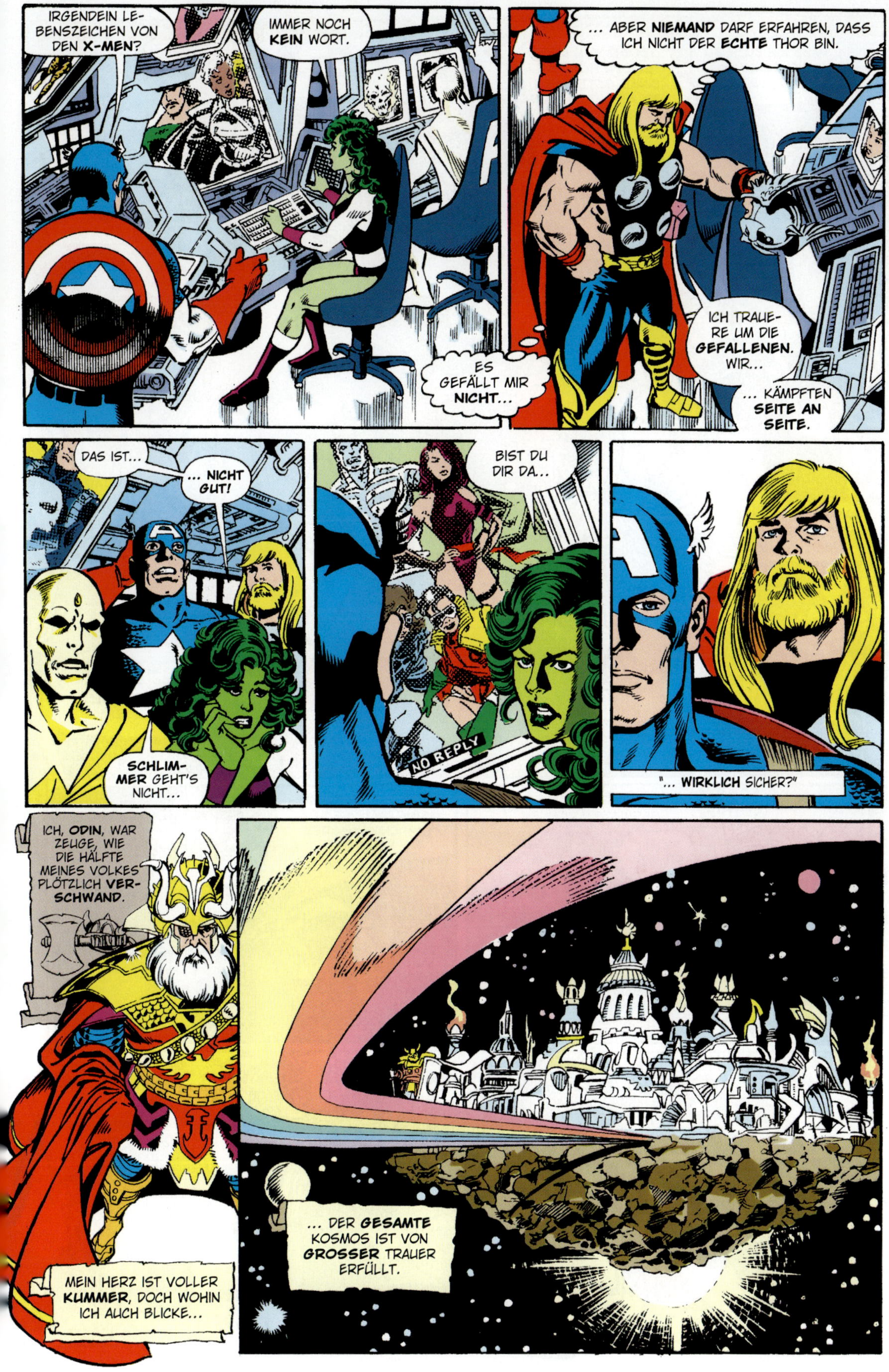
IRGENDEIN LEBENSZEICHEN VON DEN X-MEN?
IMMER NOCH KEIN WORT.
ES GEFÄLLT MIR NICHT...
... ABER NIEMAND DARF ERFAHREN, DASS ICH NICHT DER ECHTE THOR BIN.
ICH TRAUERE UM DIE GEFALLENEN. WIR...
... KÄMPFTEN SEITE AN SEITE.
DAS IST...
... NICHT GUT!
SCHLIMMER GEHT'S NICHT...
BIST DU DIR DA...
NO REPLY
"... WIRKLICH SICHER?"
ICH, ODIN, WAR ZEUGE, WIE DIE HÄLFTE MEINES VOLKES PLÖTZLICH VERSCHWAND.
MEIN HERZ IST VOLLER KUMMER, DOCH WOHIN ICH AUCH BLICKE...
... DER GESAMTE KOSMOS IST VON GROSSER TRAUER ERFÜLLT.

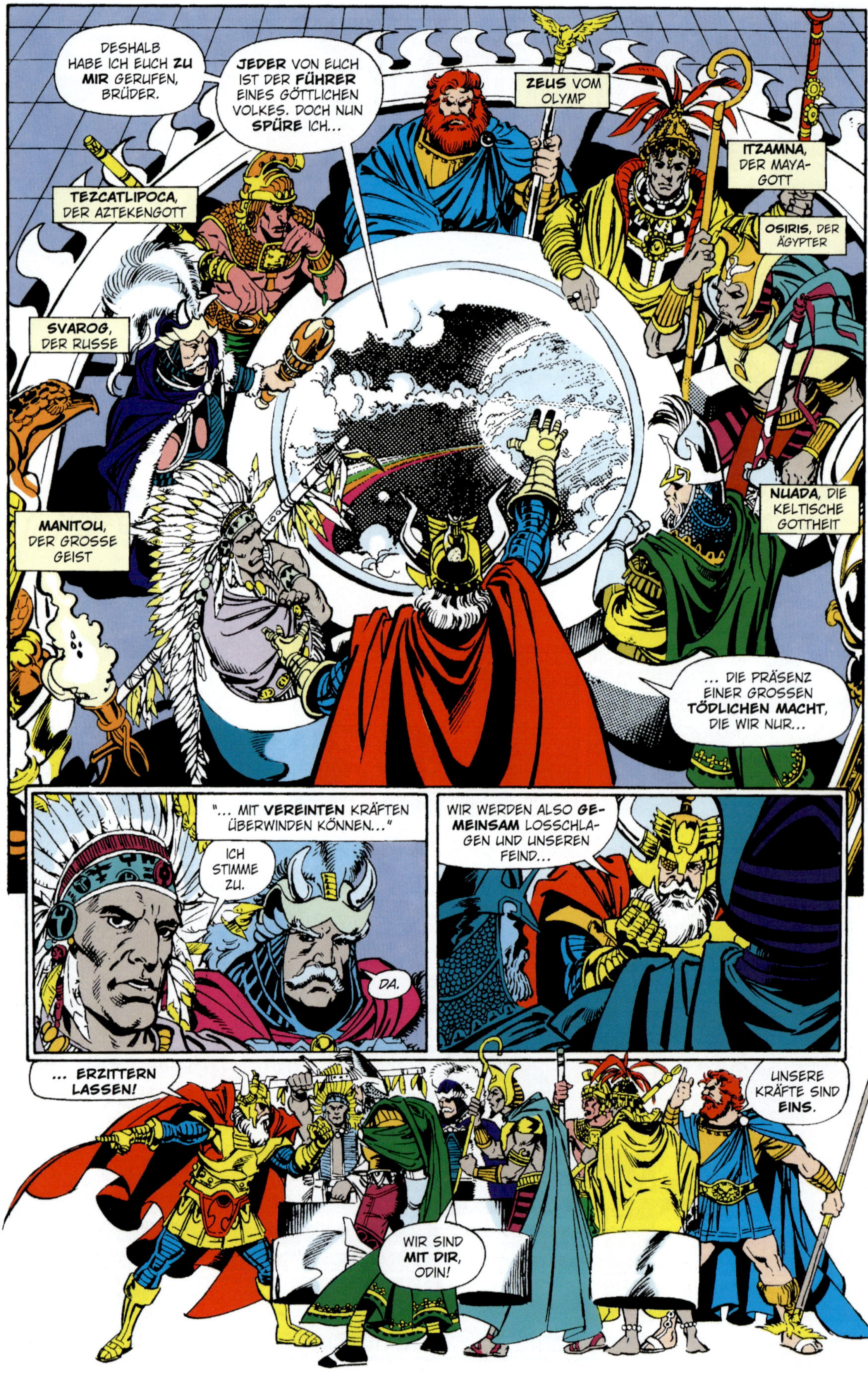
DESHALB HABE ICH EUCH ZU MIR GERUFEN, BRÜDER.
JEDER VON EUCH IST DER FÜHRER EINES GÖTTLICHEN VOLKES. DOCH NUN SPÜRE ICH...
ZEUS VOM OLYMP
ITZAMNA, DER MAYA-GOTT
TEZCATLIPOCA, DER AZTEKENGOTT
OSIRIS, DER ÄGYPTER
SVAROG, DER RUSSE
NUADA, DIE KELTISCHE GOTTHEIT
MANITOU, DER GROSSE GEIST
... DIE PRÄSENZ EINER GROSSEN TÖDLICHEN MACHT, DIE WIR NUR...
"... MIT VEREINTEN KRÄFTEN ÜBERWINDEN KÖNNEN..."
ICH STIMME ZU.
DA.
WIR WERDEN ALSO GEMEINSAM LOSSCHLAGEN UND UNSEREN FEIND...
... ERZITTERN LASSEN!
UNSERE KRÄFTE SIND EINS.
WIR SIND MIT DIR, ODIN!

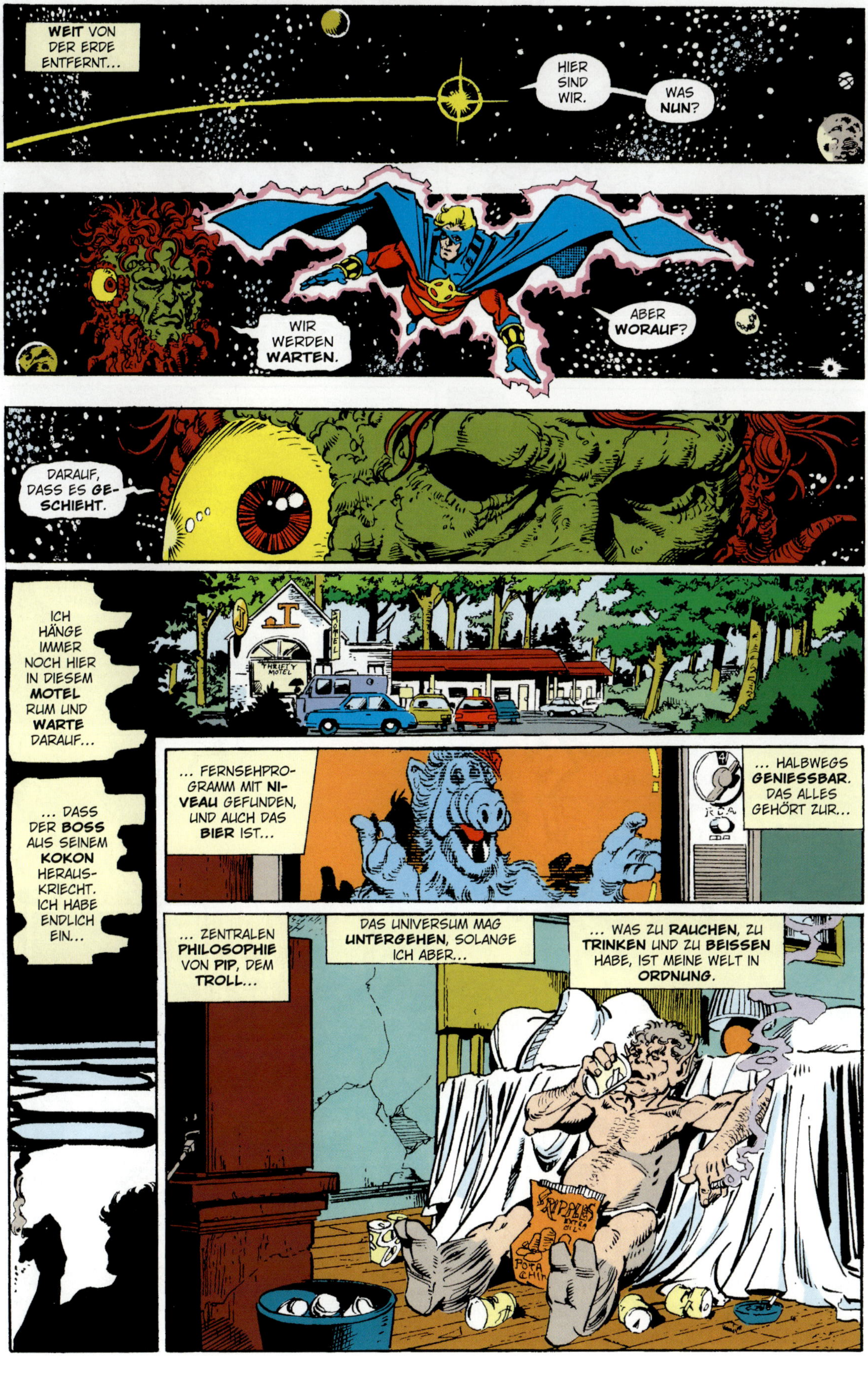
WEIT VON DER ERDE ENTFERNT...
HIER SIND WIR.
WAS NUN?
WIR WERDEN WARTEN.
ABER WORAUF?
DARAUF, DASS ES GESCHIEHT.
ICH HÄNGE IMMER NOCH HIER IN DIESEM MOTEL RUM UND WARTE DARAUF...
THRIFTY MOTEL
... DASS DER BOSS AUS SEINEM KOKON HERAUSKRIECHT. ICH HABE ENDLICH EIN...
... FERNSEHPROGRAMM MIT NIVEAU GEFUNDEN, UND AUCH DAS BIER IST...
... HALBWEGS GENIESSBAR. DAS ALLES GEHÖRT ZUR...
... ZENTRALEN PHILOSOPHIE VON PIP, DEM TROLL...
DAS UNIVERSUM MAG UNTERGEHEN, SOLANGE ICH ABER...
... WAS ZU RAUCHEN, ZU TRINKEN UND ZU BEISSEN HABE, IST MEINE WELT IN ORDNUNG.

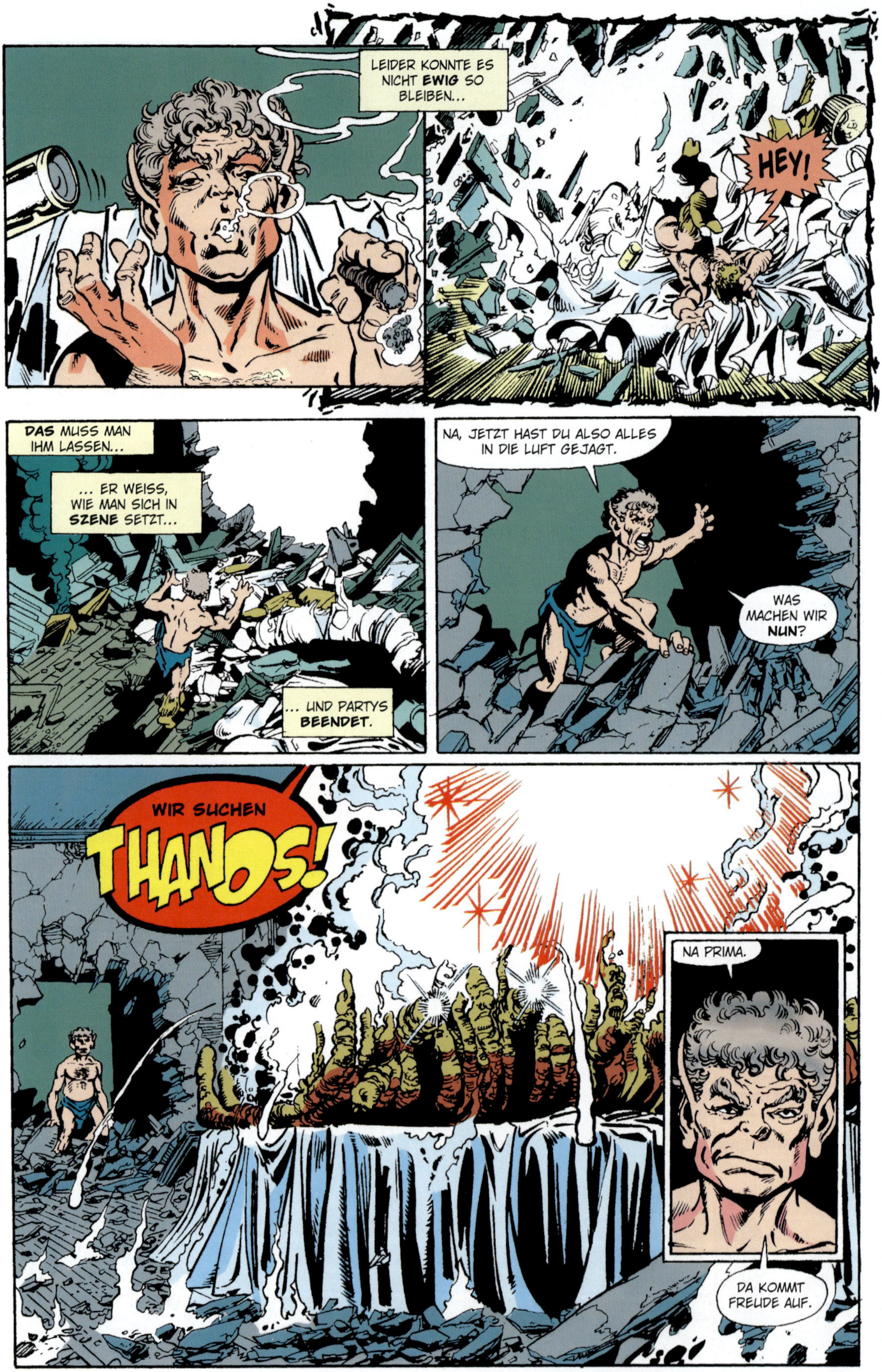

LEIDER KONNTE ES NICHT EWIG SO BLEIBEN...
HEY!
DAS MUSS MAN IHM LASSEN...
... ER WEISS, WIE MAN SICH IN SZENE SETZT...
... UND PARTYS BEENDET.
NA, JETZT HAST DU ALSO ALLES IN DIE LUFT GEJAGT.
WAS MACHEN WIR NUN?
WIR SUCHEN THANOS!
NA PRIMA.
DA KOMMT FREUDE AUF.

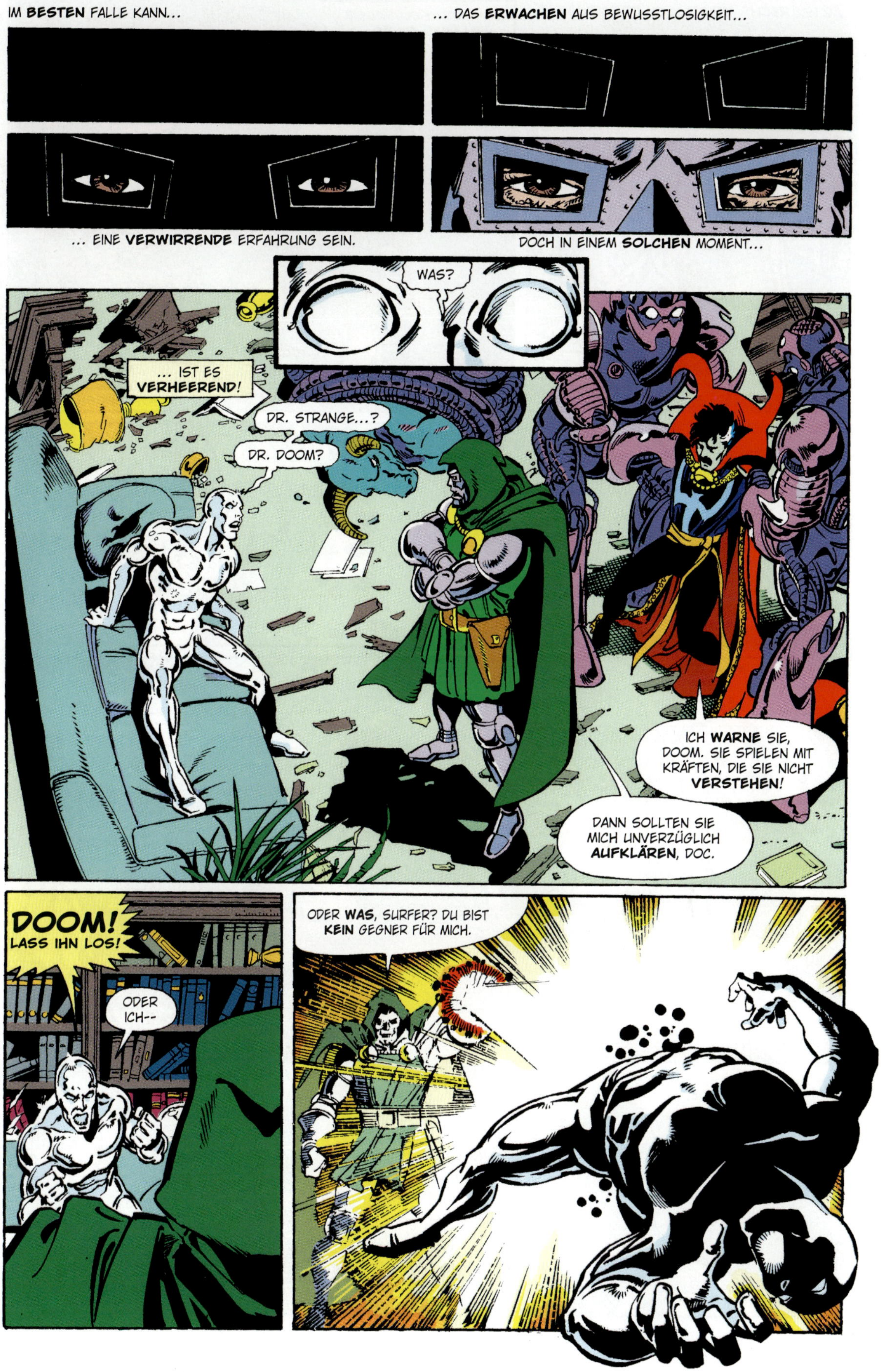
IM BESTEN FALLE KANN...
... DAS ERWACHEN AUS BEWUSSTLOSIGKEIT...
... EINE VERWIRRENDE ERFAHRUNG SEIN.
DOCH IN EINEM SOLCHEN MOMENT...
WAS?
... IST ES VERHEEREND!
DR. STRANGE...?
DR. DOOM?
ICH WARNE SIE, DOOM. SIE SPIELEN MIT KRÄFTEN, DIE SIE NICHT VERSTEHEN!
DANN SOLLTEN SIE MICH UNVERZÜGLICH AUFKLÄREN, DOC.
DOOM! LASS IHN LOS!
ODER ICH--
ODER WAS, SURFER? DU BIST KEIN GEGNER FÜR MICH.

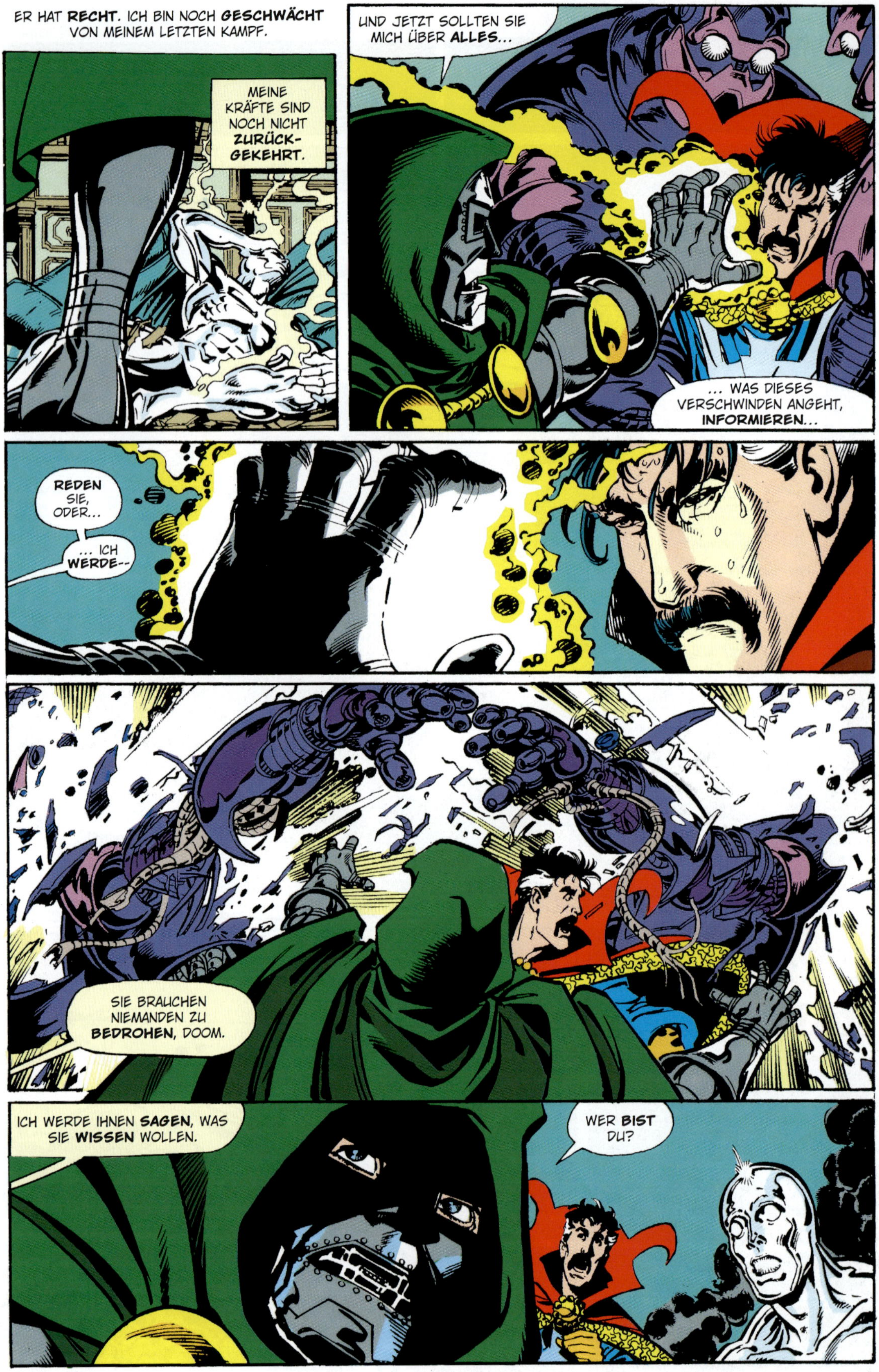

ER HAT RECHT. ICH BIN NOCH GESCHWÄCHT VON MEINEM LETZTEN KAMPF.
MEINE KRÄFTE SIND NOCH NICHT ZURÜCKGEKEHRT.
UND JETZT SOLLTEN SIE MICH ÜBER ALLES...
... WAS DIESES VERSCHWINDEN ANGEHT, INFORMIEREN...
REDEN SIE, ODER...
... ICH WERDE--
SIE BRAUCHEN NIEMANDEN ZU BEDROHEN, DOOM.
ICH WERDE IHNEN SAGEN, WAS SIE WISSEN WOLLEN.
WER BIST DU?

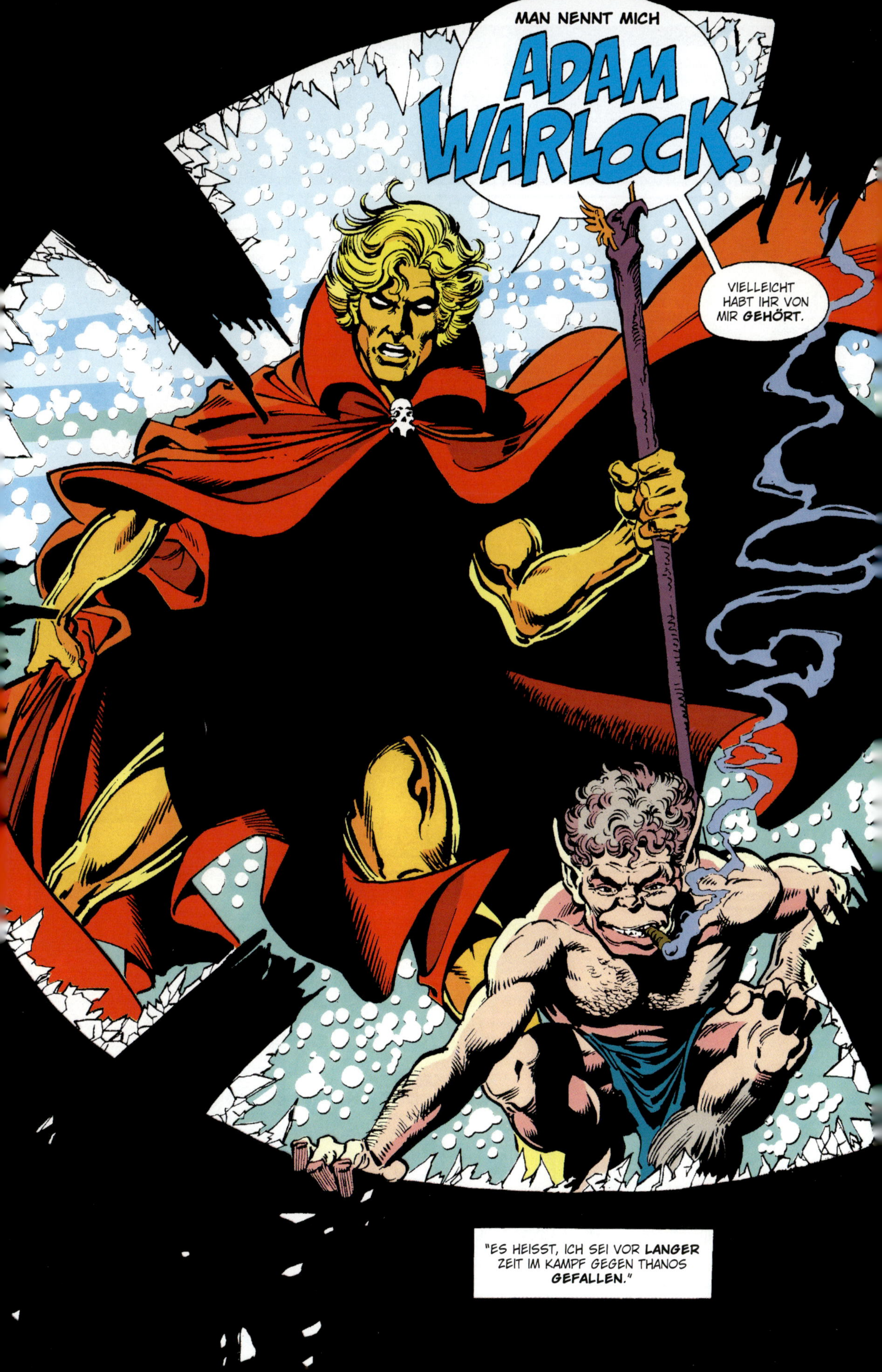

MAN NENNT MICH
ADAM WARLOCK.
VIELLEICHT HABT IHR VON MIR GEHÖRT.
"ES HEISST, ICH SEI VOR LANGER ZEIT IM KAMPF GEGEN THANOS GEFALLEN."

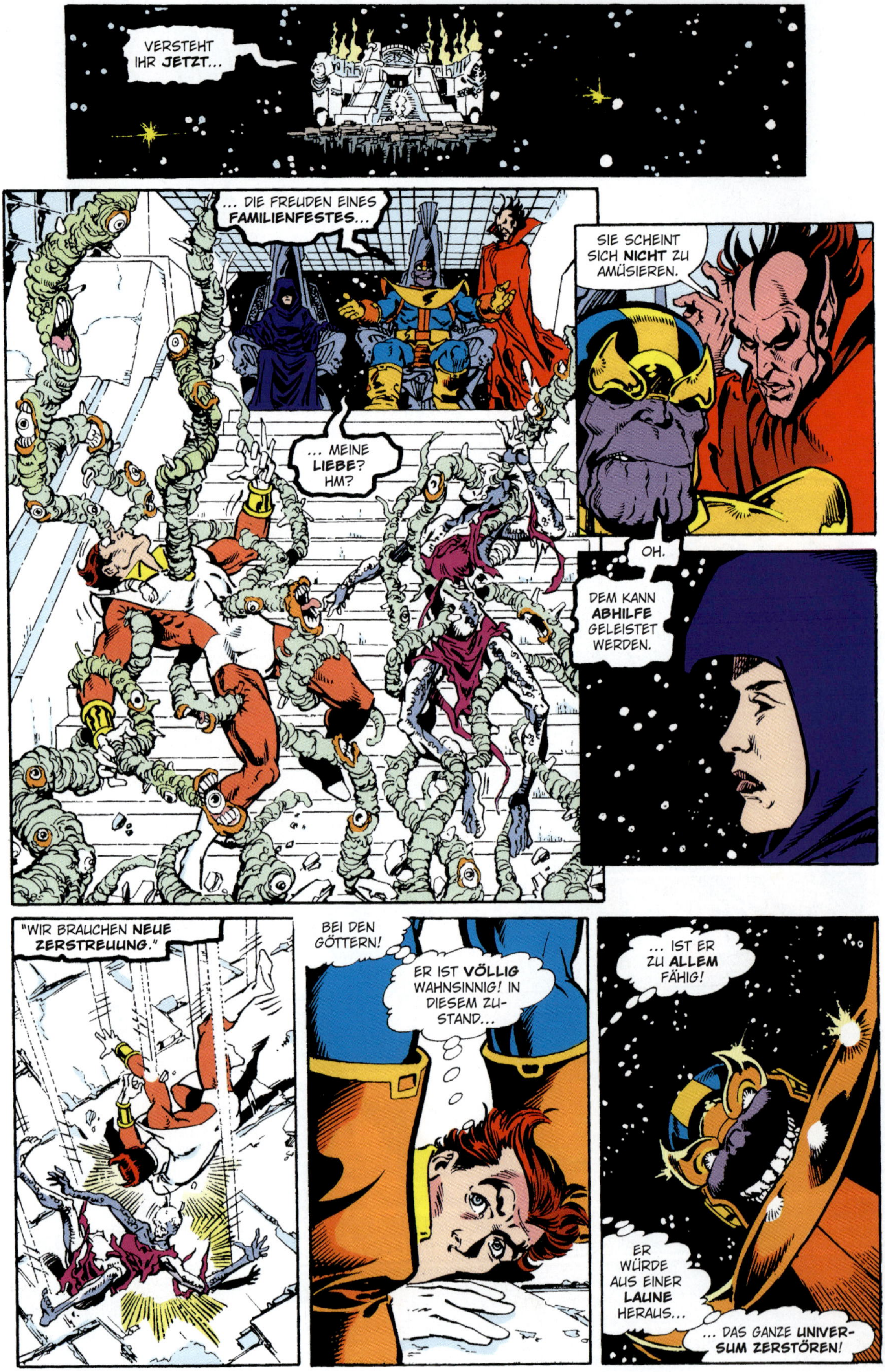
VERSTEHT IHR JETZT...
... DIE FREUDEN EINES FAMILIENFESTES...
... MEINE LIEBE? HM?
SIE SCHEINT SICH NICHT ZU AMÜSIEREN.
OH.
DEM KANN ABHILFE GELEISTET WERDEN.
"WIR BRAUCHEN NEUE ZERSTREUUNG."
BEI DEN GÖTTERN!
ER IST VÖLLIG WAHNSINNIG! IN DIESEM ZUSTAND...
... IST ER ZU ALLEM FÄHIG!
ER WÜRDE AUS EINER LAUNE HERAUS...
... DAS GANZE UNIVERSUM ZERSTÖREN!

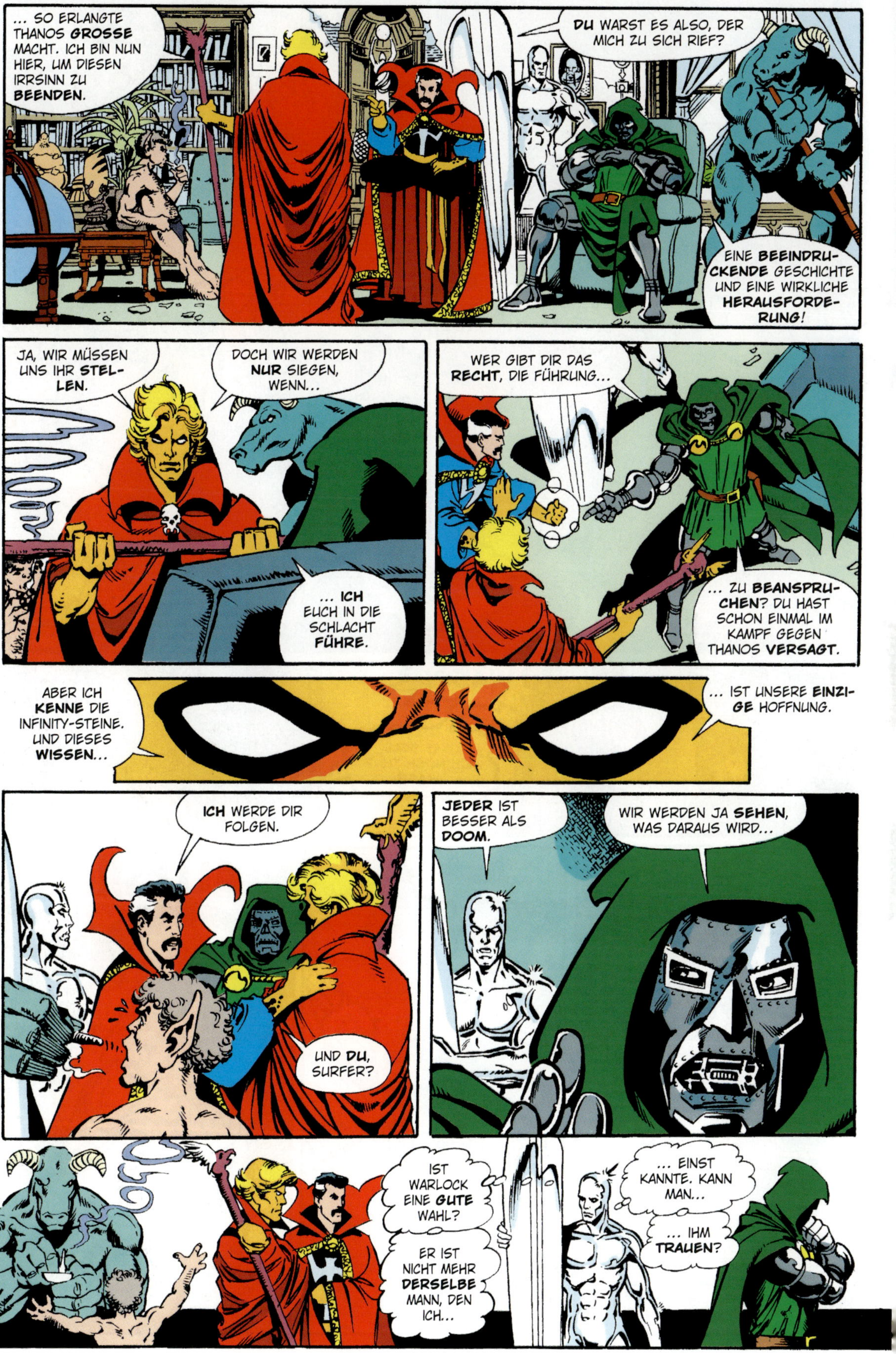

... SO ERLANGTE THANOS GROSSE MACHT. ICH BIN NUN HIER, UM DIESEN IRRSINN ZU BEENDEN.
DU WARST ES ALSO, DER MICH ZU SICH RIEF?
EINE BEEINDRUCKENDE GESCHICHTE UND EINE WIRKLICHE HERAUSFORDERUNG!
JA, WIR MÜSSEN UNS IHR STELLEN.
DOCH WIR WERDEN NUR SIEGEN, WENN...
... ICH EUCH IN DIE SCHLACHT FÜHRE.
WER GIBT DIR DAS RECHT, DIE FÜHRUNG...
... ZU BEANSPRUCHEN? DU HAST SCHON EINMAL IM KAMPF GEGEN THANOS VERSAGT.
ABER ICH KENNE DIE INFINITY-STEINE. UND DIESES WISSEN...
... IST UNSERE EINZIGE HOFFNUNG.
ICH WERDE DIR FOLGEN.
UND DU, SURFER?
JEDER IST BESSER ALS DOOM.
WIR WERDEN JA SEHEN, WAS DARAUS WIRD...
IST WARLOCK EINE GUTE WAHL?
ER IST NICHT MEHR DERSELBE MANN, DEN ICH...
... EINST KANNTE. KANN MAN...
... IHM TRAUEN?

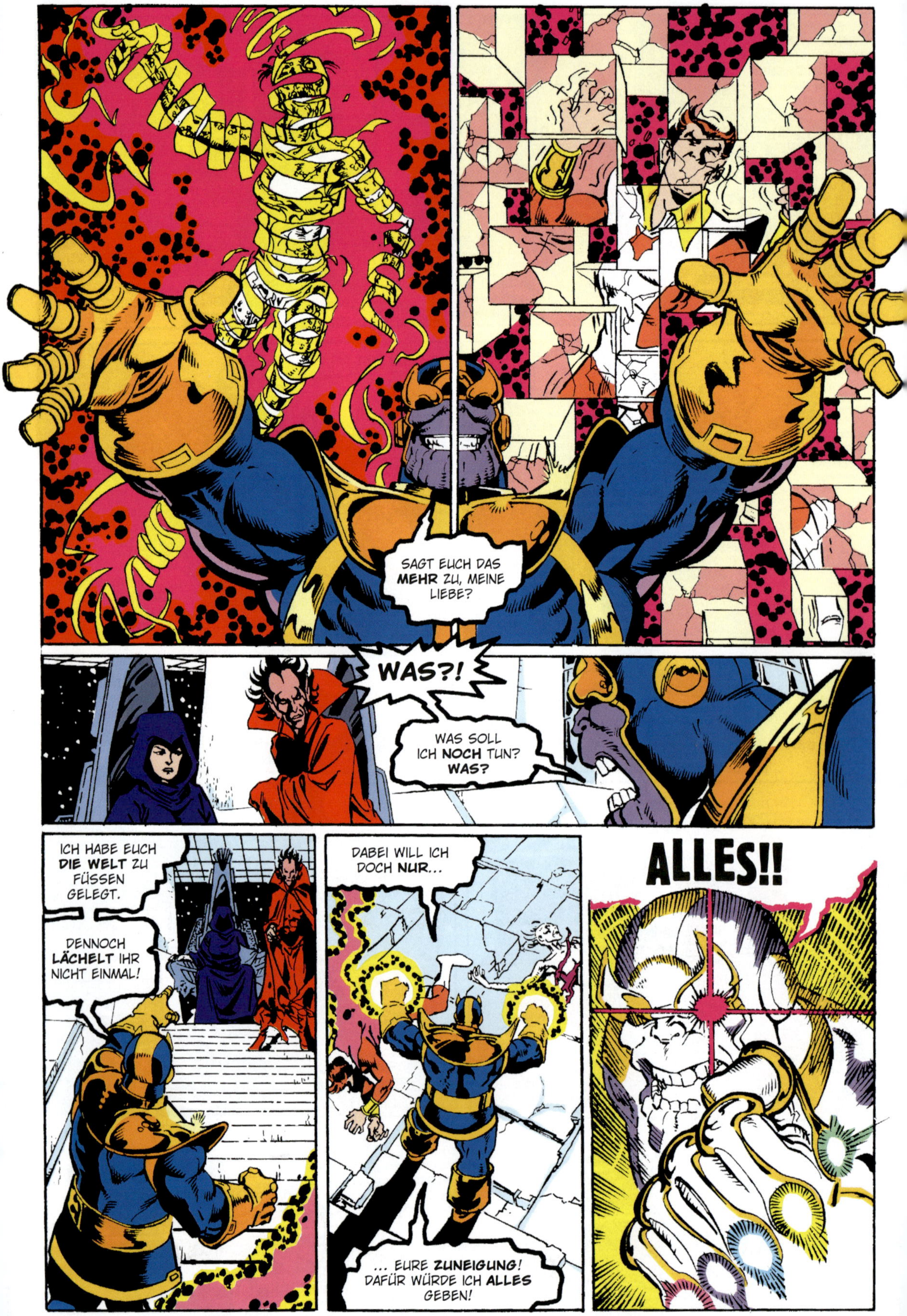

SAGT EUCH DAS MEHR ZU, MEINE LIEBE?
WAS?!
WAS SOLL ICH NOCH TUN? WAS?
ICH HABE EUCH DIE WELT ZU FÜSSEN GELEGT.
DENNOCH LÄCHELT IHR NICHT EINMAL!
DABEI WILL ICH DOCH NUR...
... EURE ZUNEIGUNG! DAFÜR WÜRDE ICH ALLES GEBEN!
ALLES!!

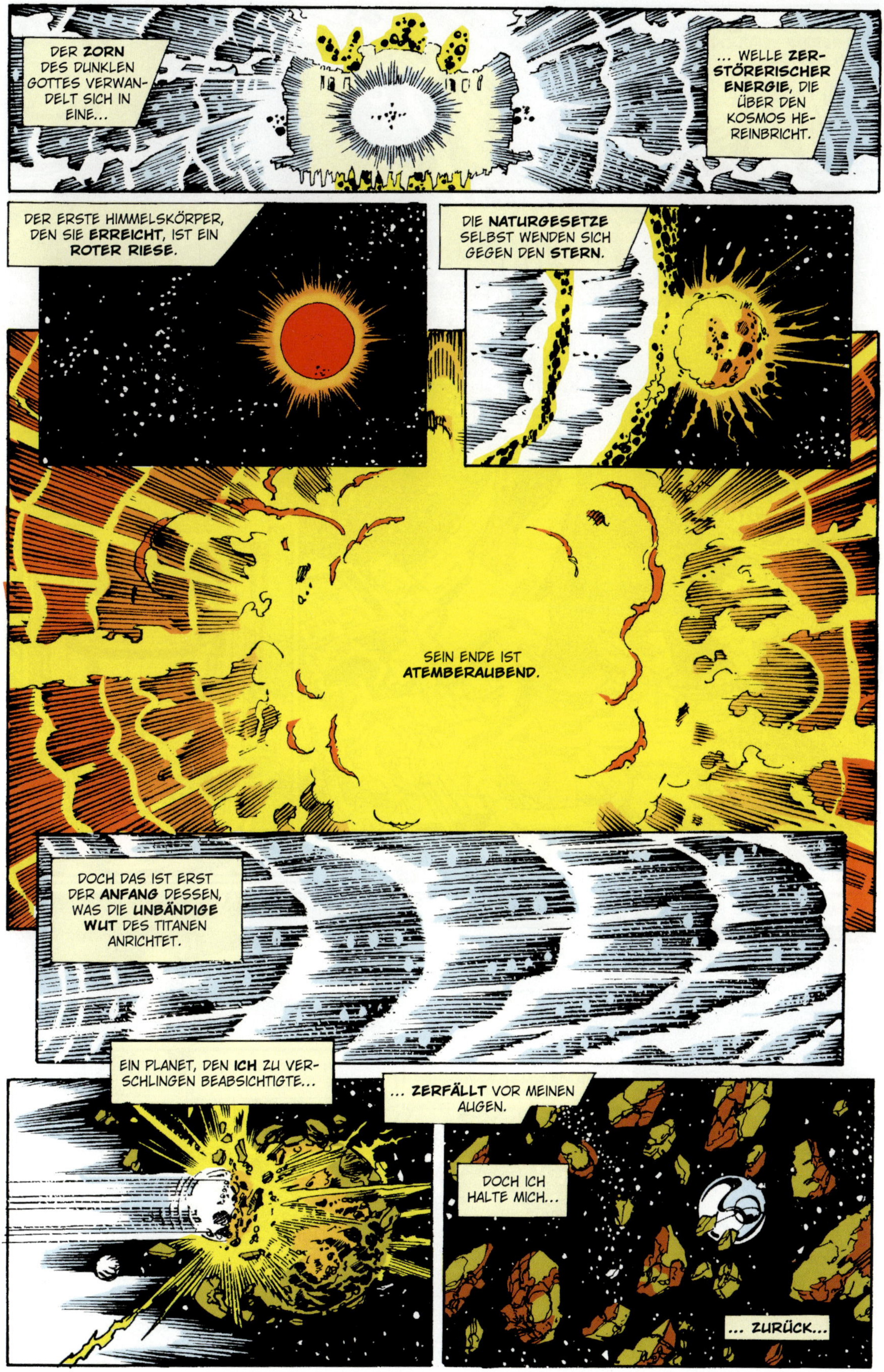
DER ZORN DES DUNKLEN GOTTES VERWANDELT SICH IN EINE...
... WELLE ZERSTÖRERISCHER ENERGIE, DIE ÜBER DEN KOSMOS HEREINBRICHT.
DER ERSTE HIMMELSKÖRPER, DEN SIE ERREICHT, IST EIN ROTER RIESE.
DIE NATURGESETZE SELBST WENDEN SICH GEGEN DEN STERN.
SEIN ENDE IST ATEMBERAUBEND.
DOCH DAS IST ERST DER ANFANG DESSEN, WAS DIE UNBÄNDIGE WUT DES TITANEN ANRICHTET.
EIN PLANET, DEN ICH ZU VERSCHLINGEN BEABSICHTIGTE...
... ZERFÄLLT VOR MEINEN AUGEN.
DOCH ICH HALTE MICH...
... ZURÜCK...

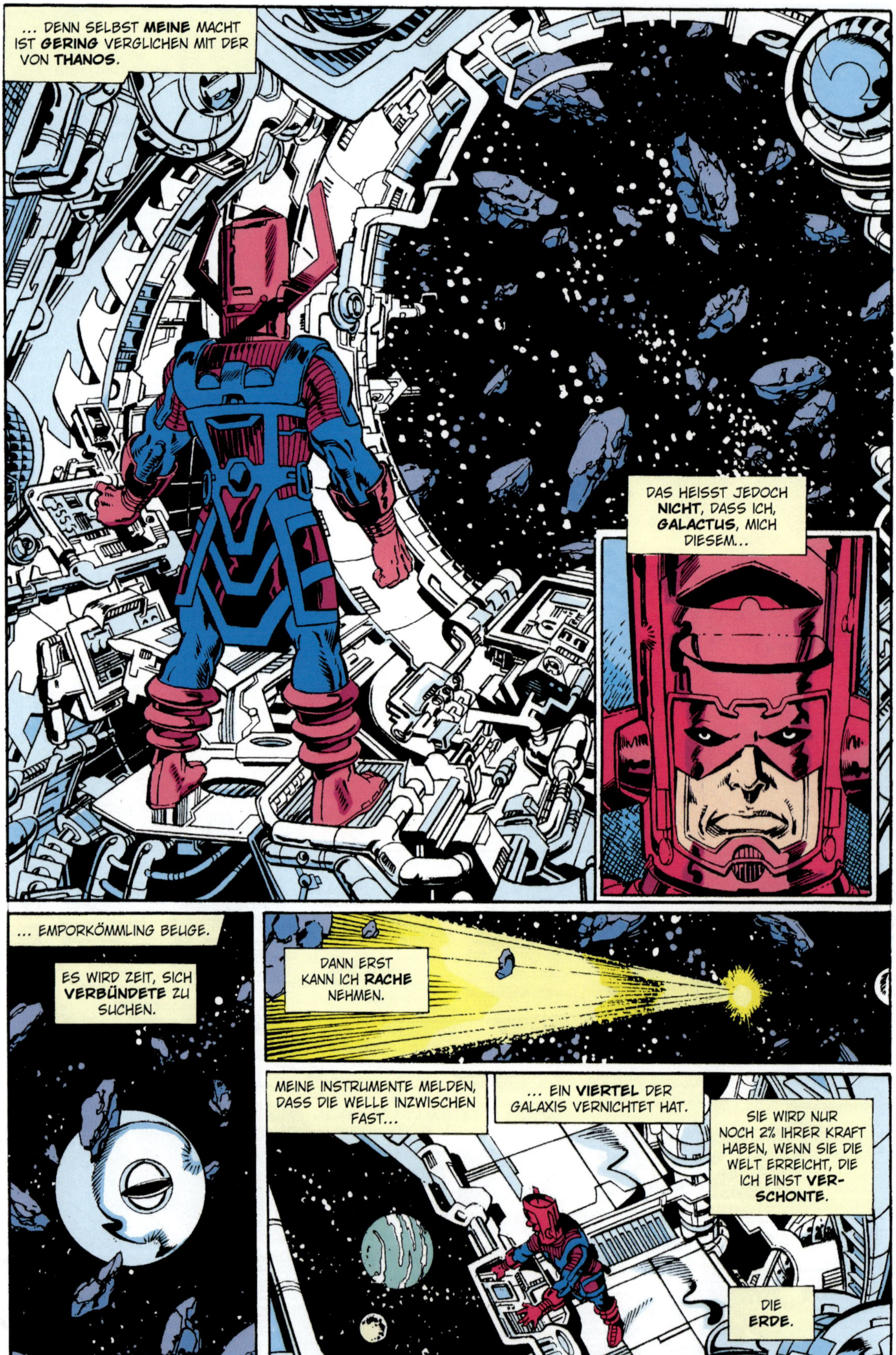

... DENN SELBST **MEINE** MACHT IST **GERING** VERGLICHEN MIT DER VON **THANOS**.
DAS HEISST JEDOCH **NICHT**, DASS ICH, **GALACTUS**, MICH DIESEM...
... EMPORKÖMMLING BEUGE.
ES WIRD ZEIT, SICH **VERBÜNDETE** ZU SUCHEN.
DANN ERST KANN ICH **RACHE** NEHMEN.
MEINE INSTRUMENTE MELDEN, DASS DIE WELLE INZWISCHEN FAST...
... EIN **VIERTEL** DER GALAXIS VERNICHTET HAT.
SIE WIRD NUR NOCH 2% IHRER KRAFT HABEN, WENN SIE DIE WELT ERREICHT, DIE ICH EINST **VER-SCHONTE**.
DIE **ERDE**.

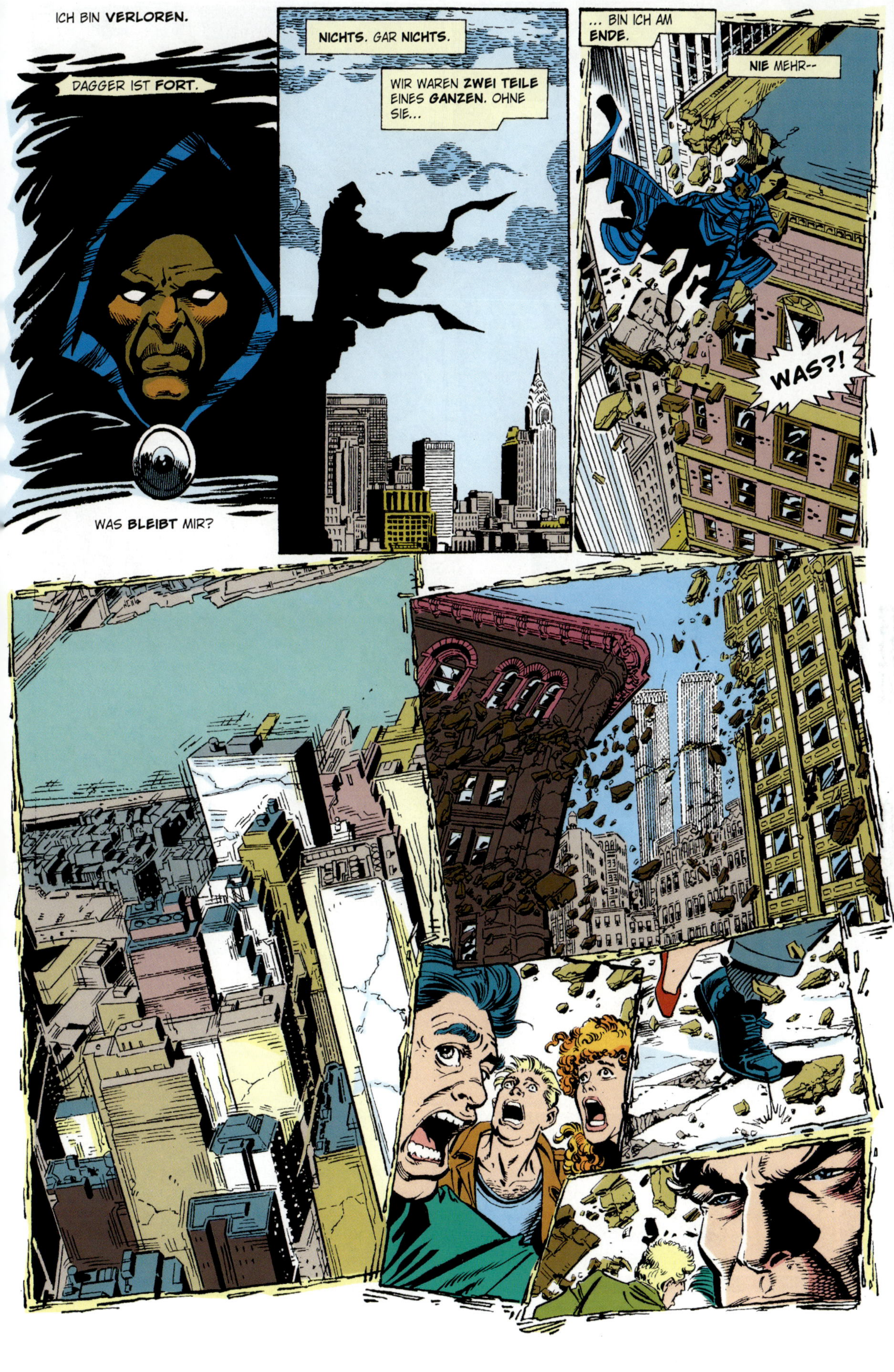
ICH BIN **VERLOREN.**
DAGGER IST **FORT.**
WAS **BLEIBT** MIR?
NICHTS. GAR **NICHTS.**
WIR WAREN **ZWEI TEILE** EINES **GANZEN.** OHNE SIE...
... BIN ICH AM **ENDE.**
NIE MEHR--
WAS?!

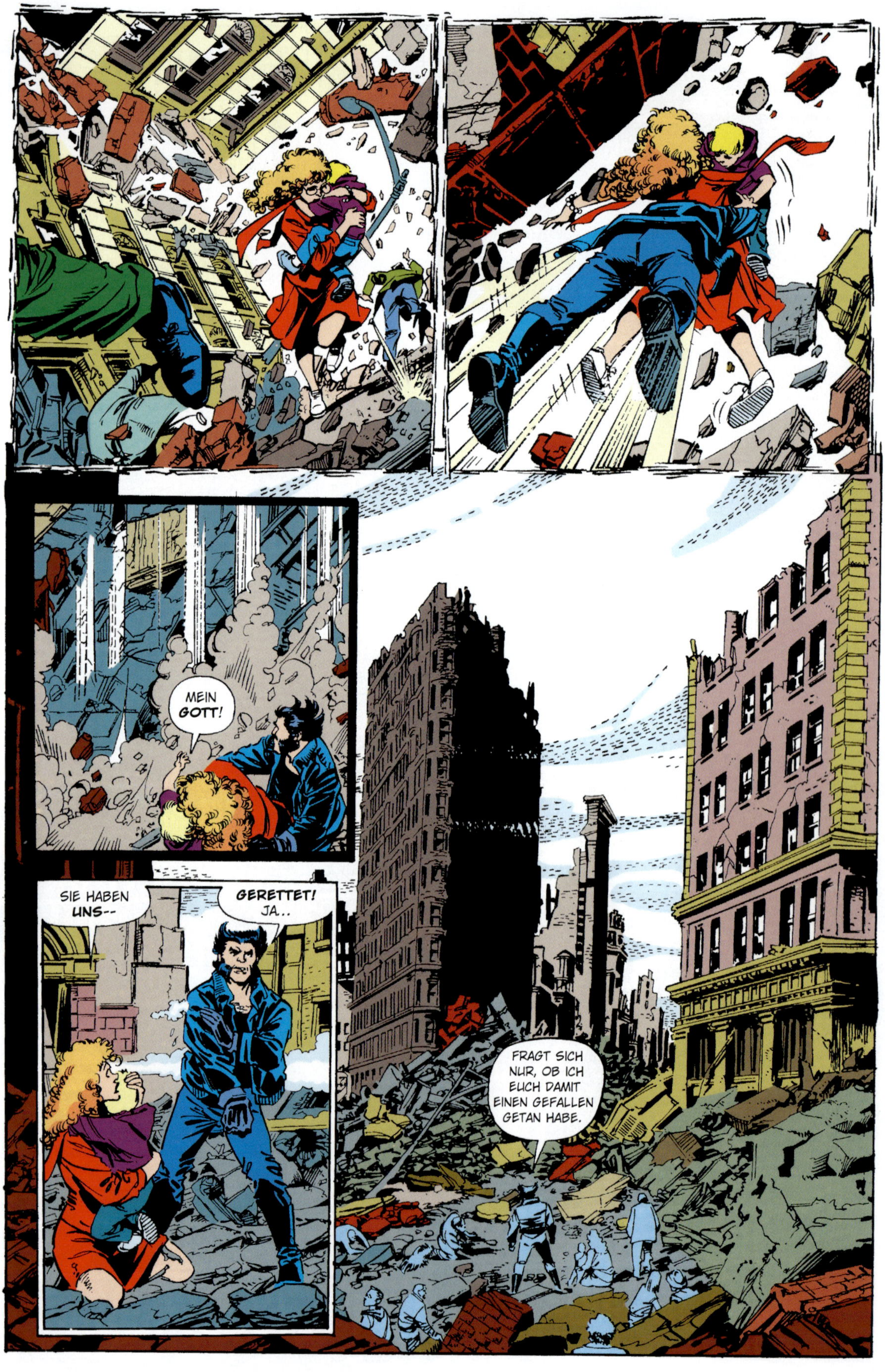
MEIN GOTT!
SIE HABEN UNS--
GERETTET! JA...
FRAGT SICH NUR, OB ICH EUCH DAMIT EINEN GEFALLEN GETAN HABE.

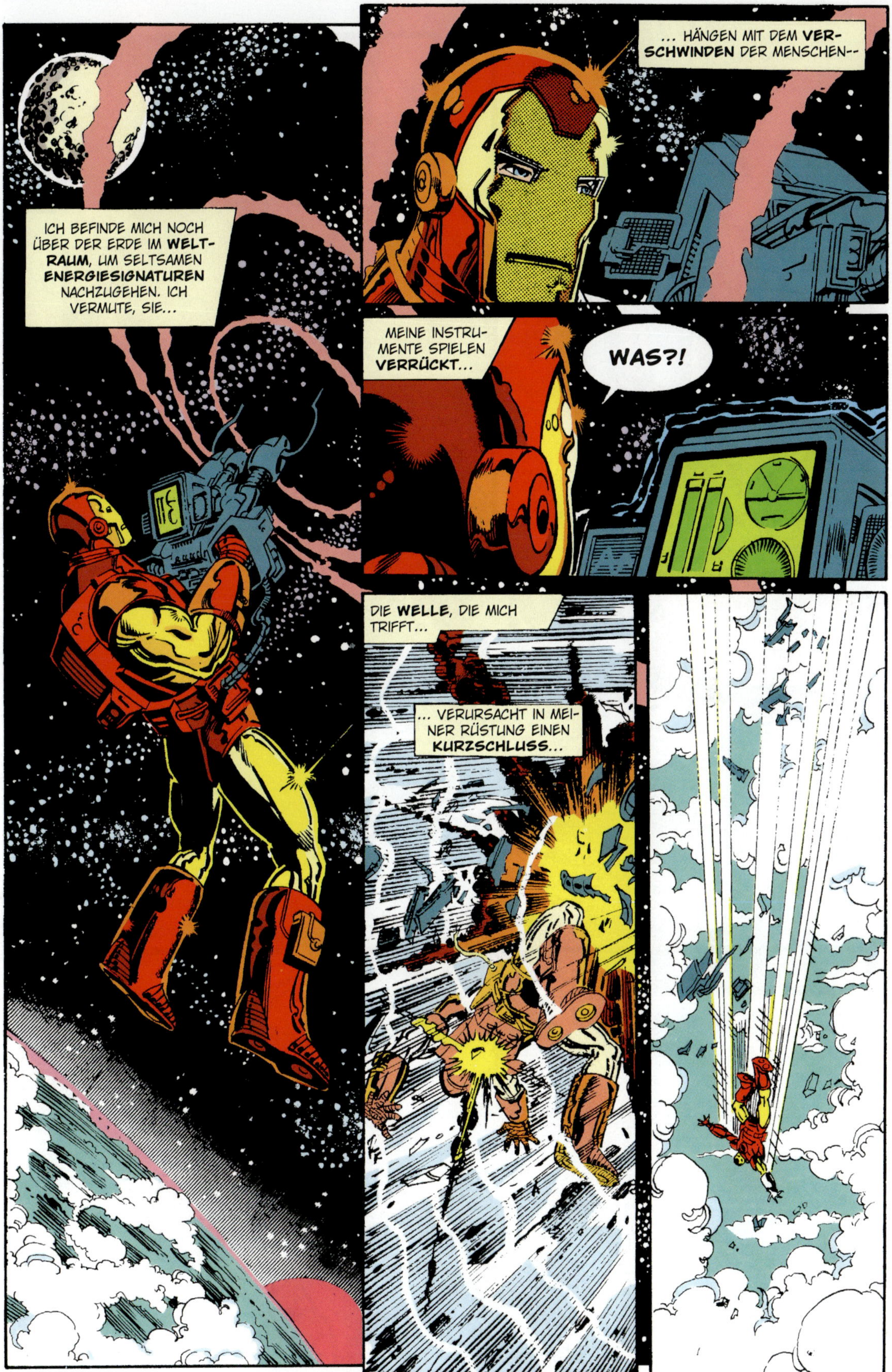

ICH BEFINDE MICH NOCH ÜBER DER ERDE IM WELTRAUM, UM SELTSAMEN ENERGIESIGNATUREN NACHZUGEHEN. ICH VERMUTE, SIE...
... HÄNGEN MIT DEM VERSCHWINDEN DER MENSCHEN--
MEINE INSTRUMENTE SPIELEN VERRÜCKT...
WAS?!
DIE WELLE, DIE MICH TRIFFT...
... VERURSACHT IN MEINER RÜSTUNG EINEN KURZSCHLUSS...

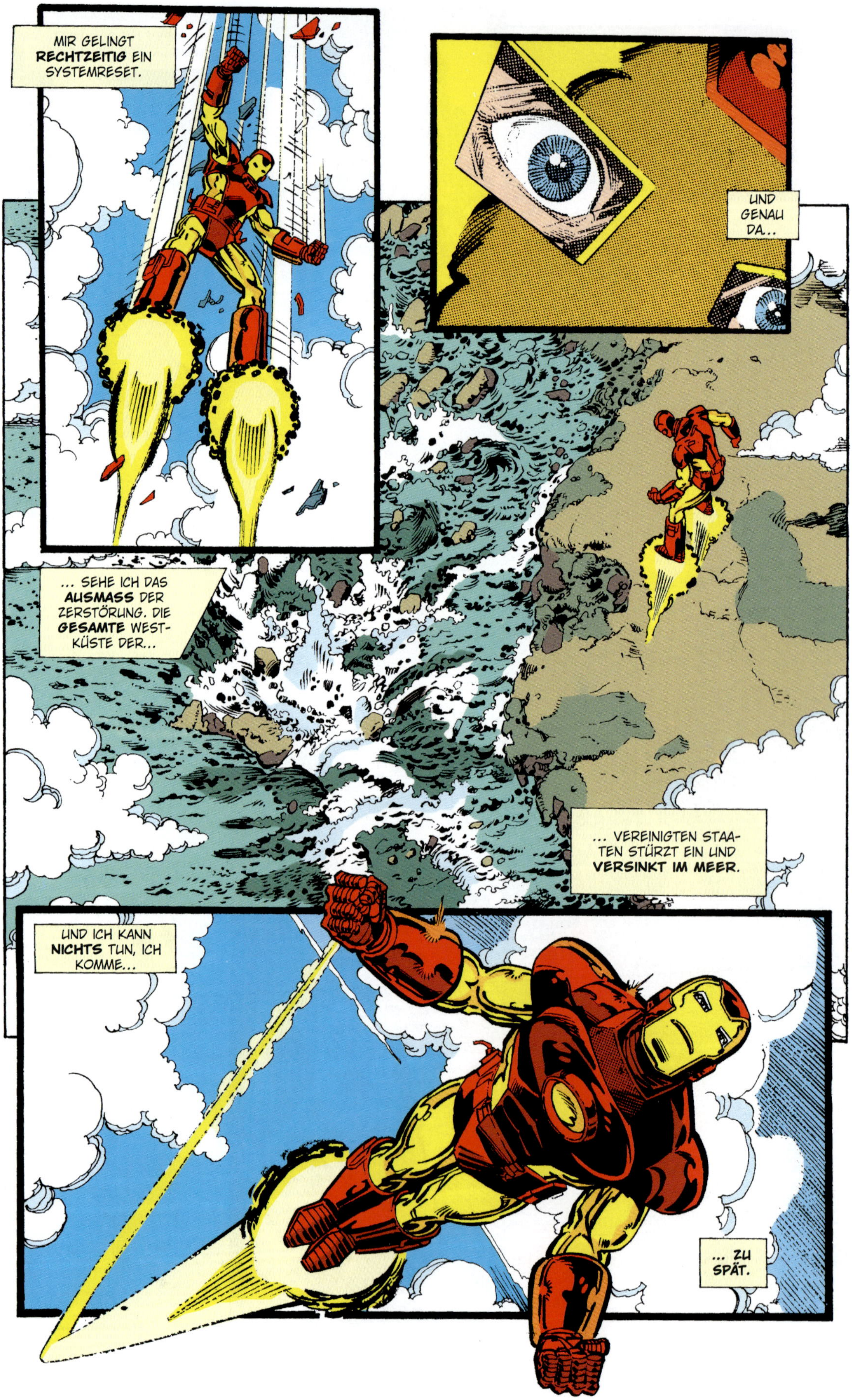
MIR GELINGT **RECHTZEITIG** EIN SYSTEMRESET.
UND GENAU DA...
... SEHE ICH DAS **AUSMASS** DER ZERSTÖRUNG. DIE **GESAMTE** WEST-KÜSTE DER...
... VEREINIGTEN STAA-TEN STÜRZT EIN UND **VERSINKT IM MEER.**
UND ICH KANN **NICHTS** TUN, ICH KOMME...
... ZU SPÄT.

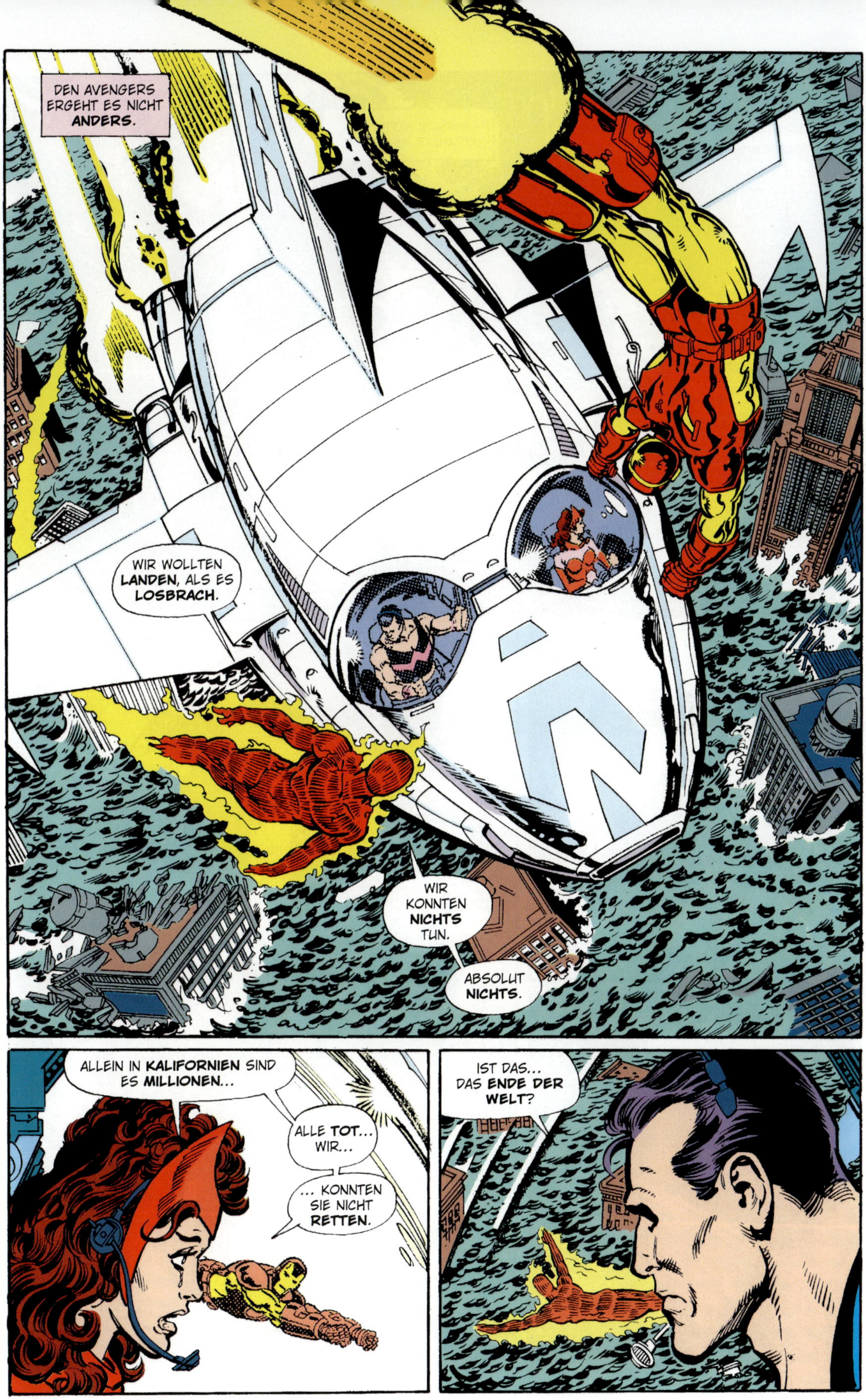
DEN AVENGERS ERGEHT ES NICHT **ANDERS.**
WIR WOLLTEN **LANDEN**, ALS ES **LOSBRACH.**
WIR KONNTEN **NICHTS** TUN.
ABSOLUT **NICHTS.**
ALLEIN IN **KALIFORNIEN** SIND ES **MILLIONEN...**
ALLE **TOT...** WIR...
... KONNTEN SIE NICHT **RETTEN.**
IST DAS... DAS **ENDE DER WELT?**

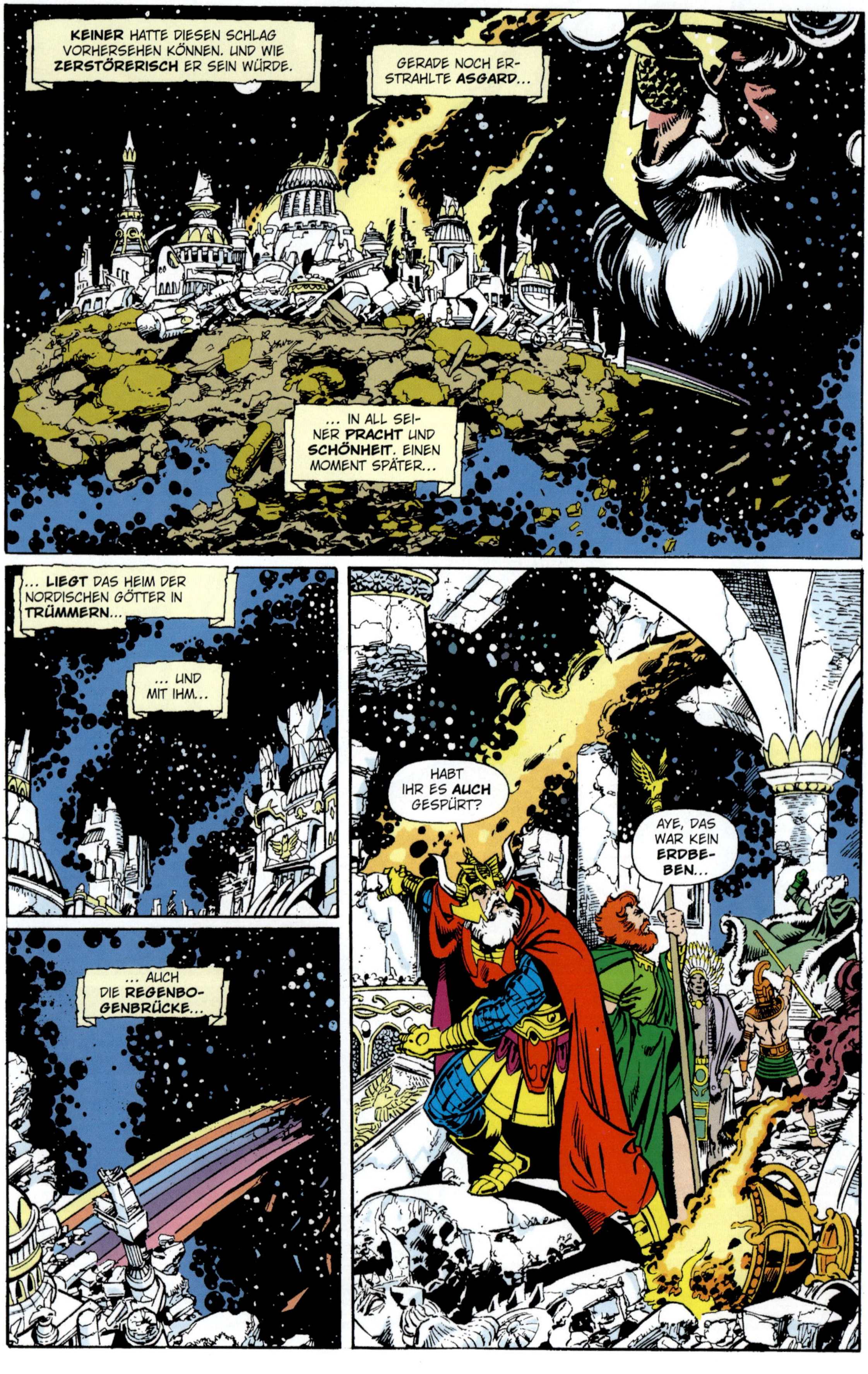
KEINER HATTE DIESEN SCHLAG VORHERSEHEN KÖNNEN. UND WIE ZERSTÖRERISCH ER SEIN WÜRDE.
GERADE NOCH ERSTRAHLTE ASGARD...
... IN ALL SEINER PRACHT UND SCHÖNHEIT. EINEN MOMENT SPÄTER...
... LIEGT DAS HEIM DER NORDISCHEN GÖTTER IN TRÜMMERN...
... UND MIT IHM...
... AUCH DIE REGENBOGENBRÜCKE...
HABT IHR ES AUCH GESPÜRT?
AYE, DAS WAR KEIN ERDBEBEN...

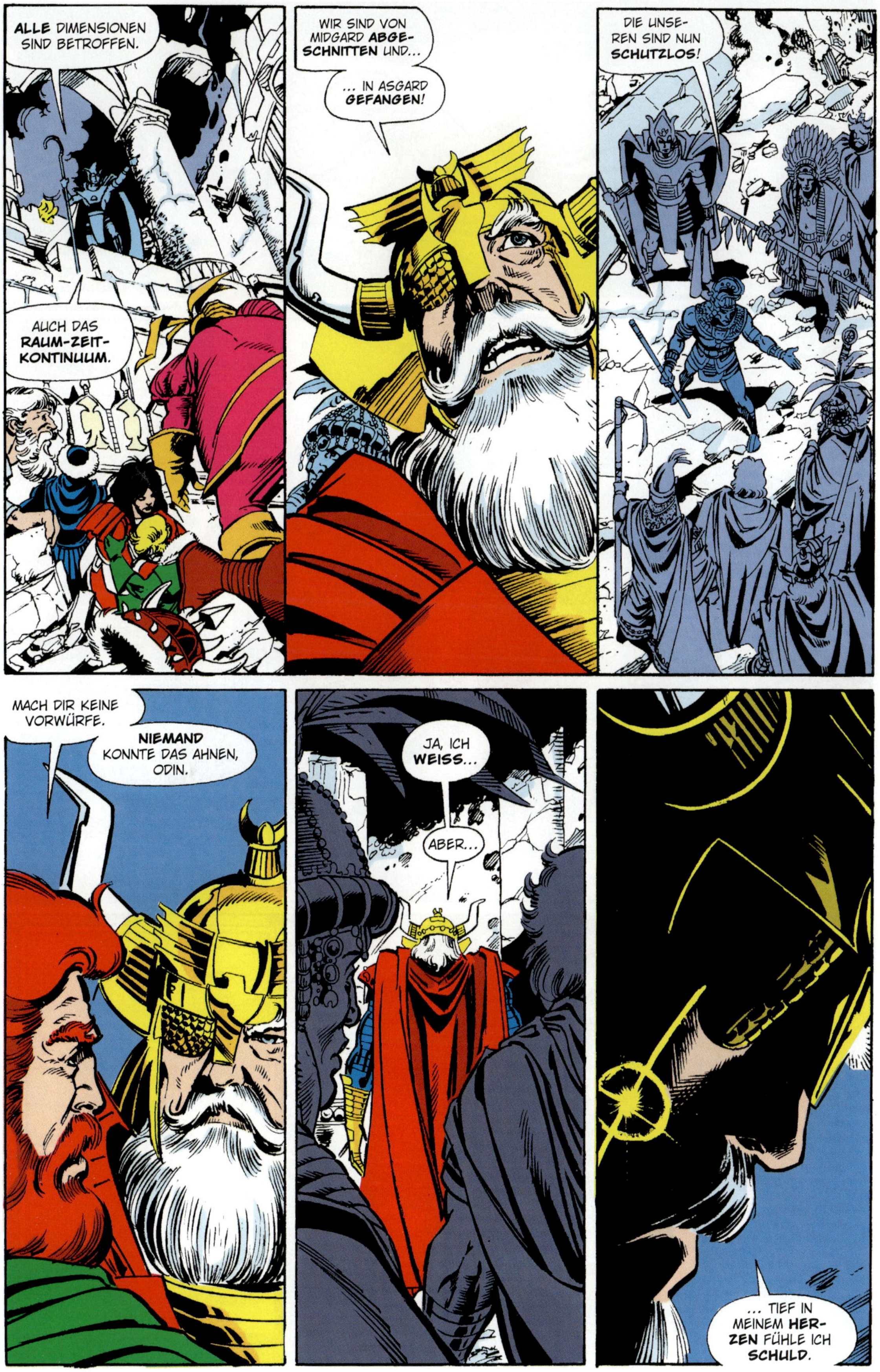
ALLE DIMENSIONEN SIND BETROFFEN.
AUCH DAS RAUM-ZEIT-KONTINUUM.
WIR SIND VON MIDGARD ABGESCHNITTEN UND...
... IN ASGARD GEFANGEN!
DIE UNSEREN SIND NUN SCHUTZLOS!
MACH DIR KEINE VORWÜRFE.
NIEMAND KONNTE DAS AHNEN, ODIN.
JA, ICH WEISS...
ABER...
... TIEF IN MEINEM HERZEN FÜHLE ICH SCHULD.

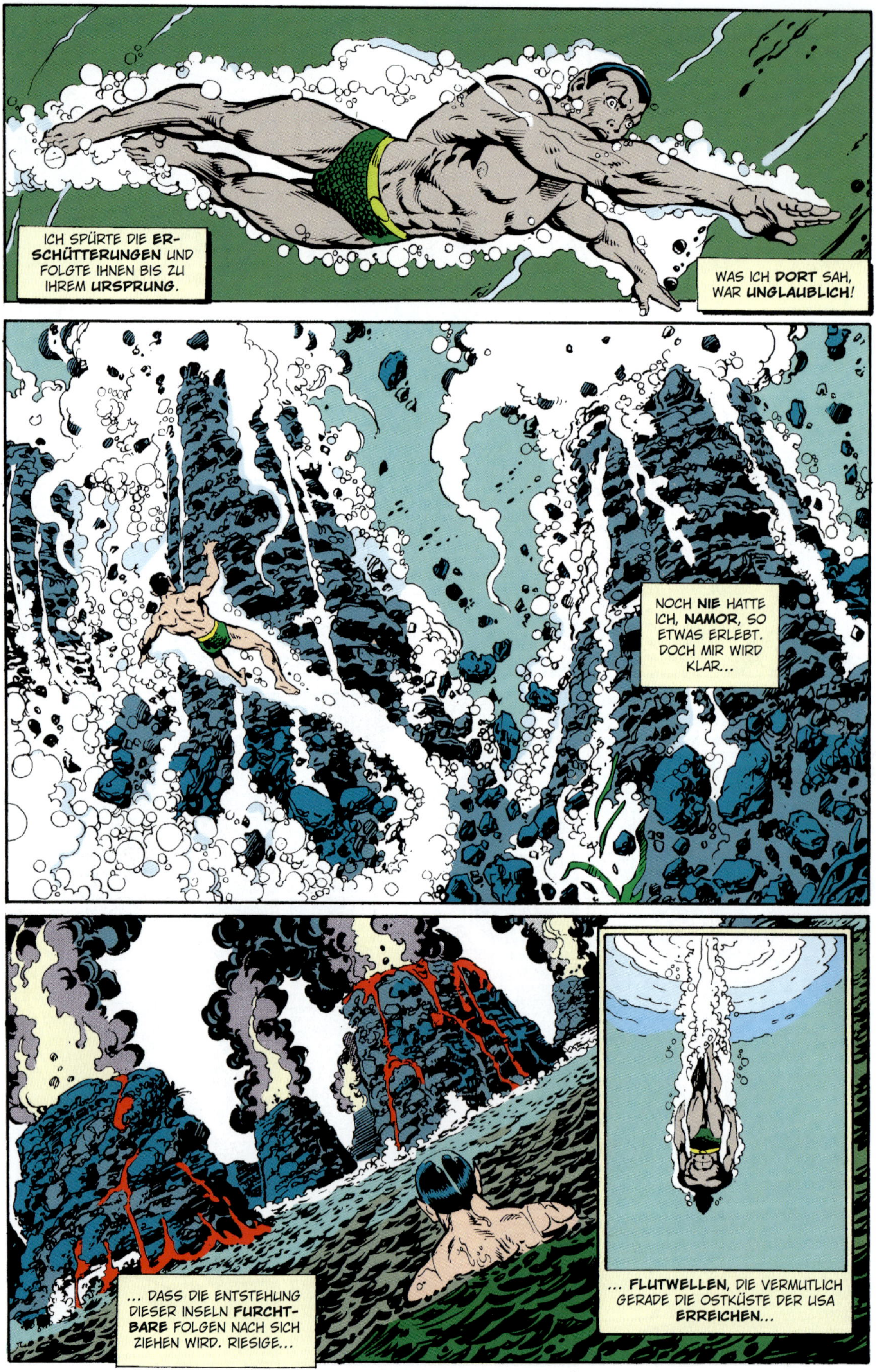
ICH SPÜRTE DIE ERSCHÜTTERUNGEN UND FOLGTE IHNEN BIS ZU IHREM URSPRUNG.
WAS ICH DORT SAH, WAR UNGLAUBLICH!
NOCH NIE HATTE ICH, NAMOR, SO ETWAS ERLEBT. DOCH MIR WIRD KLAR...
... DASS DIE ENTSTEHUNG DIESER INSELN FURCHTBARE FOLGEN NACH SICH ZIEHEN WIRD. RIESIGE...
... FLUTWELLEN, DIE VERMUTLICH GERADE DIE OSTKÜSTE DER USA ERREICHEN...

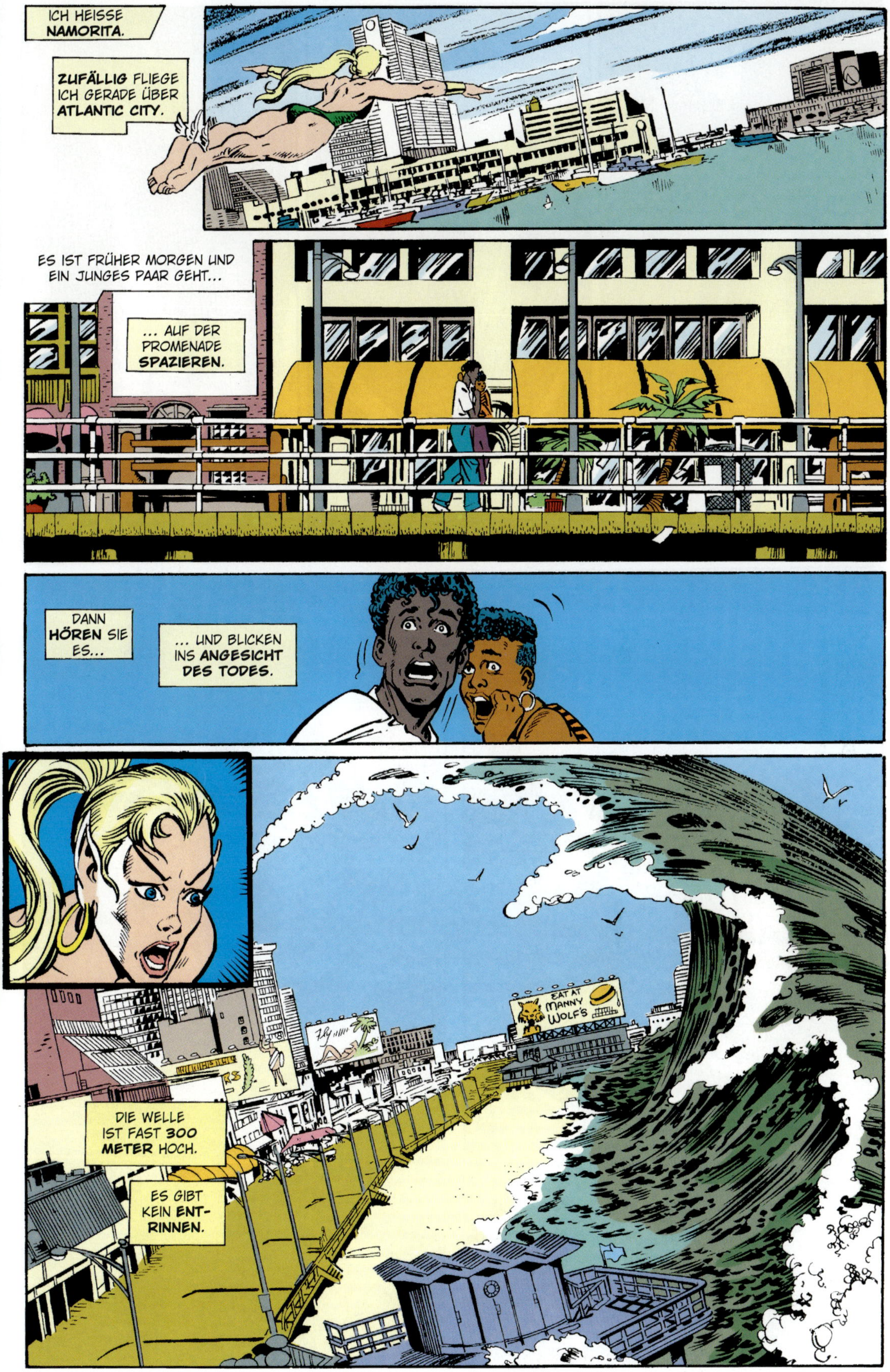
ICH HEISSE NAMORITA.
ZUFÄLLIG FLIEGE ICH GERADE ÜBER ATLANTIC CITY.
ES IST FRÜHER MORGEN UND EIN JUNGES PAAR GEHT...
... AUF DER PROMENADE SPAZIEREN.
DANN HÖREN SIE ES...
... UND BLICKEN INS ANGESICHT DES TODES.
EAT AT MANNY WOLF'S
DIE WELLE IST FAST 300 METER HOCH.
ES GIBT KEIN ENTRINNEN.

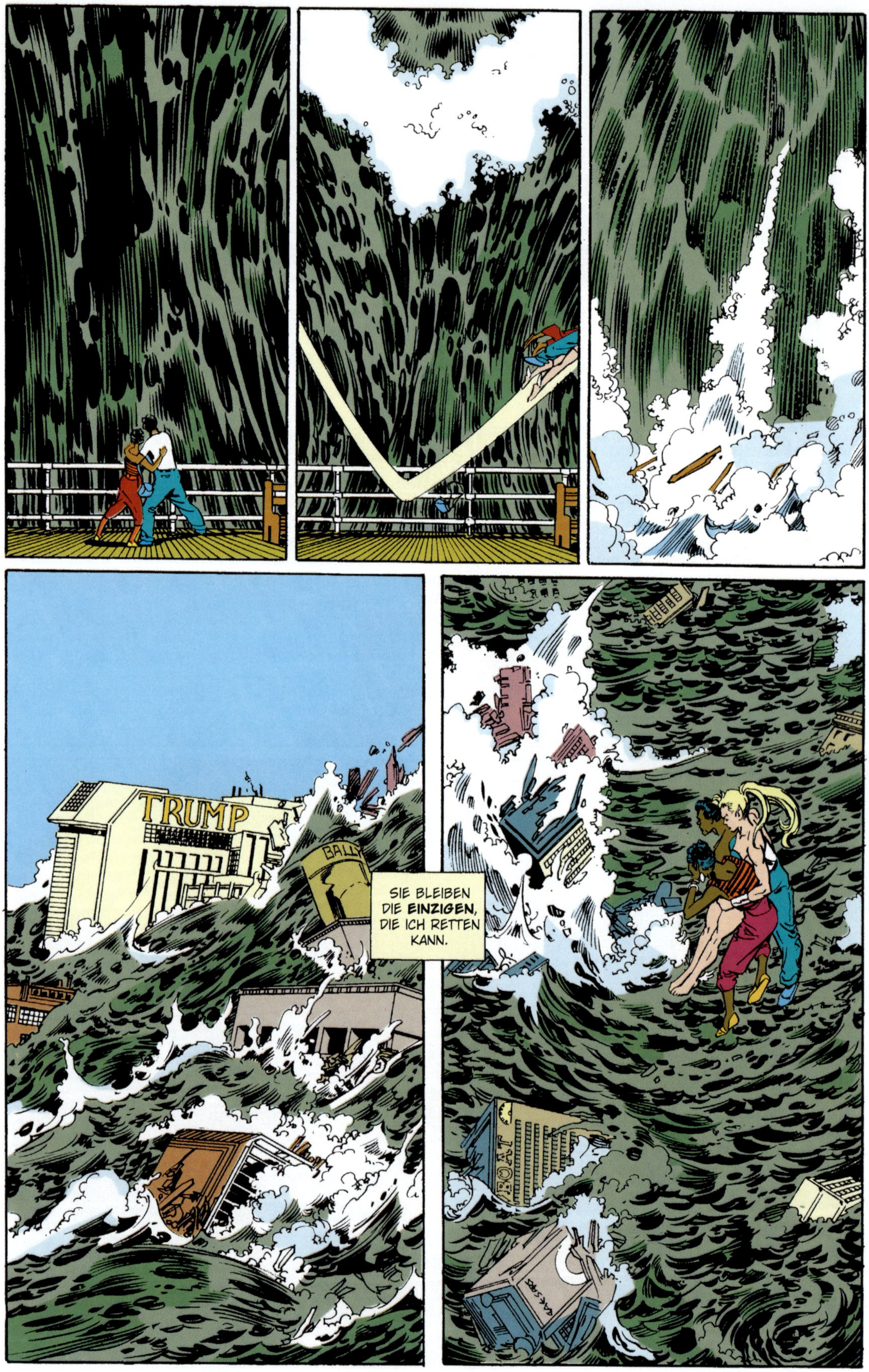

TRUMP
SIE BLEIBEN DIE **EINZIGEN**, DIE ICH RETTEN KANN.

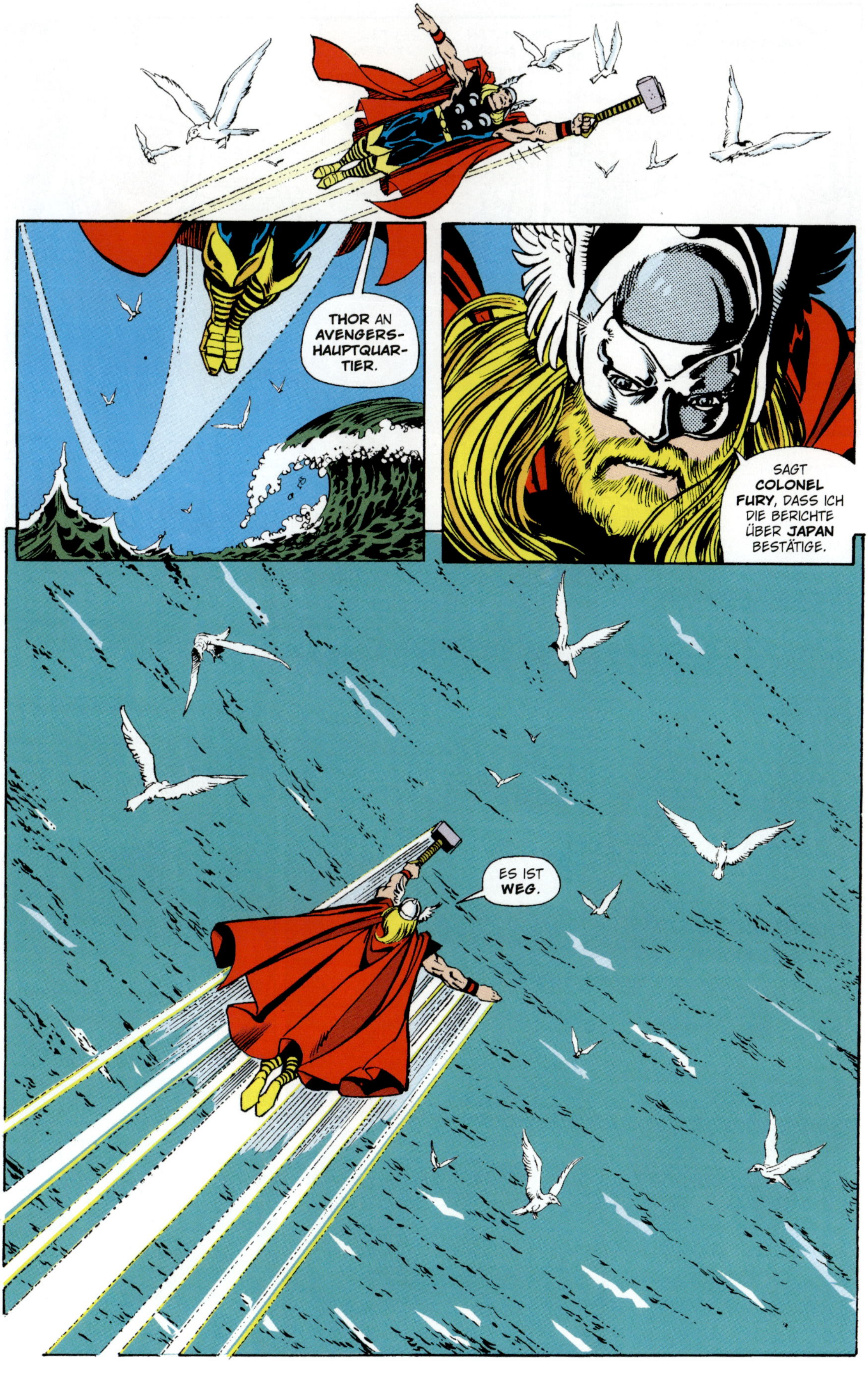

THOR AN AVENGERS-HAUPTQUARTIER.
SAGT COLONEL FURY, DASS ICH DIE BERICHTE ÜBER JAPAN BESTÄTIGE.
ES IST WEG.

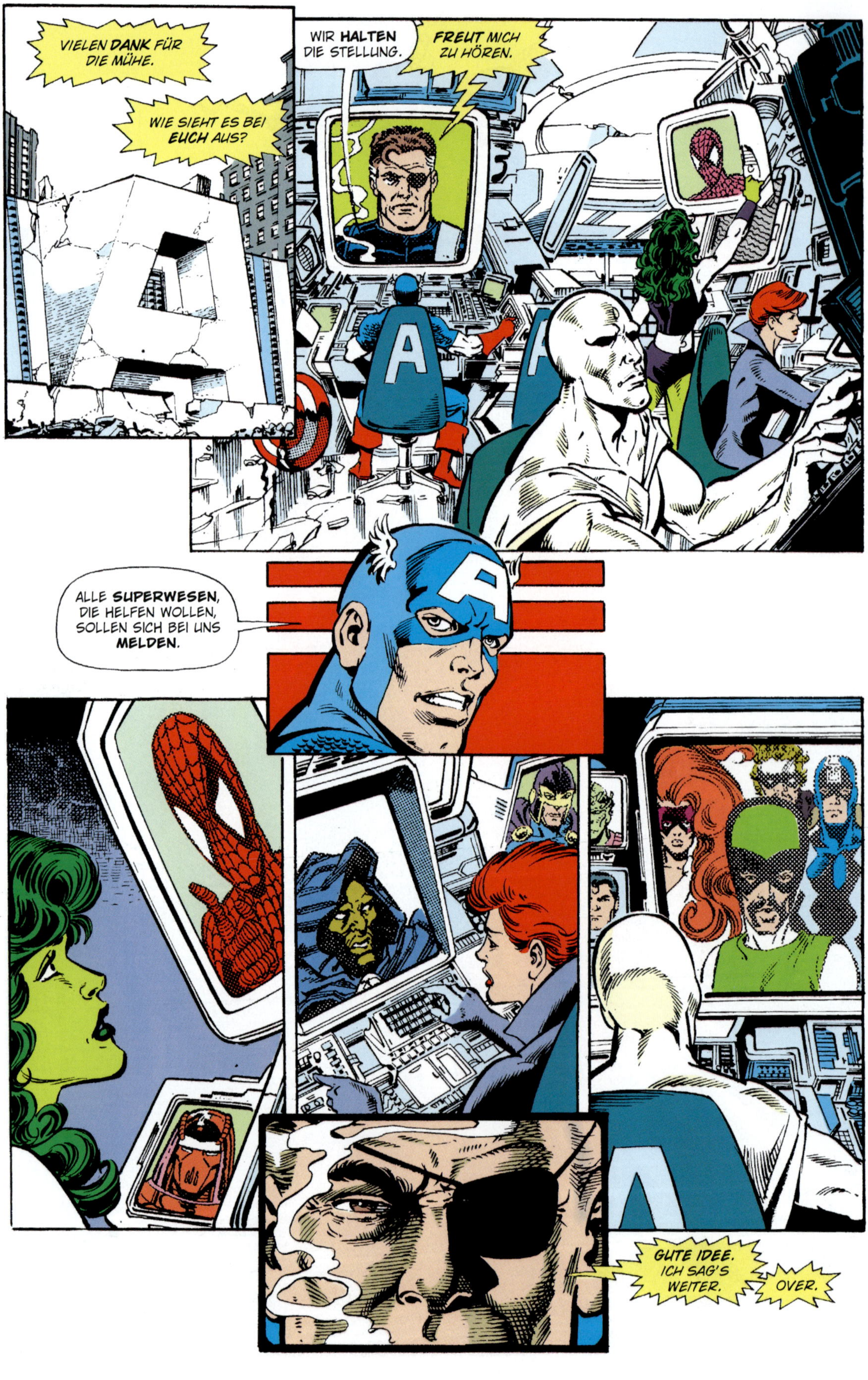
VIELEN DANK FÜR DIE MÜHE.
WIE SIEHT ES BEI EUCH AUS?
WIR HALTEN DIE STELLUNG.
FREUT MICH ZU HÖREN.
ALLE SUPERWESEN, DIE HELFEN WOLLEN, SOLLEN SICH BEI UNS MELDEN.
GUTE IDEE. ICH SAG'S WEITER.
OVER.

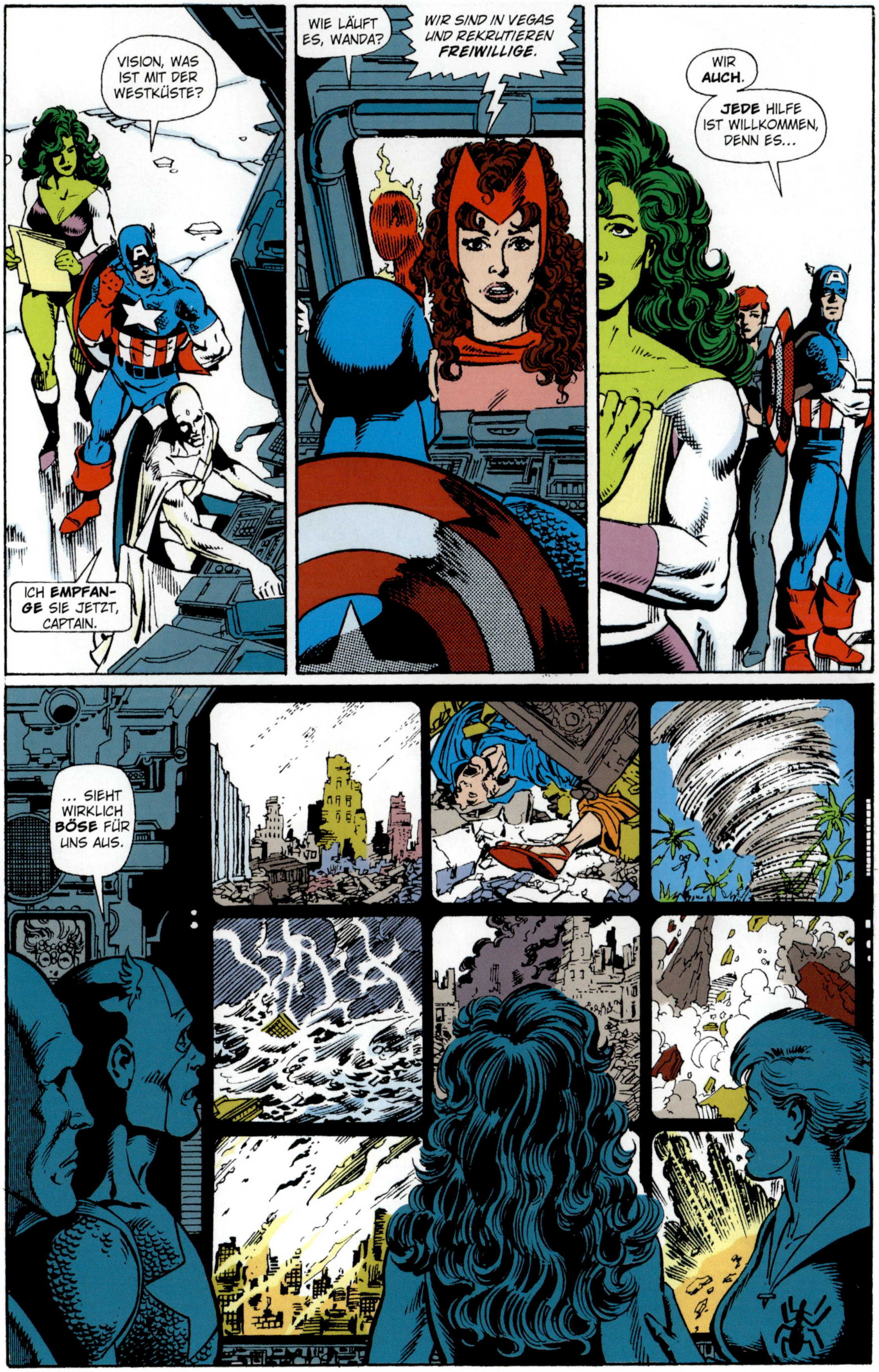
VISION, WAS IST MIT DER WESTKÜSTE?
ICH **EMPFANGE** SIE JETZT, CAPTAIN.
WIE LÄUFT ES, WANDA?
WIR SIND IN VEGAS UND REKRUTIEREN **FREIWILLIGE**.
WIR **AUCH**.
JEDE HILFE IST WILLKOMMEN, DENN ES…
… SIEHT WIRKLICH **BÖSE** FÜR UNS AUS.

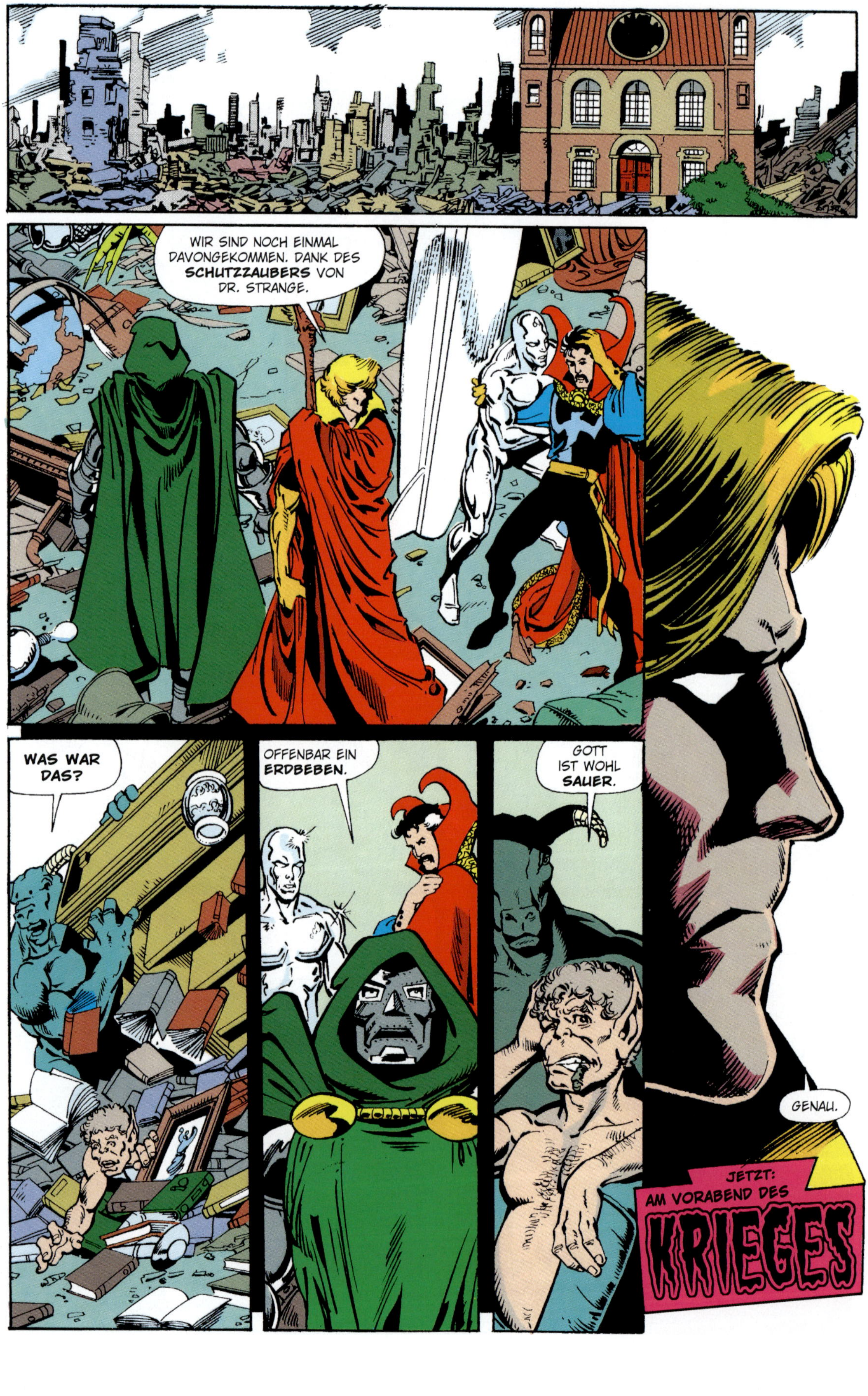
WIR SIND NOCH EINMAL DAVONGEKOMMEN. DANK DES **SCHUTZZAUBERS** VON DR. STRANGE.
WAS WAR DAS?
OFFENBAR EIN **ERDBEBEN.**
GOTT IST WOHL **SAUER.**
GENAU.
JETZT:
AM VORABEND DES
KRIEGES

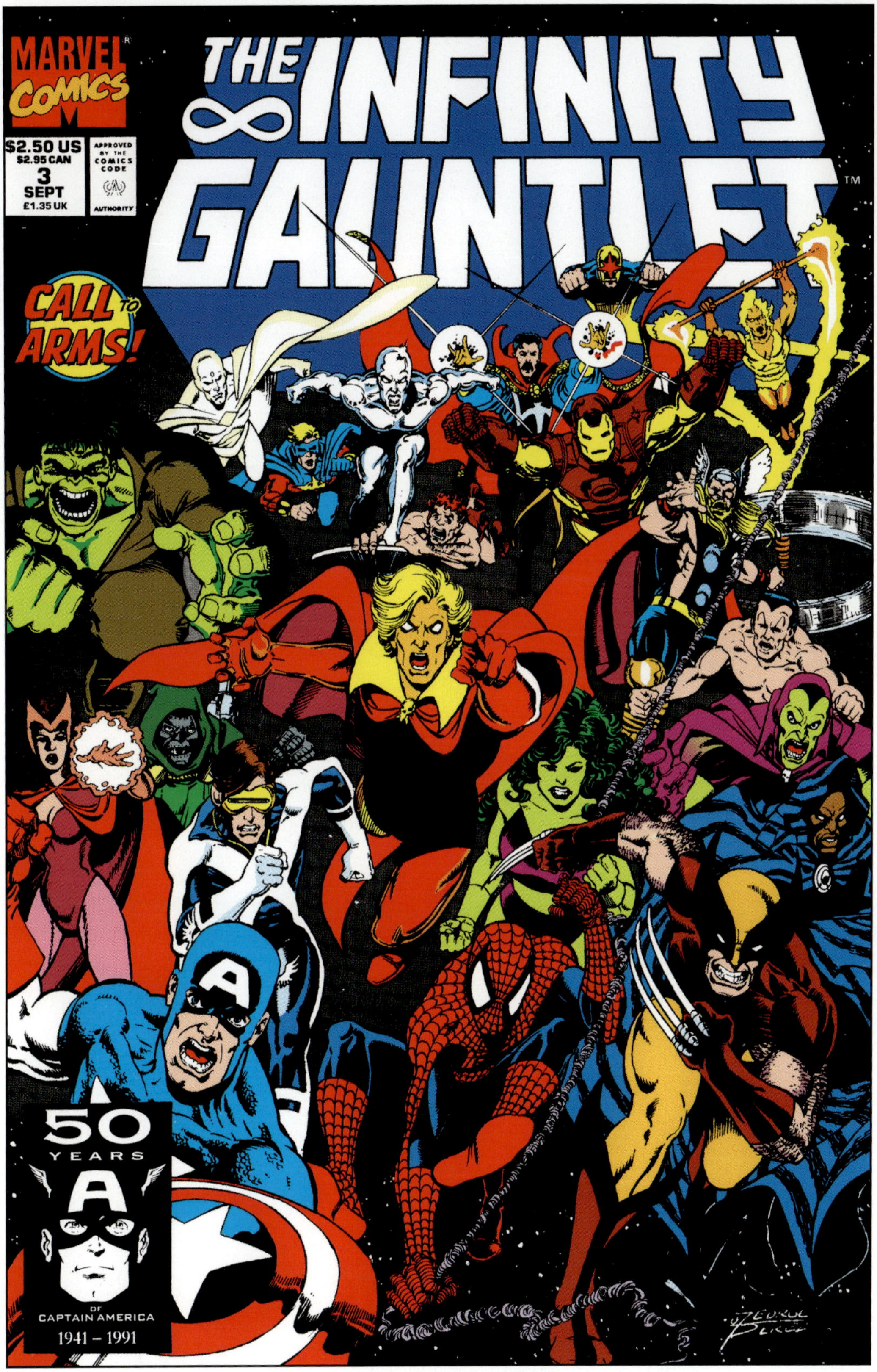

Infinity Gauntlet (1991) 3
Cover von **GEORGE PÉREZ**

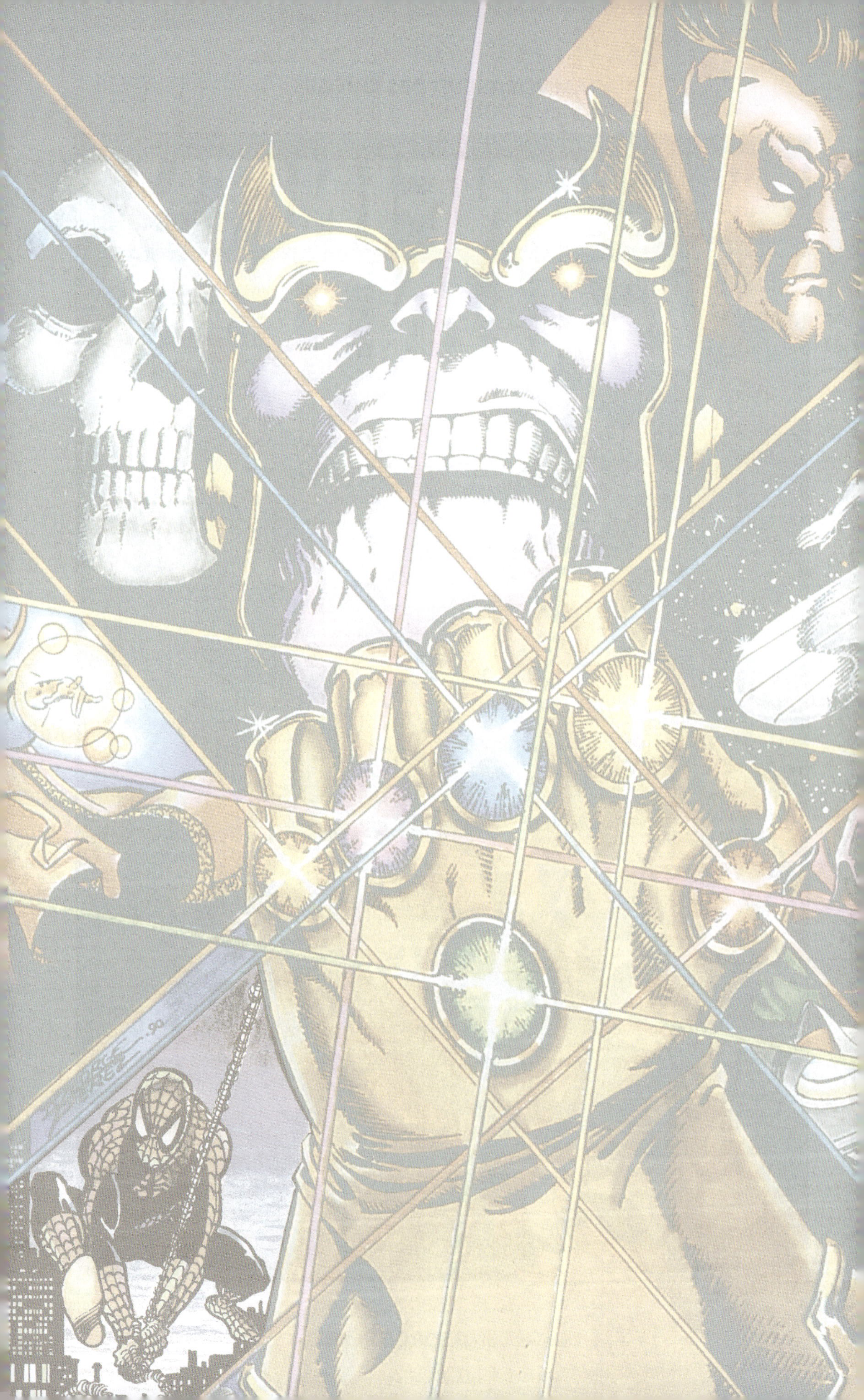

STAN LEE PRÄSENTIERT: DIE EWIGE FEHDE

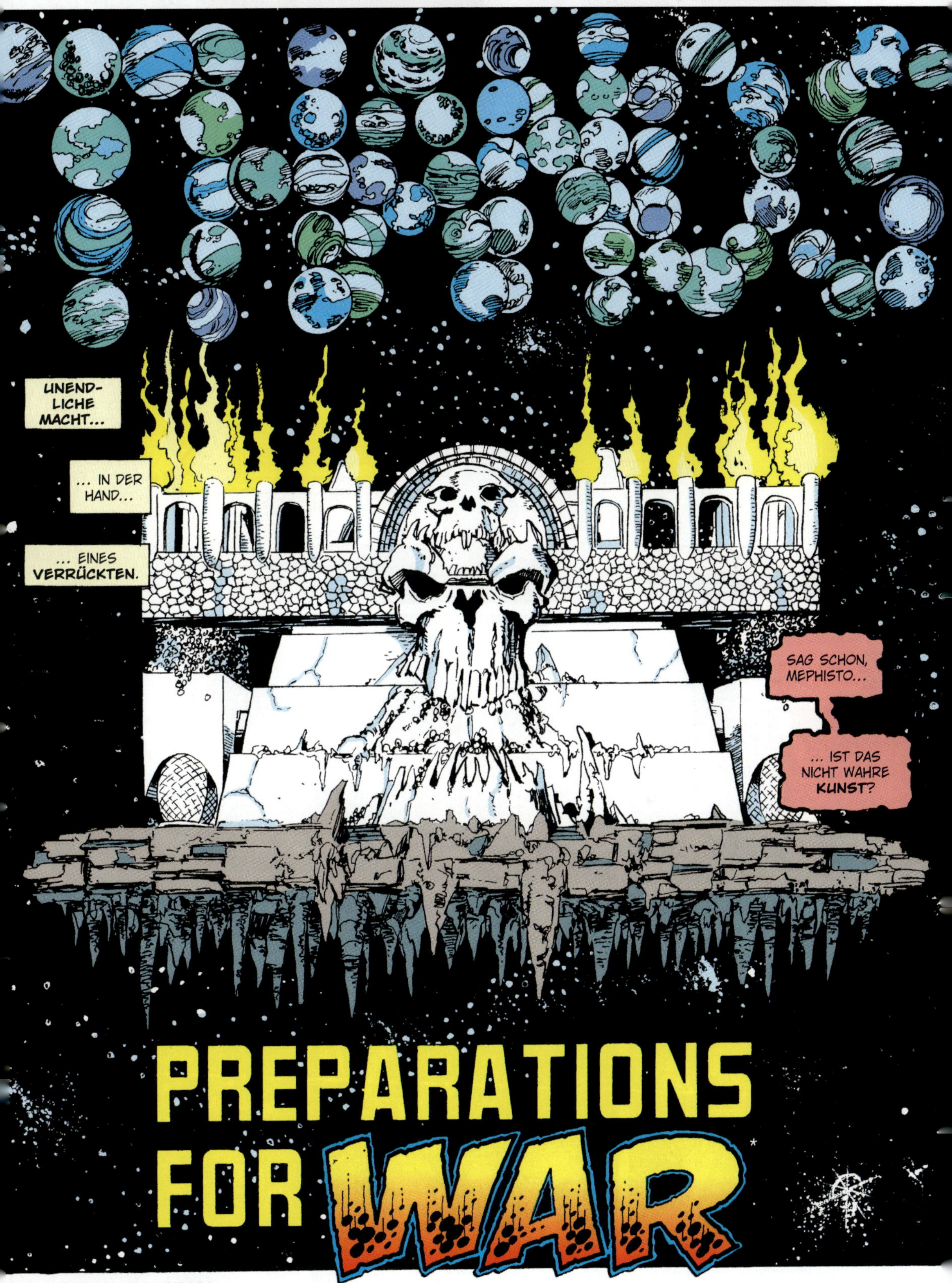

* AM VORABEND DES KRIEGES

JIM STARLIN	GEORGE PÉREZ	JOSEF RUBINSTEIN	SCHEELE & LAUGHLIN	DATAGRAFIX	CRAIG ANDERSON	JÜRGEN PETZ
AUTOR	ZEICHNER	TUSCHE	FARBEN	LETTERING	US-REDAKTION	ÜBERSETZUNG

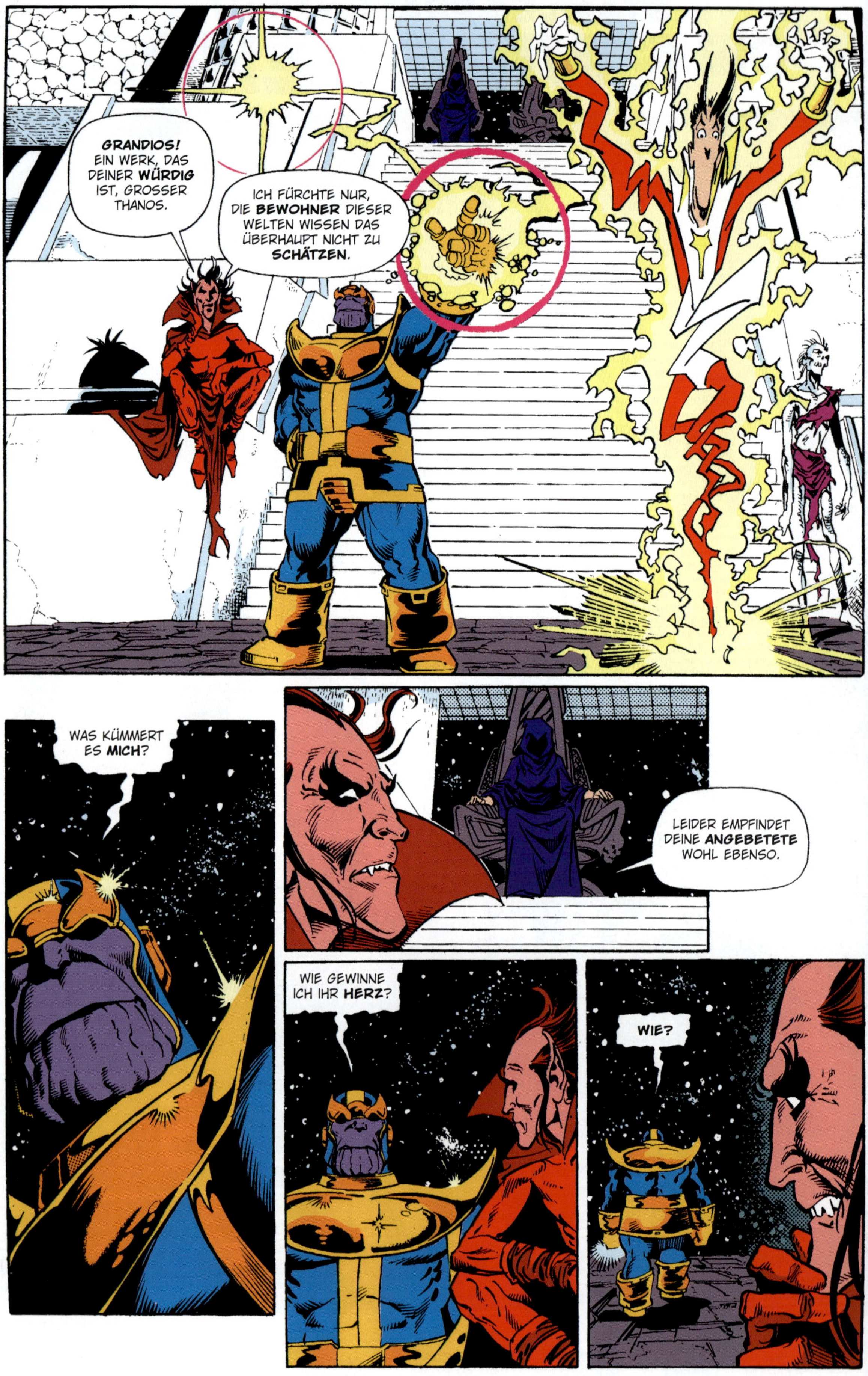
GRANDIOS! EIN WERK, DAS DEINER WÜRDIG IST, GROSSER THANOS.
ICH FÜRCHTE NUR, DIE BEWOHNER DIESER WELTEN WISSEN DAS ÜBERHAUPT NICHT ZU SCHÄTZEN.
WAS KÜMMERT ES MICH?
LEIDER EMPFINDET DEINE ANGEBETETE WOHL EBENSO.
WIE GEWINNE ICH IHR HERZ?
WIE?

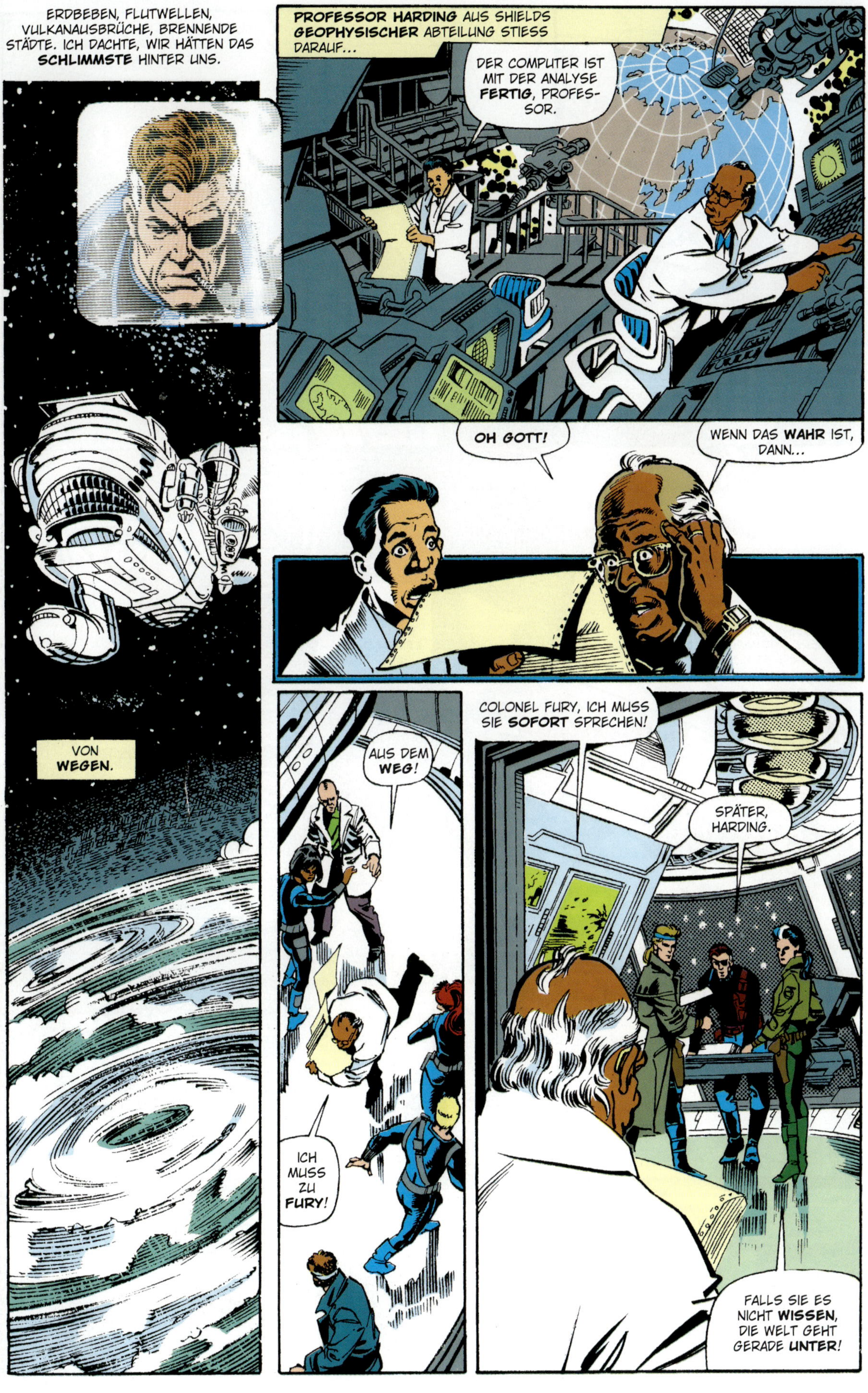
ERDBEBEN, FLUTWELLEN, VULKANAUSBRÜCHE, BRENNENDE STÄDTE. ICH DACHTE, WIR HÄTTEN DAS **SCHLIMMSTE** HINTER UNS.
VON **WEGEN.**
PROFESSOR HARDING AUS SHIELDS **GEOPHYSISCHER** ABTEILUNG STIESS DARAUF...
DER COMPUTER IST MIT DER ANALYSE **FERTIG**, PROFESSOR.
OH GOTT!
WENN DAS **WAHR** IST, DANN...
AUS DEM **WEG!**
ICH MUSS ZU **FURY!**
COLONEL FURY, ICH MUSS SIE **SOFORT** SPRECHEN!
SPÄTER, HARDING.
FALLS SIE ES NICHT **WISSEN**, DIE WELT GEHT GERADE **UNTER!**

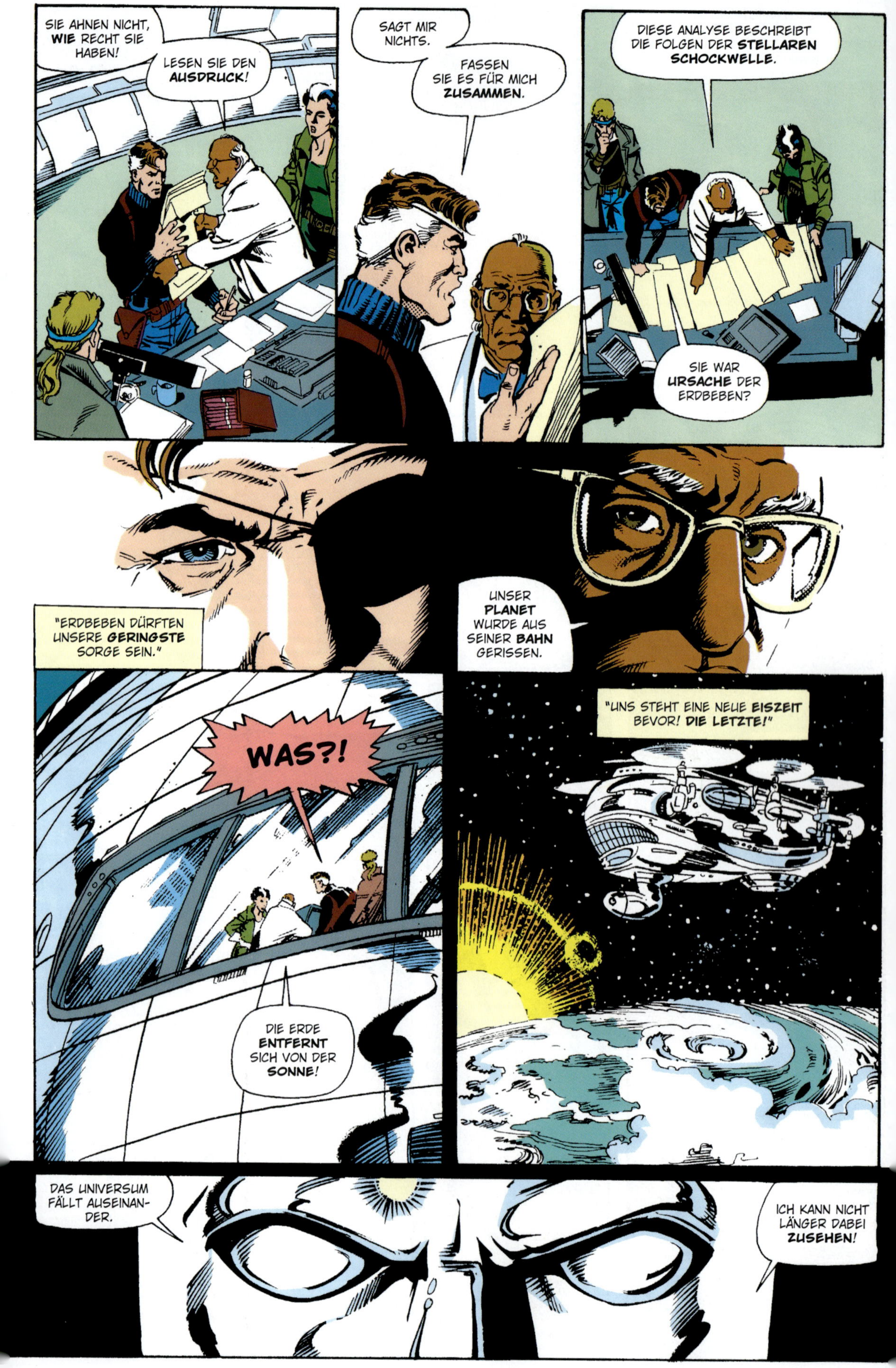
SIE AHNEN NICHT, WIE RECHT SIE HABEN!
LESEN SIE DEN AUSDRUCK!
SAGT MIR NICHTS.
FASSEN SIE ES FÜR MICH ZUSAMMEN.
DIESE ANALYSE BESCHREIBT DIE FOLGEN DER STELLAREN SCHOCKWELLE.
SIE WAR URSACHE DER ERDBEBEN?
"ERDBEBEN DÜRFTEN UNSERE GERINGSTE SORGE SEIN."
UNSER PLANET WURDE AUS SEINER BAHN GERISSEN.
WAS?!
DIE ERDE ENTFERNT SICH VON DER SONNE!
"UNS STEHT EINE NEUE EISZEIT BEVOR! DIE LETZTE!"
DAS UNIVERSUM FÄLLT AUSEINANDER.
ICH KANN NICHT LÄNGER DABEI ZUSEHEN!

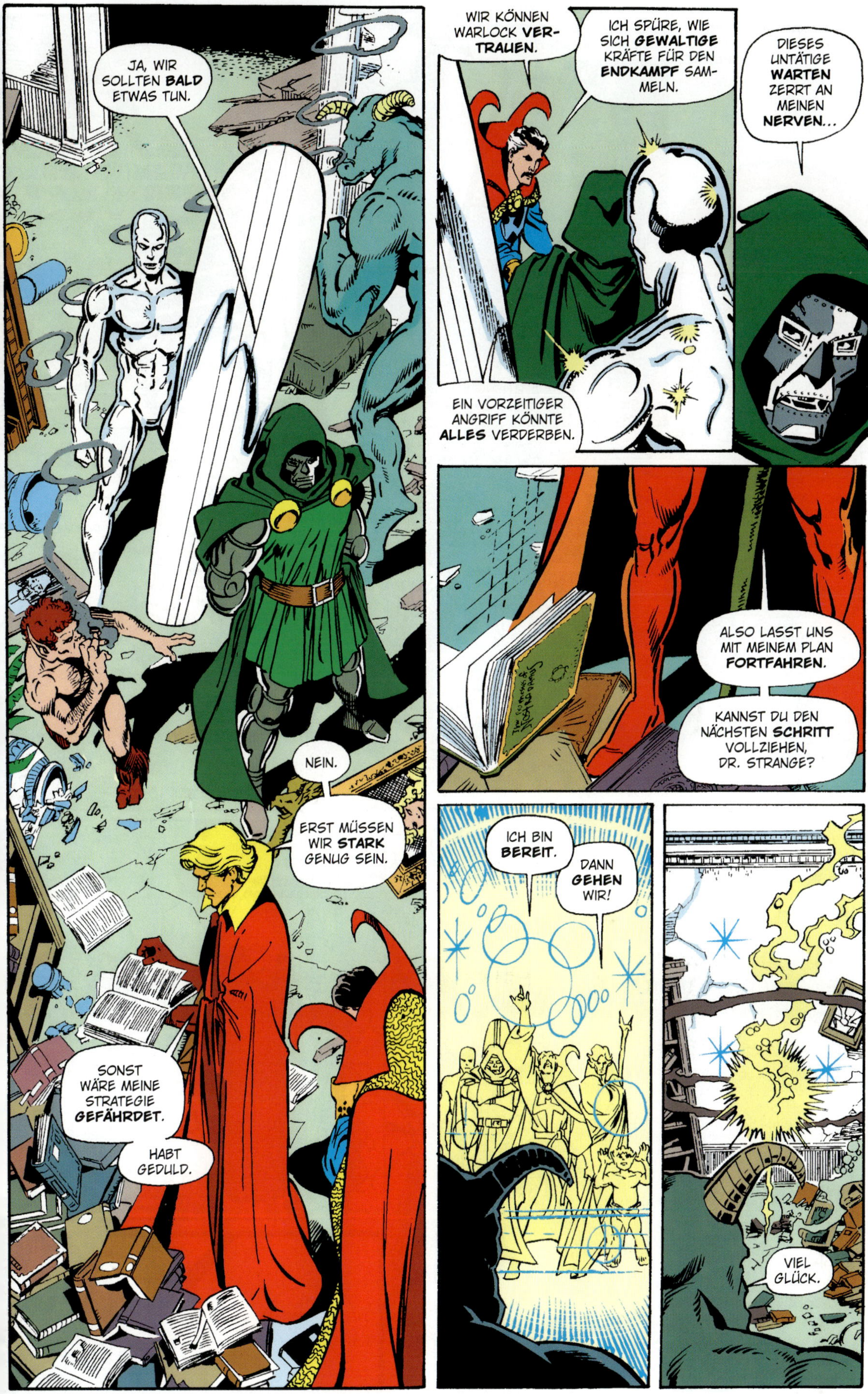

JA, WIR SOLLTEN BALD ETWAS TUN.
NEIN.
ERST MÜSSEN WIR STARK GENUG SEIN.
SONST WÄRE MEINE STRATEGIE GEFÄHRDET.
HABT GEDULD.
WIR KÖNNEN WARLOCK VERTRAUEN.
ICH SPÜRE, WIE SICH GEWALTIGE KRÄFTE FÜR DEN ENDKAMPF SAMMELN.
DIESES UNTÄTIGE WARTEN ZERRT AN MEINEN NERVEN...
EIN VORZEITIGER ANGRIFF KÖNNTE ALLES VERDERBEN.
ALSO LASST UNS MIT MEINEM PLAN FORTFAHREN.
KANNST DU DEN NÄCHSTEN SCHRITT VOLLZIEHEN, DR. STRANGE?
ICH BIN BEREIT.
DANN GEHEN WIR!
VIEL GLÜCK.

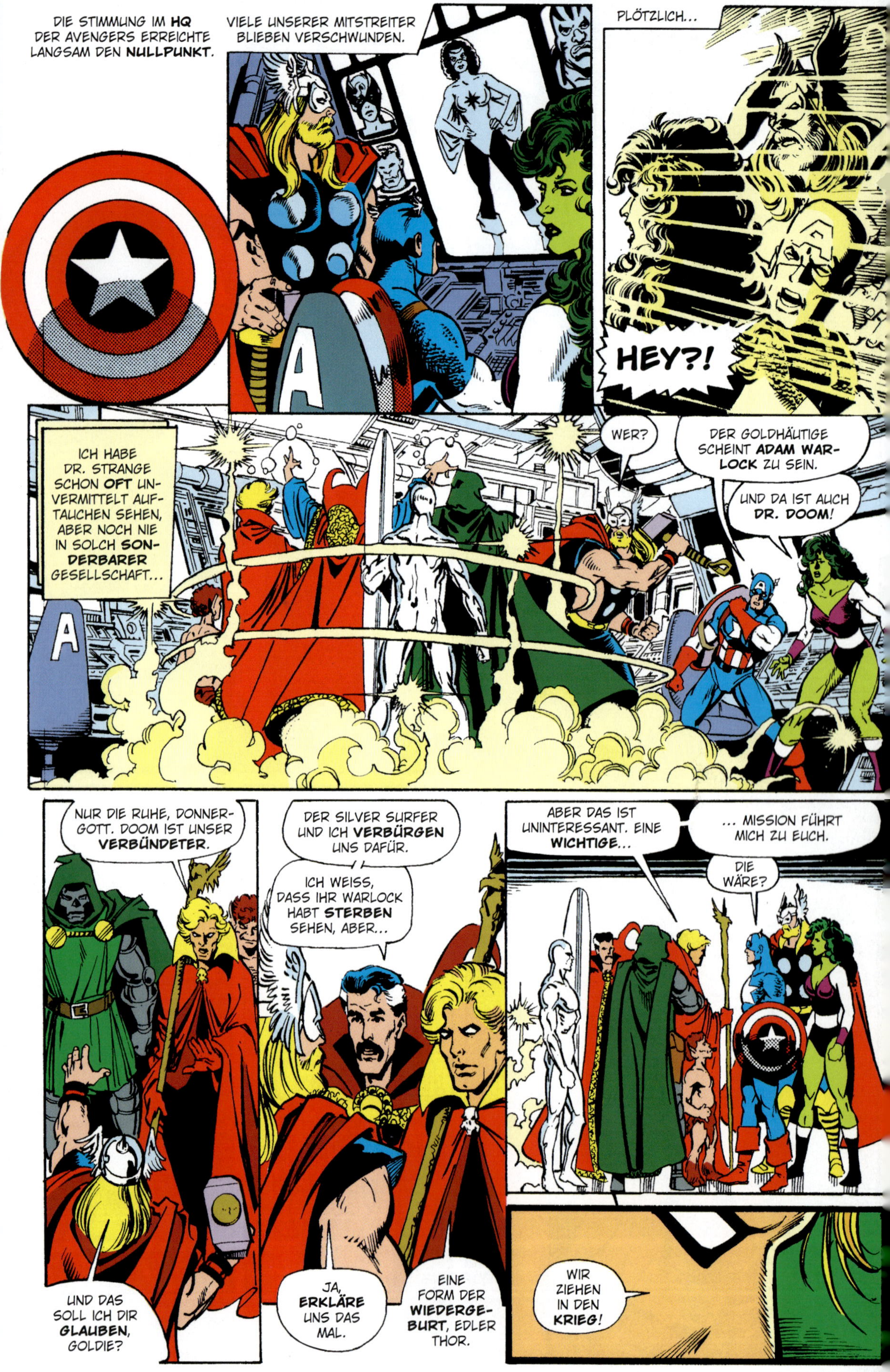
DIE STIMMUNG IM **HQ** DER AVENGERS ERREICHTE LANGSAM DEN **NULLPUNKT**.
VIELE UNSERER MITSTREITER BLIEBEN VERSCHWUNDEN.
PLÖTZLICH...
HEY?!
ICH HABE DR. STRANGE SCHON **OFT** UNVERMITTELT AUFTAUCHEN SEHEN, ABER NOCH NIE IN SOLCH **SONDERBARER** GESELLSCHAFT...
WER?
DER GOLDHÄUTIGE SCHEINT **ADAM WARLOCK** ZU SEIN.
UND DA IST AUCH **DR. DOOM**!
NUR DIE RUHE, DONNERGOTT. DOOM IST UNSER **VERBÜNDETER**.
UND DAS SOLL ICH DIR **GLAUBEN**, GOLDIE?
DER SILVER SURFER UND ICH **VERBÜRGEN** UNS DAFÜR.
ICH WEISS, DASS IHR WARLOCK HABT **STERBEN** SEHEN, ABER...
JA, **ERKLÄRE** UNS DAS MAL.
EINE FORM DER **WIEDERGEBURT**, EDLER THOR.
ABER DAS IST UNINTERESSANT. EINE **WICHTIGE**...
... MISSION FÜHRT MICH ZU EUCH.
DIE WÄRE?
WIR ZIEHEN IN DEN **KRIEG**!

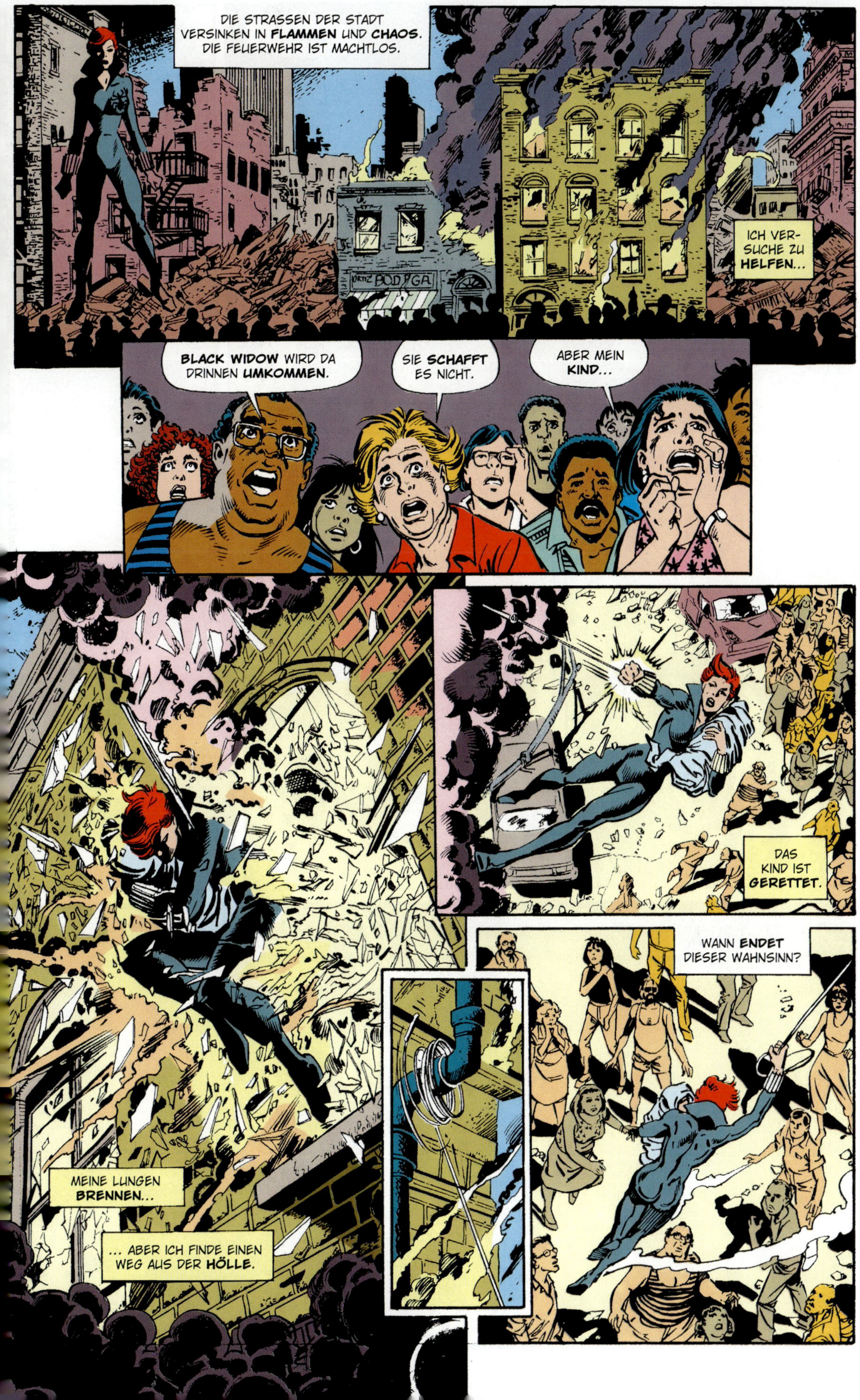
DIE STRASSEN DER STADT VERSINKEN IN FLAMMEN UND CHAOS. DIE FEUERWEHR IST MACHTLOS.
ICH VERSUCHE ZU HELFEN...
BODEGA
BLACK WIDOW WIRD DA DRINNEN UMKOMMEN.
SIE SCHAFFT ES NICHT.
ABER MEIN KIND...
DAS KIND IST GERETTET.
MEINE LUNGEN BRENNEN...
... ABER ICH FINDE EINEN WEG AUS DER HÖLLE.
WANN ENDET DIESER WAHNSINN?

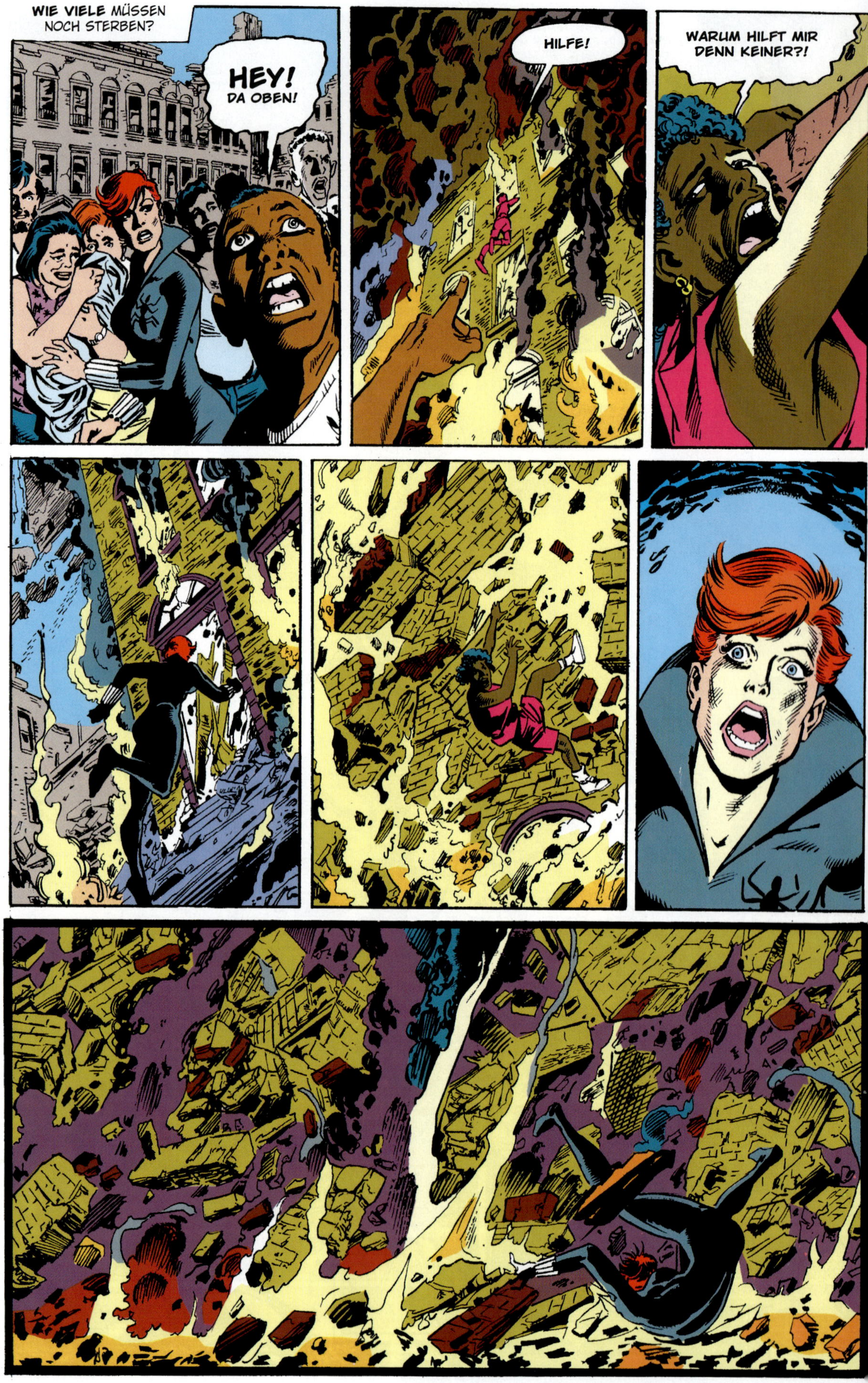
WIE VIELE MÜSSEN NOCH STERBEN?
HEY! DA OBEN!
HILFE!
WARUM HILFT MIR DENN KEINER?!

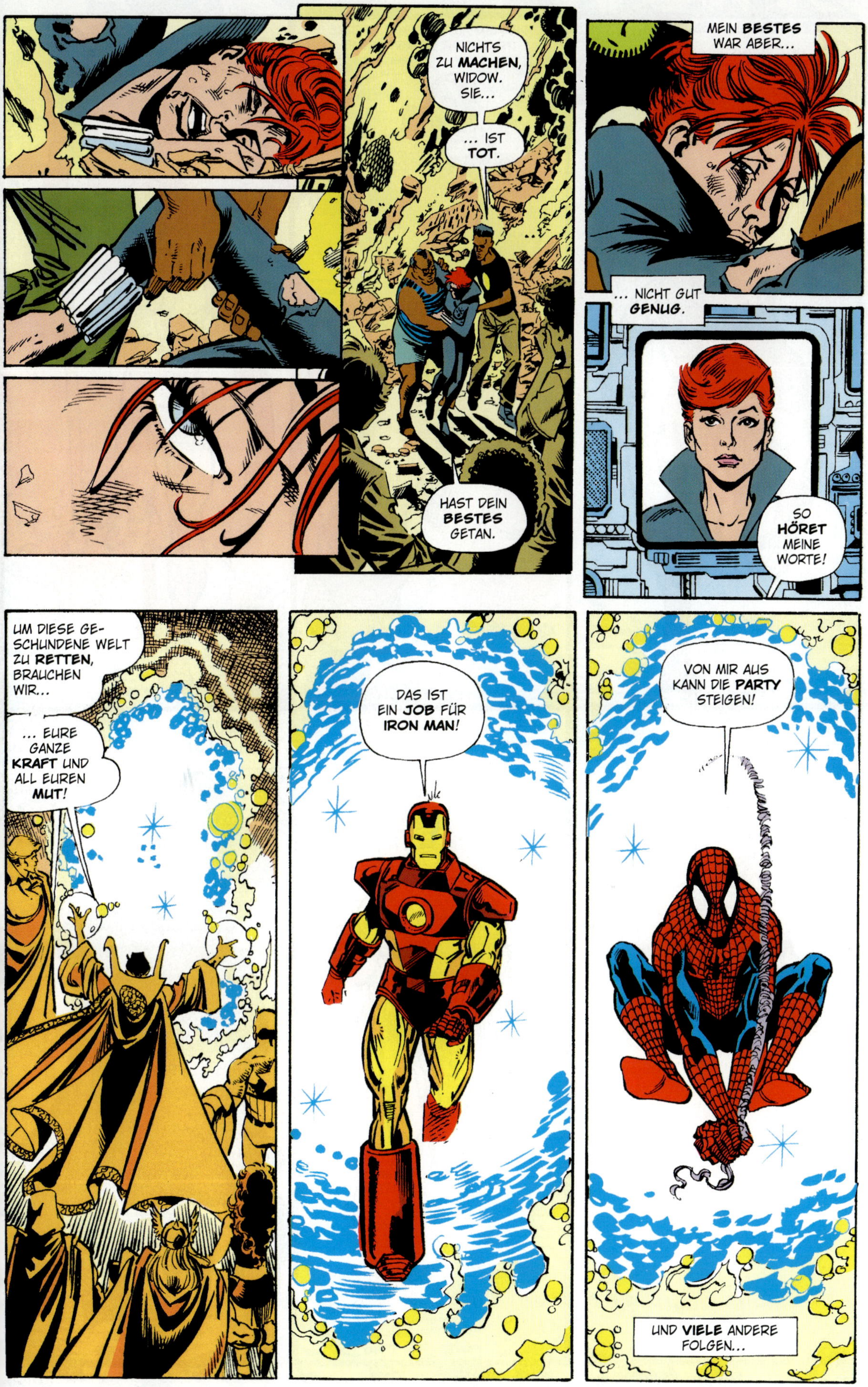
NICHTS ZU MACHEN, WIDOW. SIE...
... IST TOT.
HAST DEIN BESTES GETAN.
MEIN BESTES WAR ABER...
... NICHT GUT GENUG.
SO HÖRET MEINE WORTE!
UM DIESE GESCHUNDENE WELT ZU RETTEN, BRAUCHEN WIR...
... EURE GANZE KRAFT UND ALL EUREN MUT!
DAS IST EIN JOB FÜR IRON MAN!
VON MIR AUS KANN DIE PARTY STEIGEN!
UND VIELE ANDERE FOLGEN...

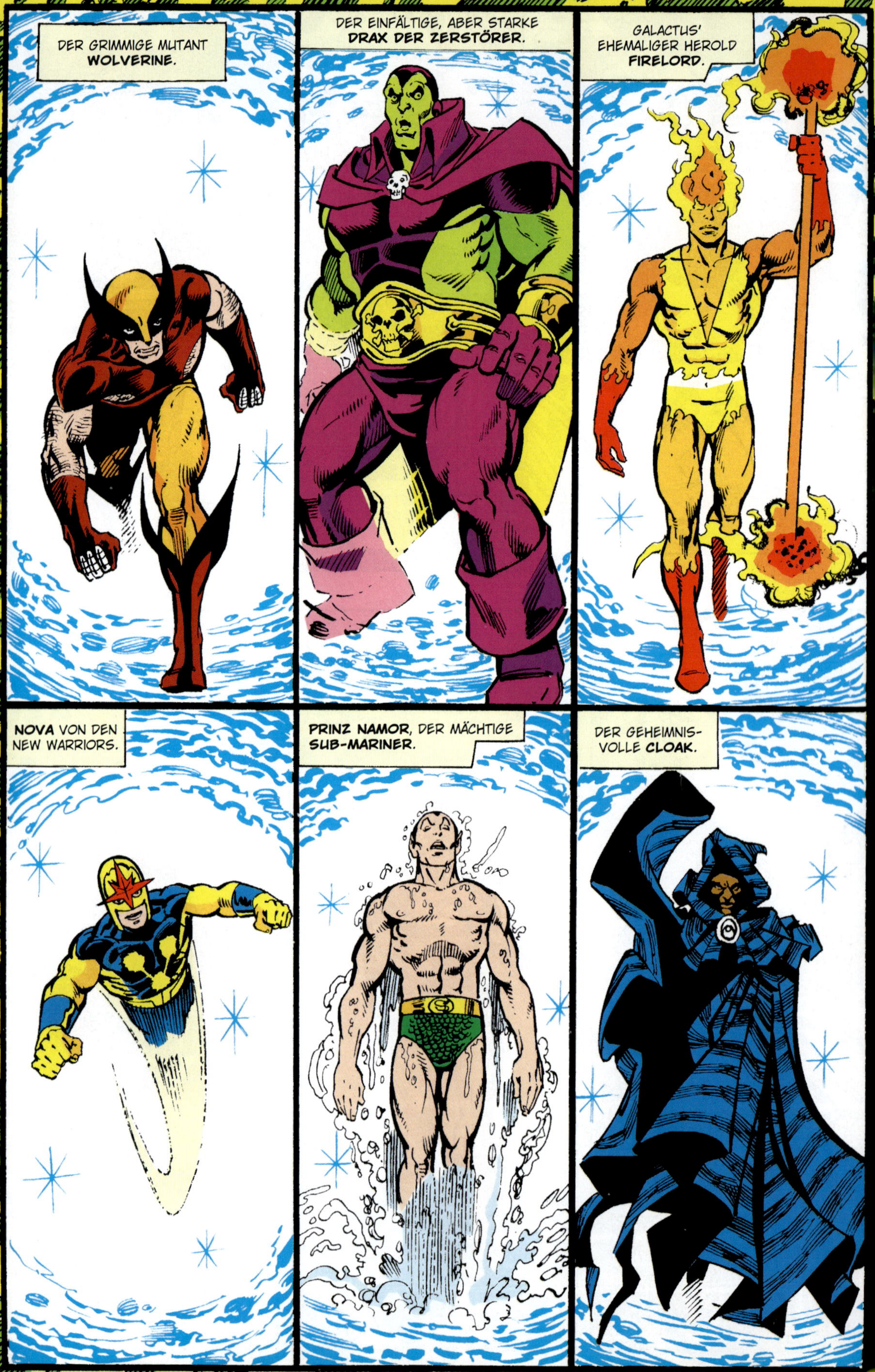
DER GRIMMIGE MUTANT WOLVERINE.
DER EINFÄLTIGE, ABER STARKE DRAX DER ZERSTÖRER.
GALACTUS' EHEMALIGER HEROLD FIRELORD.
NOVA VON DEN NEW WARRIORS.
PRINZ NAMOR, DER MÄCHTIGE SUB-MARINER.
DER GEHEIMNIS-VOLLE CLOAK.

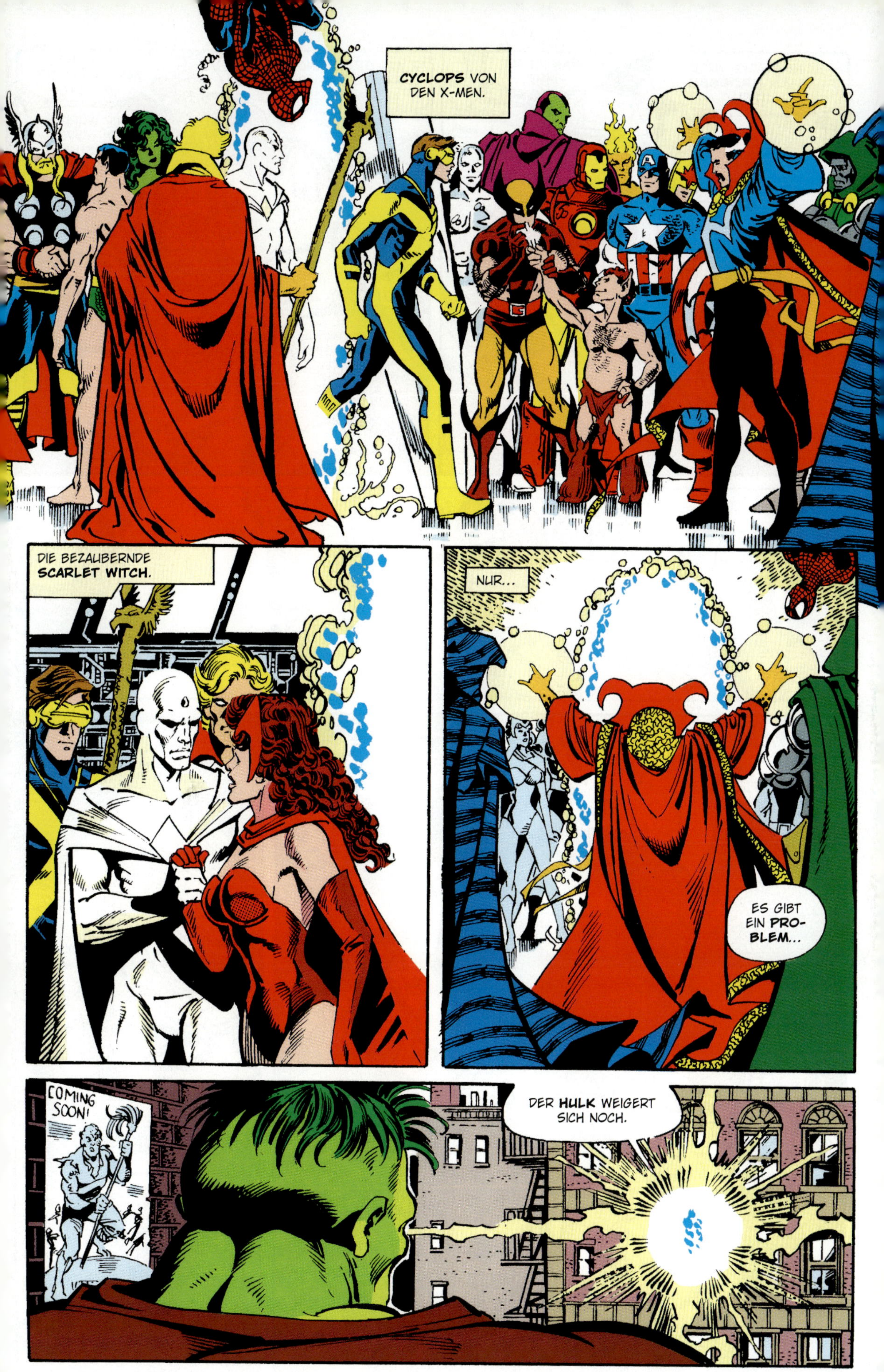

CYCLOPS VON DEN X-MEN.
DIE BEZAUBERNDE SCARLET WITCH.
NUR...
ES GIBT EIN PROBLEM...
COMING SOON!
DER HULK WEIGERT SICH NOCH.

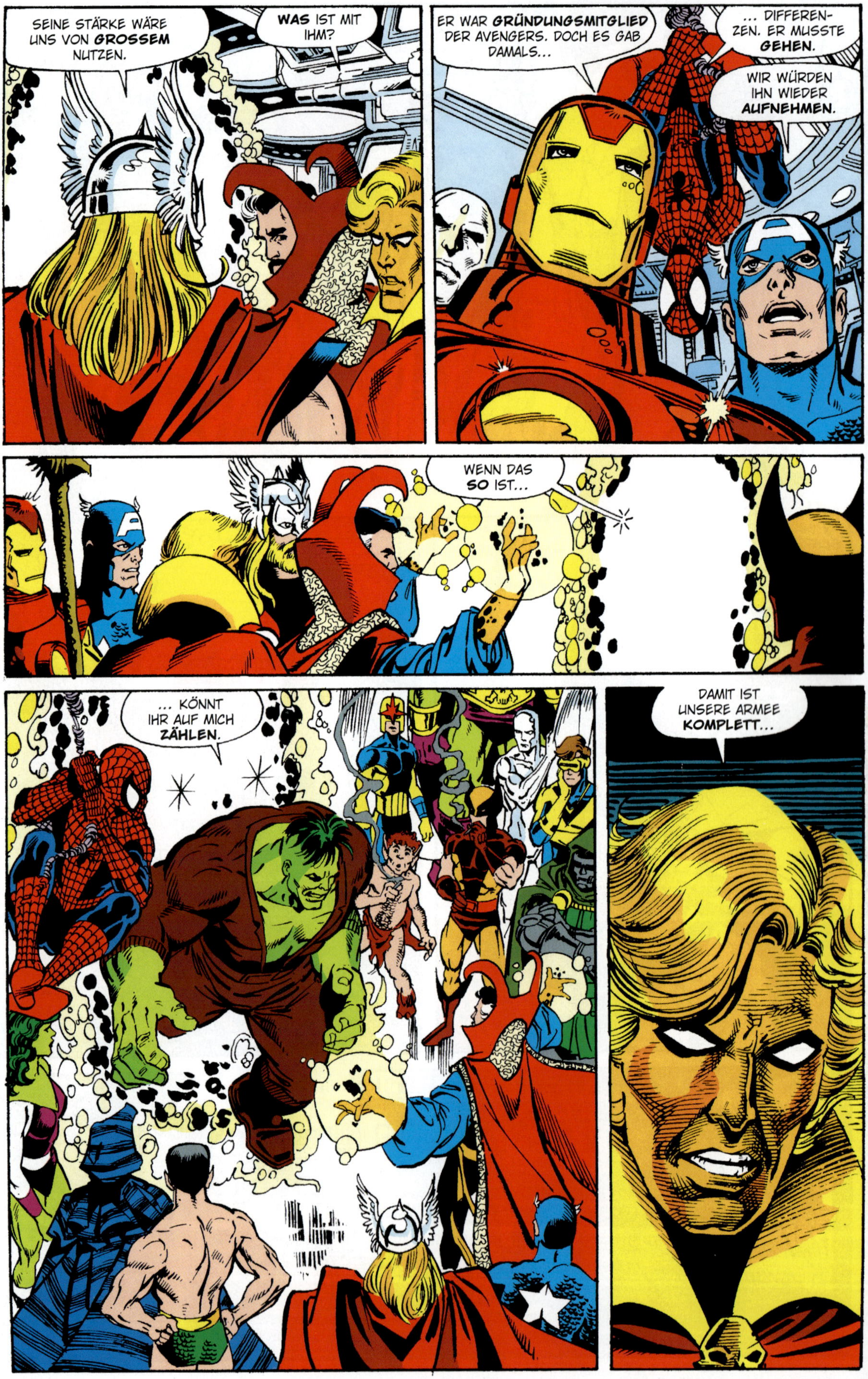
SEINE STÄRKE WÄRE UNS VON GROSSEM NUTZEN.
WAS IST MIT IHM?
ER WAR GRÜNDUNGSMITGLIED DER AVENGERS. DOCH ES GAB DAMALS...
... DIFFEREN-ZEN. ER MUSSTE GEHEN.
WIR WÜRDEN IHN WIEDER AUFNEHMEN.
WENN DAS SO IST...
... KÖNNT IHR AUF MICH ZÄHLEN.
DAMIT IST UNSERE ARMEE KOMPLETT...

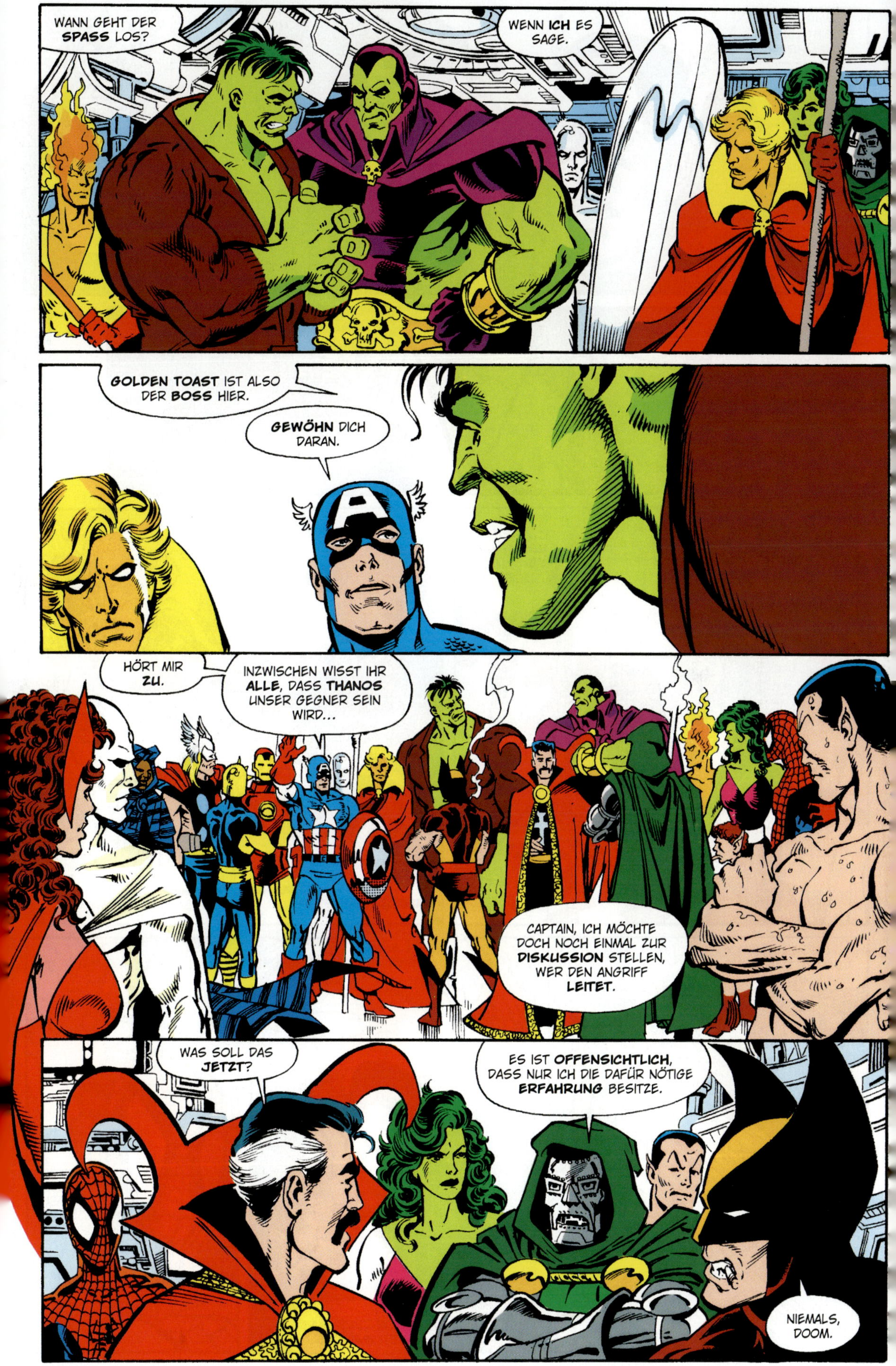
WANN GEHT DER SPASS LOS?
WENN ICH ES SAGE.
GOLDEN TOAST IST ALSO DER BOSS HIER.
GEWÖHN DICH DARAN.
HÖRT MIR ZU.
INZWISCHEN WISST IHR ALLE, DASS THANOS UNSER GEGNER SEIN WIRD...
CAPTAIN, ICH MÖCHTE DOCH NOCH EINMAL ZUR DISKUSSION STELLEN, WER DEN ANGRIFF LEITET.
WAS SOLL DAS JETZT?
ES IST OFFENSICHTLICH, DASS NUR ICH DIE DAFÜR NÖTIGE ERFAHRUNG BESITZE.
NIEMALS, DOOM.

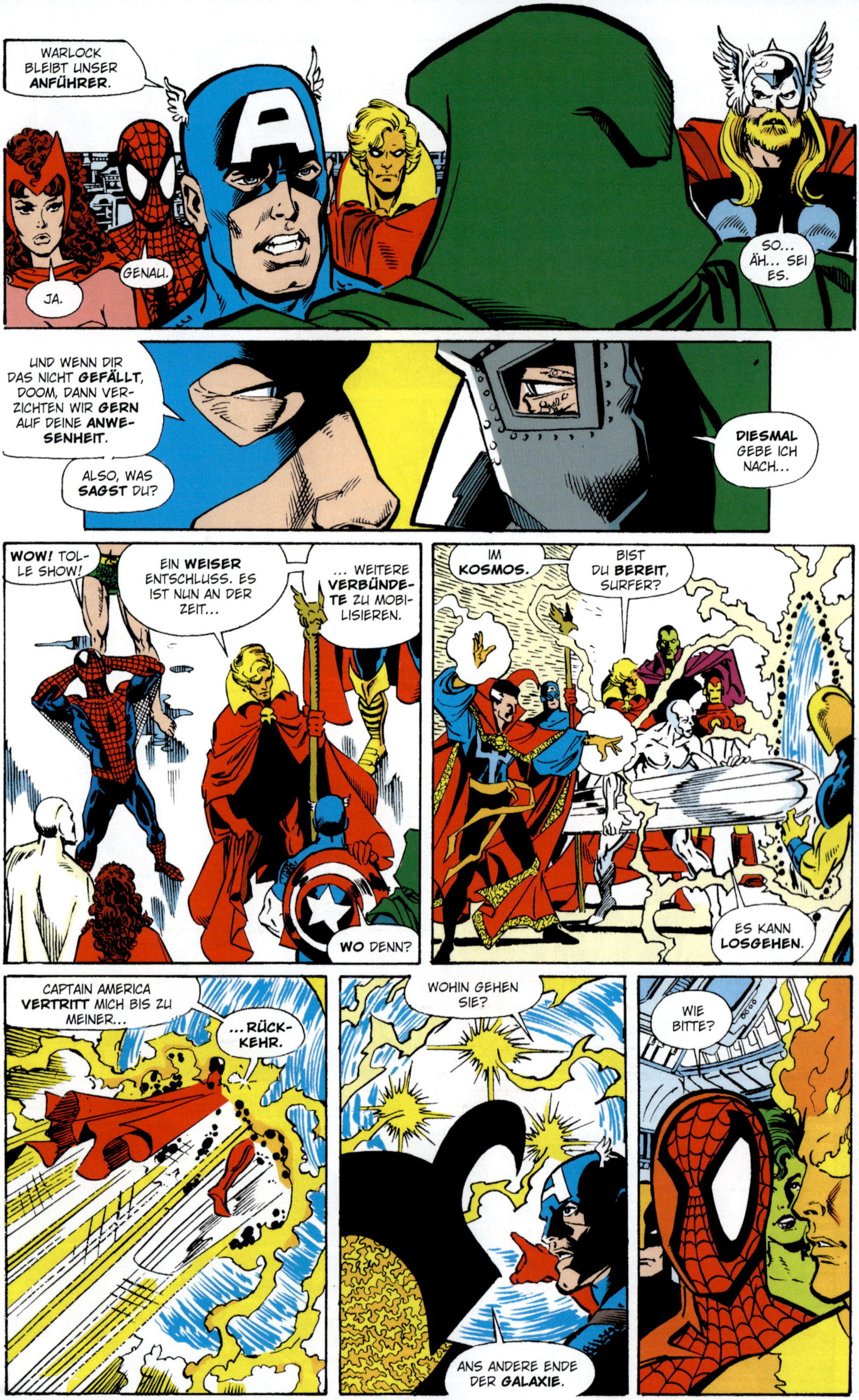

WARLOCK BLEIBT UNSER **ANFÜHRER.**
JA.
GENAU.
SO... ÄH... SEI ES.
UND WENN DIR DAS NICHT **GEFÄLLT,** DOOM, DANN VER-ZICHTEN WIR **GERN** AUF DEINE **ANWE-SENHEIT.**
ALSO, WAS **SAGST** DU?
DIESMAL GEBE ICH NACH...
WOW! TOL-LE SHOW!
EIN **WEISER** ENTSCHLUSS. ES IST NUN AN DER ZEIT...
... WEITERE **VERBÜNDE-TE** ZU MOBI-LISIEREN.
WO DENN?
IM **KOSMOS.**
BIST DU **BEREIT,** SURFER?
ES KANN **LOSGEHEN.**
CAPTAIN AMERICA **VERTRITT** MICH BIS ZU MEINER...
...RÜCK-KEHR.
WOHIN GEHEN SIE?
ANS ANDERE ENDE DER **GALAXIE.**
WIE BITTE?

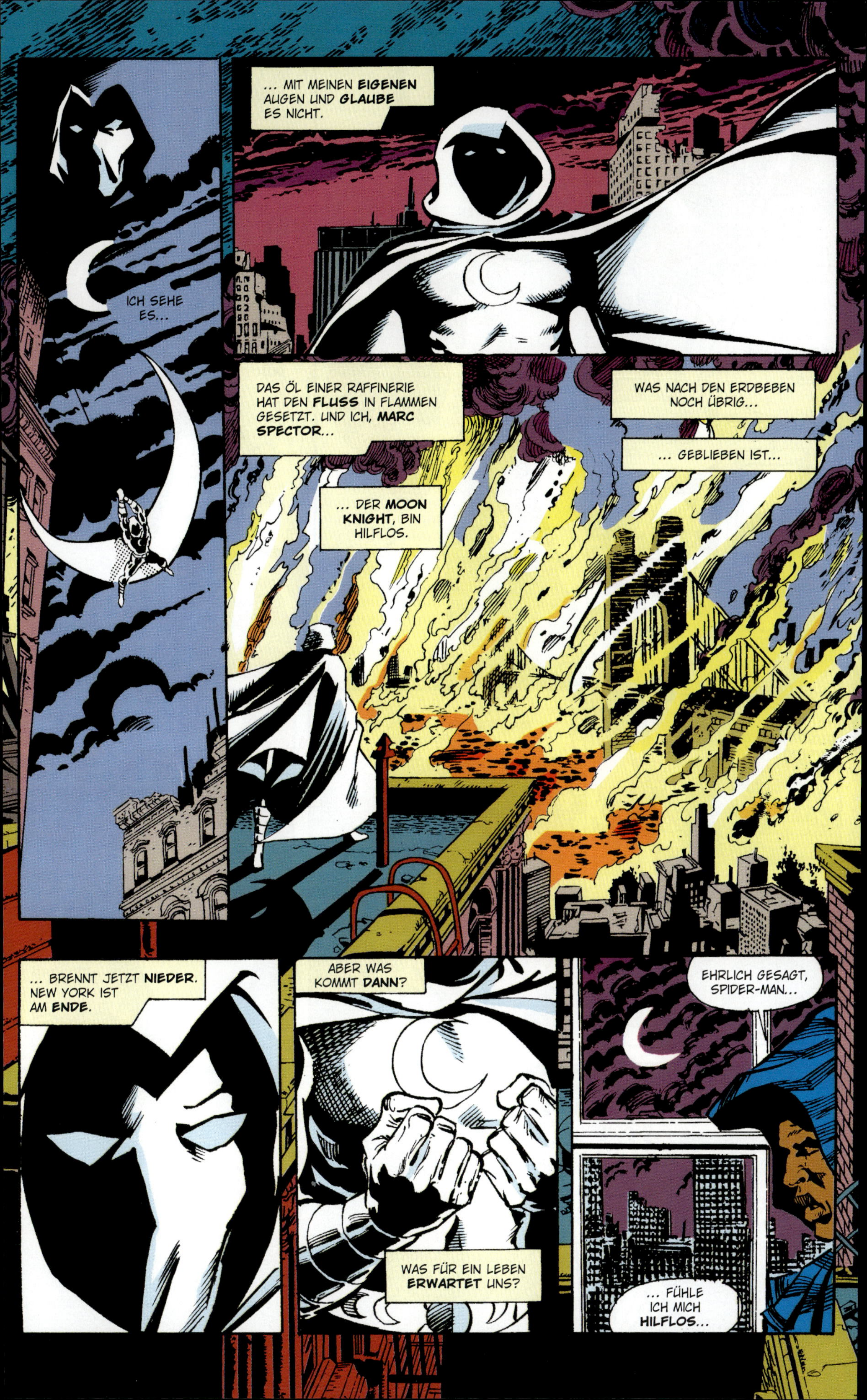

... MIT MEINEN EIGENEN AUGEN UND GLAUBE ES NICHT.
ICH SEHE ES...
DAS ÖL EINER RAFFINERIE HAT DEN FLUSS IN FLAMMEN GESETZT. UND ICH, MARC SPECTOR...
... DER MOON KNIGHT, BIN HILFLOS.
WAS NACH DEN ERDBEBEN NOCH ÜBRIG...
... GEBLIEBEN IST...
... BRENNT JETZT NIEDER. NEW YORK IST AM ENDE.
ABER WAS KOMMT DANN?
WAS FÜR EIN LEBEN ERWARTET UNS?
EHRLICH GESAGT, SPIDER-MAN...
... FÜHLE ICH MICH HILFLOS...

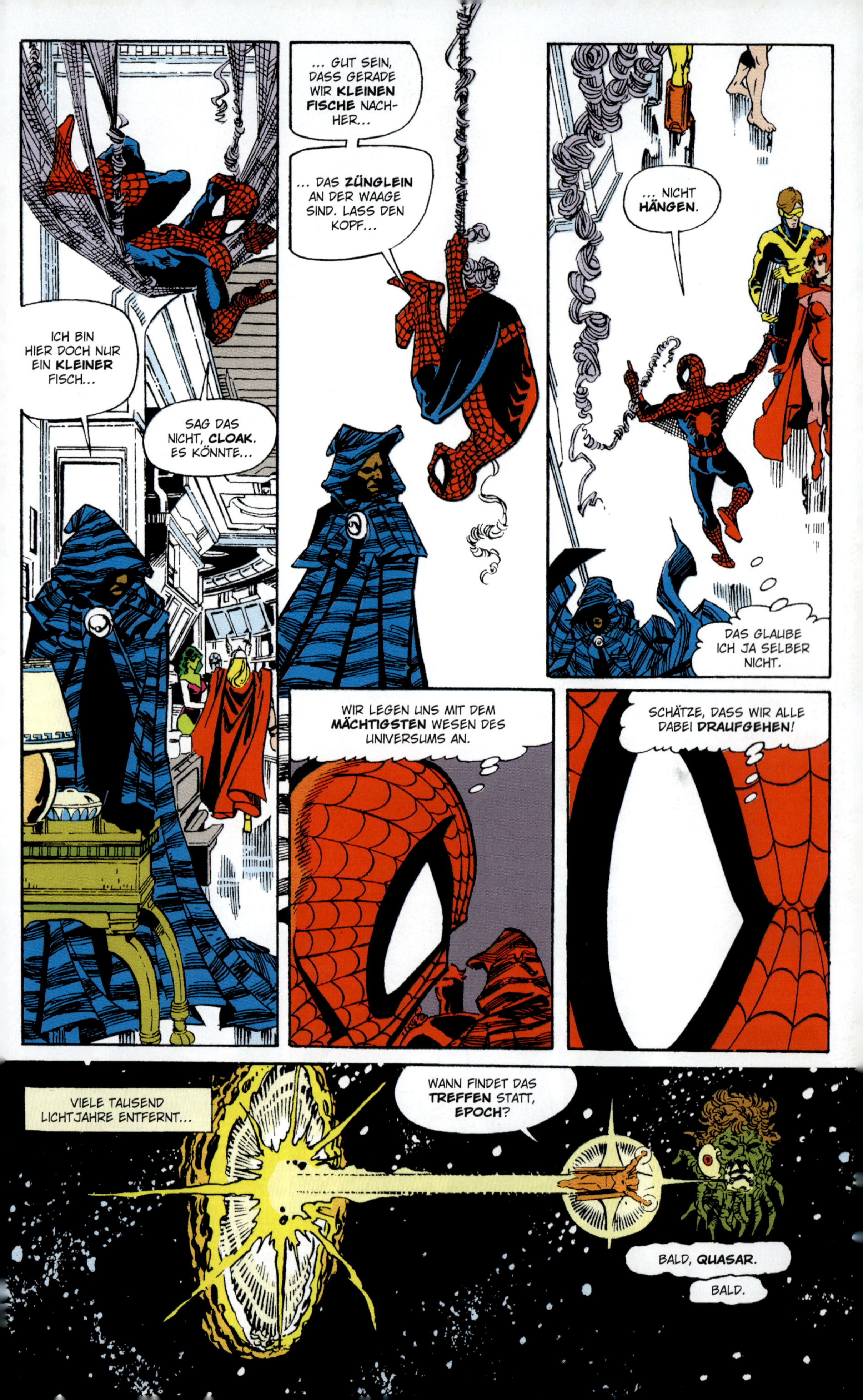

ICH BIN HIER DOCH NUR EIN KLEINER FISCH...
SAG DAS NICHT, CLOAK. ES KÖNNTE...
... GUT SEIN, DASS GERADE WIR KLEINEN FISCHE NACHHER...
... DAS ZÜNGLEIN AN DER WAAGE SIND. LASS DEN KOPF...
... NICHT HÄNGEN.
DAS GLAUBE ICH JA SELBER NICHT.
WIR LEGEN UNS MIT DEM MÄCHTIGSTEN WESEN DES UNIVERSUMS AN.
SCHÄTZE, DASS WIR ALLE DABEI DRAUFGEHEN!
VIELE TAUSEND LICHTJAHRE ENTFERNT...
WANN FINDET DAS TREFFEN STATT, EPOCH?
BALD, QUASAR.
BALD.

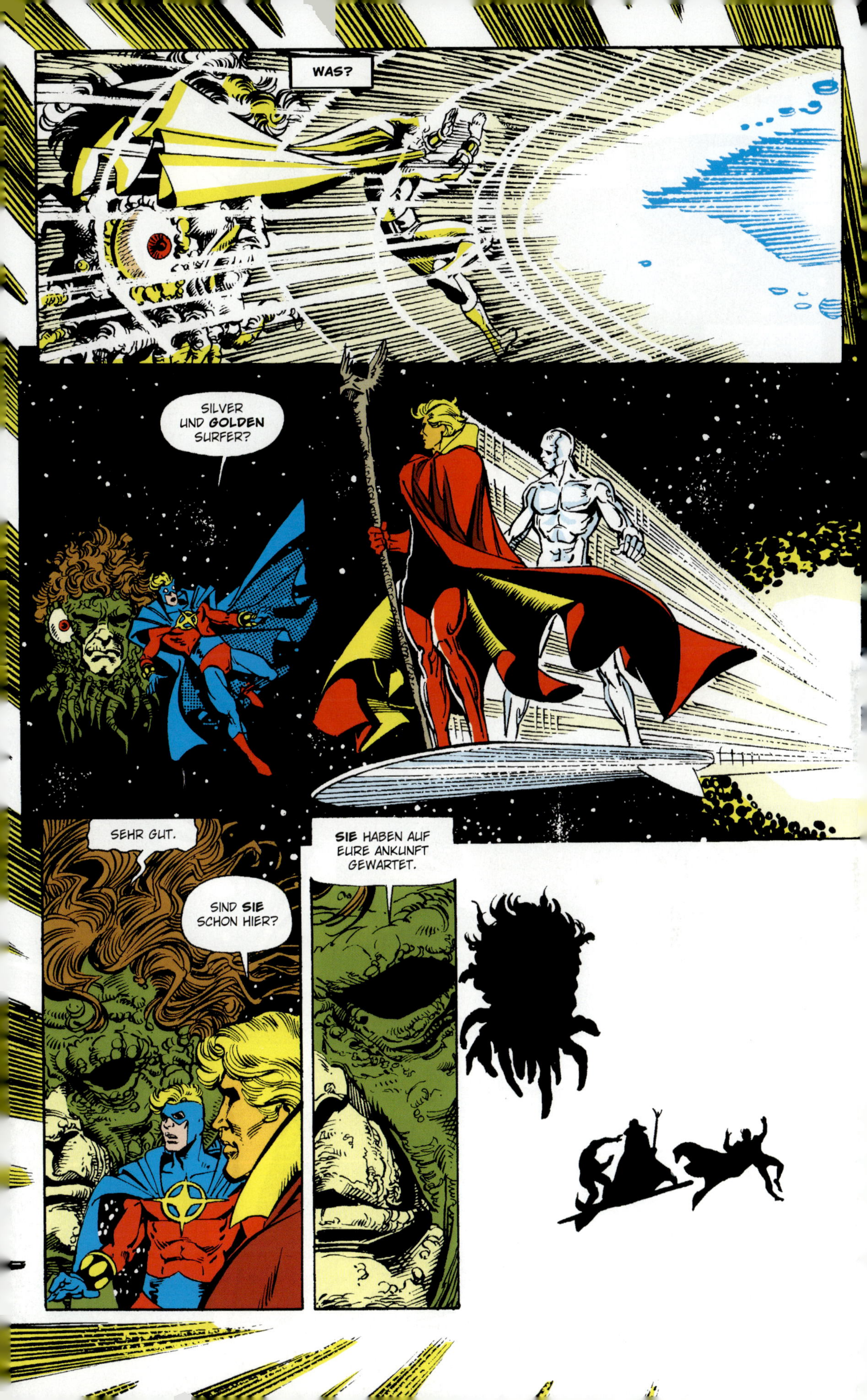
WAS?
SILVER UND GOLDEN SURFER?
SEHR GUT.
SIND SIE SCHON HIER?
SIE HABEN AUF EURE ANKUNFT GEWARTET.

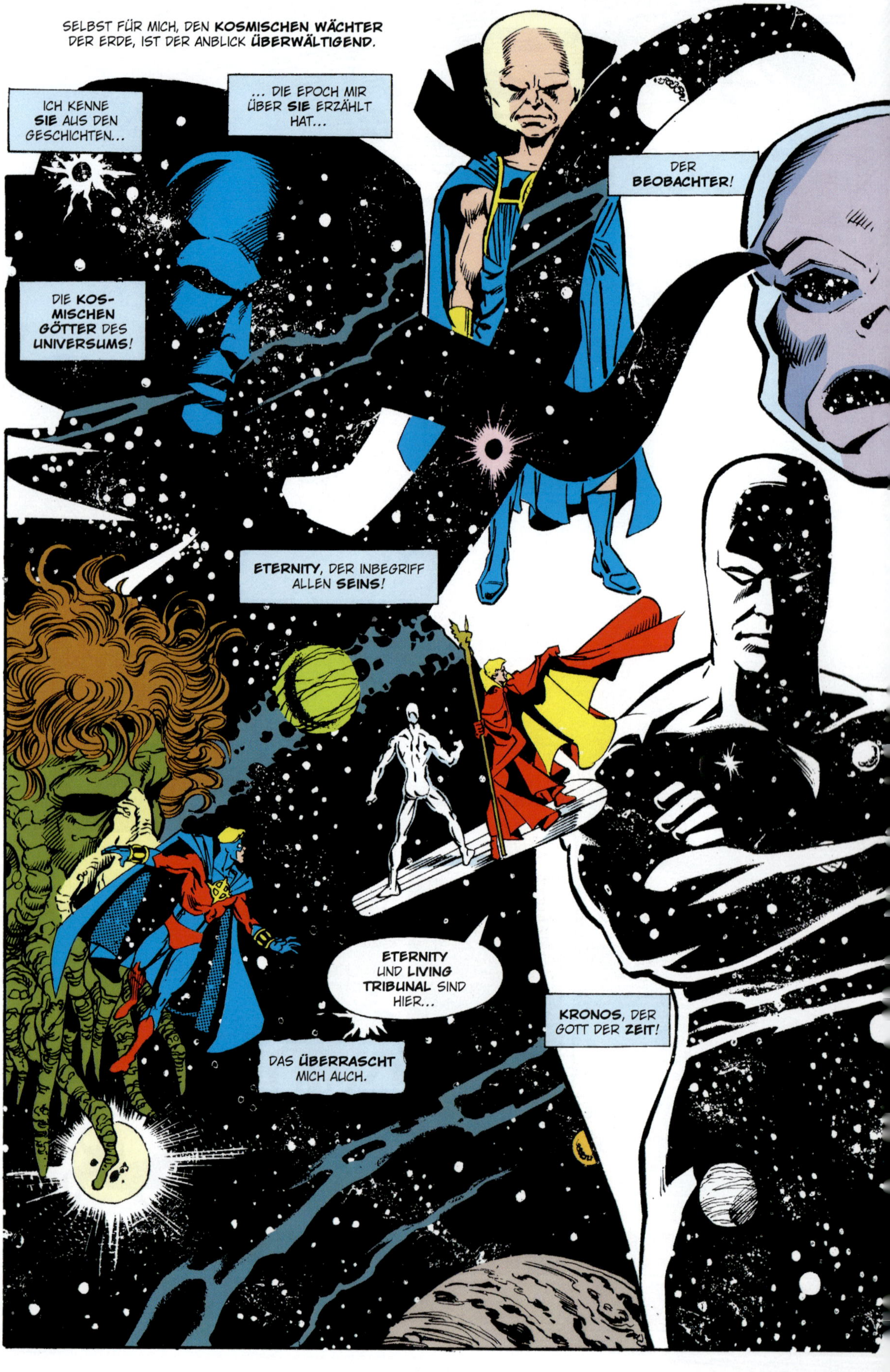

SELBST FÜR MICH, DEN KOSMISCHEN WÄCHTER DER ERDE, IST DER ANBLICK ÜBERWÄLTIGEND.
ICH KENNE SIE AUS DEN GESCHICHTEN...
... DIE EPOCH MIR ÜBER SIE ERZÄHLT HAT...
DER BEOBACHTER!
DIE KOSMISCHEN GÖTTER DES UNIVERSUMS!
ETERNITY, DER INBEGRIFF ALLEN SEINS!
ETERNITY UND LIVING TRIBUNAL SIND HIER...
DAS ÜBERRASCHT MICH AUCH.
KRONOS, DER GOTT DER ZEIT!

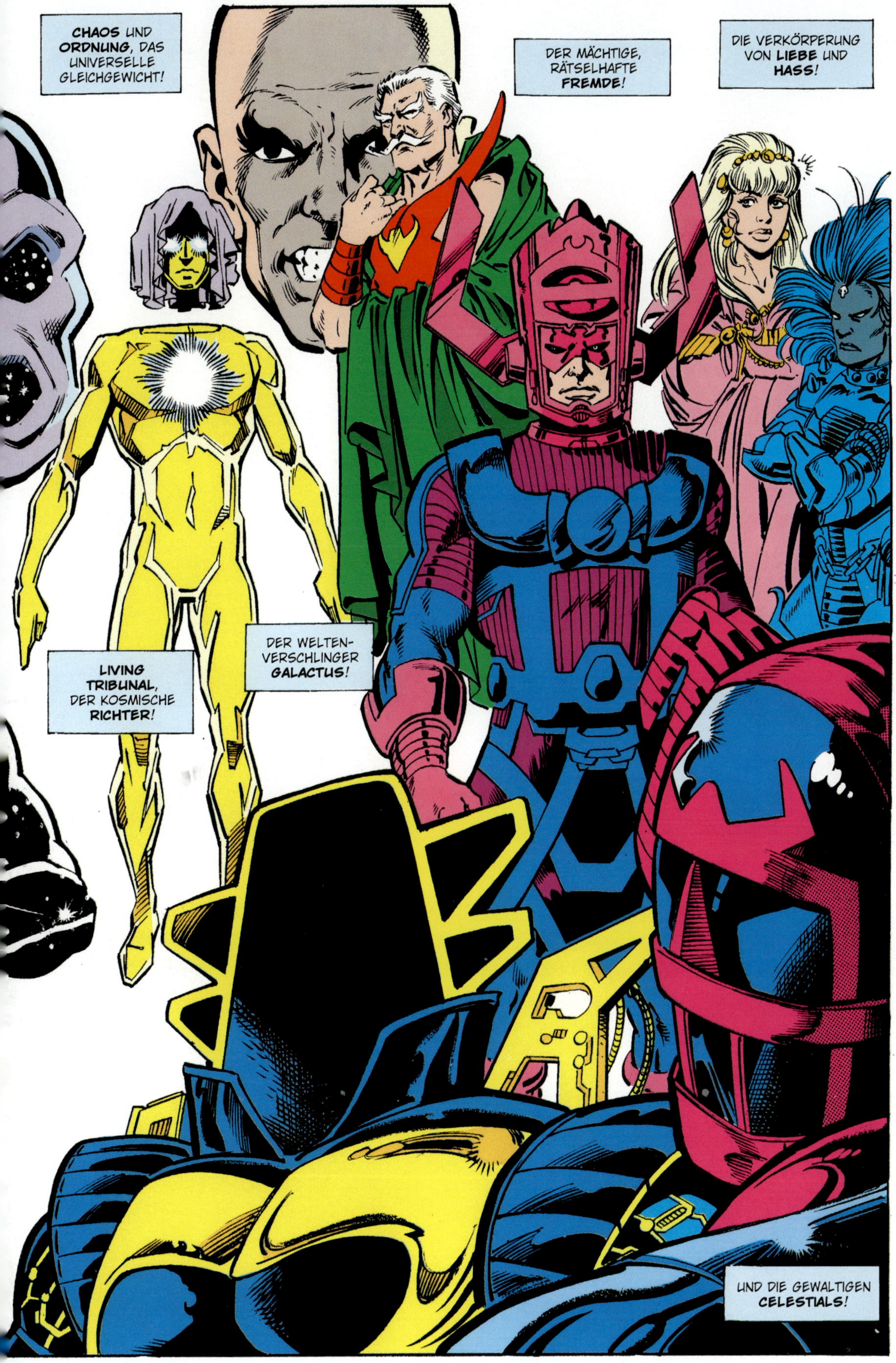

CHAOS UND ORDNUNG, DAS UNIVERSELLE GLEICHGEWICHT!
DER MÄCHTIGE, RÄTSELHAFTE FREMDE!
DIE VERKÖRPERUNG VON LIEBE UND HASS!
LIVING TRIBUNAL, DER KOSMISCHE RICHTER!
DER WELTEN-VERSCHLINGER GALACTUS!
UND DIE GEWALTIGEN CELESTIALS!

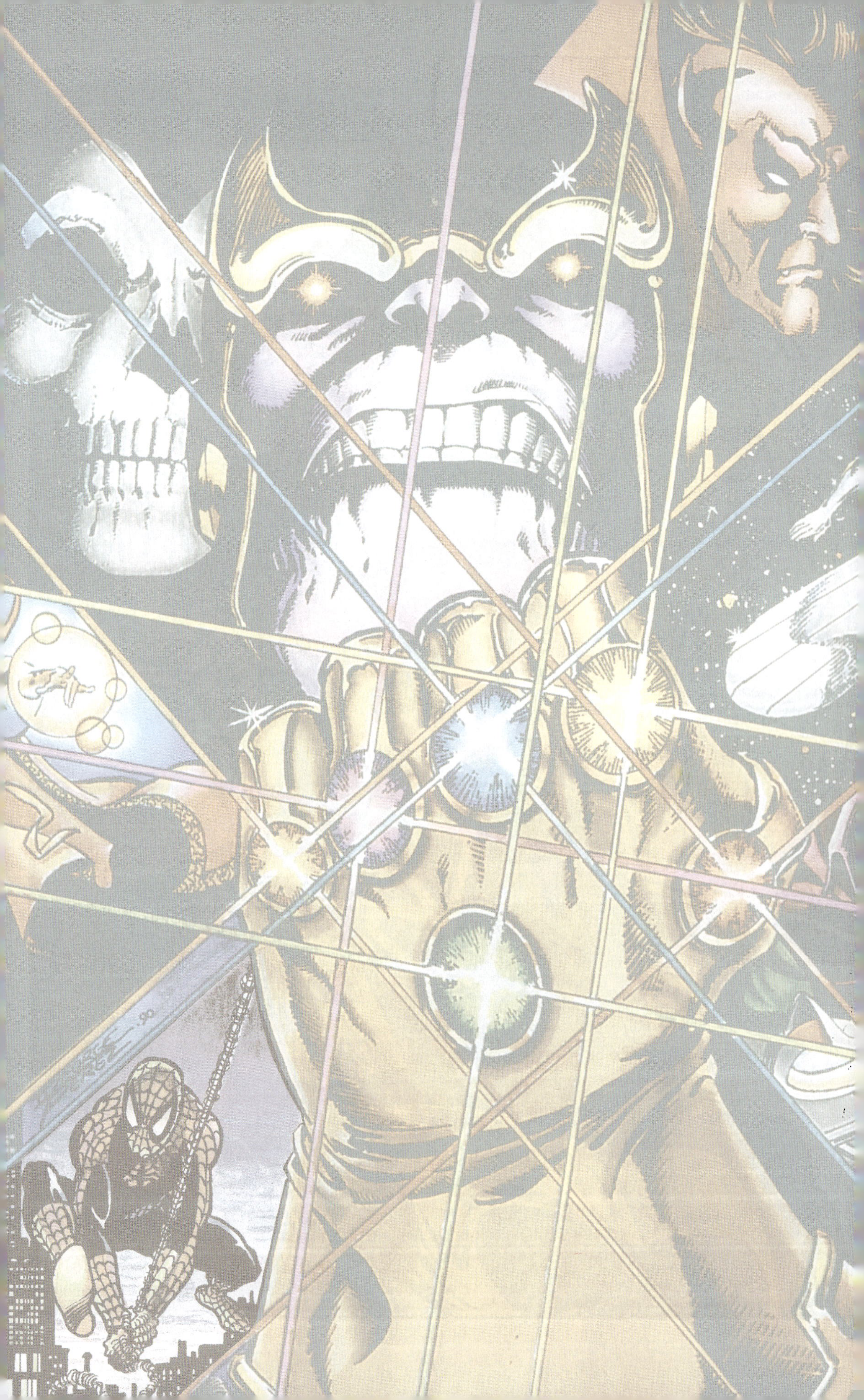

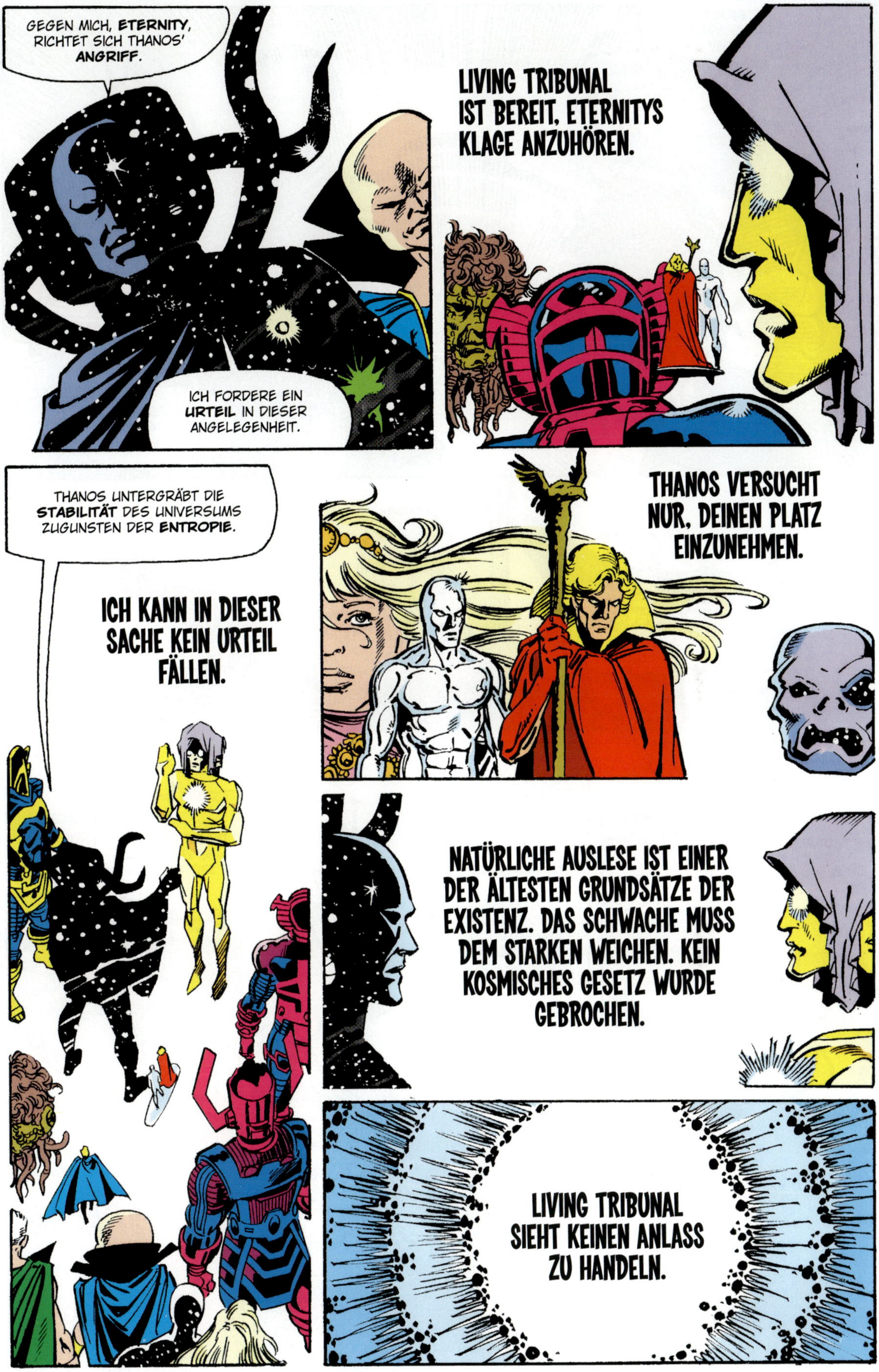
GEGEN MICH, ETERNITY, RICHTET SICH THANOS' ANGRIFF.
ICH FORDERE EIN URTEIL IN DIESER ANGELEGENHEIT.
LIVING TRIBUNAL IST BEREIT, ETERNITYS KLAGE ANZUHÖREN.
THANOS UNTERGRÄBT DIE STABILITÄT DES UNIVERSUMS ZUGUNSTEN DER ENTROPIE.
ICH KANN IN DIESER SACHE KEIN URTEIL FÄLLEN.
THANOS VERSUCHT NUR, DEINEN PLATZ EINZUNEHMEN.
NATÜRLICHE AUSLESE IST EINER DER ÄLTESTEN GRUNDSÄTZE DER EXISTENZ. DAS SCHWACHE MUSS DEM STARKEN WEICHEN. KEIN KOSMISCHES GESETZ WURDE GEBROCHEN.
LIVING TRIBUNAL SIEHT KEINEN ANLASS ZU HANDELN.

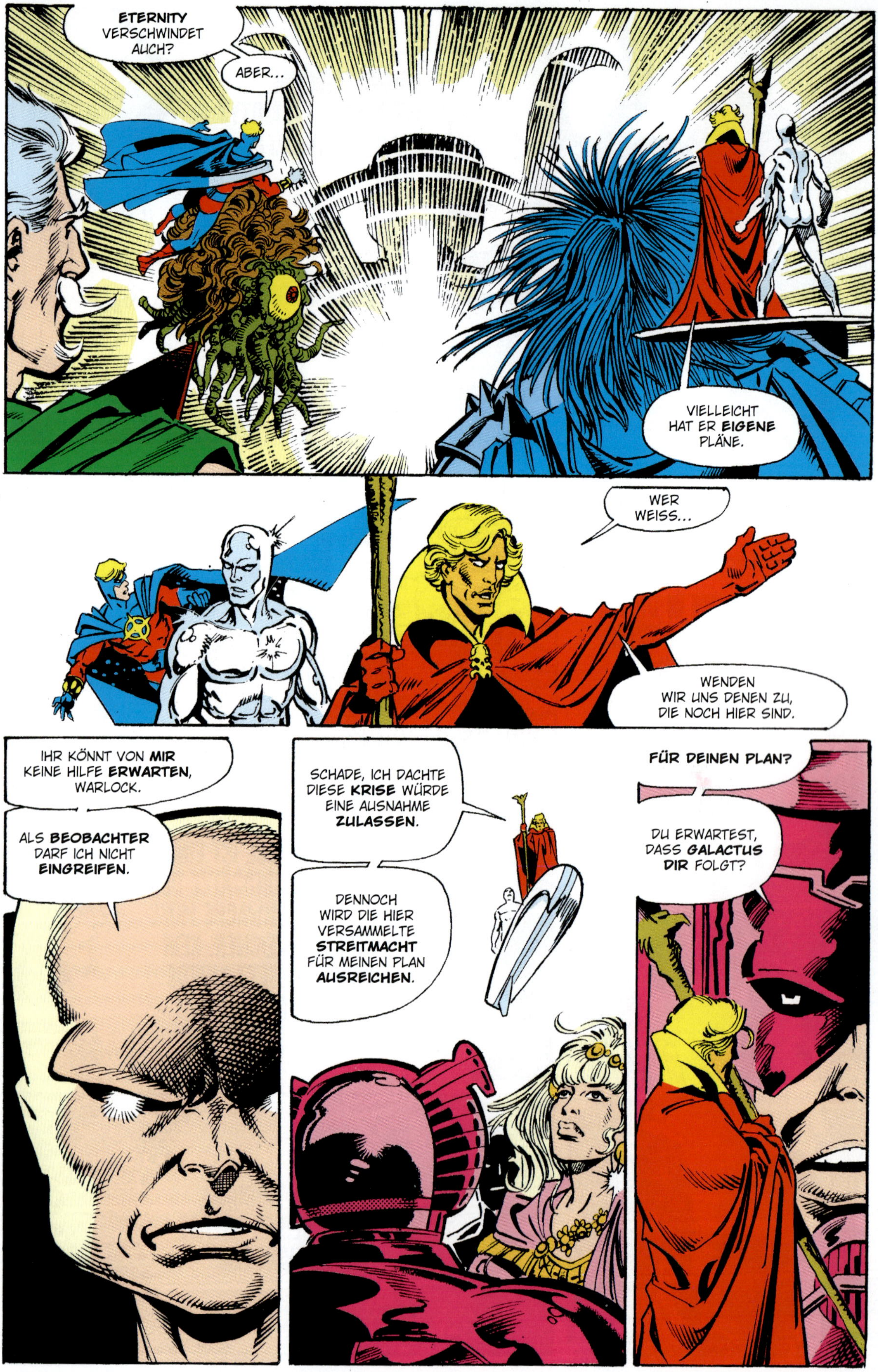
ETERNITY VERSCHWINDET AUCH?
ABER...
VIELLEICHT HAT ER EIGENE PLÄNE.
WER WEISS...
WENDEN WIR UNS DENEN ZU, DIE NOCH HIER SIND.
IHR KÖNNT VON MIR KEINE HILFE ERWARTEN, WARLOCK.
ALS BEOBACHTER DARF ICH NICHT EINGREIFEN.
SCHADE, ICH DACHTE DIESE KRISE WÜRDE EINE AUSNAHME ZULASSEN.
DENNOCH WIRD DIE HIER VERSAMMELTE STREITMACHT FÜR MEINEN PLAN AUSREICHEN.
FÜR DEINEN PLAN?
DU ERWARTEST, DASS GALACTUS DIR FOLGT?

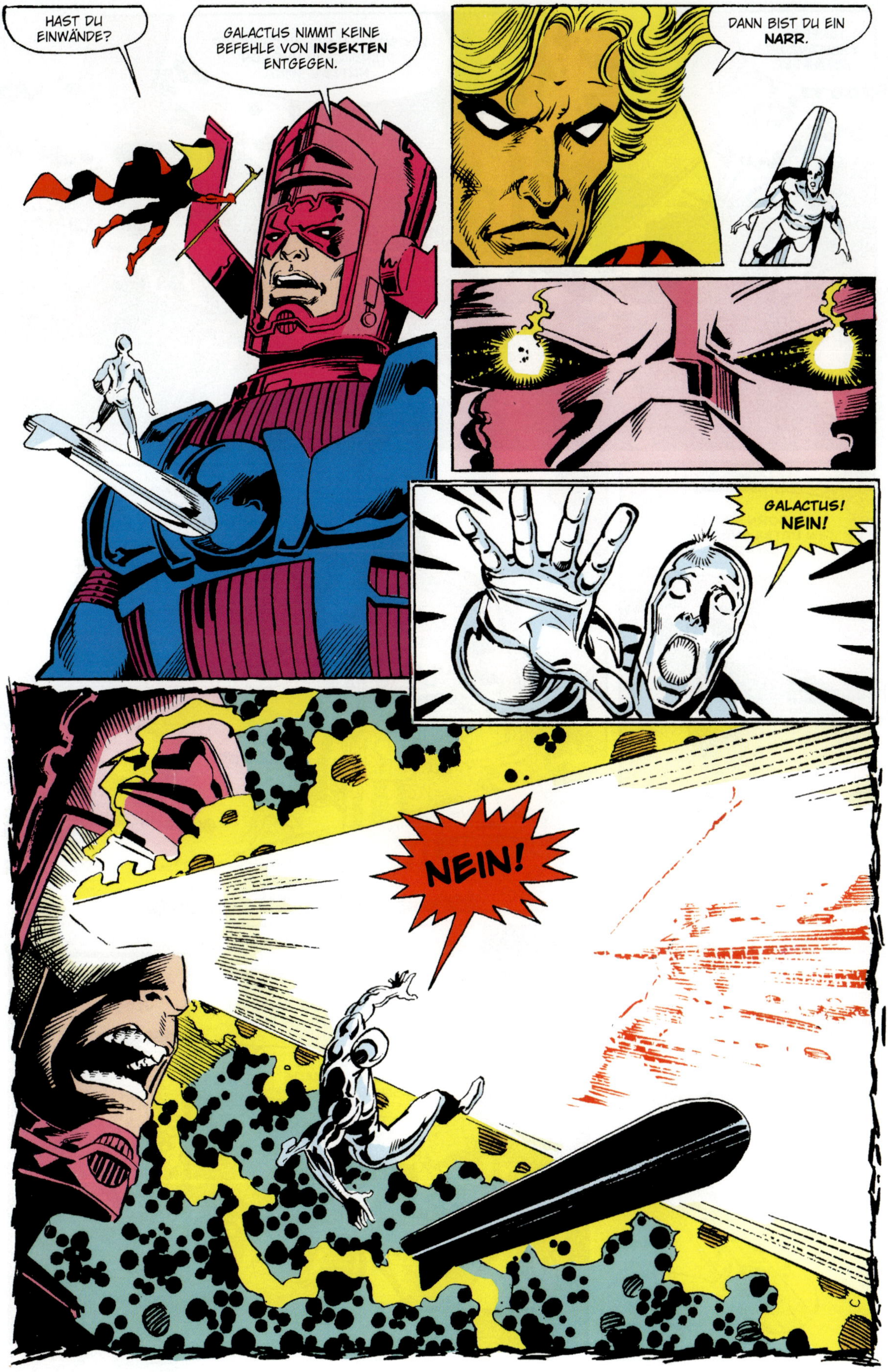
HAST DU EINWÄNDE?
GALACTUS NIMMT KEINE BEFEHLE VON **INSEKTEN** ENTGEGEN.
DANN BIST DU EIN **NARR**.
GALACTUS! NEIN!
NEIN!

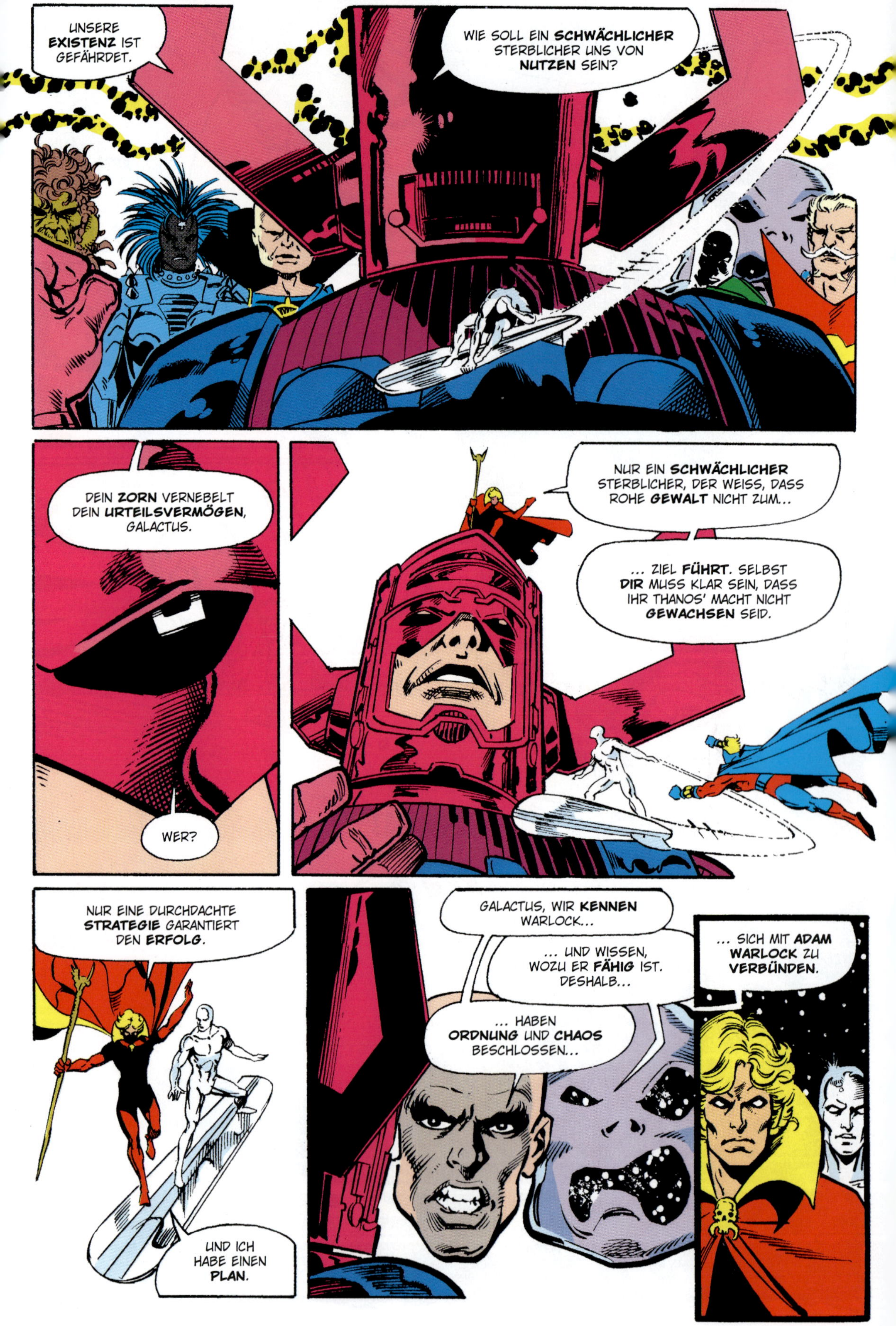
UNSERE EXISTENZ IST GEFÄHRDET.
WIE SOLL EIN SCHWÄCHLICHER STERBLICHER UNS VON NUTZEN SEIN?
DEIN ZORN VERNEBELT DEIN URTEILSVERMÖGEN, GALACTUS.
WER?
NUR EIN SCHWÄCHLICHER STERBLICHER, DER WEISS, DASS ROHE GEWALT NICHT ZUM...
... ZIEL FÜHRT. SELBST DIR MUSS KLAR SEIN, DASS IHR THANOS' MACHT NICHT GEWACHSEN SEID.
NUR EINE DURCHDACHTE STRATEGIE GARANTIERT DEN ERFOLG.
UND ICH HABE EINEN PLAN.
GALACTUS, WIR KENNEN WARLOCK...
... UND WISSEN, WOZU ER FÄHIG IST. DESHALB...
... HABEN ORDNUNG UND CHAOS BESCHLOSSEN...
... SICH MIT ADAM WARLOCK ZU VERBÜNDEN.

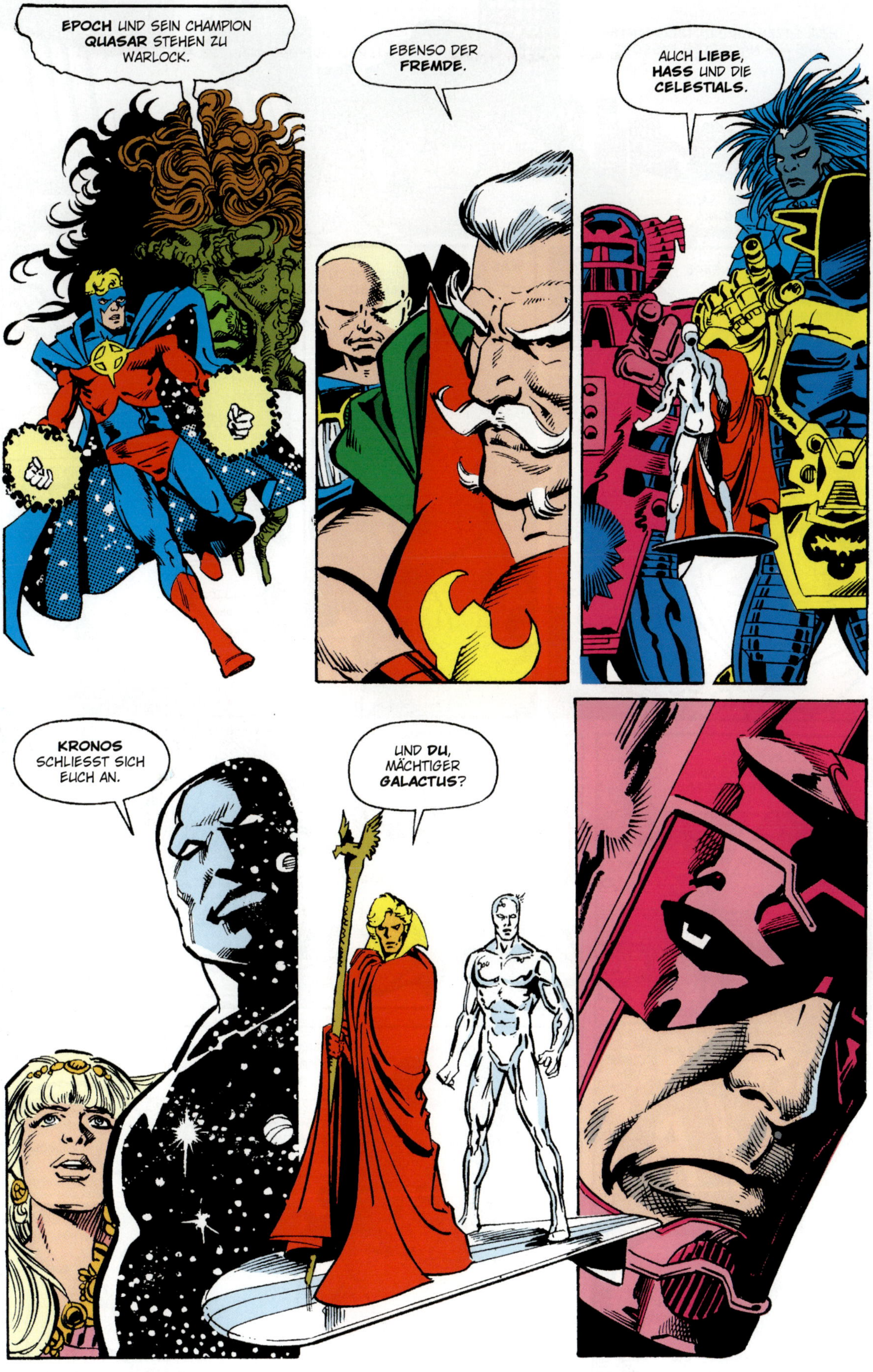
EPOCH UND SEIN CHAMPION QUASAR STEHEN ZU WARLOCK.
EBENSO DER FREMDE.
AUCH LIEBE, HASS UND DIE CELESTIALS.
KRONOS SCHLIESST SICH EUCH AN.
UND DU, MÄCHTIGER GALACTUS?

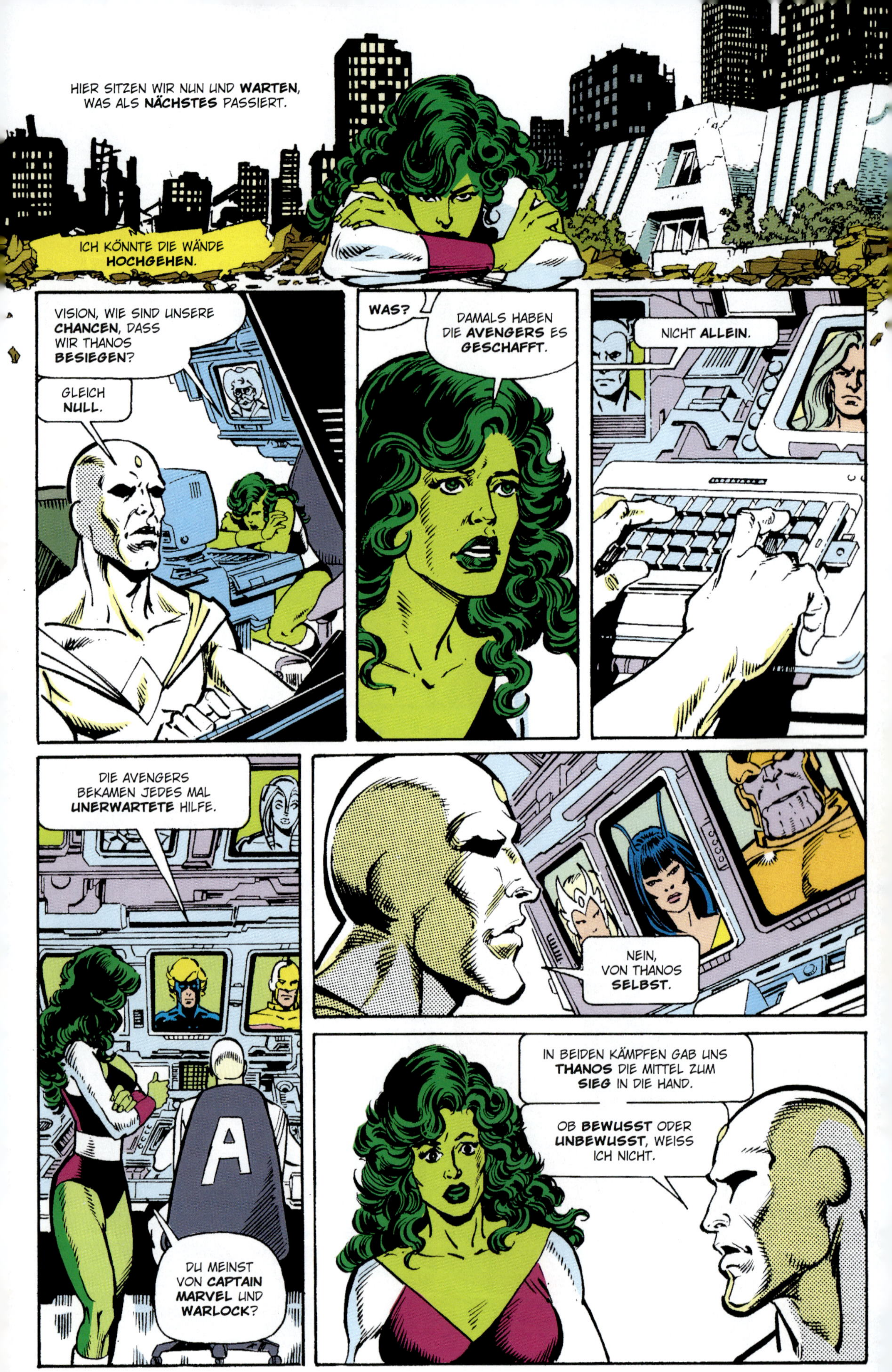
HIER SITZEN WIR NUN UND WARTEN, WAS ALS NÄCHSTES PASSIERT.
ICH KÖNNTE DIE WÄNDE HOCHGEHEN.
VISION, WIE SIND UNSERE CHANCEN, DASS WIR THANOS BESIEGEN?
GLEICH NULL.
WAS?
DAMALS HABEN DIE AVENGERS ES GESCHAFFT.
NICHT ALLEIN.
DIE AVENGERS BEKAMEN JEDES MAL UNERWARTETE HILFE.
DU MEINST VON CAPTAIN MARVEL UND WARLOCK?
NEIN, VON THANOS SELBST.
IN BEIDEN KÄMPFEN GAB UNS THANOS DIE MITTEL ZUM SIEG IN DIE HAND.
OB BEWUSST ODER UNBEWUSST, WEISS ICH NICHT.

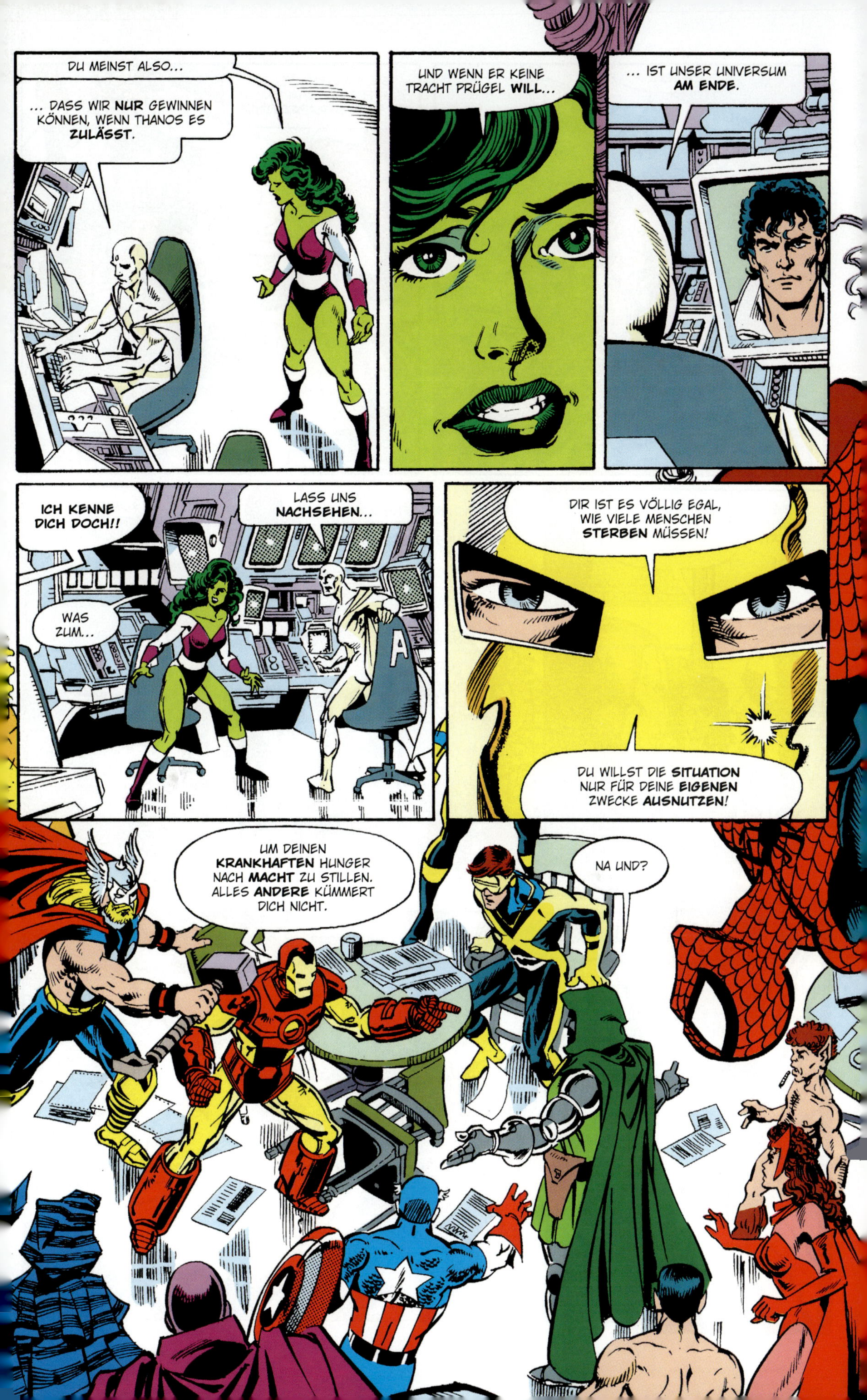
DU MEINST ALSO...
... DASS WIR NUR GEWINNEN KÖNNEN, WENN THANOS ES ZULÄSST.
UND WENN ER KEINE TRACHT PRÜGEL WILL...
... IST UNSER UNIVERSUM AM ENDE.
ICH KENNE DICH DOCH!!
LASS UNS NACHSEHEN...
WAS ZUM...
DIR IST ES VÖLLIG EGAL, WIE VIELE MENSCHEN STERBEN MÜSSEN!
DU WILLST DIE SITUATION NUR FÜR DEINE EIGENEN ZWECKE AUSNUTZEN!
UM DEINEN KRANKHAFTEN HUNGER NACH MACHT ZU STILLEN. ALLES ANDERE KÜMMERT DICH NICHT.
NA UND?

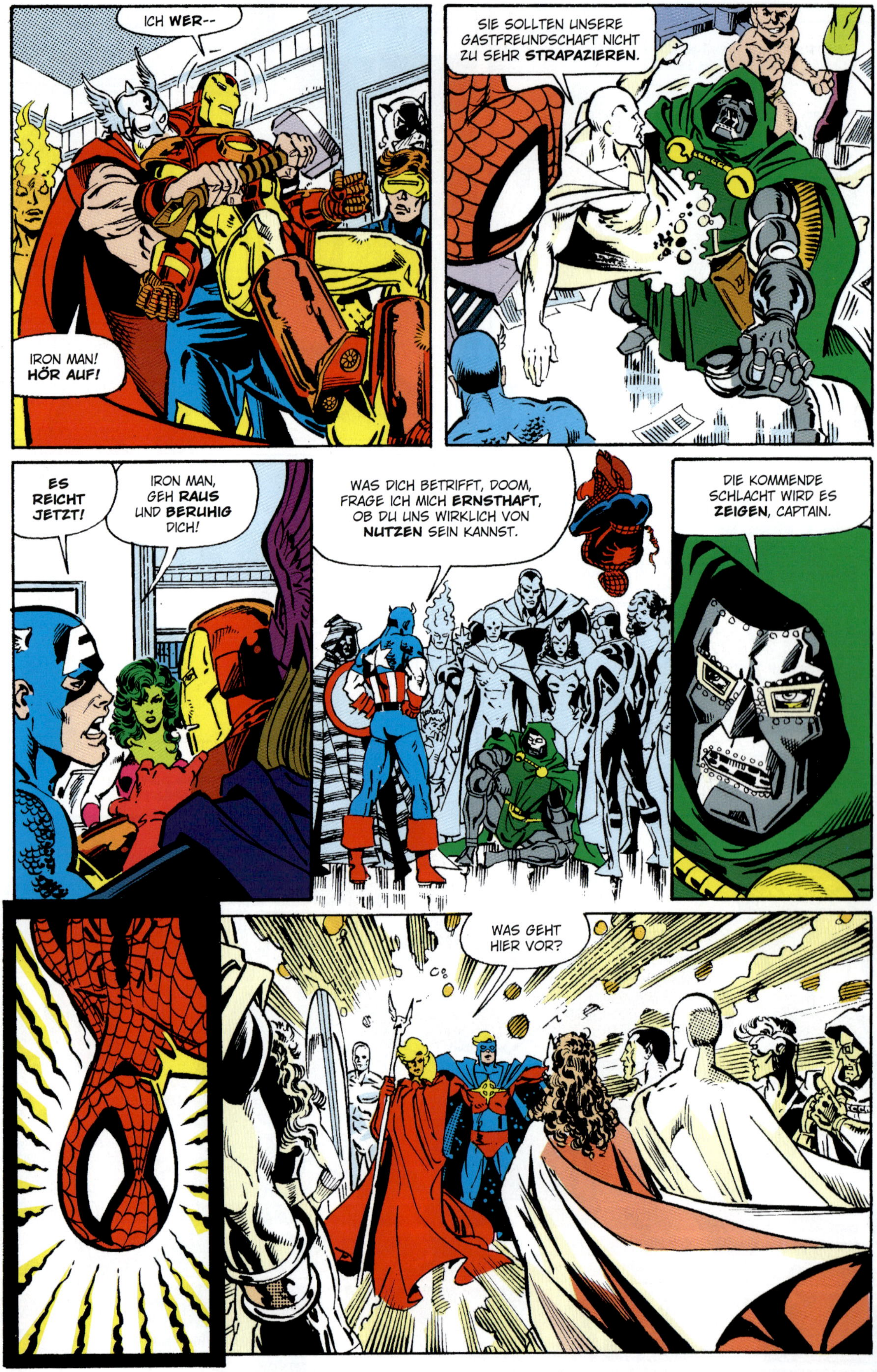

ICH **WER--**
IRON MAN! **HÖR AUF!**
SIE SOLLTEN UNSERE GASTFREUNDSCHAFT NICHT ZU SEHR **STRAPAZIEREN.**
ES REICHT JETZT!
IRON MAN, GEH **RAUS** UND **BERUHIG** DICH!
WAS DICH BETRIFFT, DOOM, FRAGE ICH MICH **ERNSTHAFT**, OB DU UNS WIRKLICH VON **NUTZEN** SEIN KANNST.
DIE KOMMENDE SCHLACHT WIRD ES **ZEIGEN**, CAPTAIN.
WAS GEHT HIER VOR?

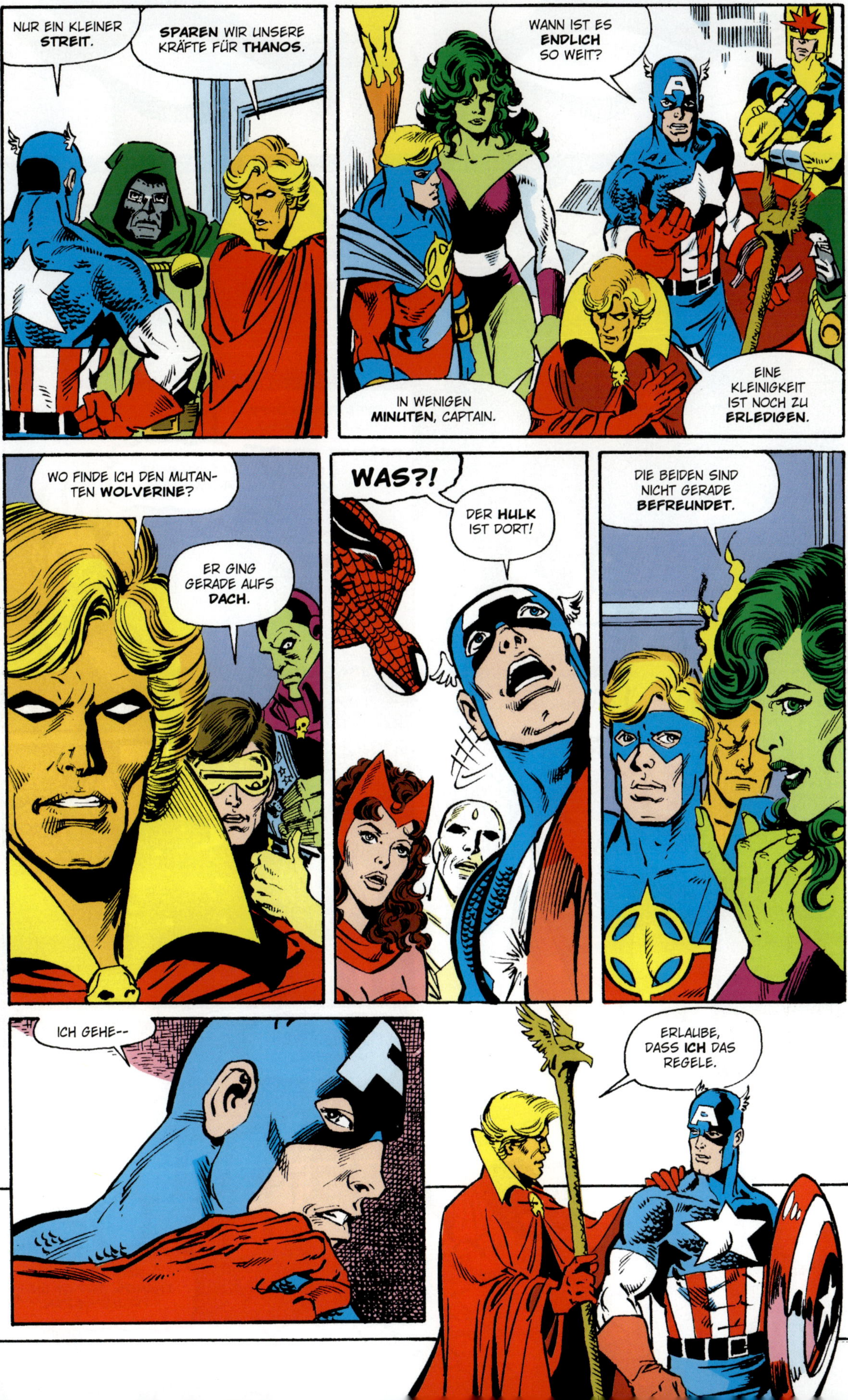
NUR EIN KLEINER STREIT.
SPAREN WIR UNSERE KRÄFTE FÜR THANOS.
WANN IST ES ENDLICH SO WEIT?
IN WENIGEN MINUTEN, CAPTAIN.
EINE KLEINIGKEIT IST NOCH ZU ERLEDIGEN.
WO FINDE ICH DEN MUTANTEN WOLVERINE?
ER GING GERADE AUFS DACH.
WAS?!
DER HULK IST DORT!
DIE BEIDEN SIND NICHT GERADE BEFREUNDET.
ICH GEHE--
ERLAUBE, DASS ICH DAS REGELE.

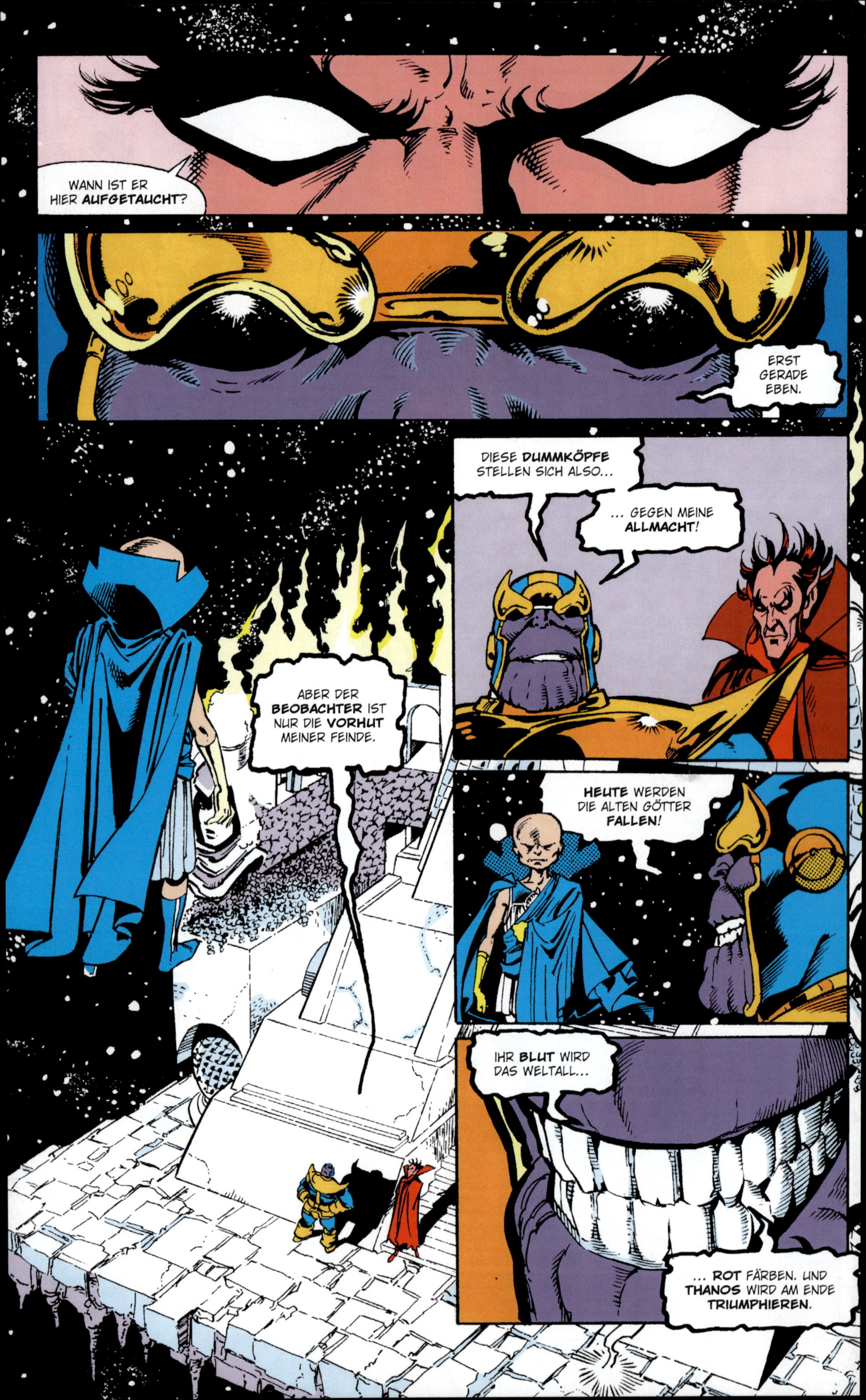

WANN IST ER HIER AUFGETAUCHT?
ERST GERADE EBEN.
DIESE DUMMKÖPFE STELLEN SICH ALSO…
… GEGEN MEINE ALLMACHT!
ABER DER BEOBACHTER IST NUR DIE VORHUT MEINER FEINDE.
HEUTE WERDEN DIE ALTEN GÖTTER FALLEN!
IHR BLUT WIRD DAS WELTALL…
… ROT FÄRBEN. UND THANOS WIRD AM ENDE TRIUMPHIEREN.

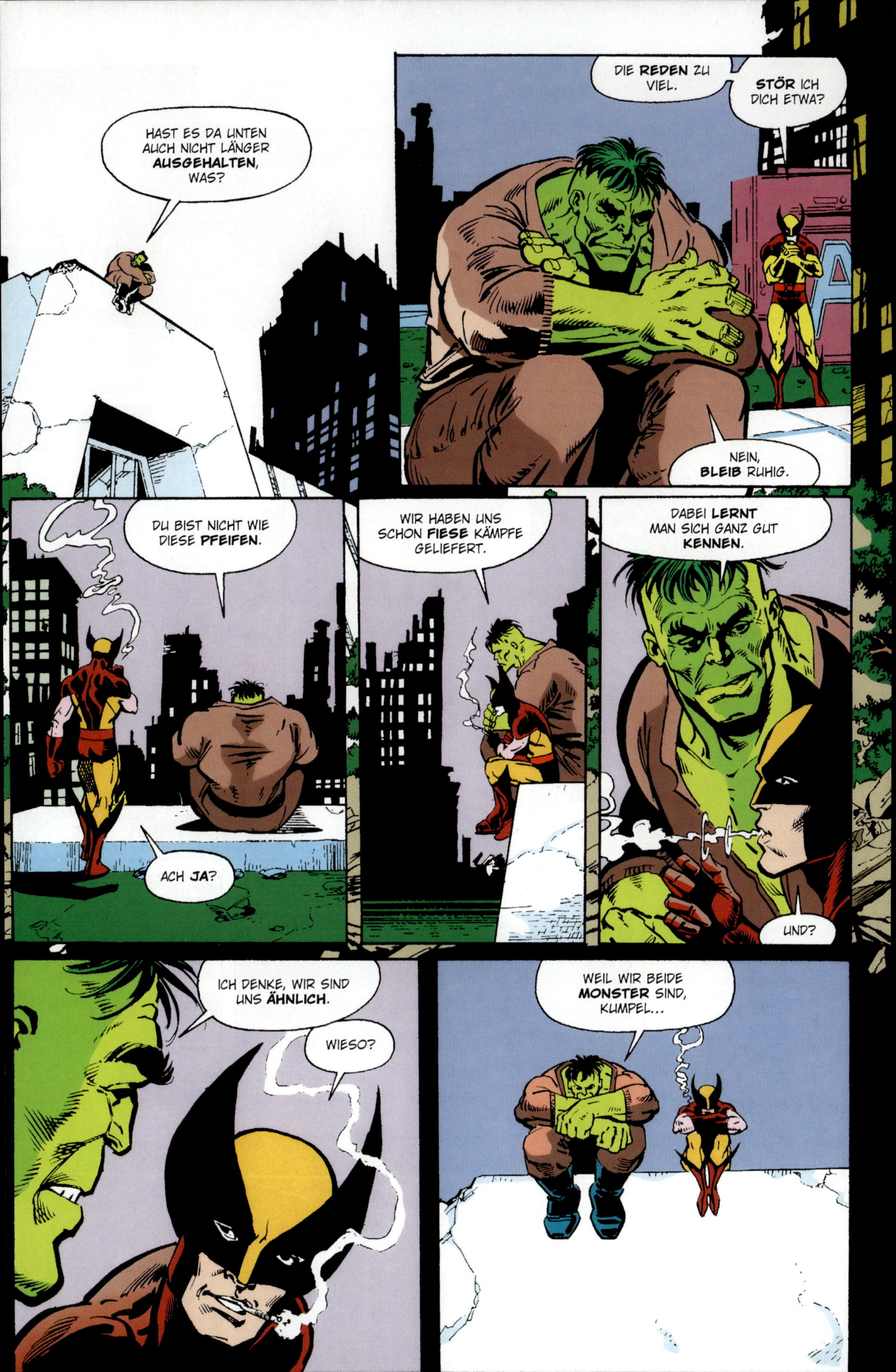
HAST ES DA UNTEN AUCH NICHT LÄNGER AUSGEHALTEN, WAS?
DIE REDEN ZU VIEL.
STÖR ICH DICH ETWA?
NEIN, BLEIB RUHIG.
DU BIST NICHT WIE DIESE PFEIFEN.
ACH JA?
WIR HABEN UNS SCHON FIESE KÄMPFE GELIEFERT.
DABEI LERNT MAN SICH GANZ GUT KENNEN.
UND?
ICH DENKE, WIR SIND UNS ÄHNLICH.
WIESO?
WEIL WIR BEIDE MONSTER SIND, KUMPEL...

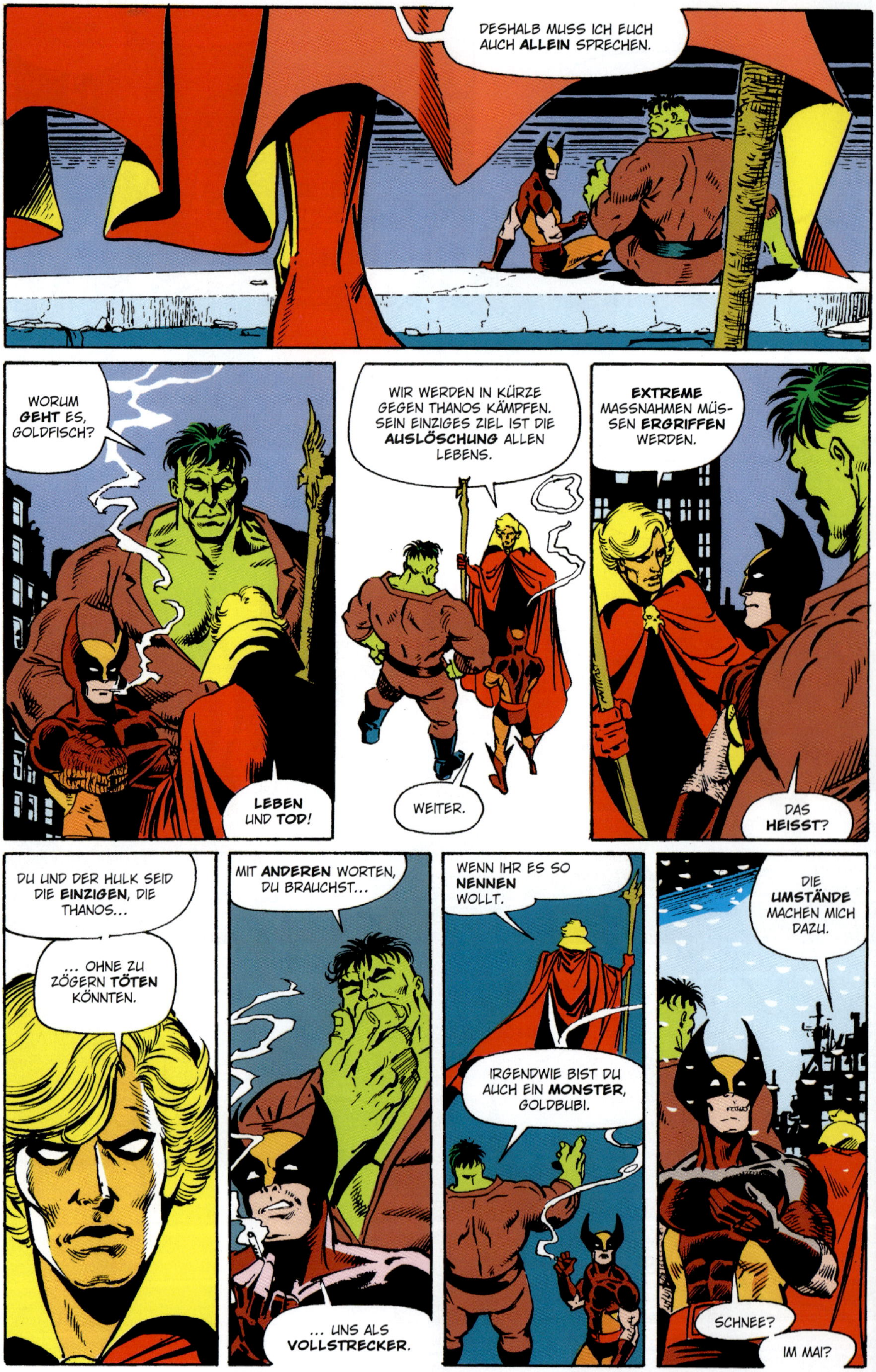
DESHALB MUSS ICH EUCH AUCH **ALLEIN** SPRECHEN.
WORUM **GEHT** ES, GOLDFISCH?
LEBEN UND **TOD**!
WIR WERDEN IN KÜRZE GEGEN THANOS KÄMPFEN. SEIN EINZIGES ZIEL IST DIE **AUSLÖSCHUNG** ALLEN LEBENS.
WEITER.
EXTREME MASSNAHMEN MÜSSEN **ERGRIFFEN** WERDEN.
DAS **HEISST**?
DU UND DER HULK SEID DIE **EINZIGEN**, DIE THANOS…
… OHNE ZU ZÖGERN **TÖTEN** KÖNNTEN.
MIT **ANDEREN** WORTEN, DU BRAUCHST…
… UNS ALS **VOLLSTRECKER**.
WENN IHR ES SO **NENNEN** WOLLT.
IRGENDWIE BIST DU AUCH EIN **MONSTER**, GOLDBUBI.
DIE **UMSTÄNDE** MACHEN MICH DAZU.
SCHNEE?
IM MAI?

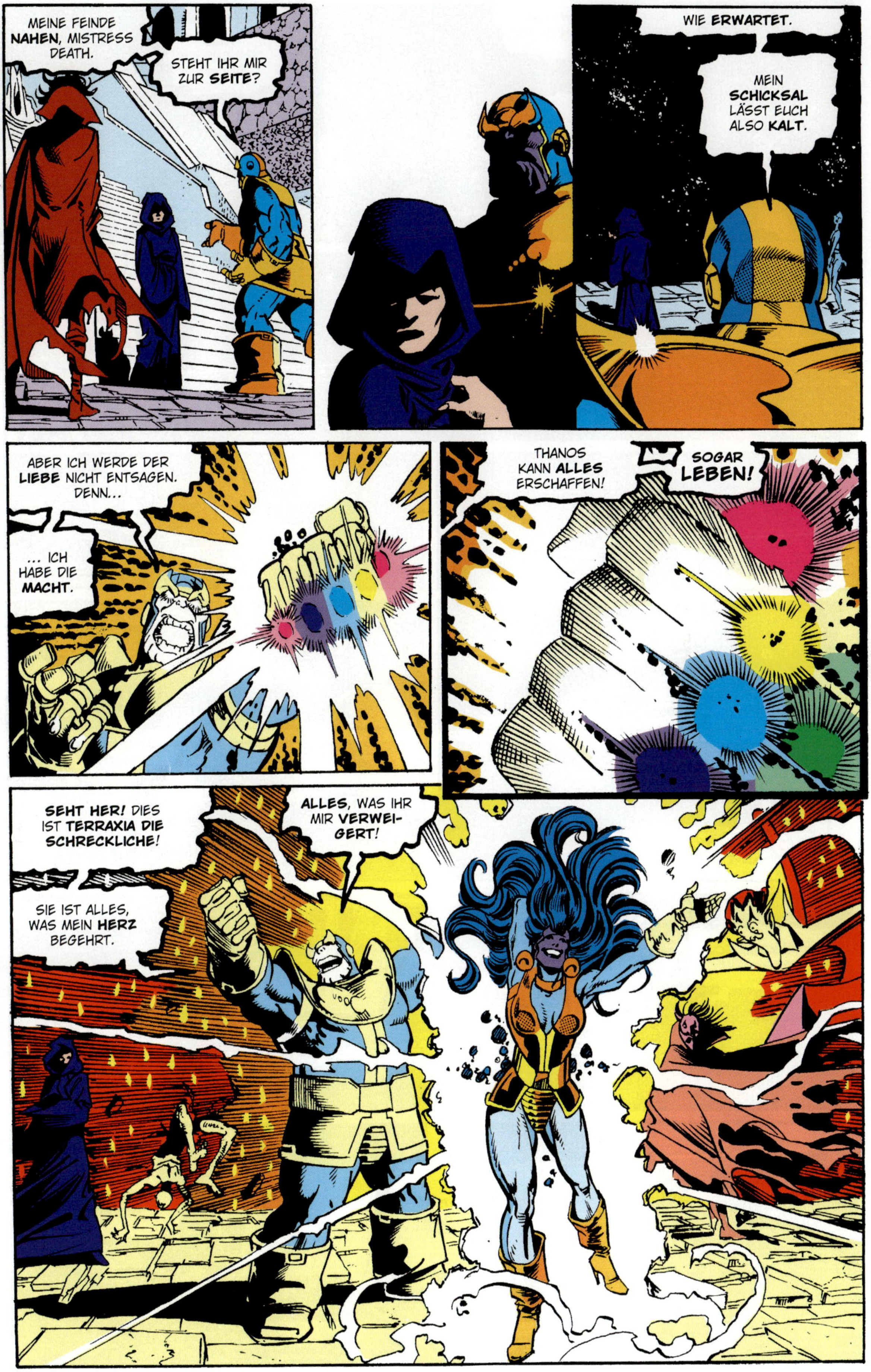
MEINE FEINDE NAHEN, MISTRESS DEATH.
STEHT IHR MIR ZUR SEITE?
WIE ERWARTET.
MEIN SCHICKSAL LÄSST EUCH ALSO KALT.
ABER ICH WERDE DER LIEBE NICHT ENTSAGEN. DENN...
... ICH HABE DIE MACHT.
THANOS KANN ALLES ERSCHAFFEN!
SOGAR LEBEN!
SEHT HER! DIES IST TERRAXIA DIE SCHRECKLICHE!
SIE IST ALLES, WAS MEIN HERZ BEGEHRT.
ALLES, WAS IHR MIR VERWEIGERT!

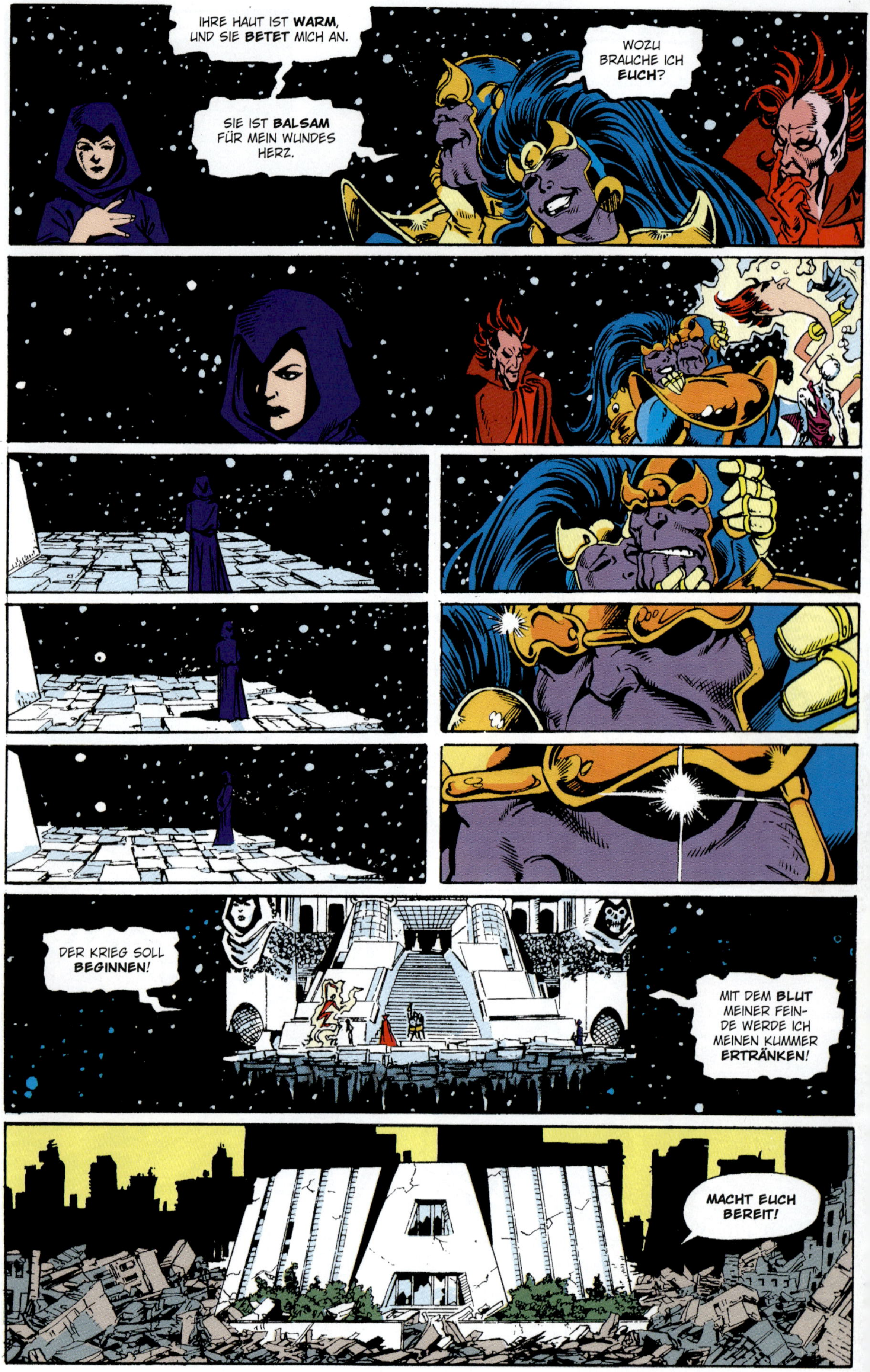
IHRE HAUT IST WARM, UND SIE BETET MICH AN.
SIE IST BALSAM FÜR MEIN WUNDES HERZ.
WOZU BRAUCHE ICH EUCH?
DER KRIEG SOLL BEGINNEN!
MIT DEM BLUT MEINER FEINDE WERDE ICH MEINEN KUMMER ERTRÄNKEN!
MACHT EUCH BEREIT!

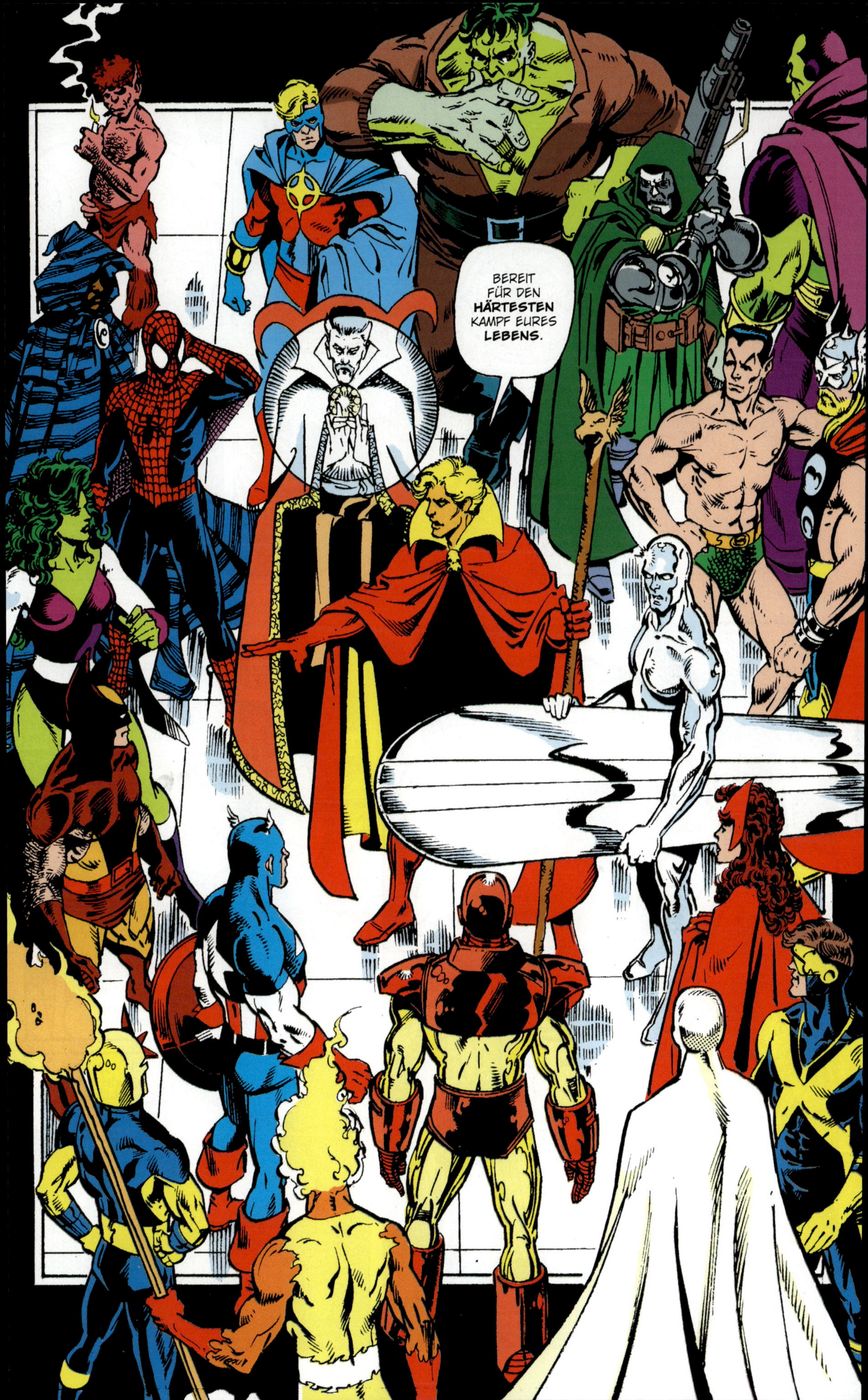
BEREIT FÜR DEN **HÄRTESTEN** KAMPF EURES **LEBENS.**

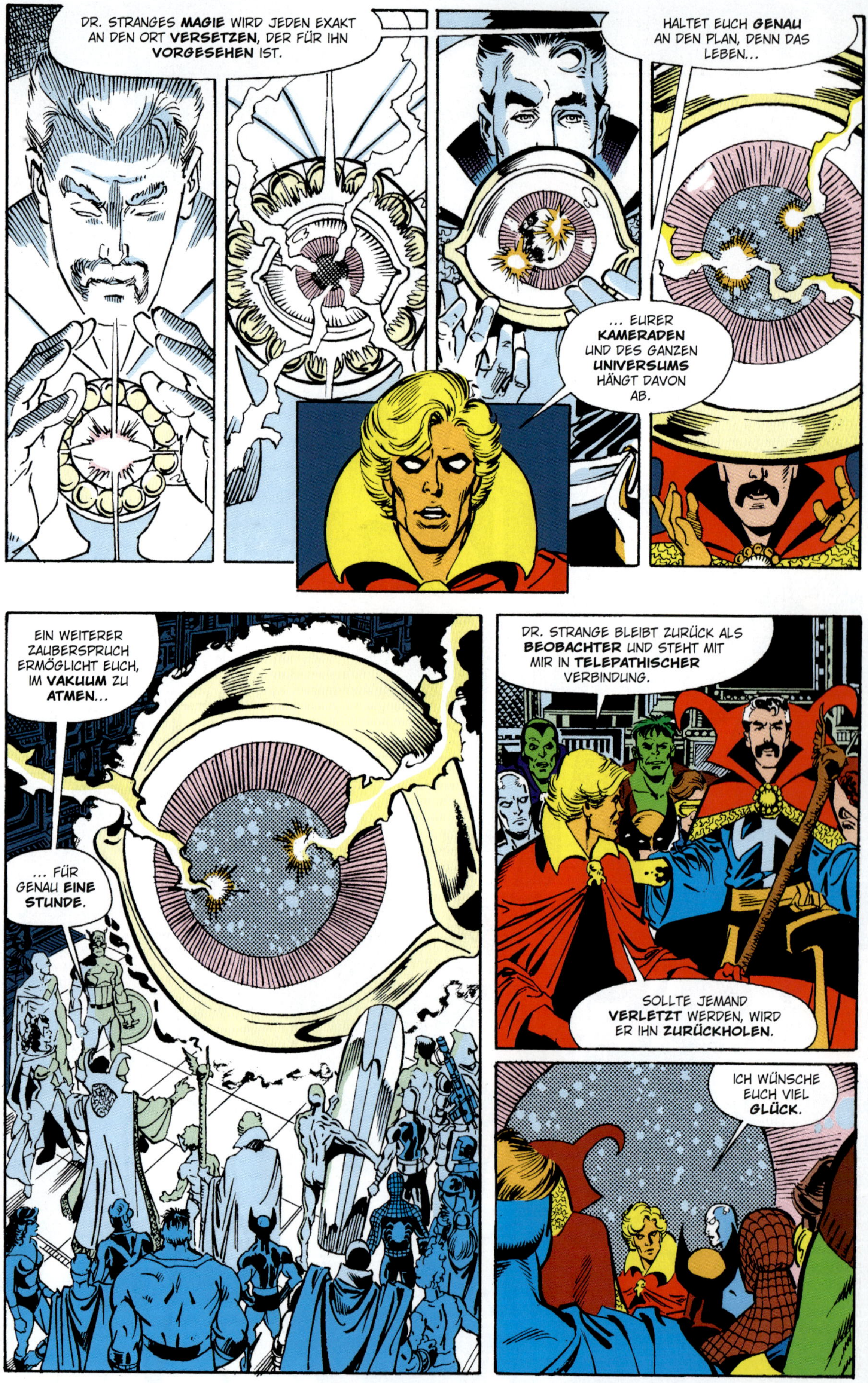
DR. STRANGES MAGIE WIRD JEDEN EXAKT AN DEN ORT VERSETZEN, DER FÜR IHN VORGESEHEN IST.
HALTET EUCH GENAU AN DEN PLAN, DENN DAS LEBEN...
... EURER KAMERADEN UND DES GANZEN UNIVERSUMS HÄNGT DAVON AB.
EIN WEITERER ZAUBERSPRUCH ERMÖGLICHT EUCH, IM VAKUUM ZU ATMEN...
... FÜR GENAU EINE STUNDE.
DR. STRANGE BLEIBT ZURÜCK ALS BEOBACHTER UND STEHT MIT MIR IN TELEPATHISCHER VERBINDUNG.
SOLLTE JEMAND VERLETZT WERDEN, WIRD ER IHN ZURÜCKHOLEN.
ICH WÜNSCHE EUCH VIEL GLÜCK.

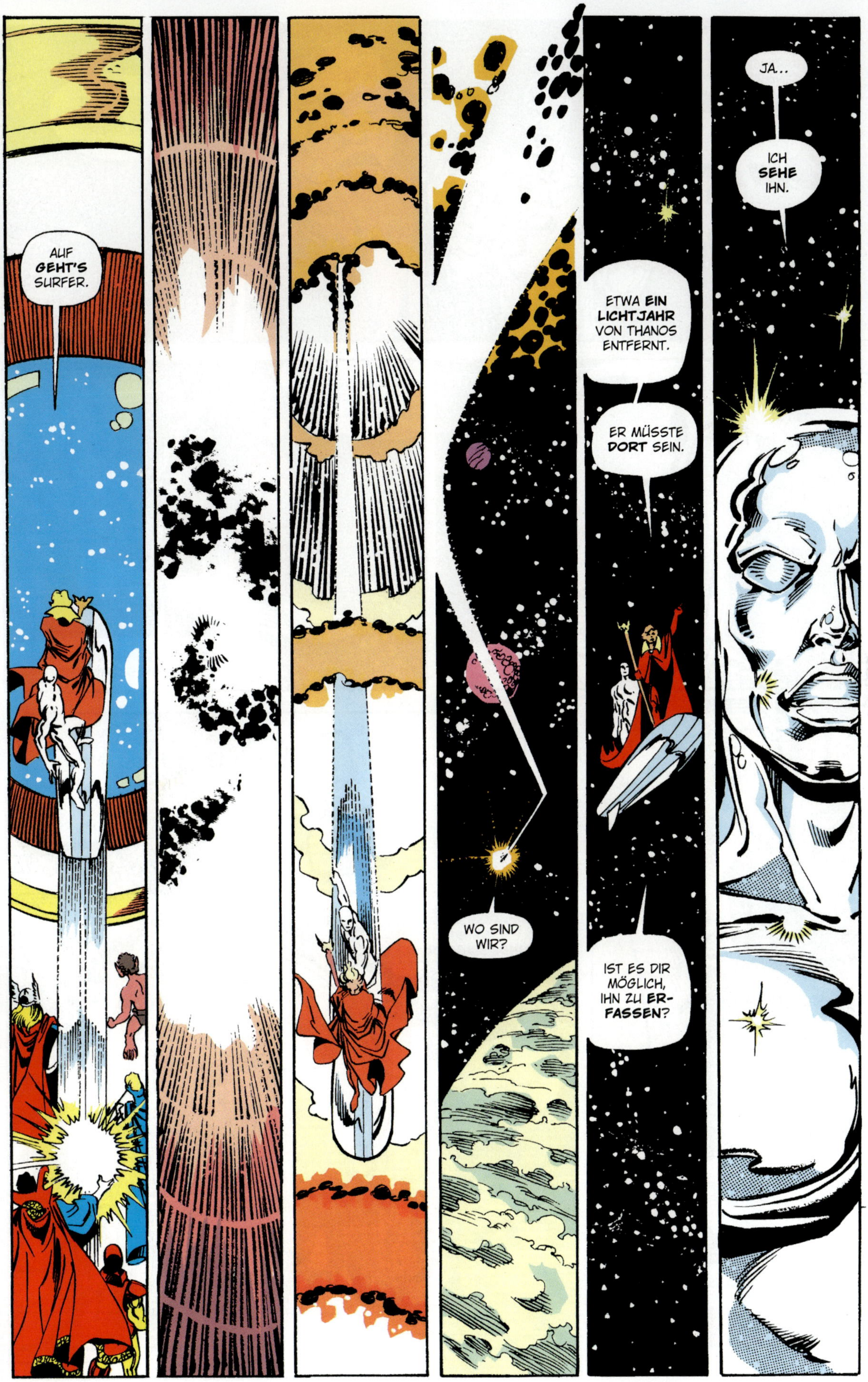
AUF GEHT'S SURFER.
WO SIND WIR?
ETWA EIN LICHTJAHR VON THANOS ENTFERNT.
ER MÜSSTE DORT SEIN.
IST ES DIR MÖGLICH, IHN ZU ERFASSEN?
JA...
ICH SEHE IHN.

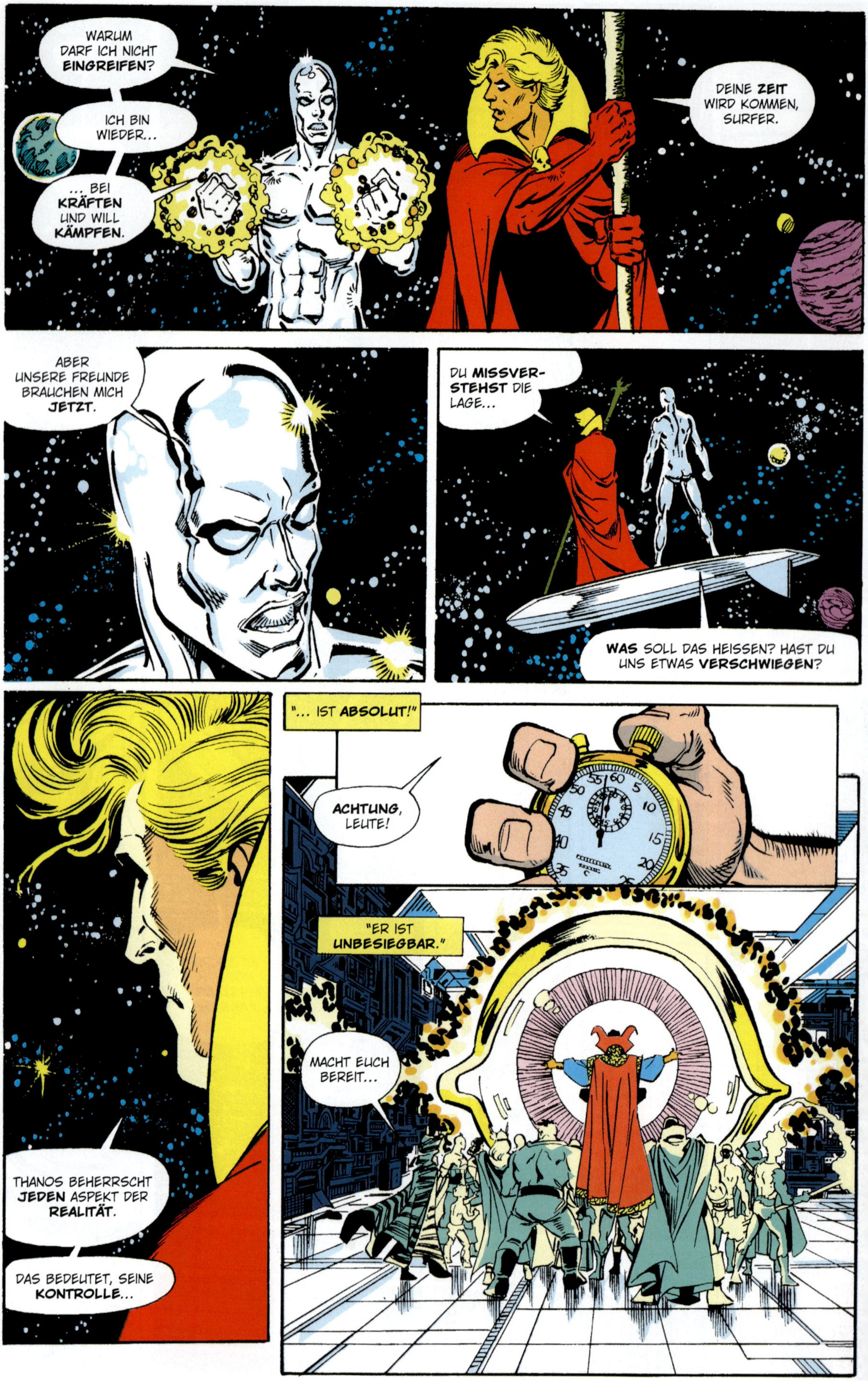

WARUM DARF ICH NICHT **EINGREIFEN**?
ICH BIN WIEDER…
… BEI **KRÄFTEN** UND WILL **KÄMPFEN**.
DEINE **ZEIT** WIRD KOMMEN, SURFER.
ABER UNSERE FREUNDE BRAUCHEN MICH **JETZT**.
DU **MISSVERSTEHST** DIE LAGE…
WAS SOLL DAS HEISSEN? HAST DU UNS ETWAS **VERSCHWIEGEN**?
THANOS BEHERRSCHT **JEDEN** ASPEKT DER **REALITÄT**.
DAS BEDEUTET, SEINE **KONTROLLE**…
"… IST **ABSOLUT**!"
ACHTUNG, LEUTE!
"ER IST **UNBESIEGBAR**."
MACHT EUCH BEREIT…

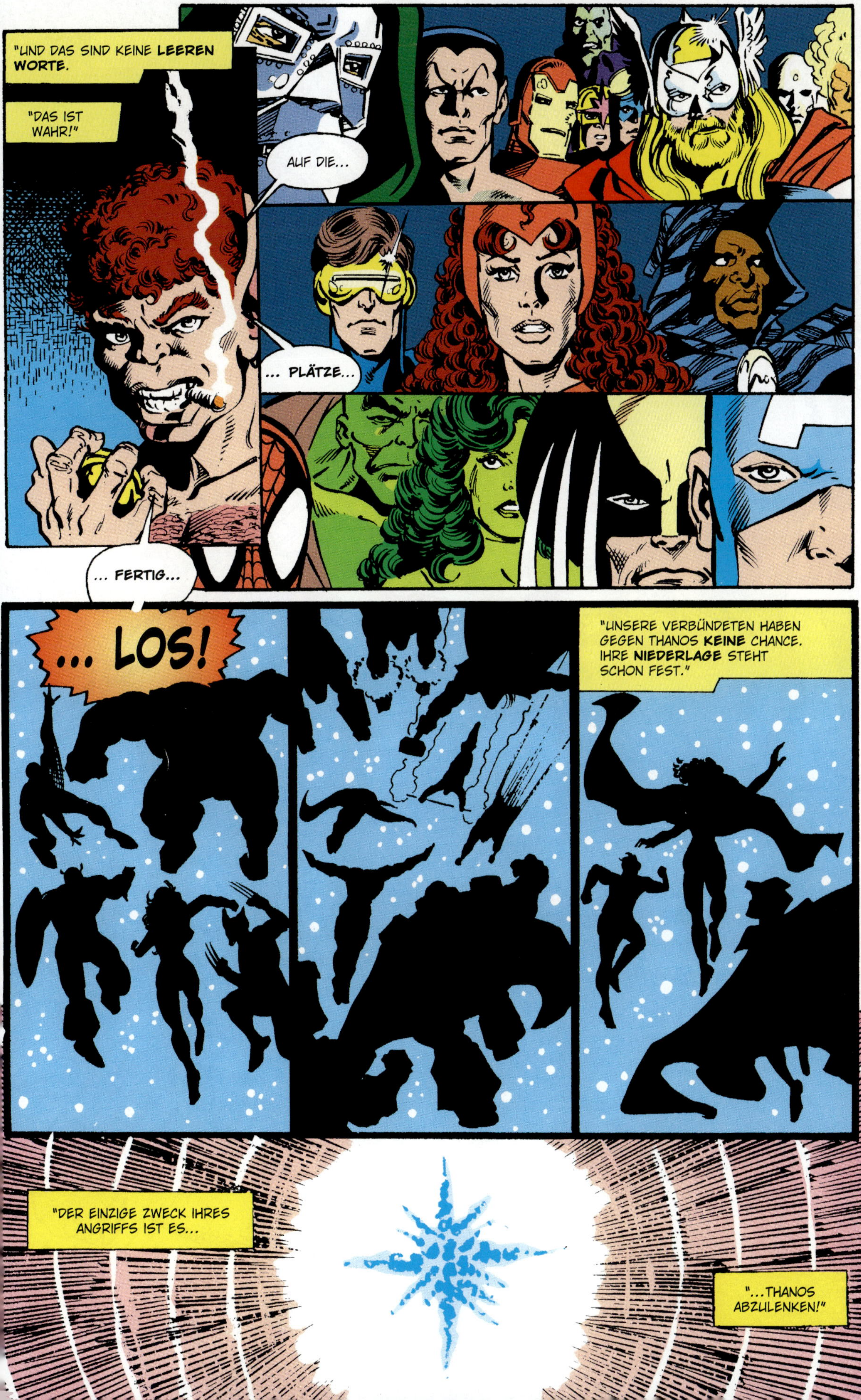
"UND DAS SIND KEINE **LEEREN WORTE**.
"DAS IST WAHR!"
AUF DIE...
... PLÄTZE...
... FERTIG...
... LOS!
"UNSERE VERBÜNDETEN HABEN GEGEN THANOS **KEINE** CHANCE. IHRE **NIEDERLAGE** STEHT SCHON FEST."
"DER EINZIGE ZWECK IHRES ANGRIFFS IST ES...
"...THANOS ABZULENKEN!"

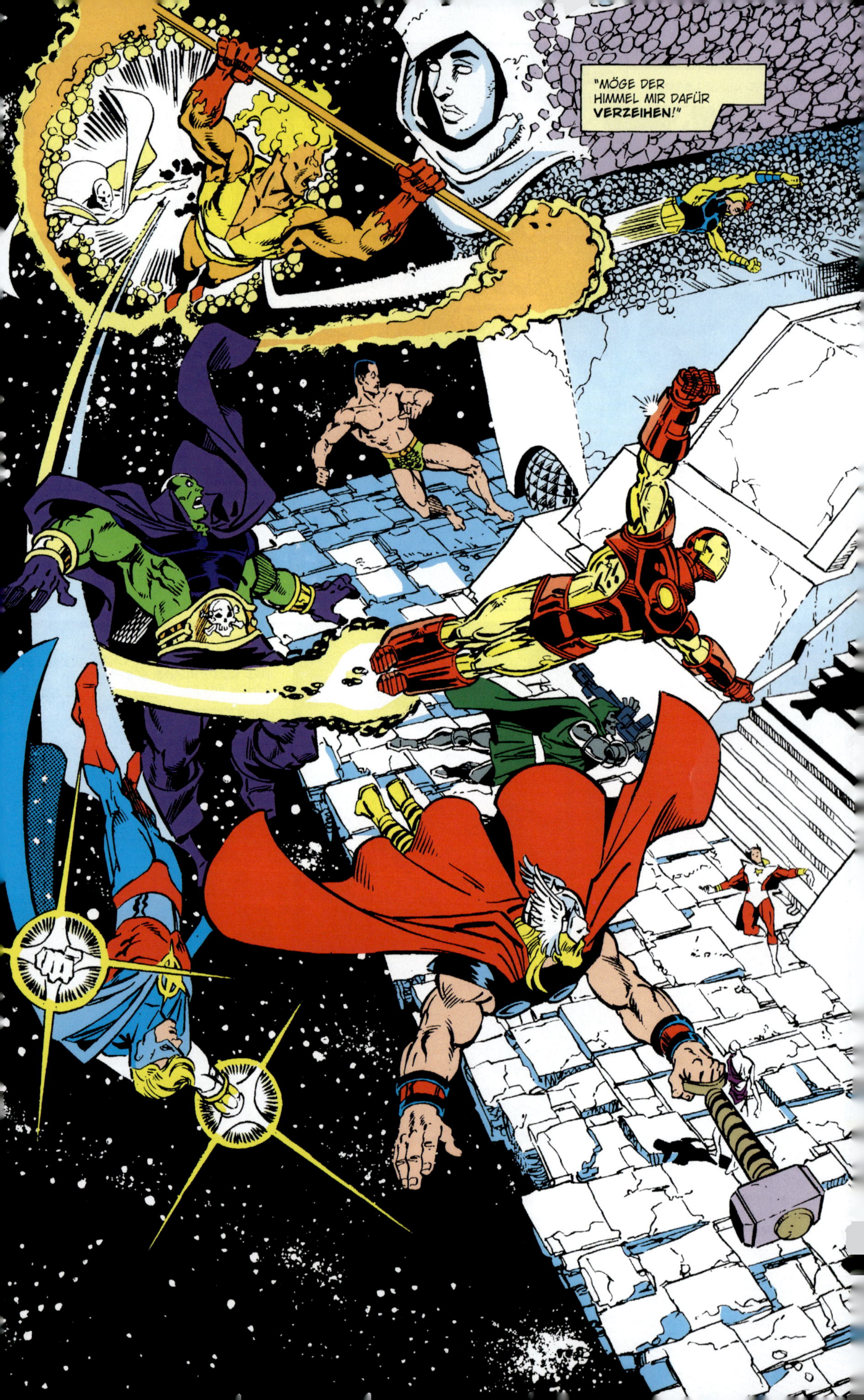
"MÖGE DER HIMMEL MIR DAFÜR VERZEIHEN!"

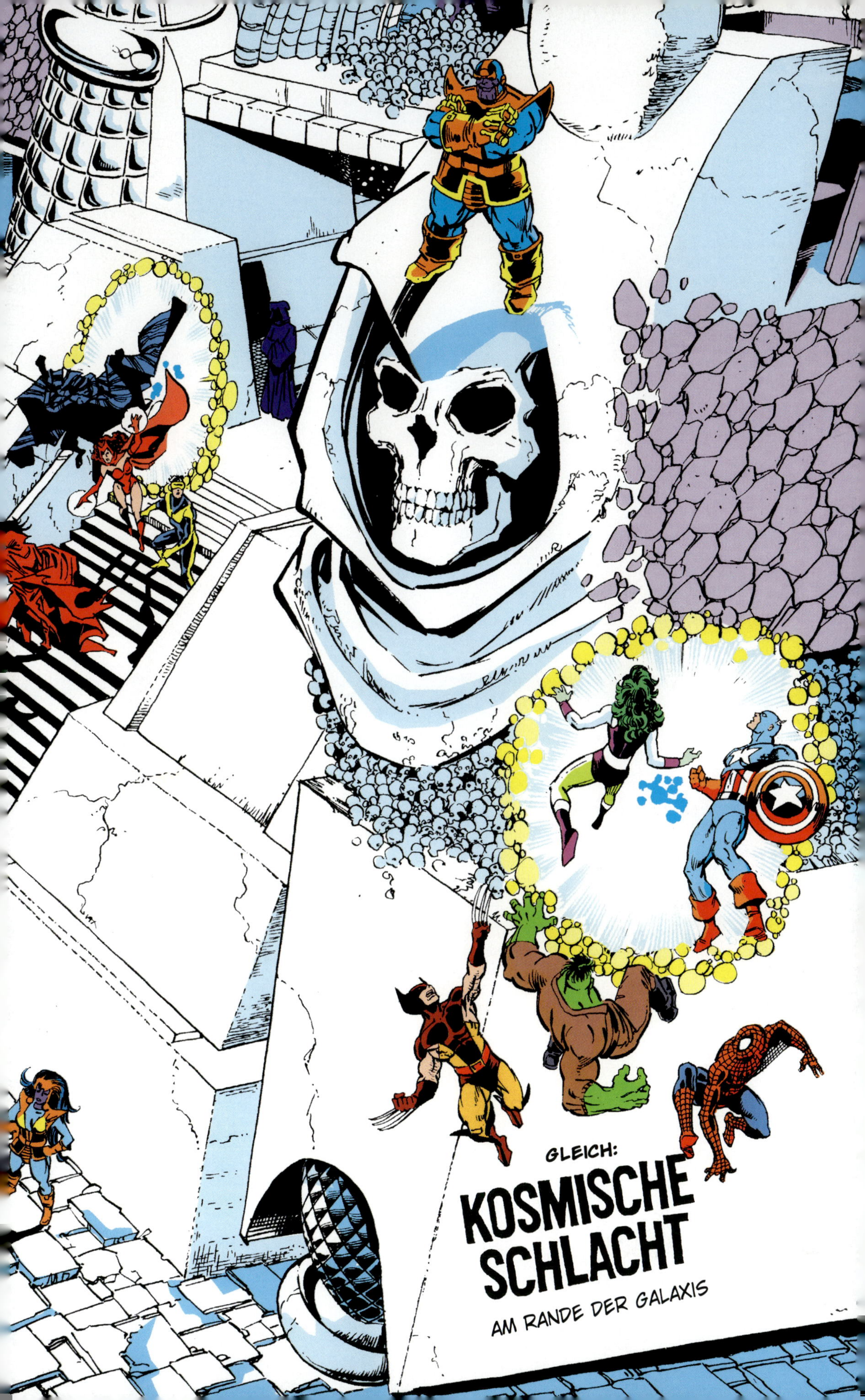
GLEICH:
KOSMISCHE
SCHLACHT
AM RANDE DER GALAXIS

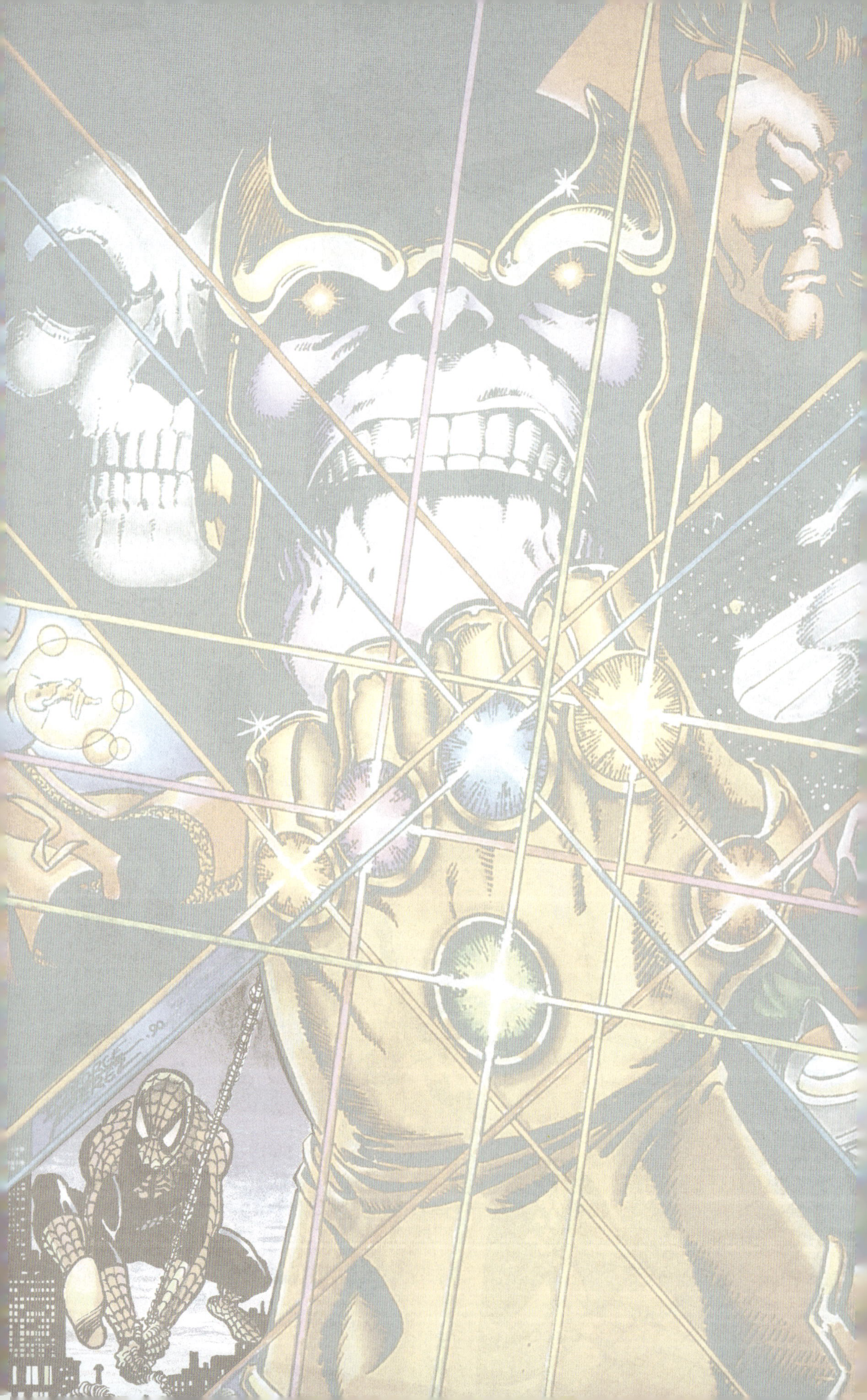

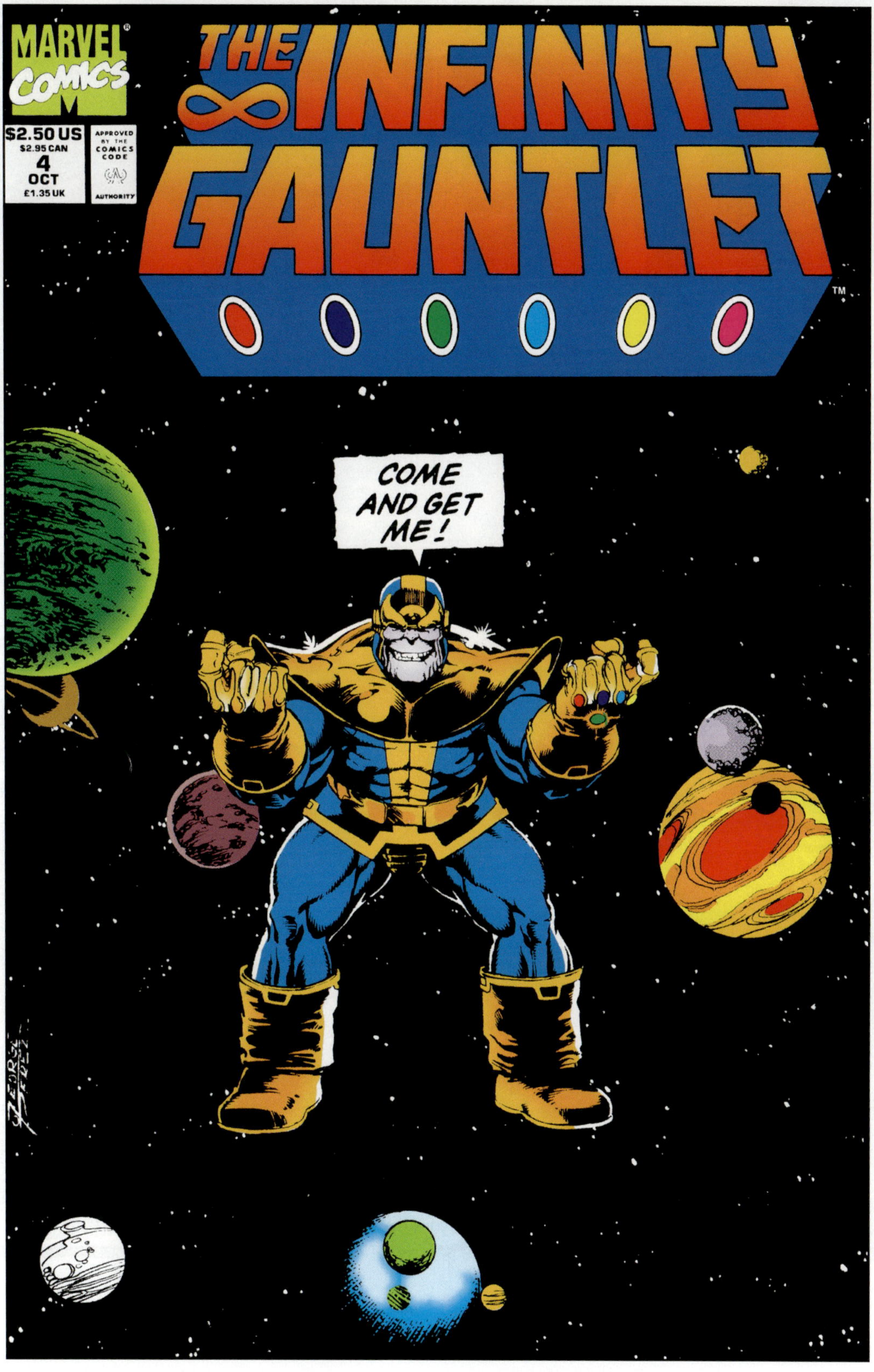

Infinity Gauntlet (1991) 4
Cover von **GEORGE PÉREZ**

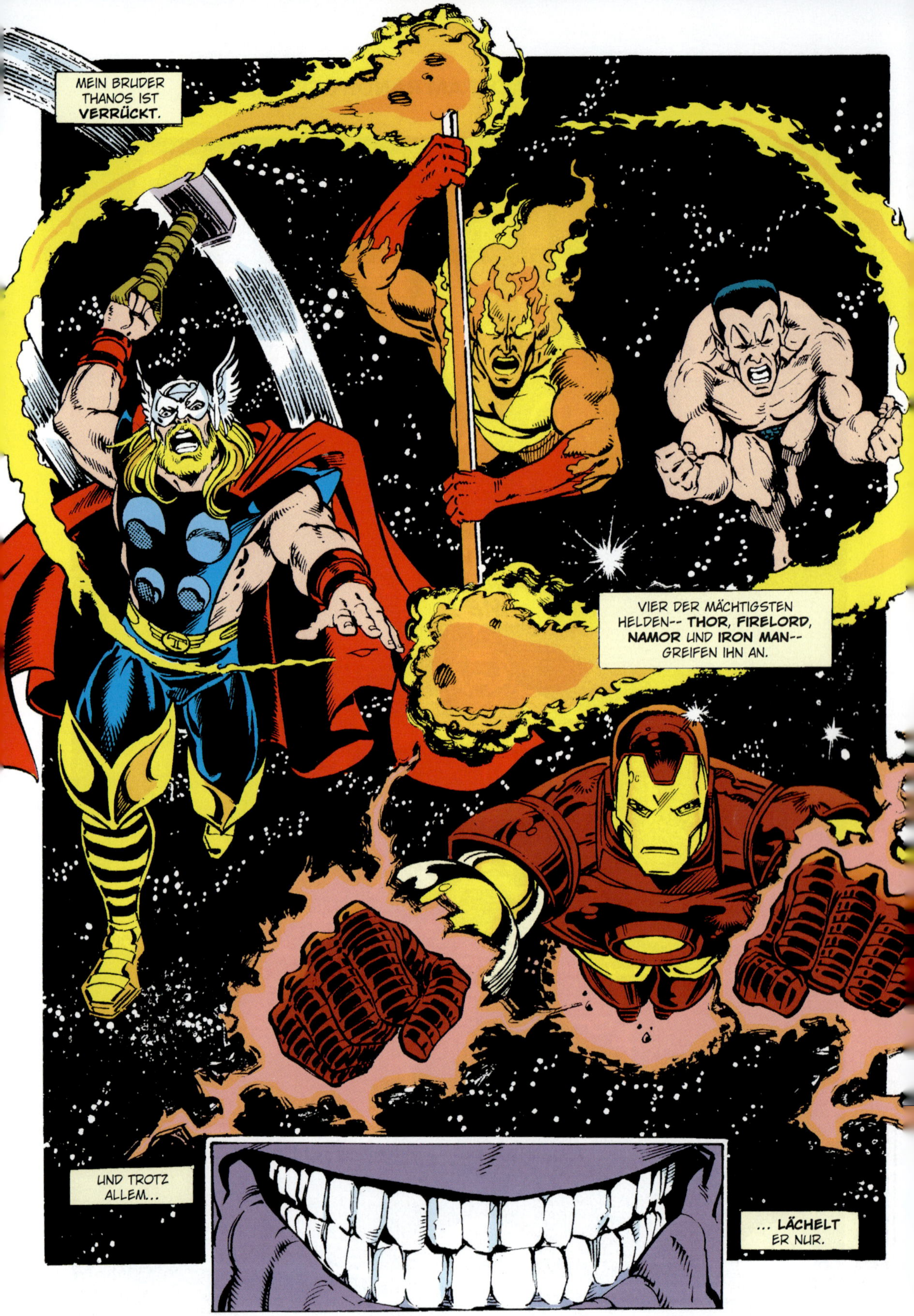

MEIN BRUDER THANOS IST **VERRÜCKT**.
VIER DER MÄCHTIGSTEN HELDEN-- **THOR, FIRELORD, NAMOR** UND **IRON MAN**-- GREIFEN IHN AN.
UND TROTZ ALLEM...
... **LÄCHELT** ER NUR.

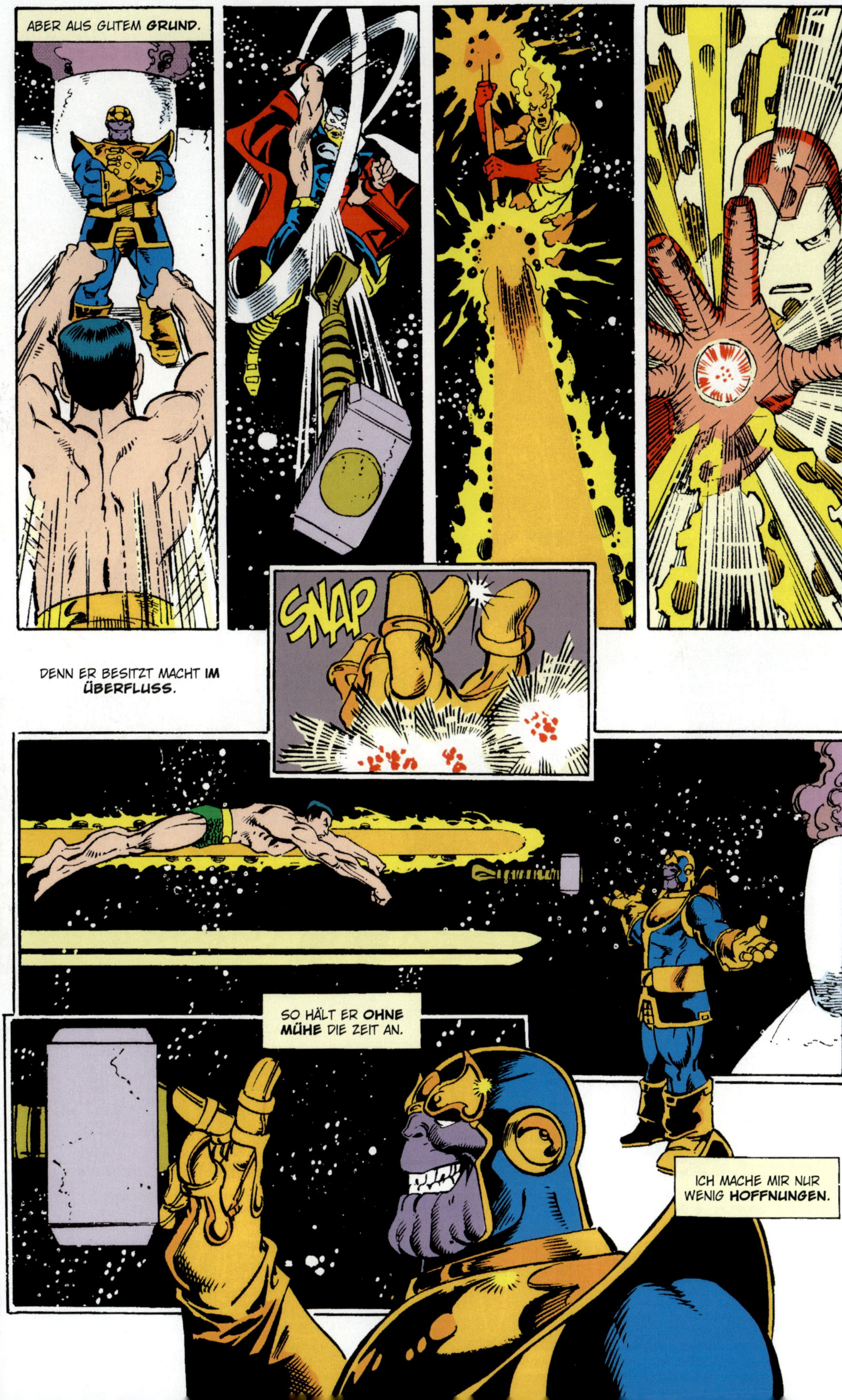

ABER AUS GUTEM **GRUND**.
SNAP
DENN ER BESITZT MACHT **IM ÜBERFLUSS**.
SO HÄLT ER **OHNE MÜHE** DIE ZEIT AN.
ICH MACHE MIR NUR WENIG **HOFFNUNGEN**.

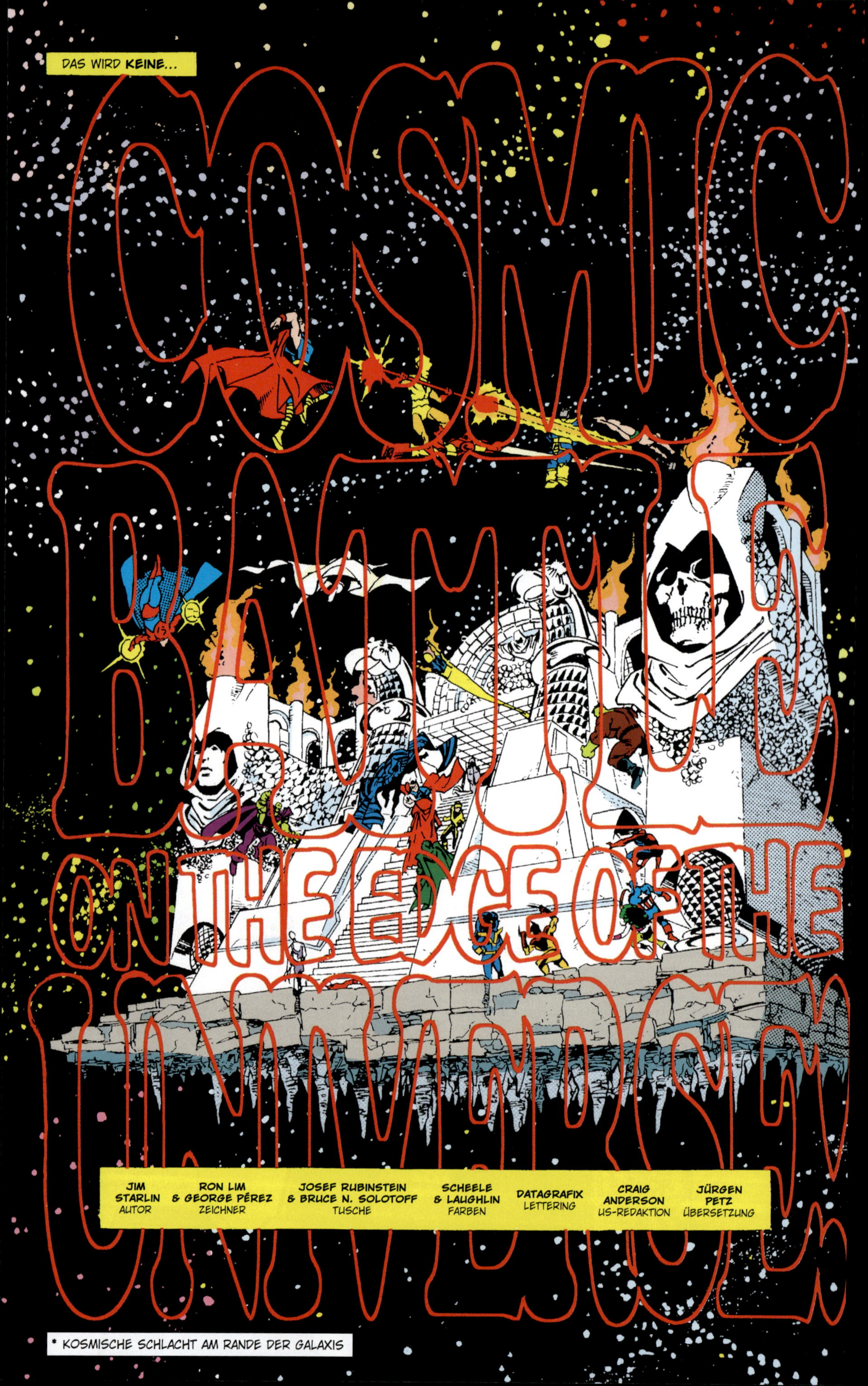
DAS WIRD KEINE...
COSMIC BATTLE ON THE EDGE OF THE UNIVERSE!*
JIM STARLIN AUTOR
RON LIM & GEORGE PÉREZ ZEICHNER
JOSEF RUBINSTEIN & BRUCE N. SOLOTOFF TUSCHE
SCHEELE & LAUGHLIN FARBEN
DATAGRAFIX LETTERING
CRAIG ANDERSON US-REDAKTION
JÜRGEN PETZ ÜBERSETZUNG
* KOSMISCHE SCHLACHT AM RANDE DER GALAXIS

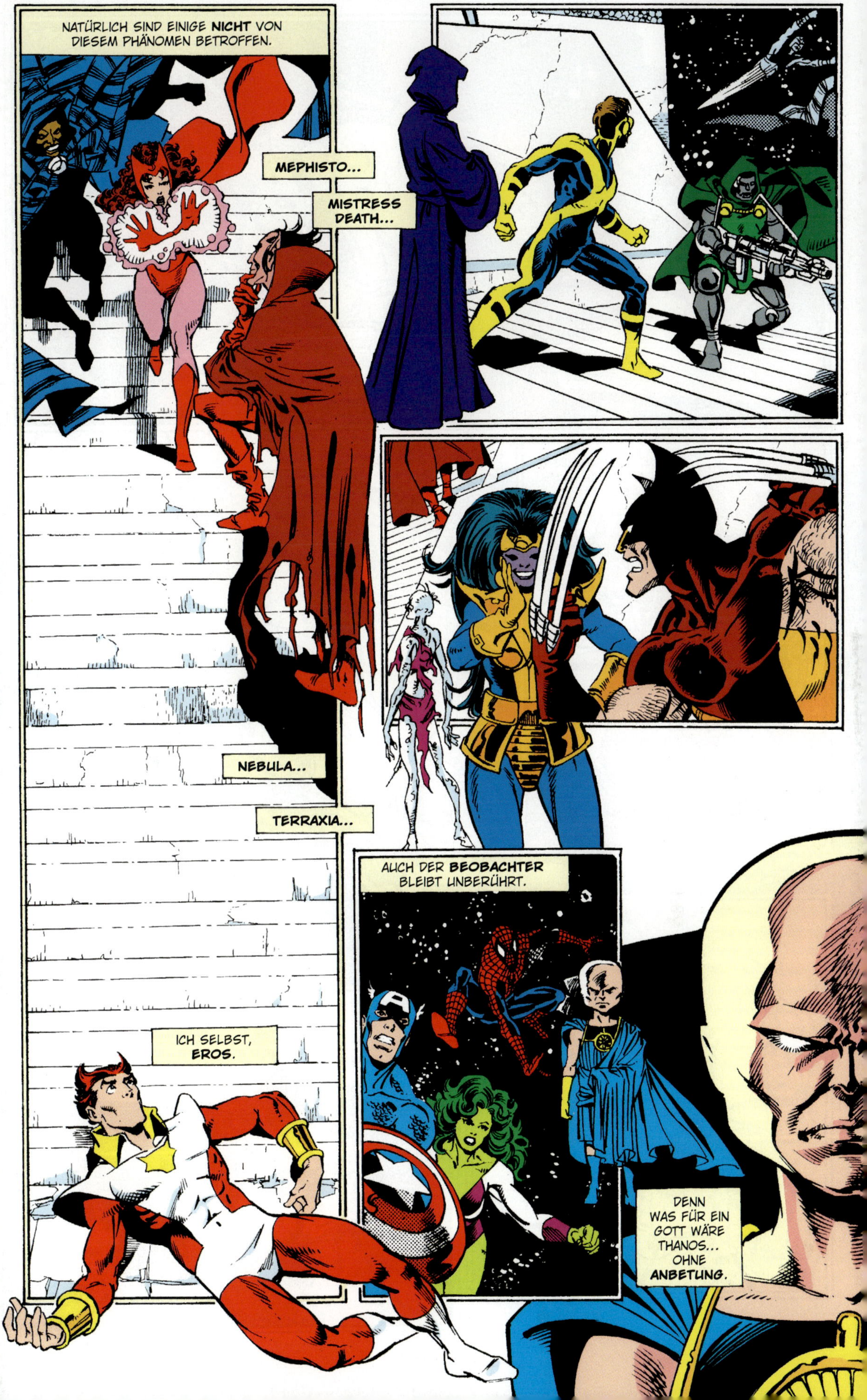
NATÜRLICH SIND EINIGE NICHT VON DIESEM PHÄNOMEN BETROFFEN.
MEPHISTO...
MISTRESS DEATH...
NEBULA...
TERRAXIA...
ICH SELBST, EROS.
AUCH DER BEOBACHTER BLEIBT UNBERÜHRT.
DENN WAS FÜR EIN GOTT WÄRE THANOS... OHNE ANBETUNG.

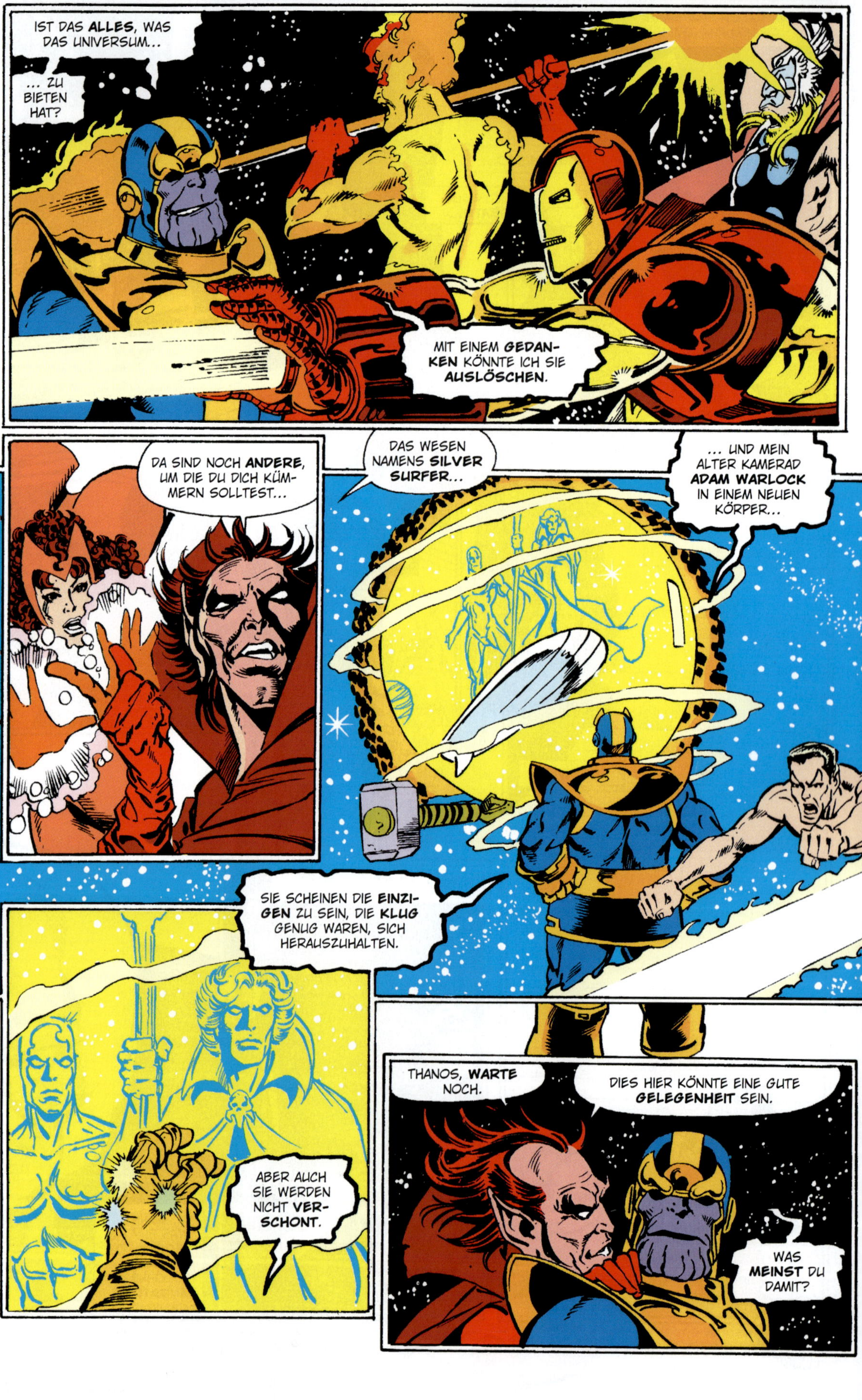
IST DAS **ALLES**, WAS DAS UNIVERSUM...
... ZU BIETEN HAT?
MIT EINEM **GEDAN-KEN** KÖNNTE ICH SIE **AUSLÖSCHEN**.
DA SIND NOCH **ANDERE**, UM DIE DU DICH KÜM-MERN SOLLTEST...
DAS WESEN NAMENS **SILVER SURFER**...
... UND MEIN ALTER KAMERAD **ADAM WARLOCK** IN EINEM NEUEN KÖRPER...
SIE SCHEINEN DIE **EINZI-GEN** ZU SEIN, DIE **KLUG** GENUG WAREN, SICH HERAUSZUHALTEN.
ABER AUCH SIE WERDEN NICHT **VER-SCHONT**.
THANOS, **WARTE** NOCH.
DIES HIER KÖNNTE EINE GUTE **GELEGENHEIT** SEIN.
WAS **MEINST** DU DAMIT?

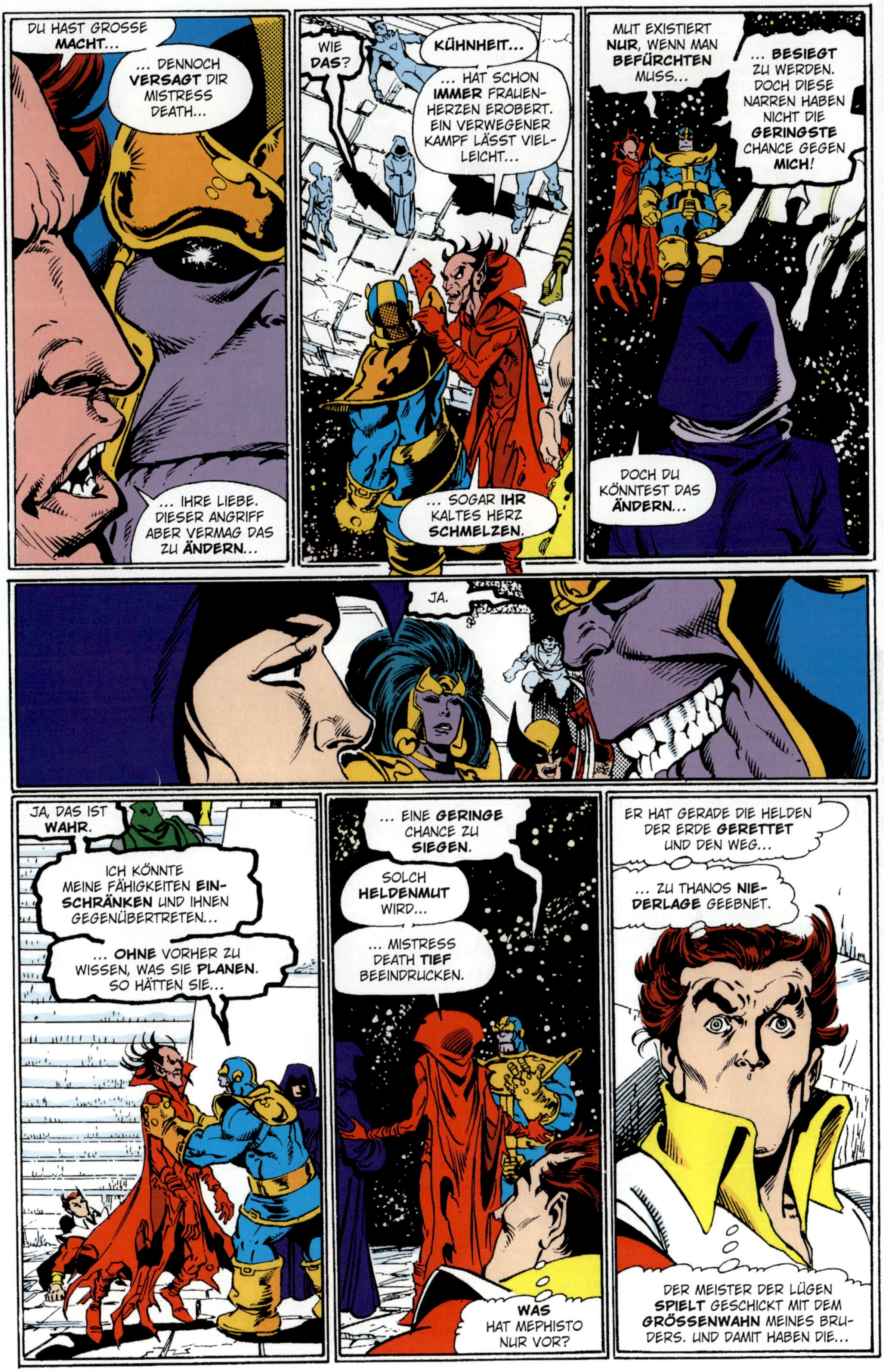
DU HAST GROSSE MACHT...
... DENNOCH VERSAGT DIR MISTRESS DEATH...
... IHRE LIEBE. DIESER ANGRIFF ABER VERMAG DAS ZU ÄNDERN...
WIE DAS?
KÜHNHEIT...
... HAT SCHON IMMER FRAUENHERZEN EROBERT. EIN VERWEGENER KAMPF LÄSST VIELLEICHT...
... SOGAR IHR KALTES HERZ SCHMELZEN.
MUT EXISTIERT NUR, WENN MAN BEFÜRCHTEN MUSS...
... BESIEGT ZU WERDEN. DOCH DIESE NARREN HABEN NICHT DIE GERINGSTE CHANCE GEGEN MICH!
DOCH DU KÖNNTEST DAS ÄNDERN...
JA.
JA, DAS IST WAHR.
ICH KÖNNTE MEINE FÄHIGKEITEN EINSCHRÄNKEN UND IHNEN GEGENÜBERTRETEN...
... OHNE VORHER ZU WISSEN, WAS SIE PLANEN. SO HÄTTEN SIE...
... EINE GERINGE CHANCE ZU SIEGEN.
SOLCH HELDENMUT WIRD...
... MISTRESS DEATH TIEF BEEINDRUCKEN.
WAS HAT MEPHISTO NUR VOR?
ER HAT GERADE DIE HELDEN DER ERDE GERETTET UND DEN WEG...
... ZU THANOS NIEDERLAGE GEEBNET.
DER MEISTER DER LÜGEN SPIELT GESCHICKT MIT DEM GRÖSSENWAHN MEINES BRUDERS. UND DAMIT HABEN DIE...

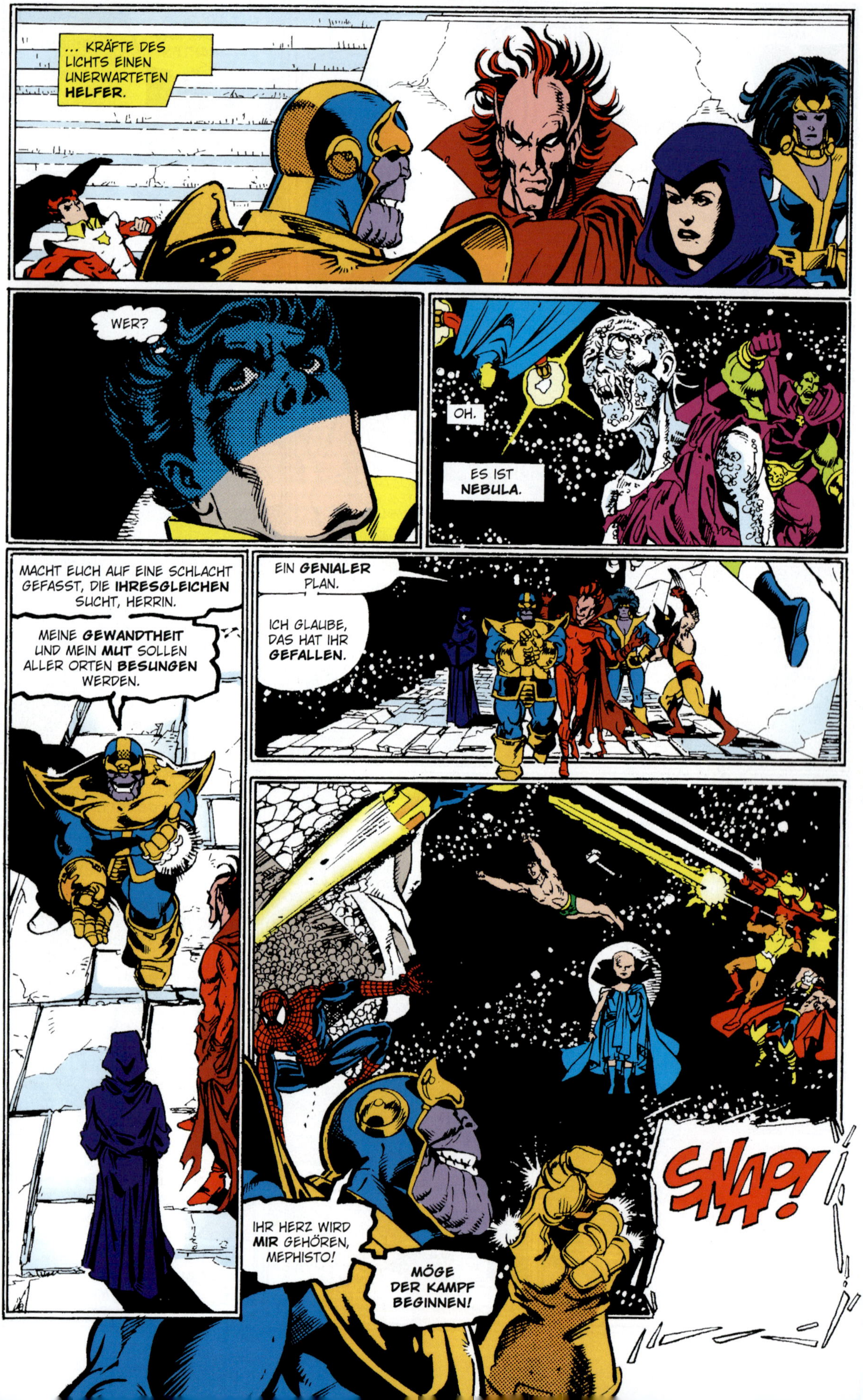
... KRÄFTE DES LICHTS EINEN UNERWARTETEN **HELFER**.
WER?
OH.
ES IST **NEBULA**.
MACHT EUCH AUF EINE SCHLACHT GEFASST, DIE **IHRESGLEICHEN** SUCHT, HERRIN.
MEINE **GEWANDTHEIT** UND MEIN **MUT** SOLLEN ALLER ORTEN **BESUNGEN** WERDEN.
EIN **GENIALER** PLAN.
ICH GLAUBE, DAS HAT IHR **GEFALLEN**.
IHR HERZ WIRD **MIR** GEHÖREN, MEPHISTO!
MÖGE DER KAMPF BEGINNEN!
SNAP!

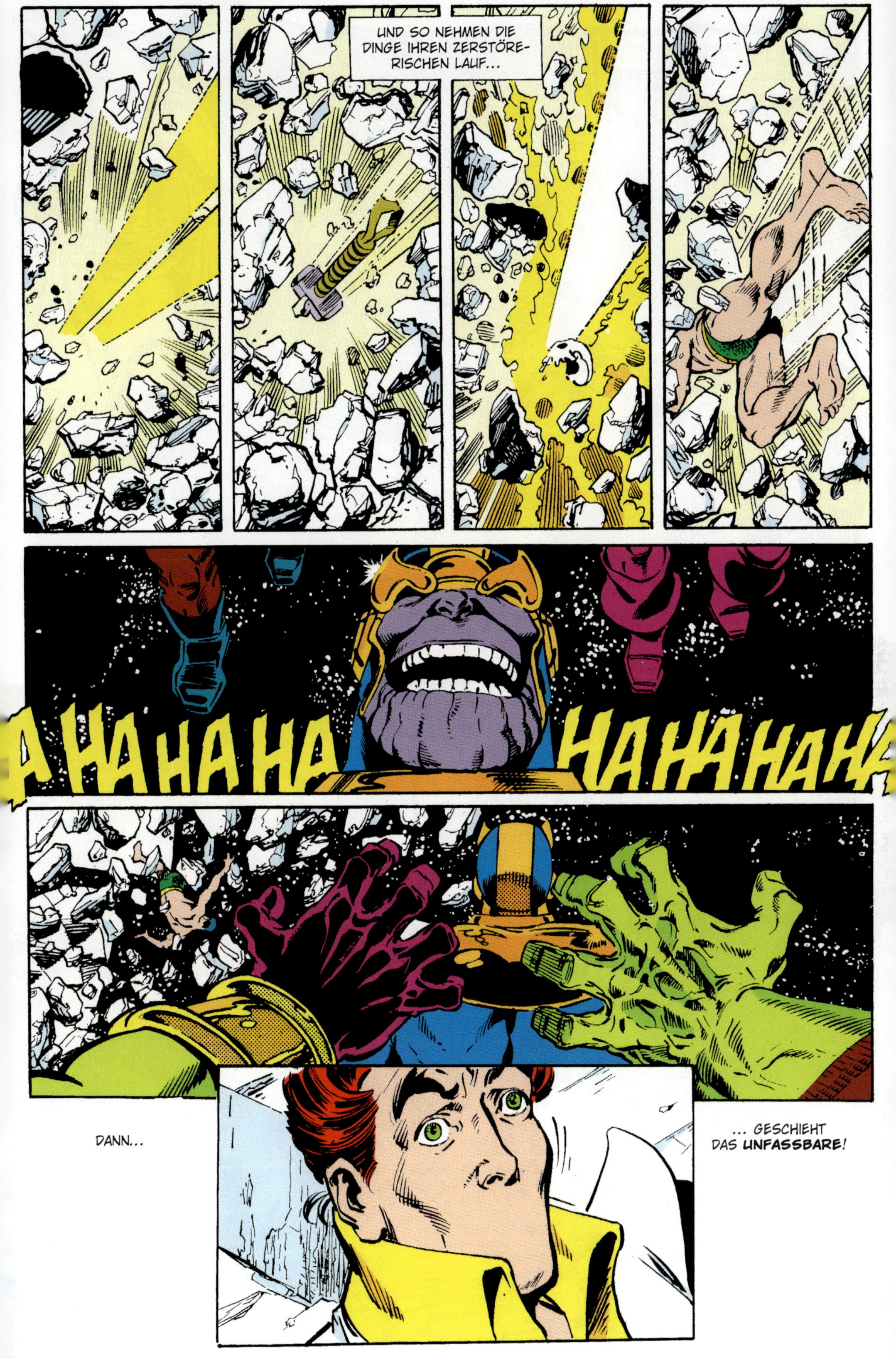
UND SO NEHMEN DIE DINGE IHREN ZERSTÖRERISCHEN LAUF...
AHAHAHAHA HAHAHAHA
DANN...
... GESCHIEHT DAS **UNFASSBARE**!

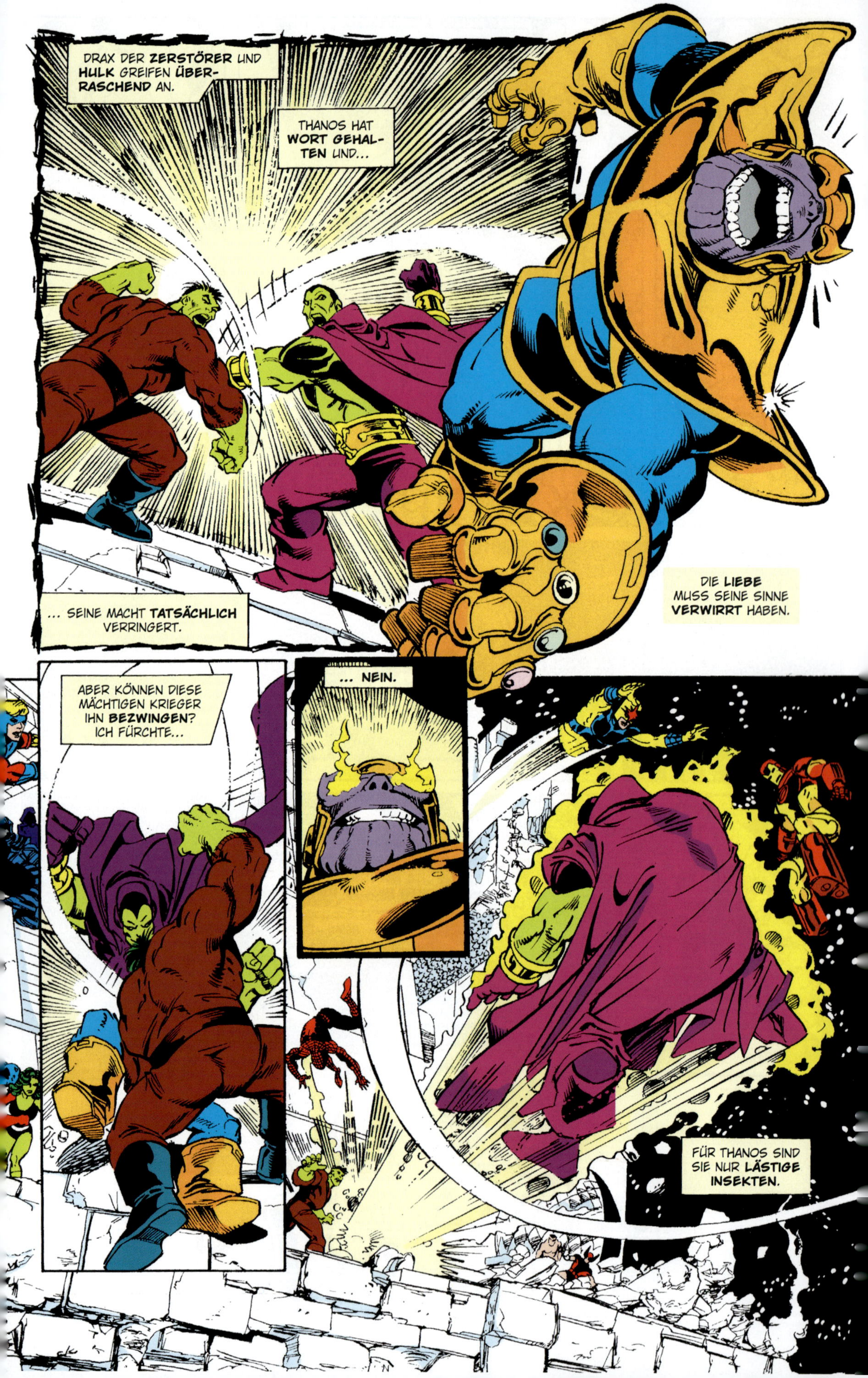
DRAX DER ZERSTÖRER UND HULK GREIFEN ÜBER-RASCHEND AN.
THANOS HAT WORT GEHAL-TEN UND...
... SEINE MACHT TATSÄCHLICH VERRINGERT.
DIE LIEBE MUSS SEINE SINNE VERWIRRT HABEN.
ABER KÖNNEN DIESE MÄCHTIGEN KRIEGER IHN BEZWINGEN? ICH FÜRCHTE...
... NEIN.
FÜR THANOS SIND SIE NUR LÄSTIGE INSEKTEN.

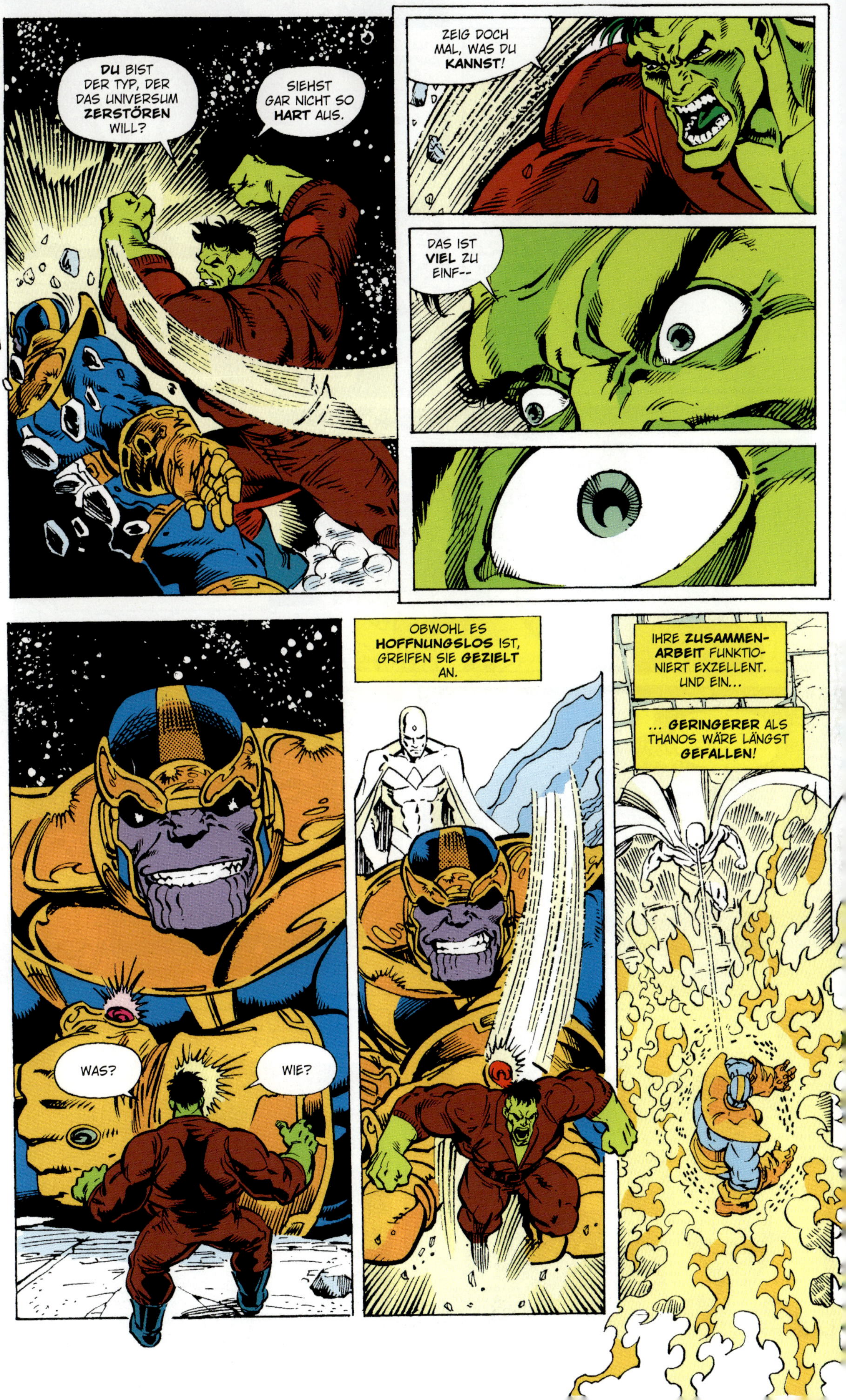

DU BIST DER TYP, DER DAS UNIVERSUM ZERSTÖREN WILL?
SIEHST GAR NICHT SO HART AUS.
ZEIG DOCH MAL, WAS DU KANNST!
DAS IST VIEL ZU EINF--
WAS?
WIE?
OBWOHL ES HOFFNUNGSLOS IST, GREIFEN SIE GEZIELT AN.
IHRE ZUSAMMEN-ARBEIT FUNKTIO-NIERT EXZELLENT. UND EIN...
... GERINGERER ALS THANOS WÄRE LÄNGST GEFALLEN!

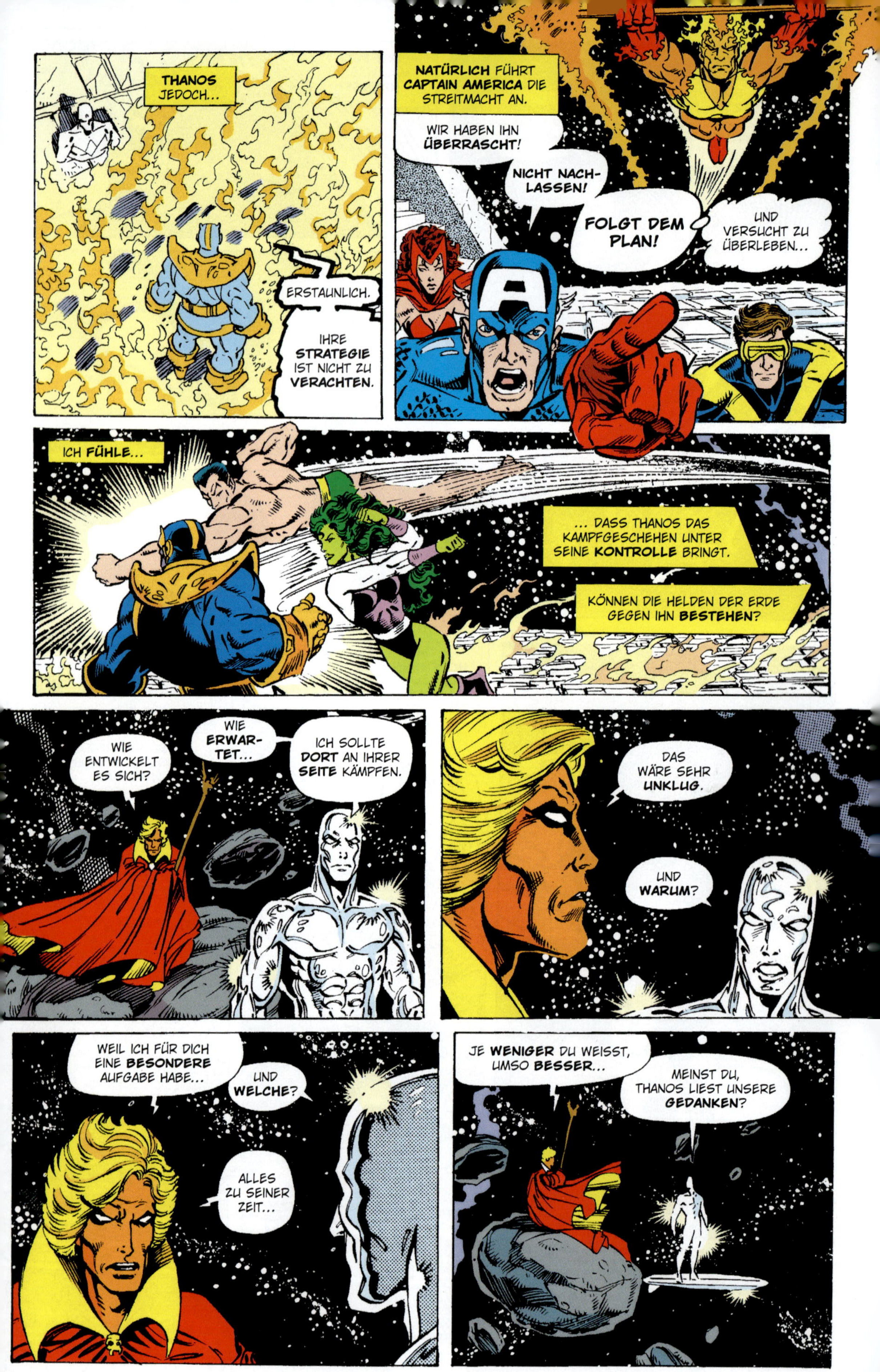
THANOS JEDOCH...
ERSTAUNLICH.
IHRE STRATEGIE IST NICHT ZU VERACHTEN.
NATÜRLICH FÜHRT CAPTAIN AMERICA DIE STREITMACHT AN.
WIR HABEN IHN ÜBERRASCHT!
NICHT NACHLASSEN!
FOLGT DEM PLAN!
UND VERSUCHT ZU ÜBERLEBEN...
ICH FÜHLE...
... DASS THANOS DAS KAMPFGESCHEHEN UNTER SEINE KONTROLLE BRINGT.
KÖNNEN DIE HELDEN DER ERDE GEGEN IHN BESTEHEN?
WIE ENTWICKELT ES SICH?
WIE ERWARTET...
ICH SOLLTE DORT AN IHRER SEITE KÄMPFEN.
DAS WÄRE SEHR UNKLUG.
UND WARUM?
WEIL ICH FÜR DICH EINE BESONDERE AUFGABE HABE...
UND WELCHE?
ALLES ZU SEINER ZEIT...
JE WENIGER DU WEISST, UMSO BESSER...
MEINST DU, THANOS LIEST UNSERE GEDANKEN?

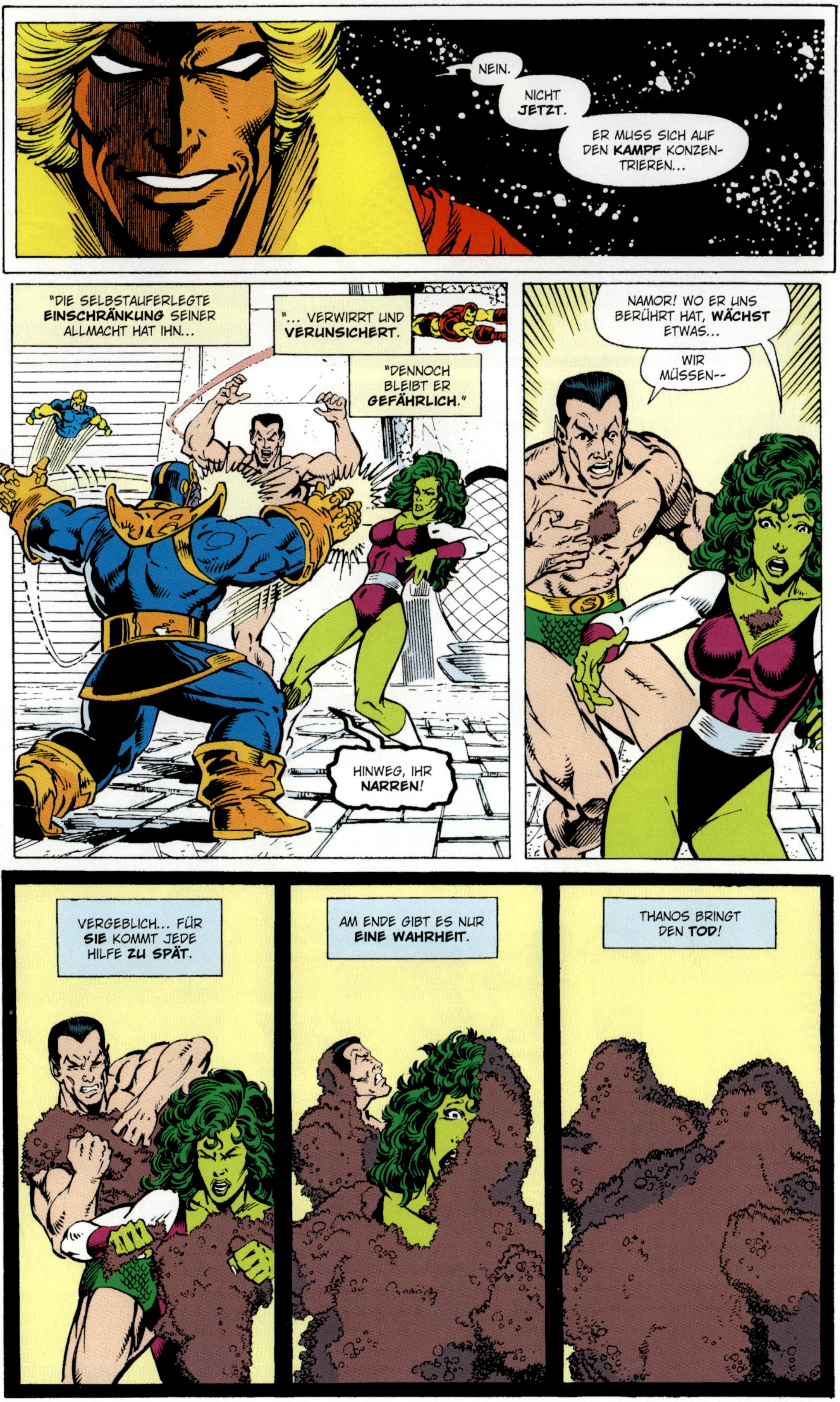
NEIN.
NICHT JETZT.
ER MUSS SICH AUF DEN KAMPF KONZENTRIEREN...
"DIE SELBSTAUFERLEGTE EINSCHRÄNKUNG SEINER ALLMACHT HAT IHN...
"... VERWIRRT UND VERUNSICHERT.
"DENNOCH BLEIBT ER GEFÄHRLICH."
HINWEG, IHR NARREN!
NAMOR! WO ER UNS BERÜHRT HAT, WÄCHST ETWAS...
WIR MÜSSEN--
VERGEBLICH... FÜR SIE KOMMT JEDE HILFE ZU SPÄT.
AM ENDE GIBT ES NUR EINE WAHRHEIT.
THANOS BRINGT DEN TOD!

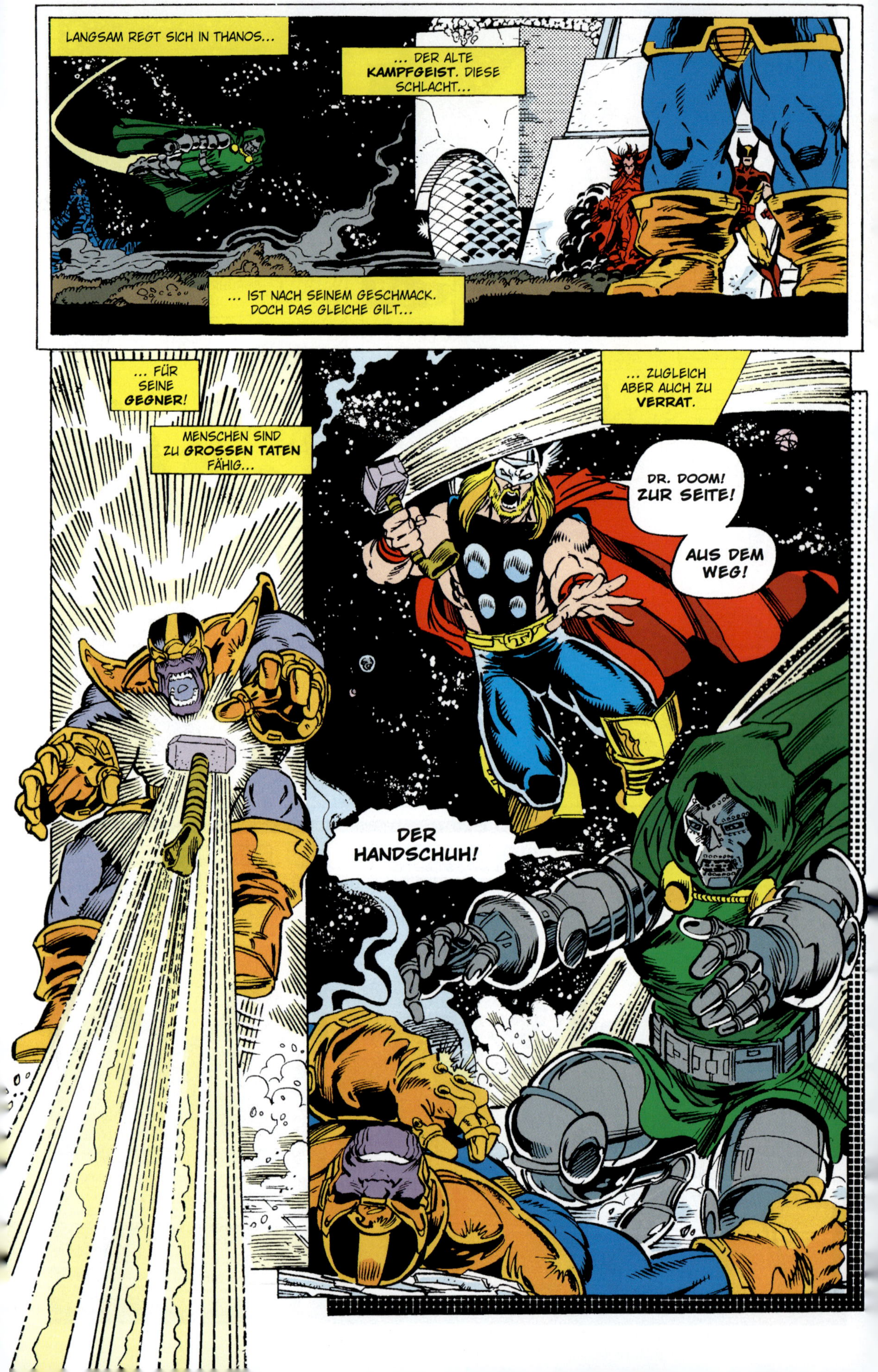

LANGSAM REGT SICH IN THANOS...
... DER ALTE KAMPFGEIST. DIESE SCHLACHT...
... IST NACH SEINEM GESCHMACK. DOCH DAS GLEICHE GILT...
... FÜR SEINE GEGNER!
MENSCHEN SIND ZU GROSSEN TATEN FÄHIG...
... ZUGLEICH ABER AUCH ZU VERRAT.
DR. DOOM! ZUR SEITE!
AUS DEM WEG!
DER HANDSCHUH!

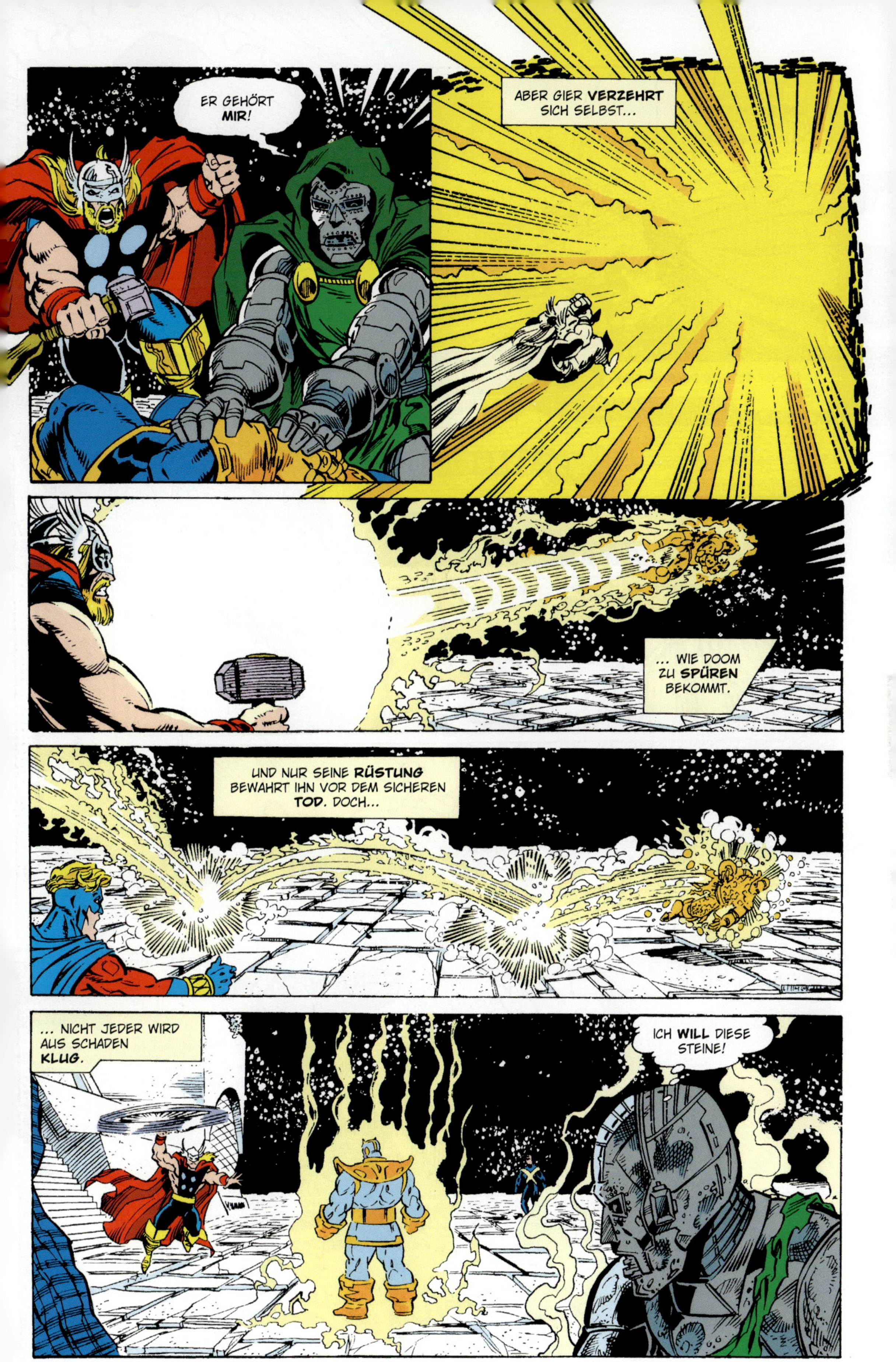
ER GEHÖRT **MIR**!
ABER GIER **VERZEHRT** SICH SELBST...
... WIE DOOM ZU **SPÜREN** BEKOMMT.
UND NUR SEINE **RÜSTUNG** BEWAHRT IHN VOR DEM SICHEREN **TOD**. DOCH...
... NICHT JEDER WIRD AUS SCHADEN **KLUG**.
ICH **WILL** DIESE STEINE!

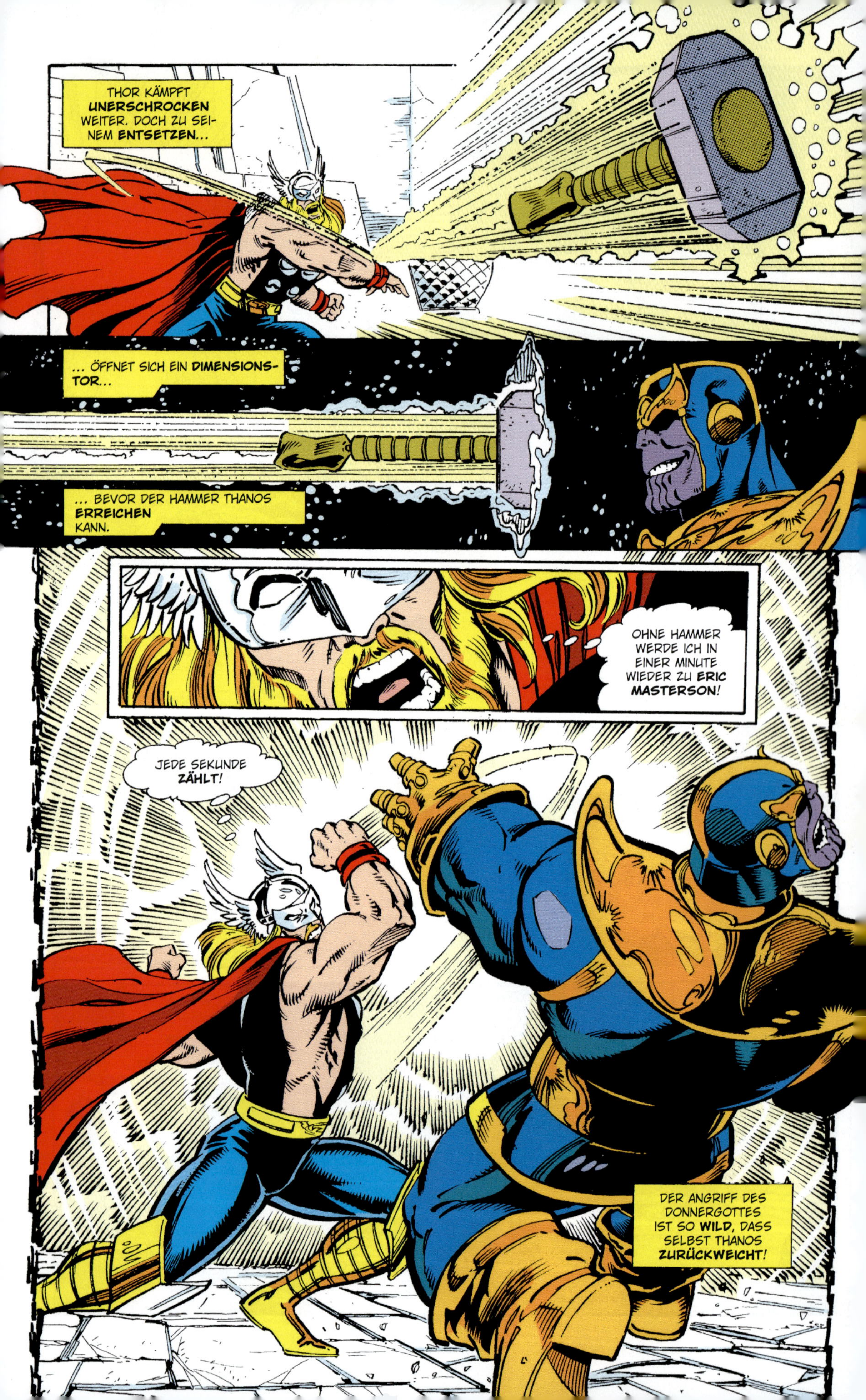
THOR KÄMPFT **UNERSCHROCKEN** WEITER. DOCH ZU SEINEM **ENTSETZEN**...
... ÖFFNET SICH EIN **DIMENSIONSTOR**...
... BEVOR DER HAMMER THANOS **ERREICHEN** KANN.
OHNE HAMMER WERDE ICH IN EINER MINUTE WIEDER ZU **ERIC MASTERSON**!
JEDE SEKUNDE **ZÄHLT**!
DER ANGRIFF DES DONNERGOTTES IST SO **WILD**, DASS SELBST THANOS **ZURÜCKWEICHT**!

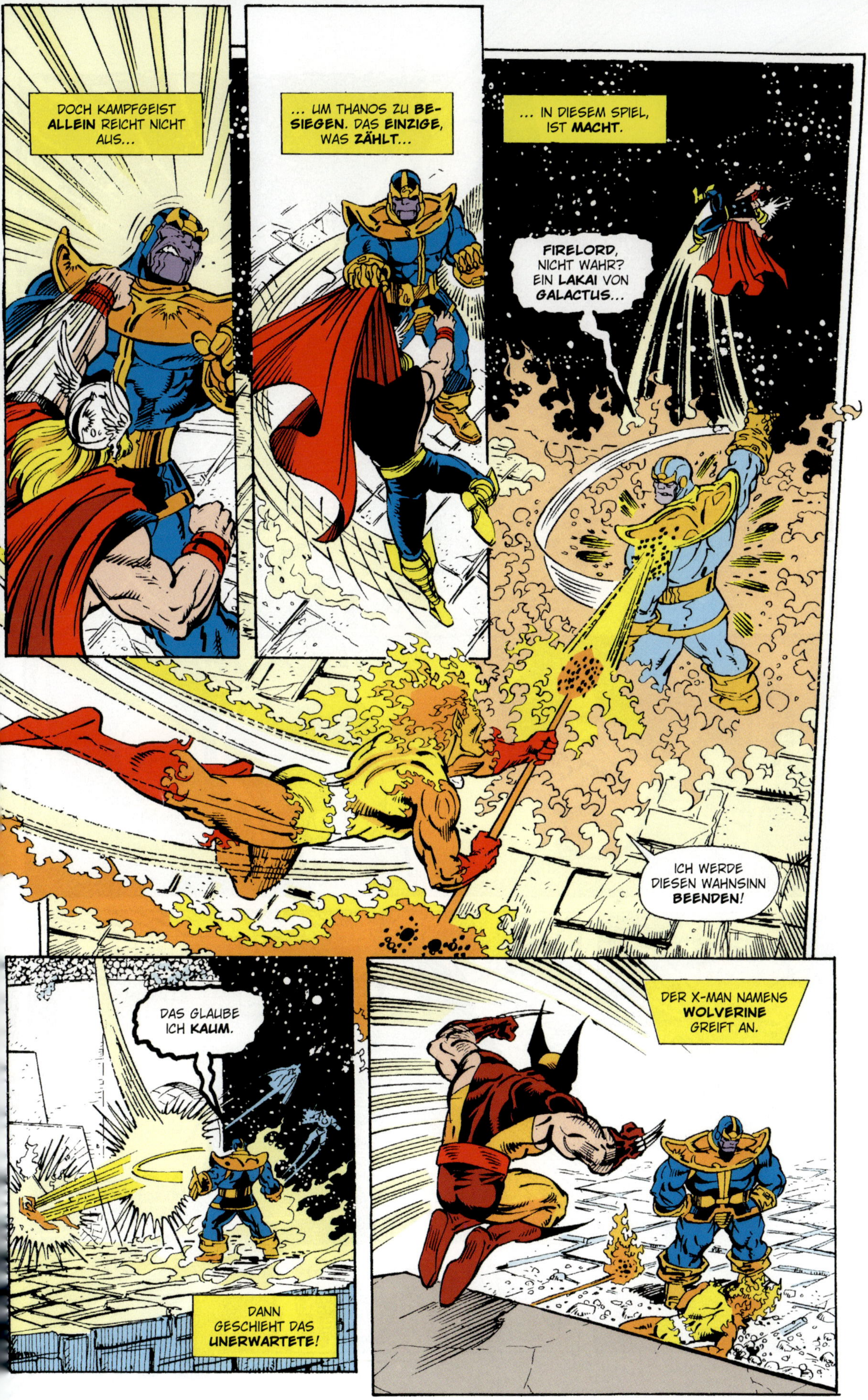
DOCH KAMPFGEIST ALLEIN REICHT NICHT AUS…
… UM THANOS ZU BESIEGEN. DAS EINZIGE, WAS ZÄHLT…
… IN DIESEM SPIEL, IST MACHT.
FIRELORD, NICHT WAHR? EIN LAKAI VON GALACTUS…
ICH WERDE DIESEN WAHNSINN BEENDEN!
DAS GLAUBE ICH KAUM.
DANN GESCHIEHT DAS UNERWARTETE!
DER X-MAN NAMENS WOLVERINE GREIFT AN.

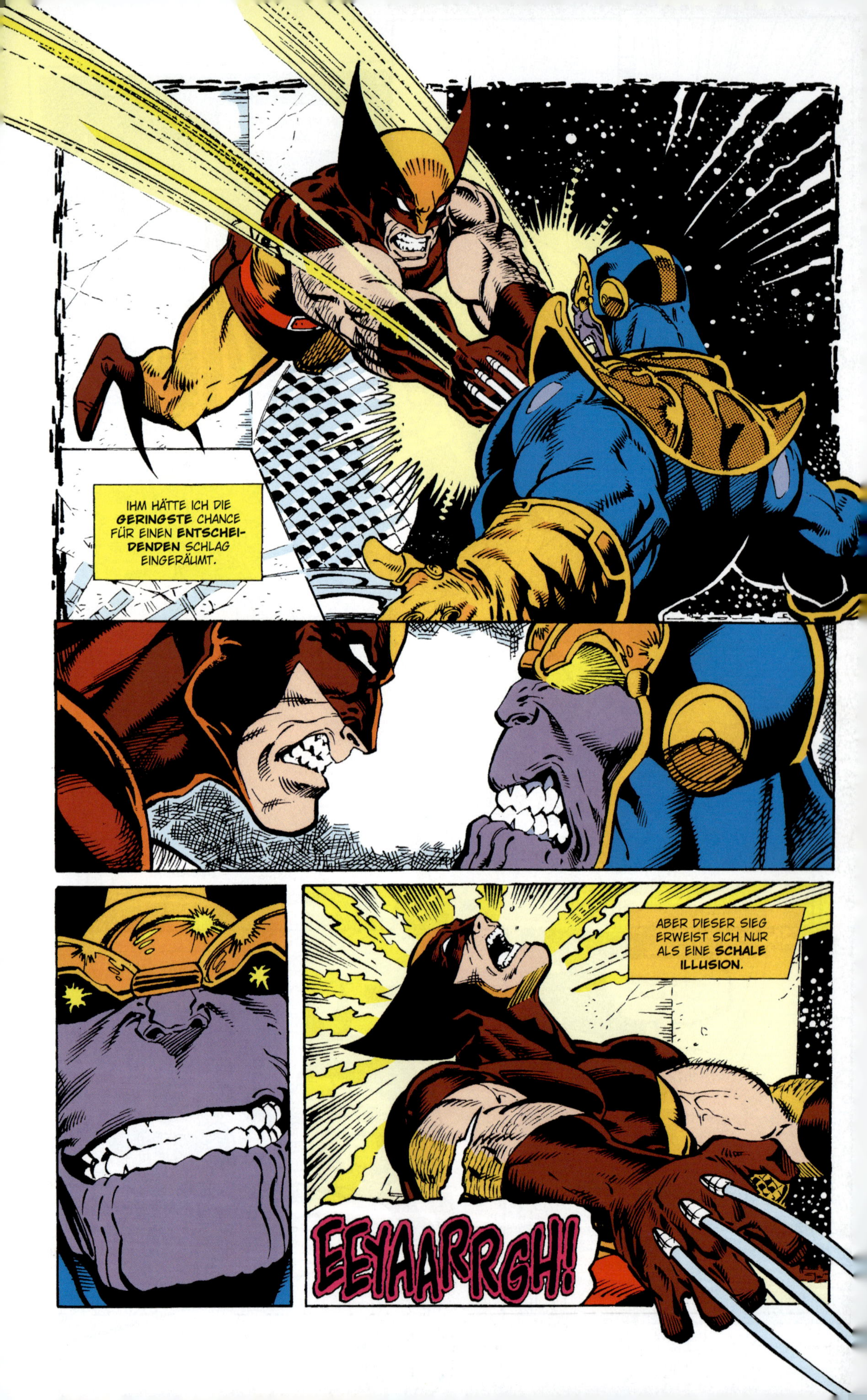
IHM HÄTTE ICH DIE GERINGSTE CHANCE FÜR EINEN ENTSCHEIDENDEN SCHLAG EINGERÄUMT.
ABER DIESER SIEG ERWEIST SICH NUR ALS EINE SCHALE ILLUSION.
EEYAARRGH!

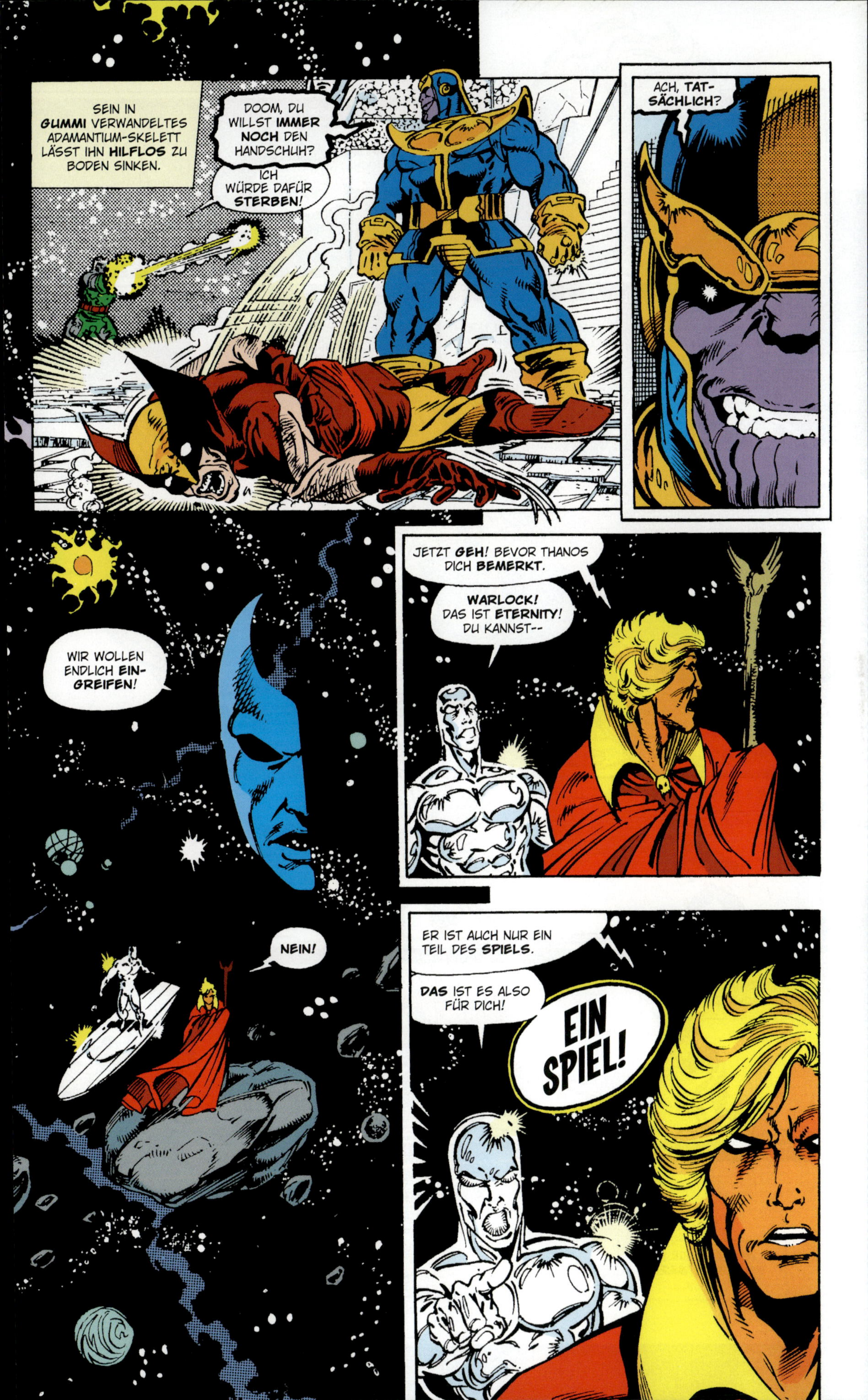

SEIN IN GUMMI VERWANDELTES ADAMANTIUM-SKELETT LÄSST IHN HILFLOS ZU BODEN SINKEN.
DOOM, DU WILLST IMMER NOCH DEN HANDSCHUH?
ICH WÜRDE DAFÜR STERBEN!
ACH, TATSÄCHLICH?
WIR WOLLEN ENDLICH EINGREIFEN!
JETZT GEH! BEVOR THANOS DICH BEMERKT.
WARLOCK! DAS IST ETERNITY! DU KANNST--
NEIN!
ER IST AUCH NUR EIN TEIL DES SPIELS.
DAS IST ES ALSO FÜR DICH!
EIN SPIEL!

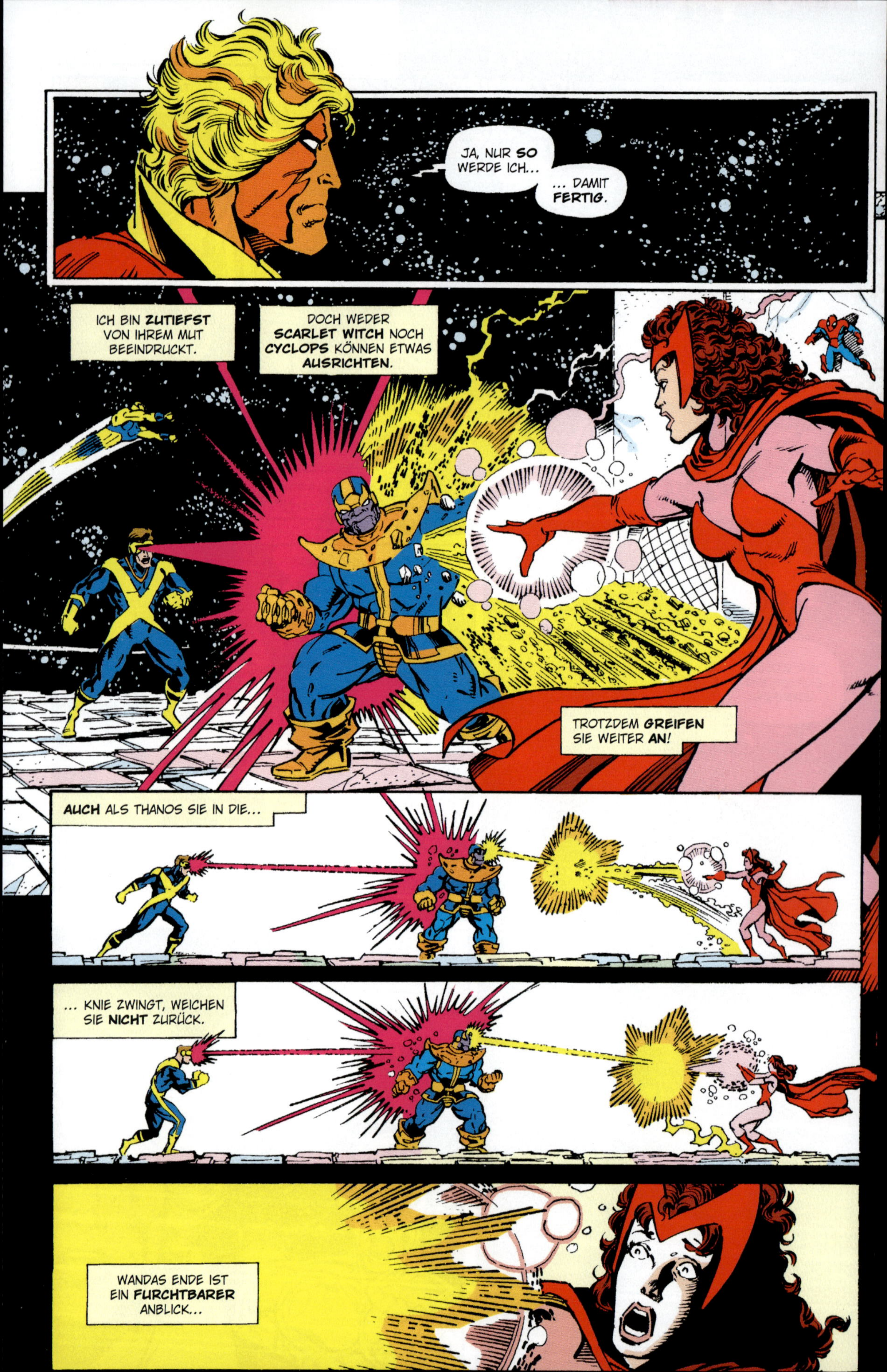
JA, NUR SO WERDE ICH...
... DAMIT FERTIG.
ICH BIN ZUTIEFST VON IHREM MUT BEEINDRUCKT.
DOCH WEDER SCARLET WITCH NOCH CYCLOPS KÖNNEN ETWAS AUSRICHTEN.
TROTZDEM GREIFEN SIE WEITER AN!
AUCH ALS THANOS SIE IN DIE...
... KNIE ZWINGT, WEICHEN SIE NICHT ZURÜCK.
WANDAS ENDE IST EIN FURCHTBARER ANBLICK...

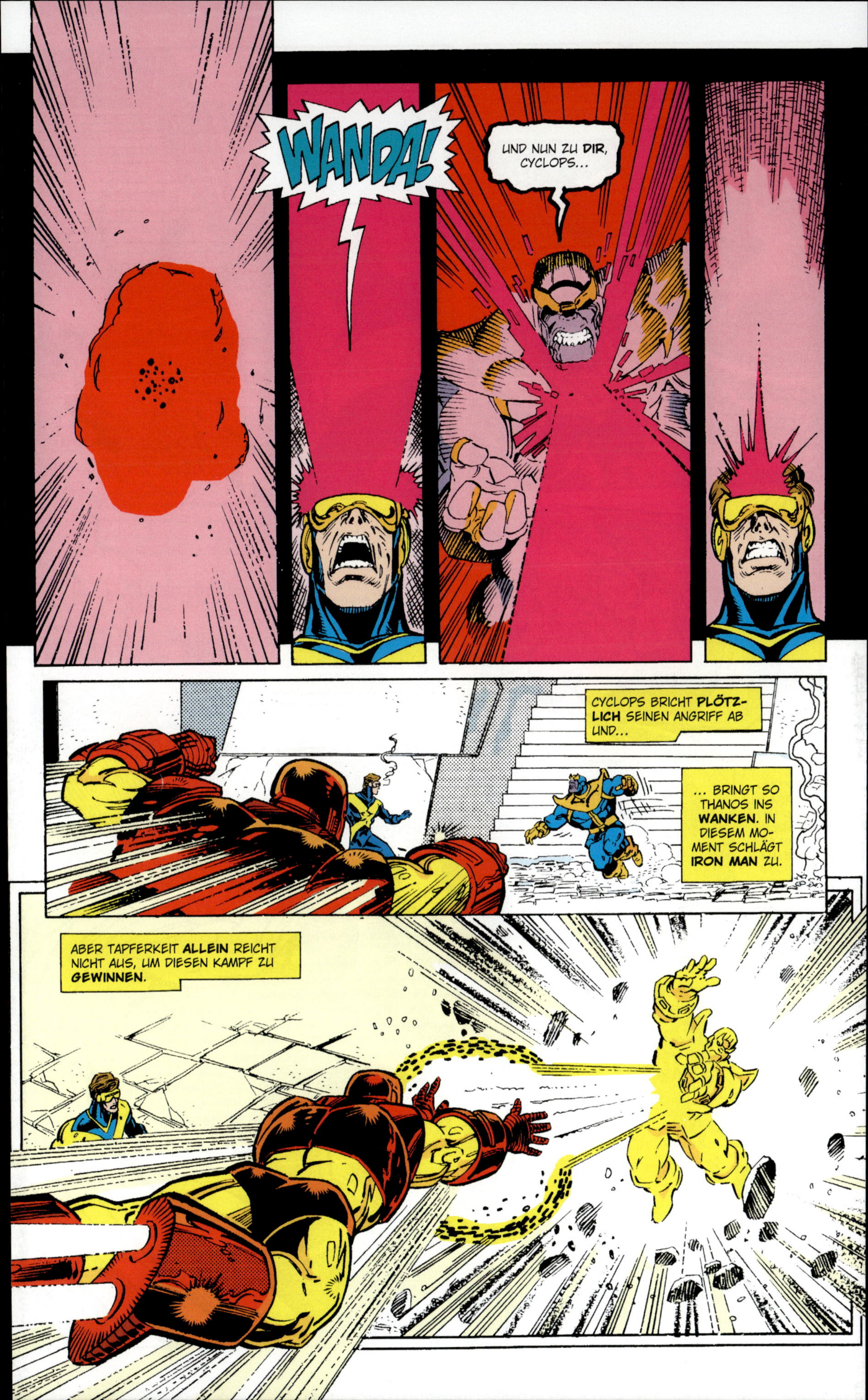
WANDA!
UND NUN ZU DIR, CYCLOPS...
CYCLOPS BRICHT PLÖTZLICH SEINEN ANGRIFF AB UND...
... BRINGT SO THANOS INS WANKEN. IN DIESEM MOMENT SCHLÄGT IRON MAN ZU.
ABER TAPFERKEIT ALLEIN REICHT NICHT AUS, UM DIESEN KAMPF ZU GEWINNEN.

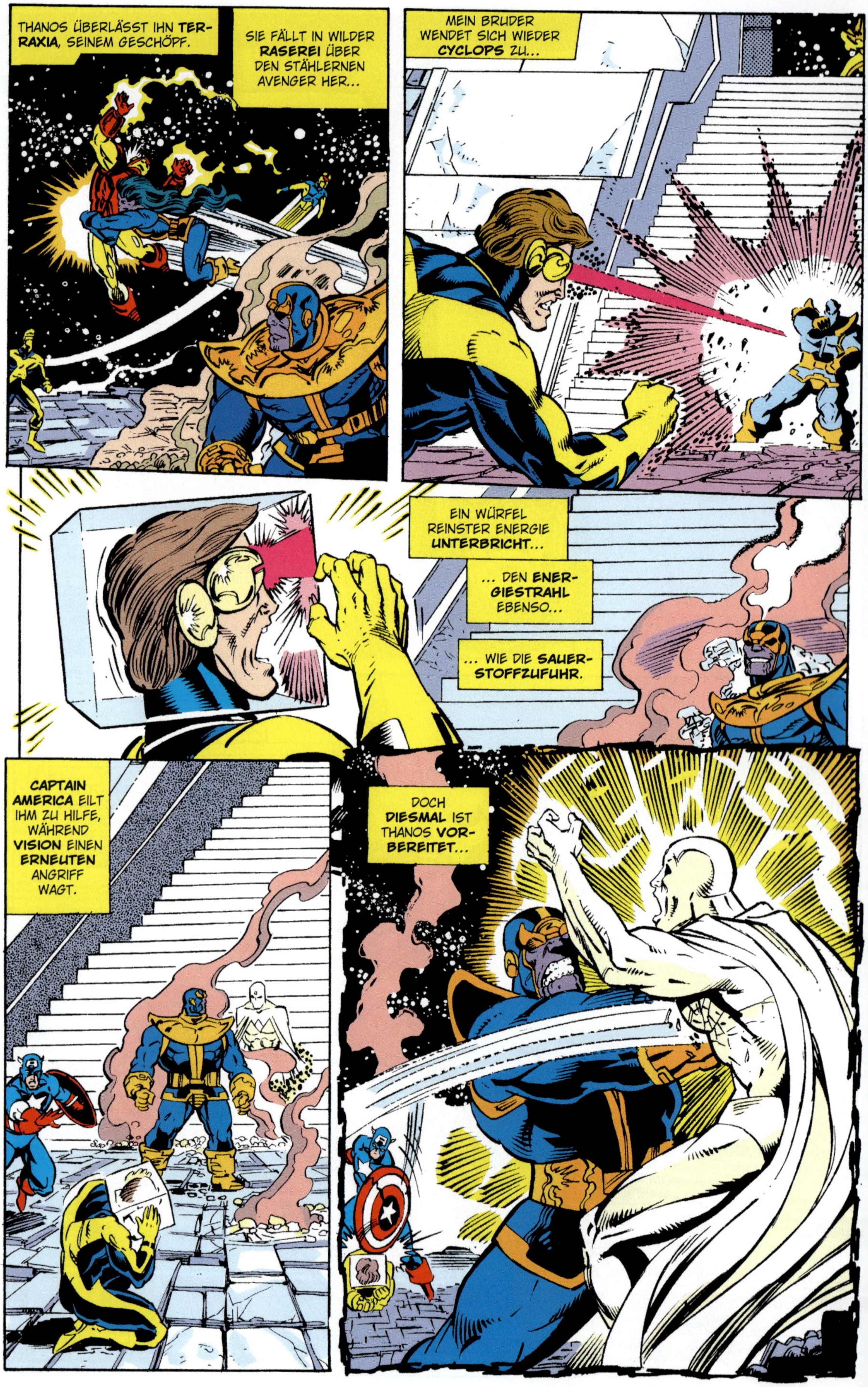
THANOS ÜBERLÄSST IHN TERRAXIA, SEINEM GESCHÖPF.
SIE FÄLLT IN WILDER RASEREI ÜBER DEN STÄHLERNEN AVENGER HER...
MEIN BRUDER WENDET SICH WIEDER CYCLOPS ZU...
EIN WÜRFEL REINSTER ENERGIE UNTERBRICHT...
... DEN ENERGIESTRAHL EBENSO...
... WIE DIE SAUERSTOFFZUFUHR.
CAPTAIN AMERICA EILT IHM ZU HILFE, WÄHREND VISION EINEN ERNEUTEN ANGRIFF WAGT.
DOCH DIESMAL IST THANOS VORBEREITET...

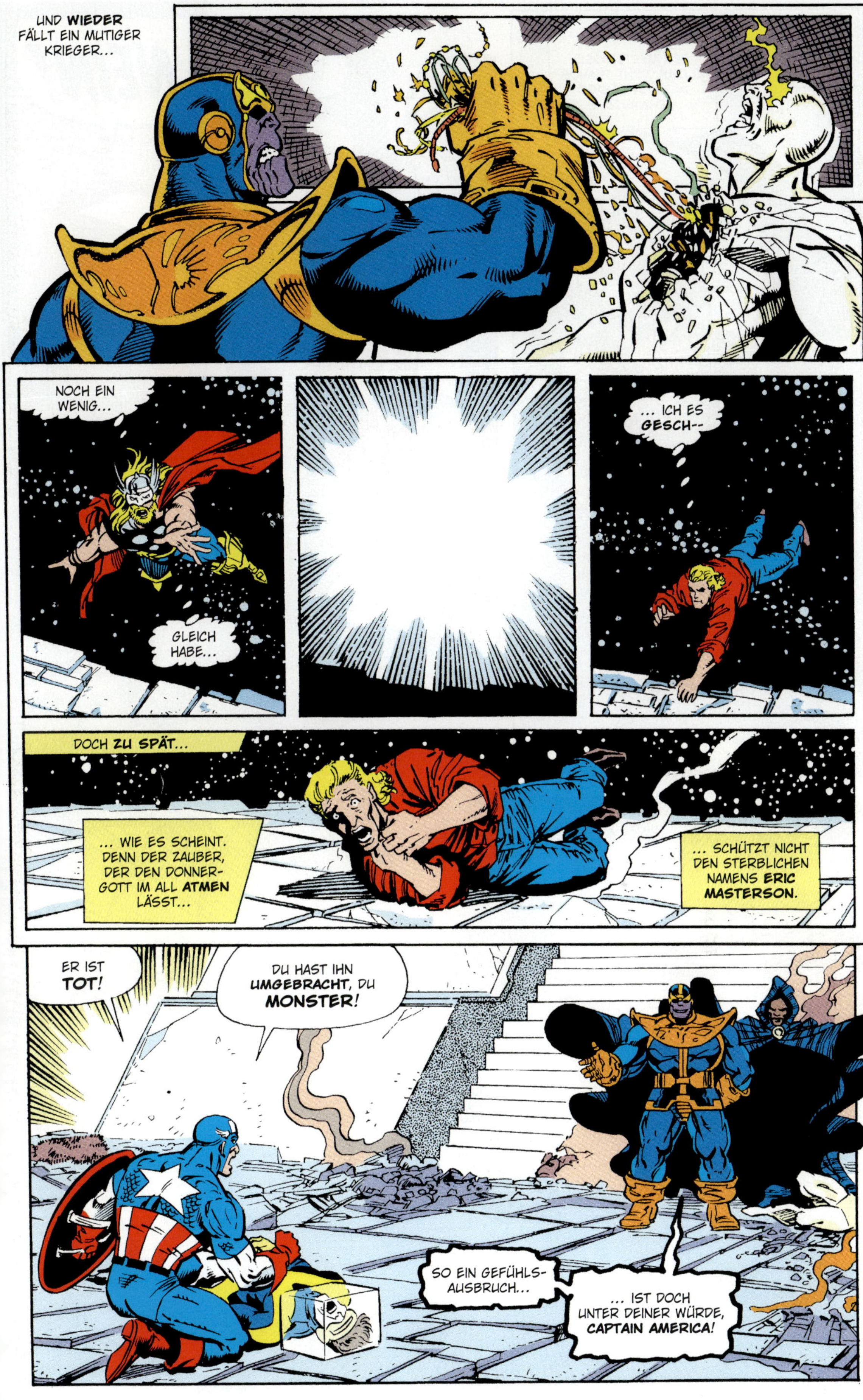
UND WIEDER FÄLLT EIN MUTIGER KRIEGER...
NOCH EIN WENIG...
GLEICH HABE...
... ICH ES GESCH--
DOCH ZU SPÄT...
... WIE ES SCHEINT. DENN DER ZAUBER, DER DEN DONNERGOTT IM ALL ATMEN LÄSST...
... SCHÜTZT NICHT DEN STERBLICHEN NAMENS ERIC MASTERSON.
ER IST TOT!
DU HAST IHN UMGEBRACHT, DU MONSTER!
SO EIN GEFÜHLSAUSBRUCH...
... IST DOCH UNTER DEINER WÜRDE, CAPTAIN AMERICA!

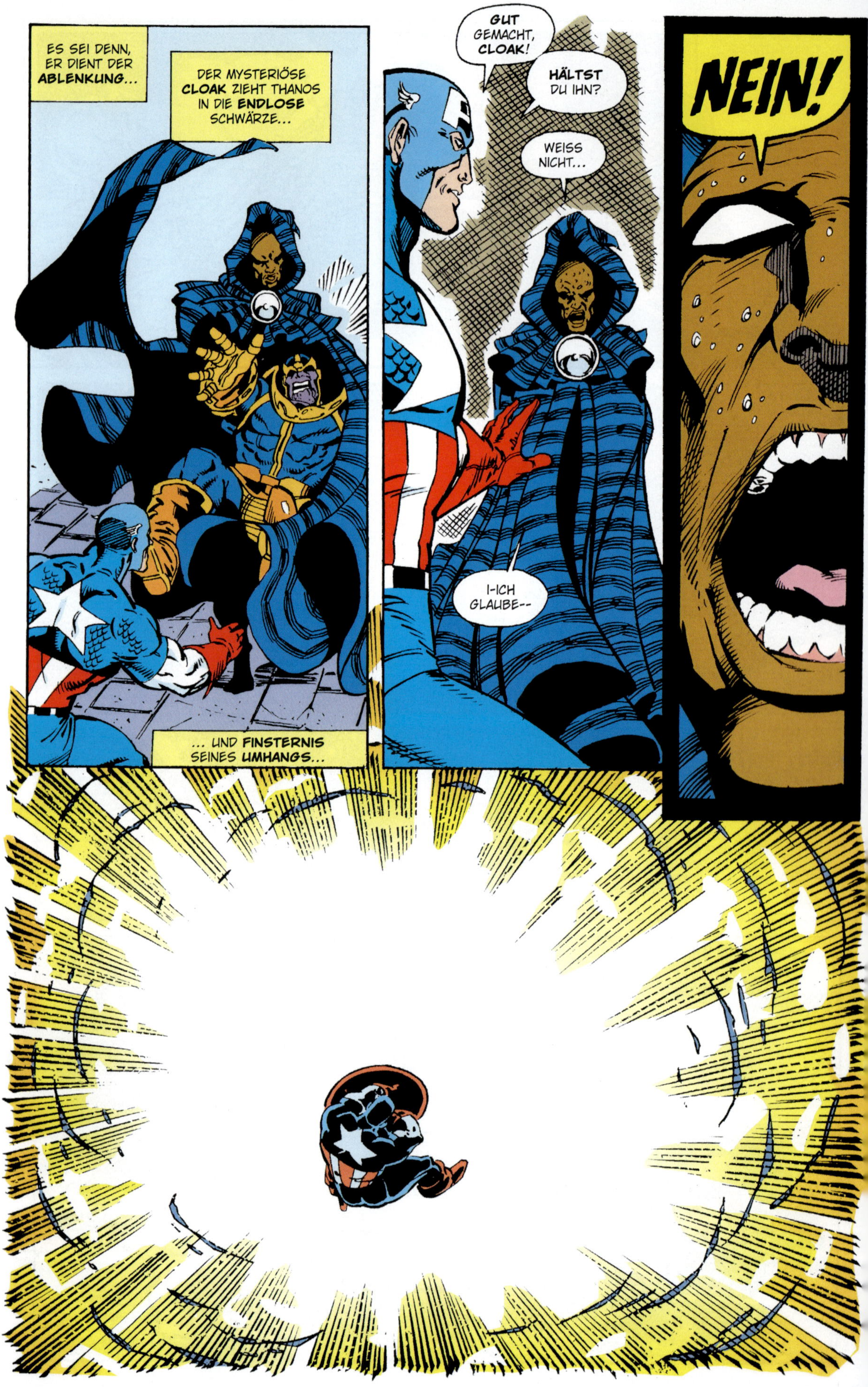

ES SEI DENN, ER DIENT DER **ABLENKUNG...**
DER MYSTERIÖSE **CLOAK** ZIEHT THANOS IN DIE **ENDLOSE** SCHWÄRZE...
... UND **FINSTERNIS** SEINES **UMHANGS...**
GUT GEMACHT, **CLOAK!**
HÄLTST DU IHN?
WEISS NICHT...
I-ICH GLAUBE--
NEIN!

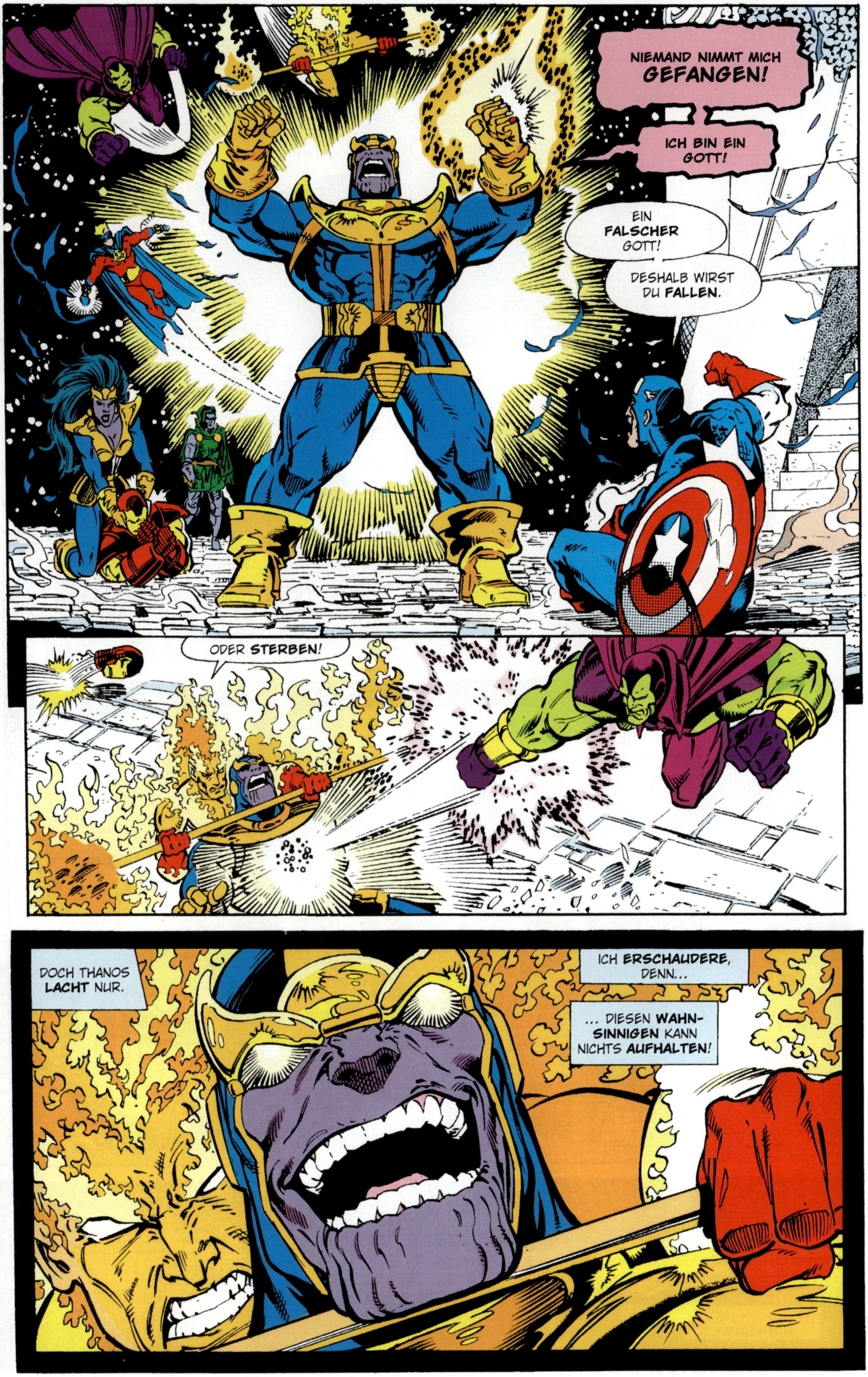

NIEMAND NIMMT MICH GEFANGEN!
ICH BIN EIN GOTT!
EIN FALSCHER GOTT!
DESHALB WIRST DU FALLEN.
ODER STERBEN!
DOCH THANOS LACHT NUR.
ICH ERSCHAUDERE, DENN...
... DIESEN WAHN-SINNIGEN KANN NICHTS AUFHALTEN!

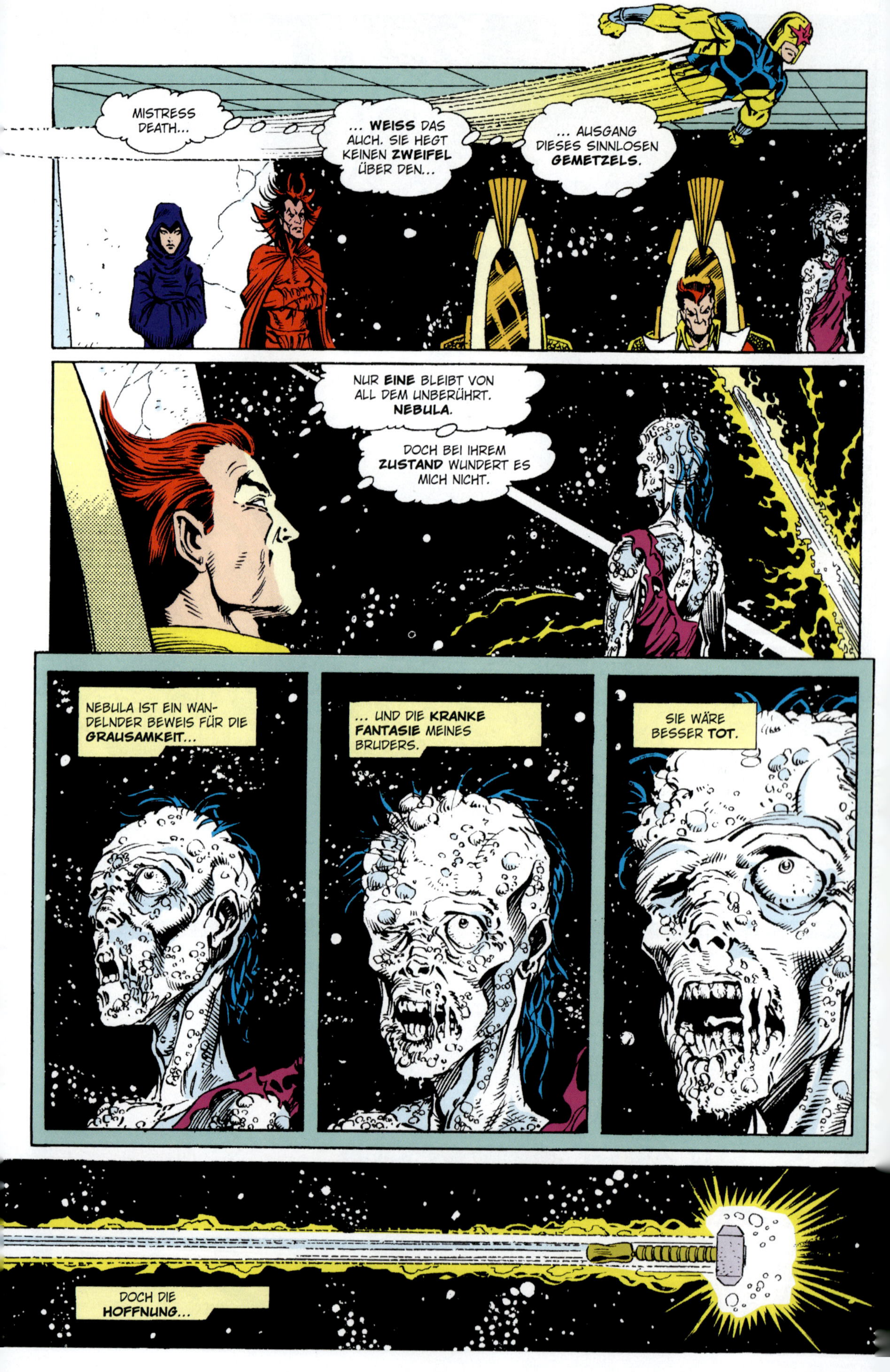
MISTRESS DEATH...
... WEISS DAS AUCH. SIE HEGT KEINEN ZWEIFEL ÜBER DEN...
... AUSGANG DIESES SINNLOSEN GEMETZELS.
NUR EINE BLEIBT VON ALL DEM UNBERÜHRT. NEBULA.
DOCH BEI IHREM ZUSTAND WUNDERT ES MICH NICHT.
NEBULA IST EIN WANDELNDER BEWEIS FÜR DIE GRAUSAMKEIT...
... UND DIE KRANKE FANTASIE MEINES BRUDERS.
SIE WÄRE BESSER TOT.
DOCH DIE HOFFNUNG...

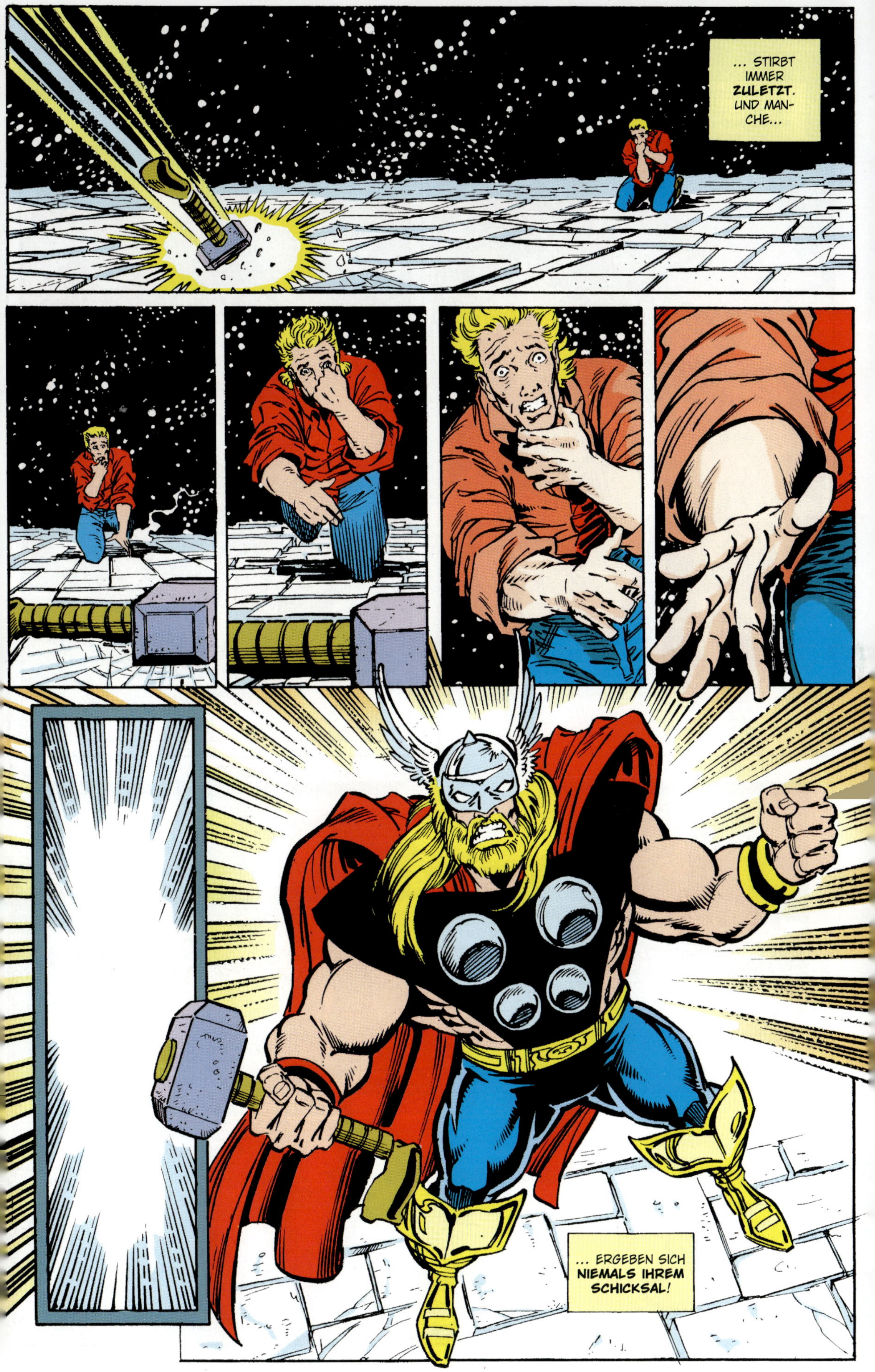
... STIRBT IMMER **ZULETZT.** UND MAN-CHE...
... ERGEBEN SICH **NIEMALS IHREM SCHICKSAL!**

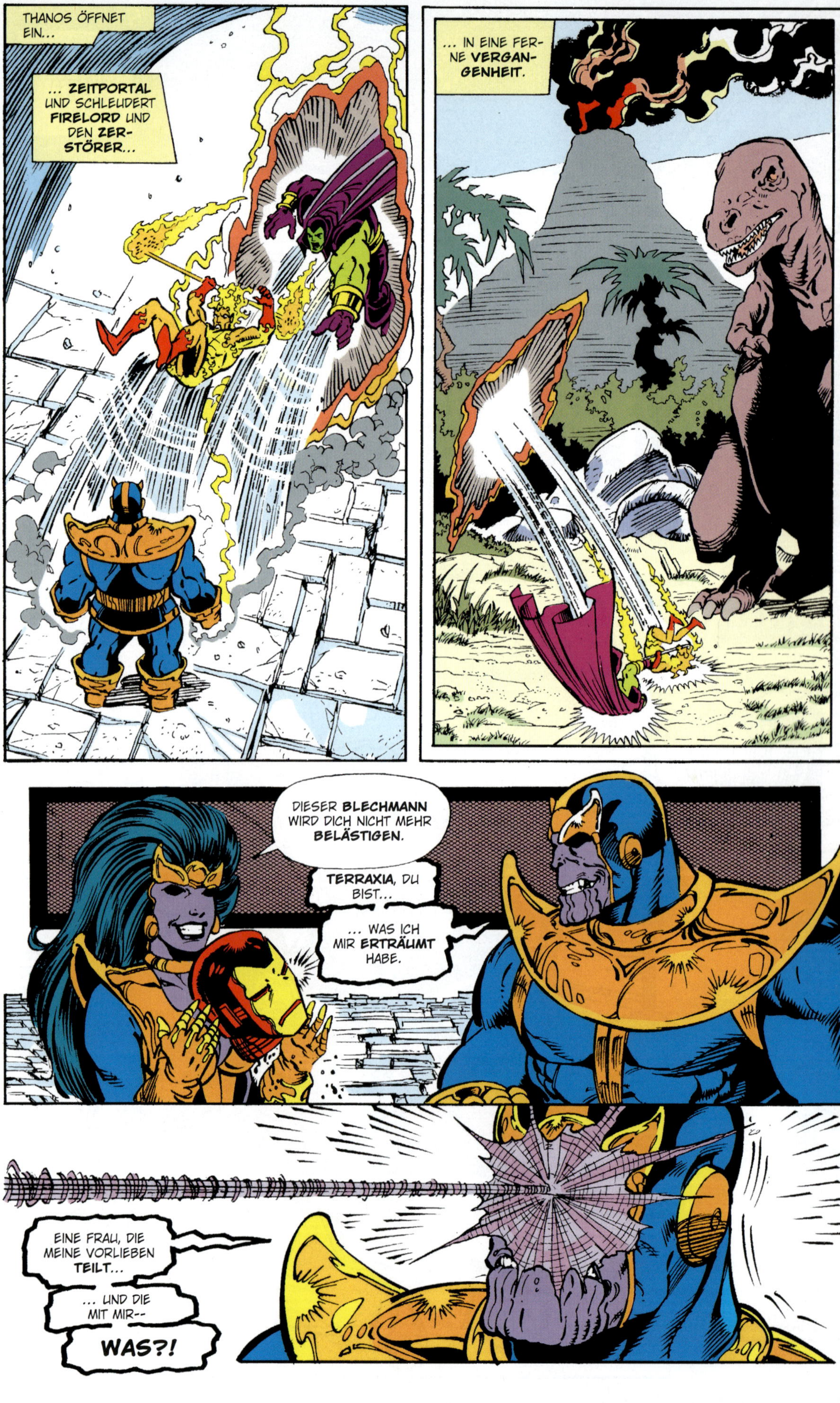
THANOS ÖFFNET EIN...
... ZEITPORTAL UND SCHLEUDERT FIRELORD UND DEN ZERSTÖRER...
... IN EINE FERNE VERGANGENHEIT.
DIESER BLECHMANN WIRD DICH NICHT MEHR BELÄSTIGEN.
TERRAXIA, DU BIST...
... WAS ICH MIR ERTRÄUMT HABE.
EINE FRAU, DIE MEINE VORLIEBEN TEILT...
... UND DIE MIT MIR--
WAS?!

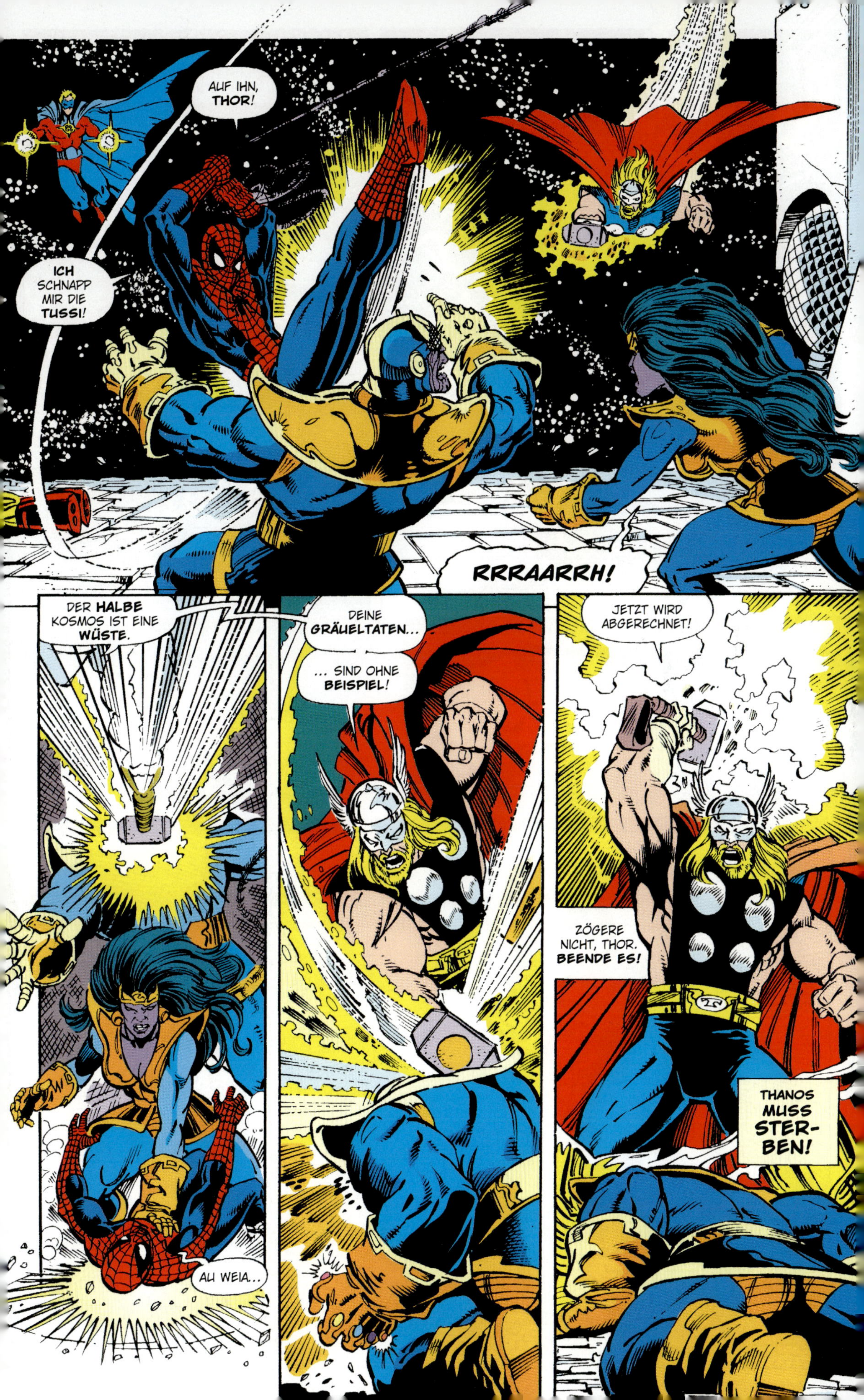
AUF IHN, THOR!
ICH SCHNAPP MIR DIE TUSSI!
RRRAARRH!
DER HALBE KOSMOS IST EINE WÜSTE.
AU WEIA...
DEINE GRÄUELTATEN...
... SIND OHNE BEISPIEL!
JETZT WIRD ABGERECHNET!
ZÖGERE NICHT, THOR. BEENDE ES!
THANOS MUSS STERBEN!

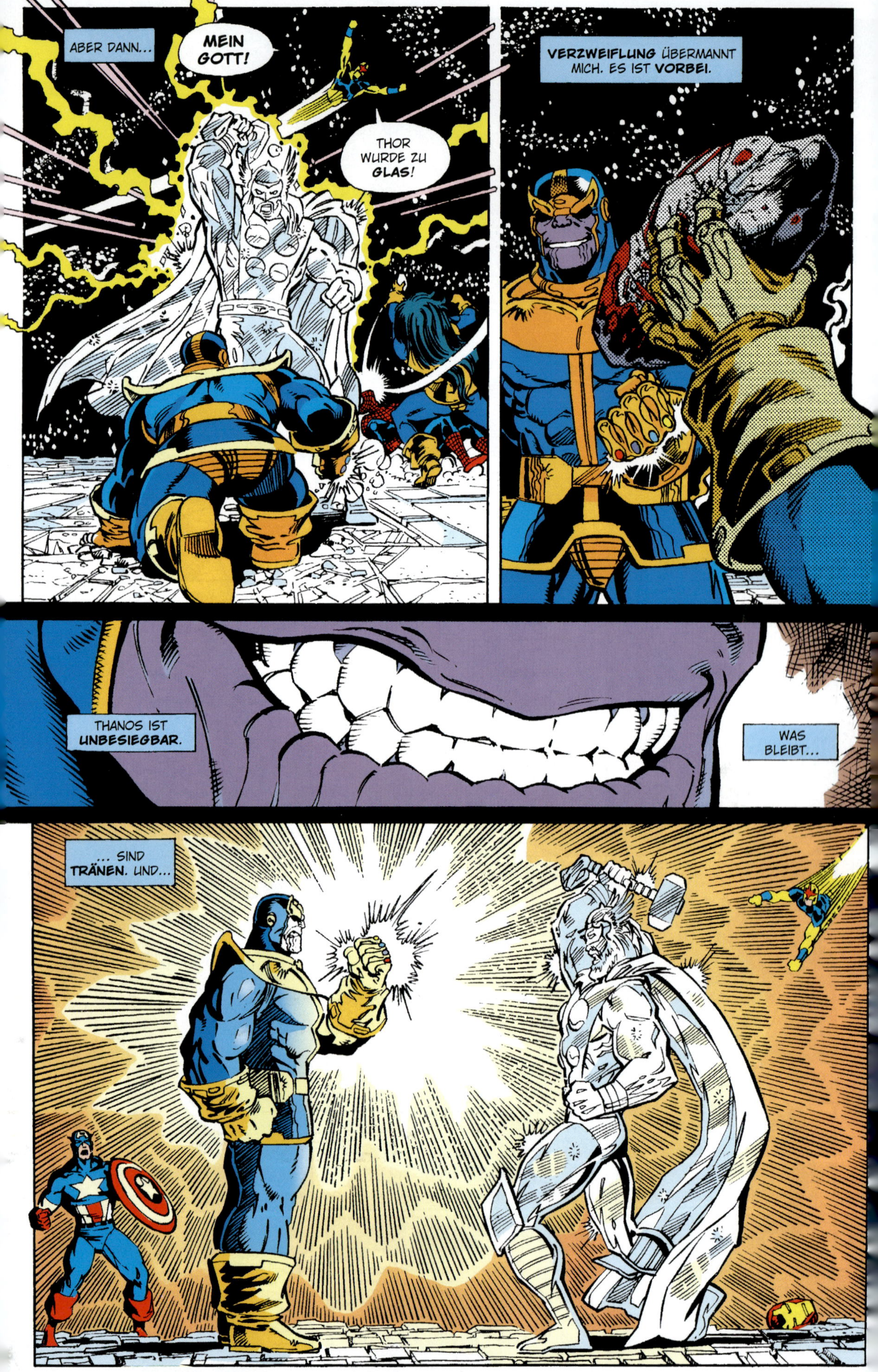

ABER DANN...
MEIN GOTT!
THOR WURDE ZU GLAS!
VERZWEIFLUNG ÜBERMANNT MICH. ES IST VORBEI.
THANOS IST UNBESIEGBAR.
WAS BLEIBT...
... SIND TRÄNEN. UND...

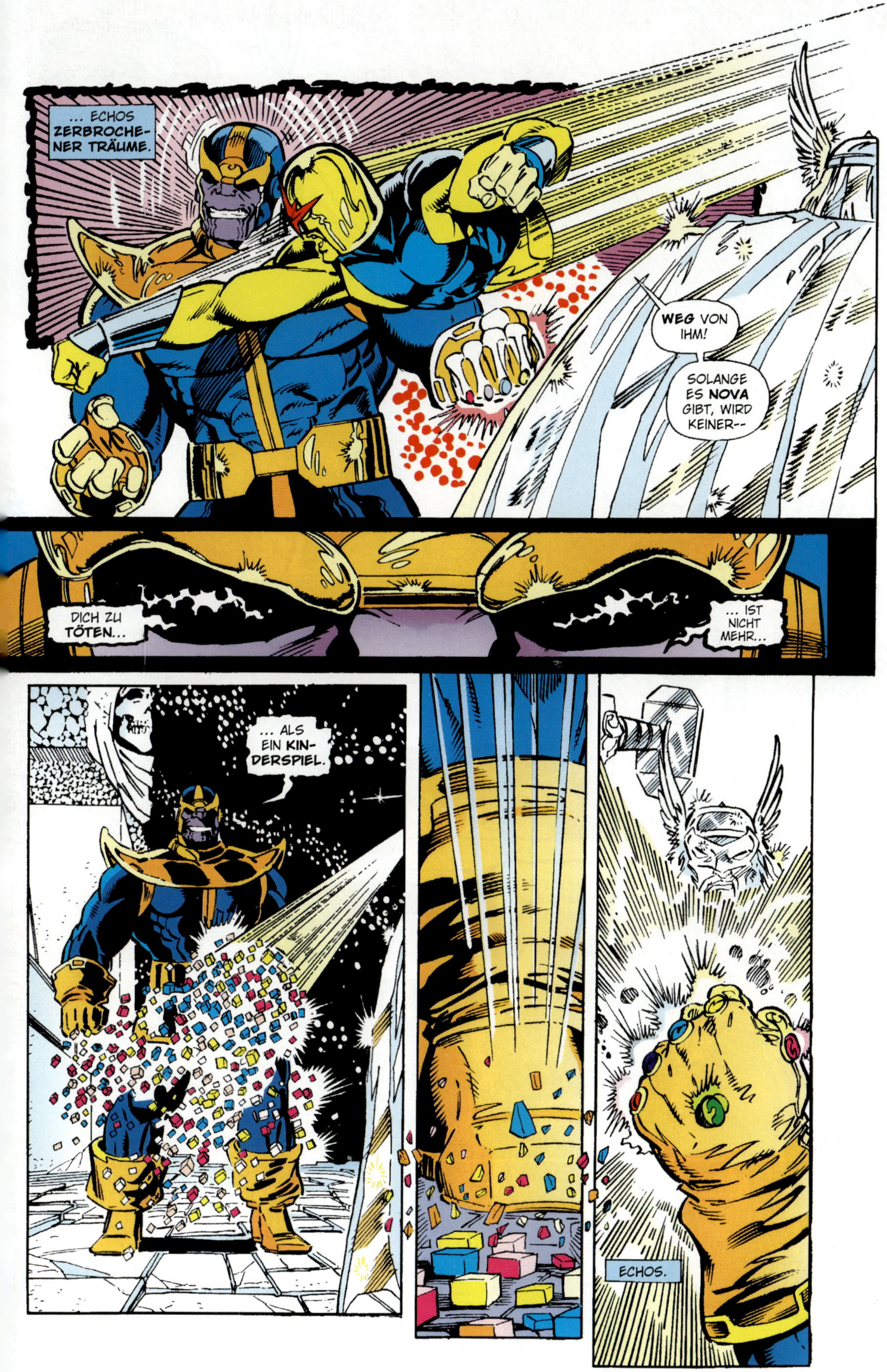
... ECHOS ZERBROCHENER TRÄUME.
WEG VON IHM!
SOLANGE ES NOVA GIBT, WIRD KEINER--
DICH ZU TÖTEN...
... IST NICHT MEHR...
... ALS EIN KINDERSPIEL.
ECHOS.

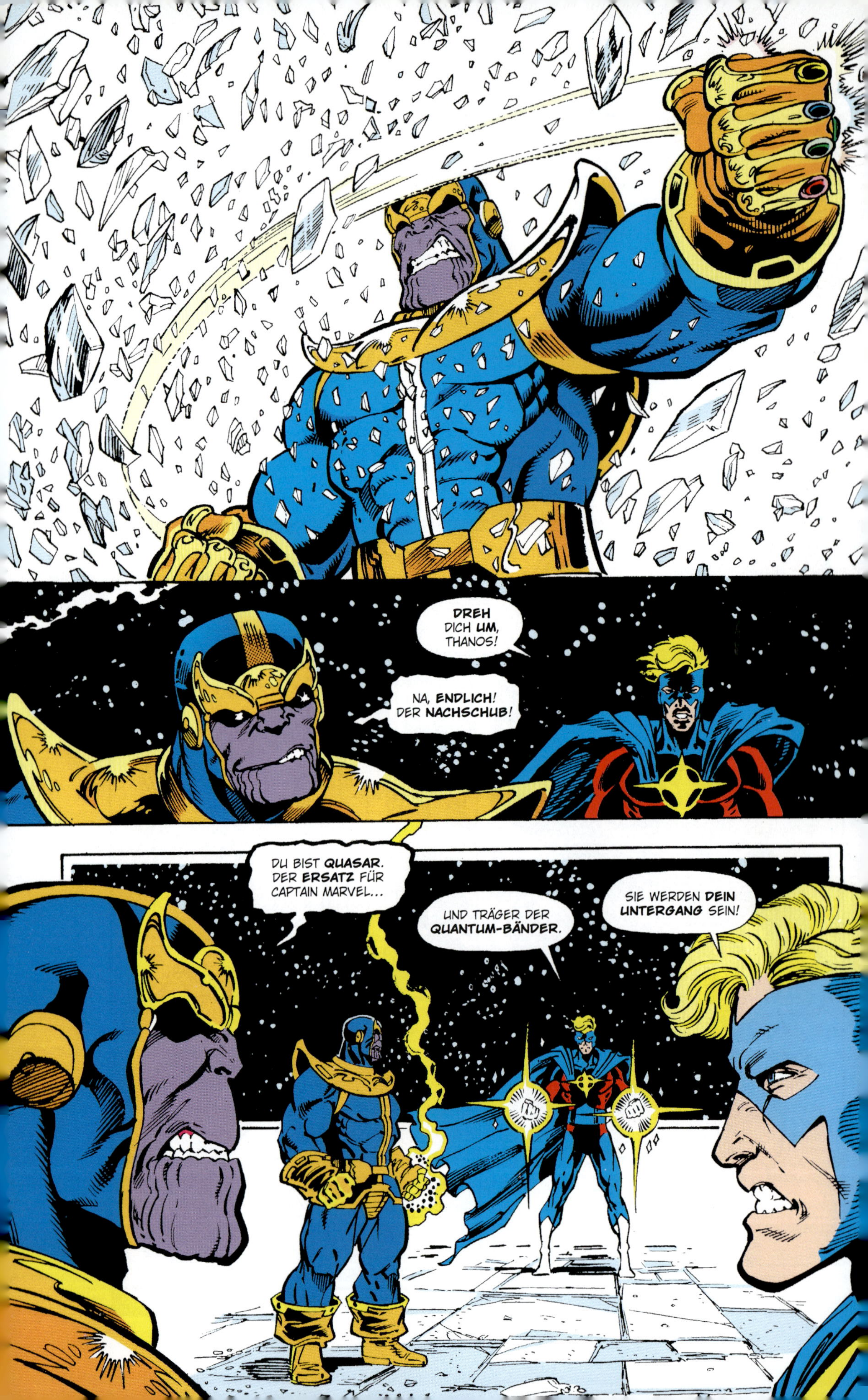
DREH DICH UM, THANOS!
NA, ENDLICH! DER NACHSCHUB!
DU BIST QUASAR. DER ERSATZ FÜR CAPTAIN MARVEL...
UND TRÄGER DER QUANTUM-BÄNDER.
SIE WERDEN DEIN UNTERGANG SEIN!

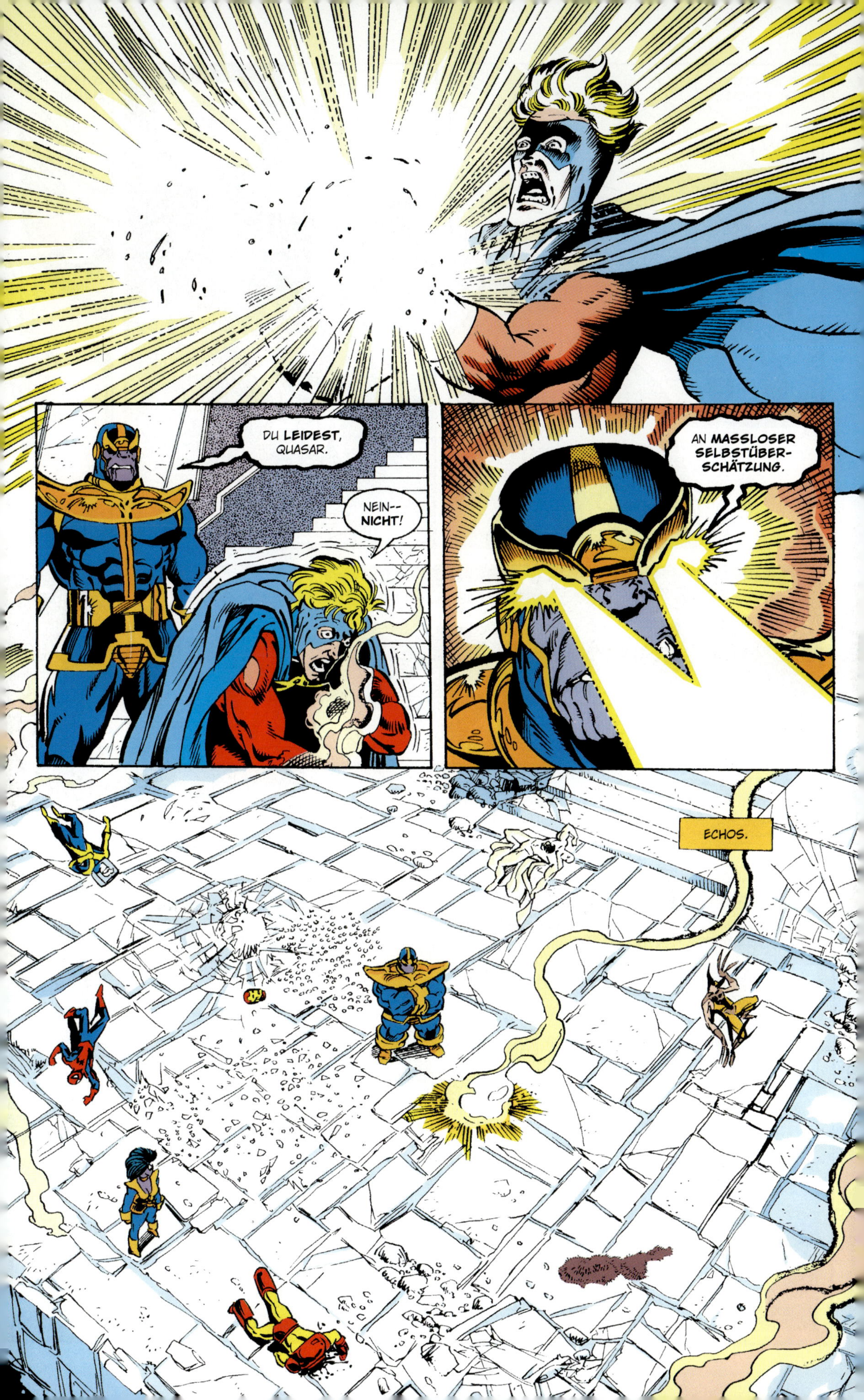

DU LEIDEST, QUASAR.
NEIN-- NICHT!
AN MASSLOSER SELBSTÜBER-SCHÄTZUNG.
ECHOS.

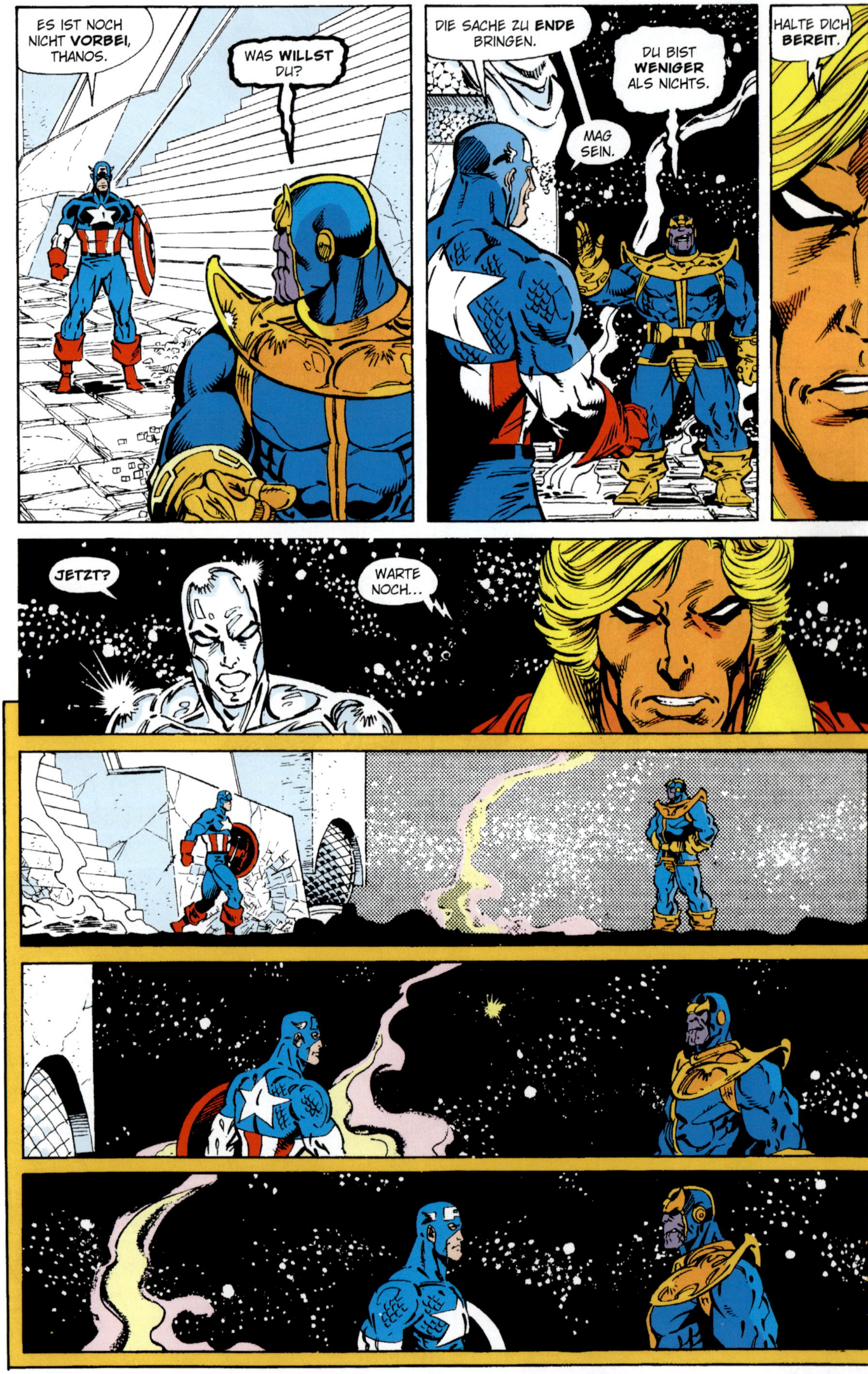
ES IST NOCH NICHT **VORBEI,** THANOS.
WAS **WILLST** DU?
DIE SACHE ZU **ENDE** BRINGEN.
DU BIST **WENIGER** ALS NICHTS.
MAG SEIN.
HALTE DICH **BEREIT.**
JETZT?
WARTE NOCH...

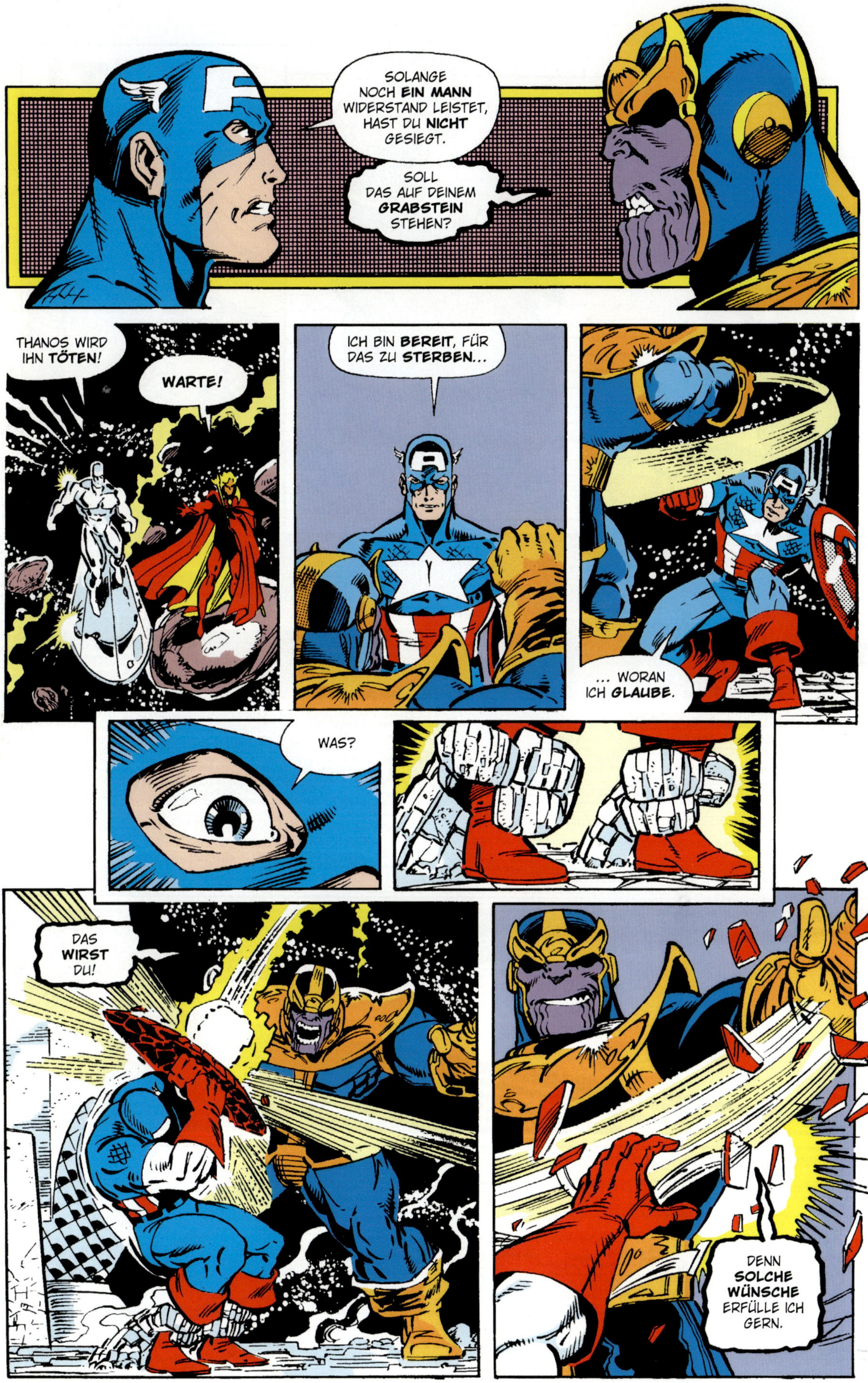
SOLANGE NOCH EIN MANN WIDERSTAND LEISTET, HAST DU NICHT GESIEGT.
SOLL DAS AUF DEINEM GRABSTEIN STEHEN?
THANOS WIRD IHN TÖTEN!
WARTE!
ICH BIN BEREIT, FÜR DAS ZU STERBEN...
... WORAN ICH GLAUBE.
WAS?
DAS WIRST DU!
DENN SOLCHE WÜNSCHE ERFÜLLE ICH GERN.

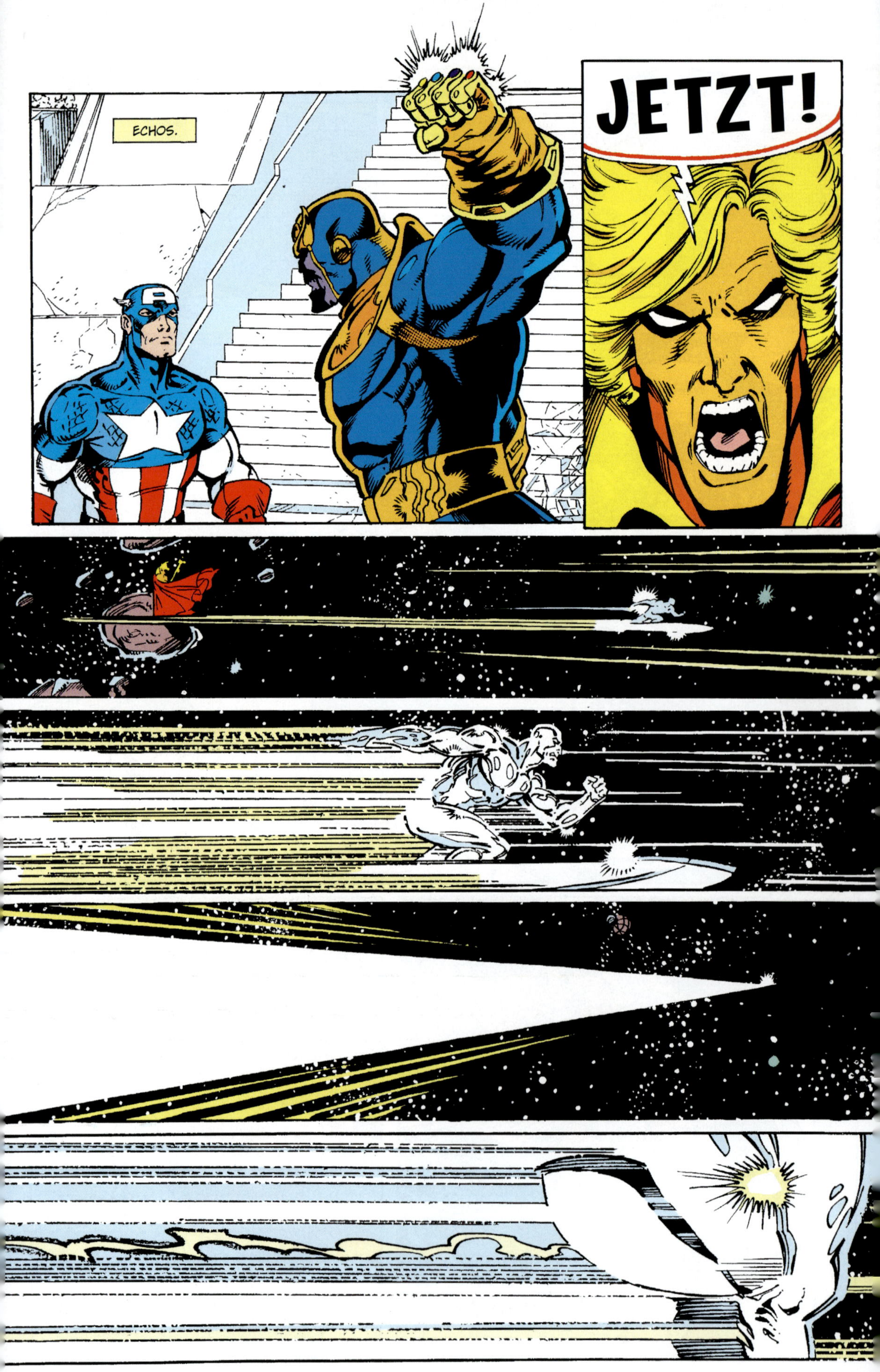
ECHOS.
JETZT!

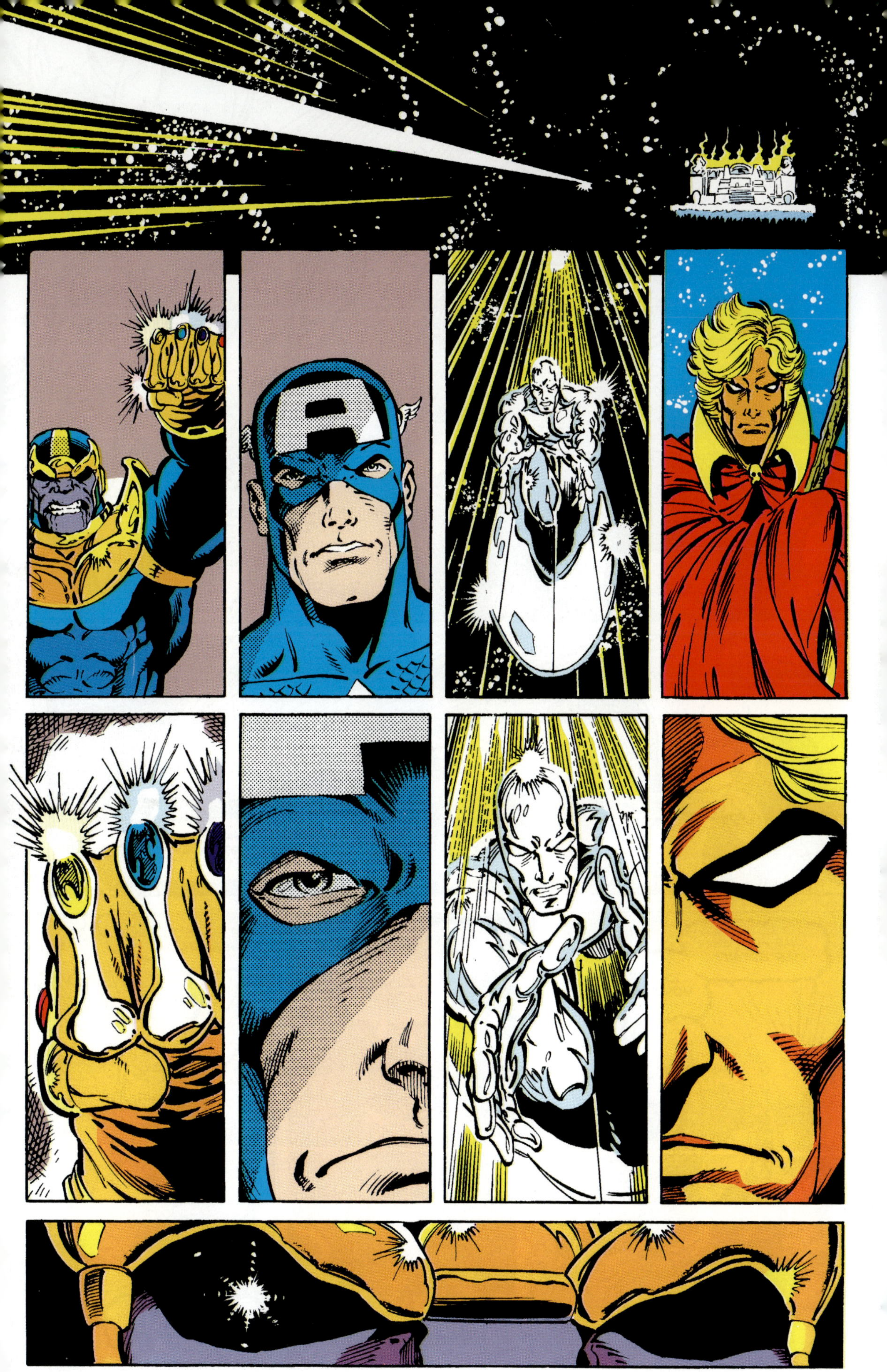

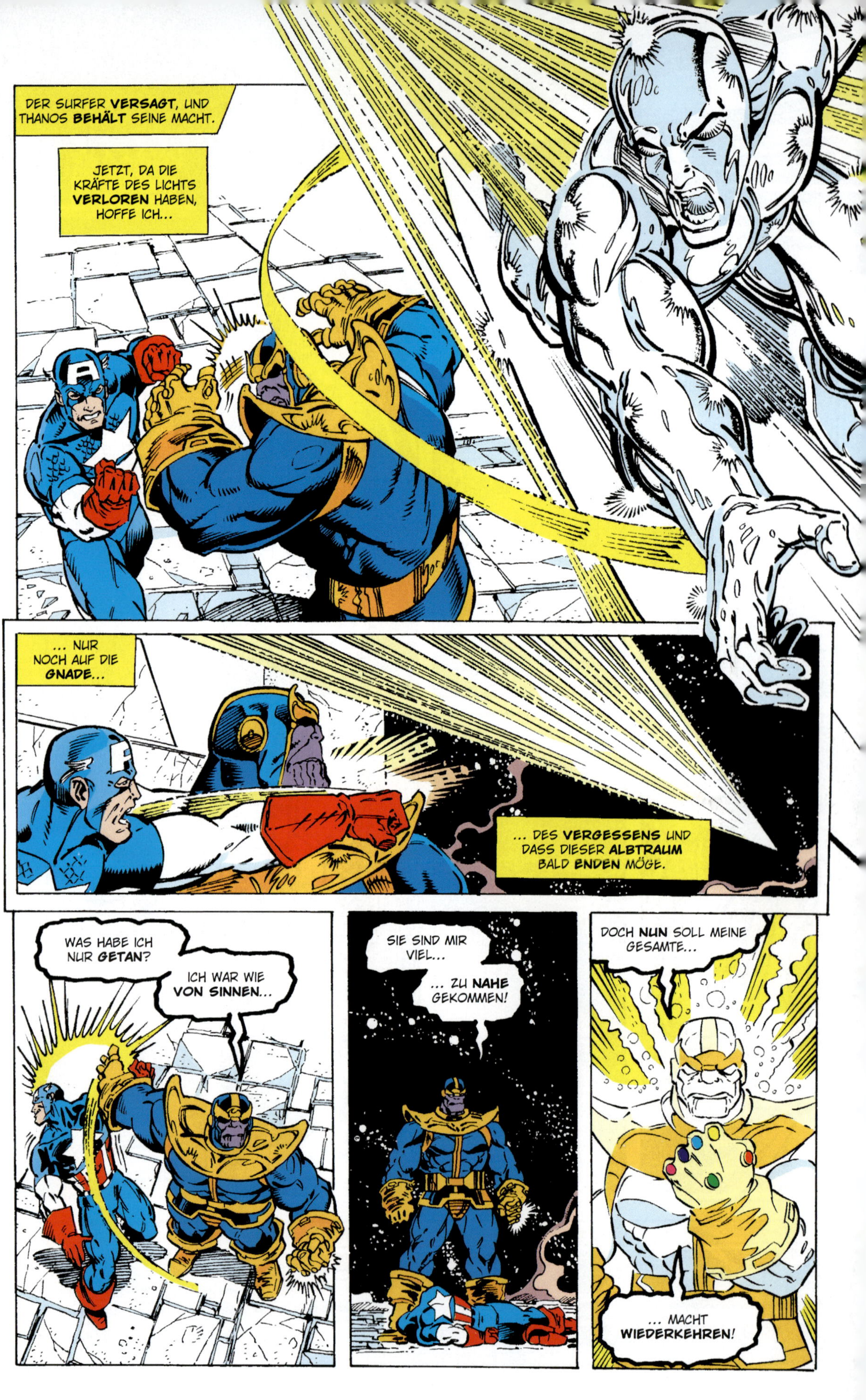

DER SURFER VERSAGT, UND THANOS BEHÄLT SEINE MACHT.
JETZT, DA DIE KRÄFTE DES LICHTS VERLOREN HABEN, HOFFE ICH...
... NUR NOCH AUF DIE GNADE...
... DES VERGESSENS UND DASS DIESER ALBTRAUM BALD ENDEN MÖGE.
WAS HABE ICH NUR GETAN?
ICH WAR WIE VON SINNEN...
SIE SIND MIR VIEL...
... ZU NAHE GEKOMMEN!
DOCH NUN SOLL MEINE GESAMTE...
... MACHT WIEDERKEHREN!

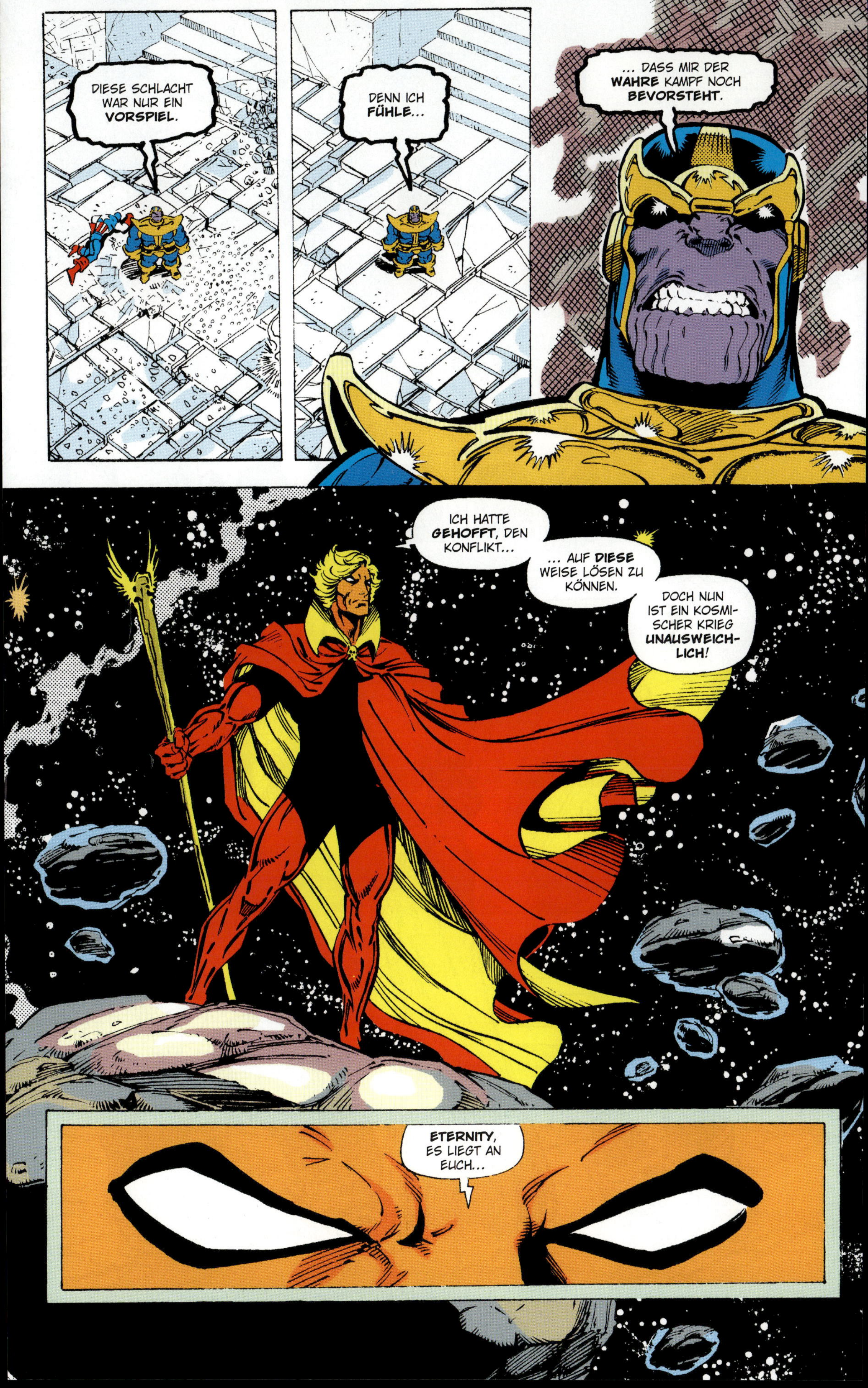

DIESE SCHLACHT WAR NUR EIN **VORSPIEL**.
DENN ICH **FÜHLE**...
... DASS MIR DER **WAHRE** KAMPF NOCH **BEVORSTEHT**.
ICH HATTE **GEHOFFT**, DEN KONFLIKT...
... AUF **DIESE** WEISE LÖSEN ZU KÖNNEN.
DOCH NUN IST EIN KOSMISCHER KRIEG **UNAUSWEICHLICH**!
ETERNITY, ES LIEGT AN EUCH...

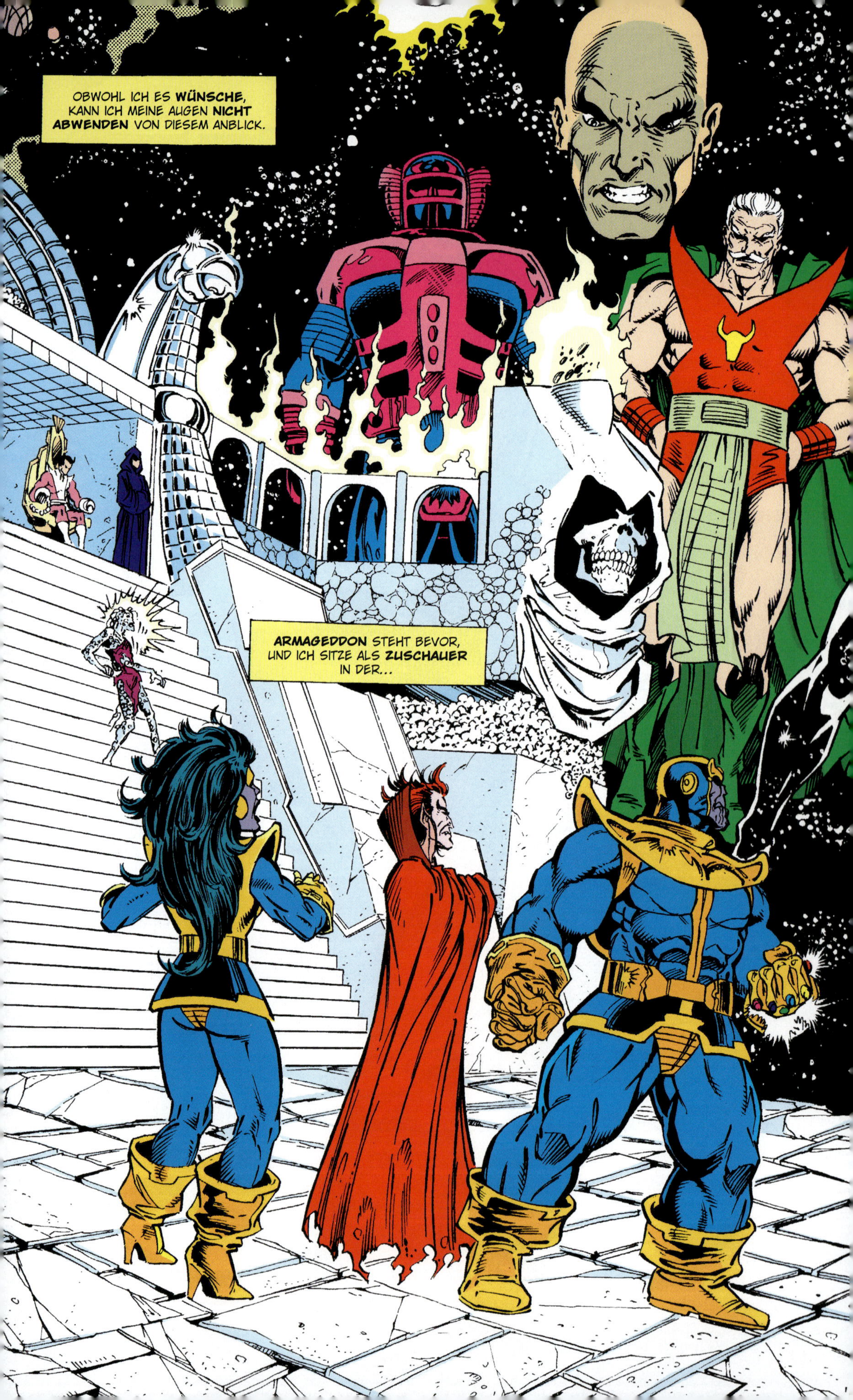
OBWOHL ICH ES WÜNSCHE, KANN ICH MEINE AUGEN NICHT ABWENDEN VON DIESEM ANBLICK.
ARMAGEDDON STEHT BEVOR, UND ICH SITZE ALS ZUSCHAUER IN DER...

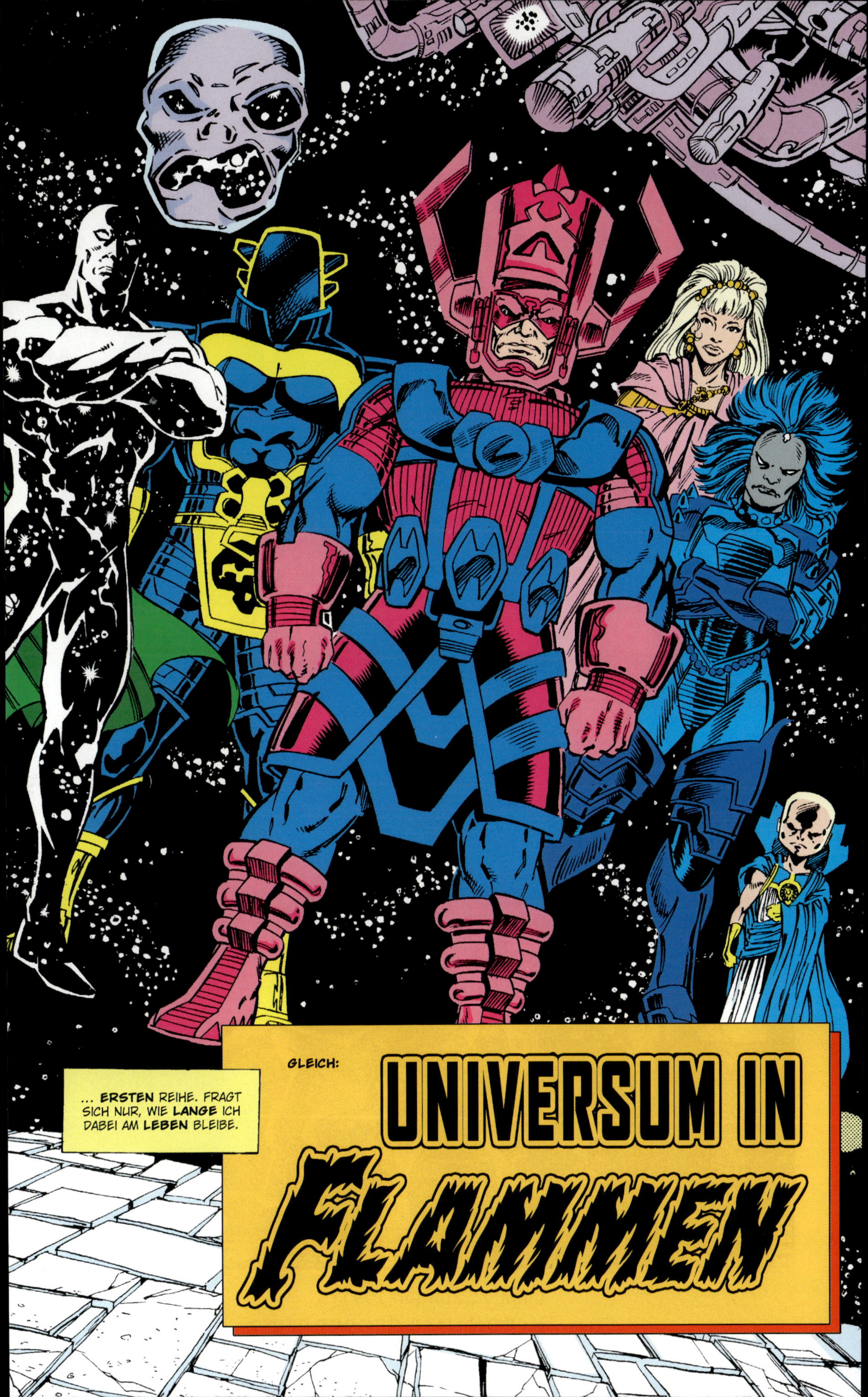

… ERSTEN REIHE. FRAGT SICH NUR, WIE LANGE ICH DABEI AM LEBEN BLEIBE.
GLEICH:
UNIVERSUM IN FLAMMEN

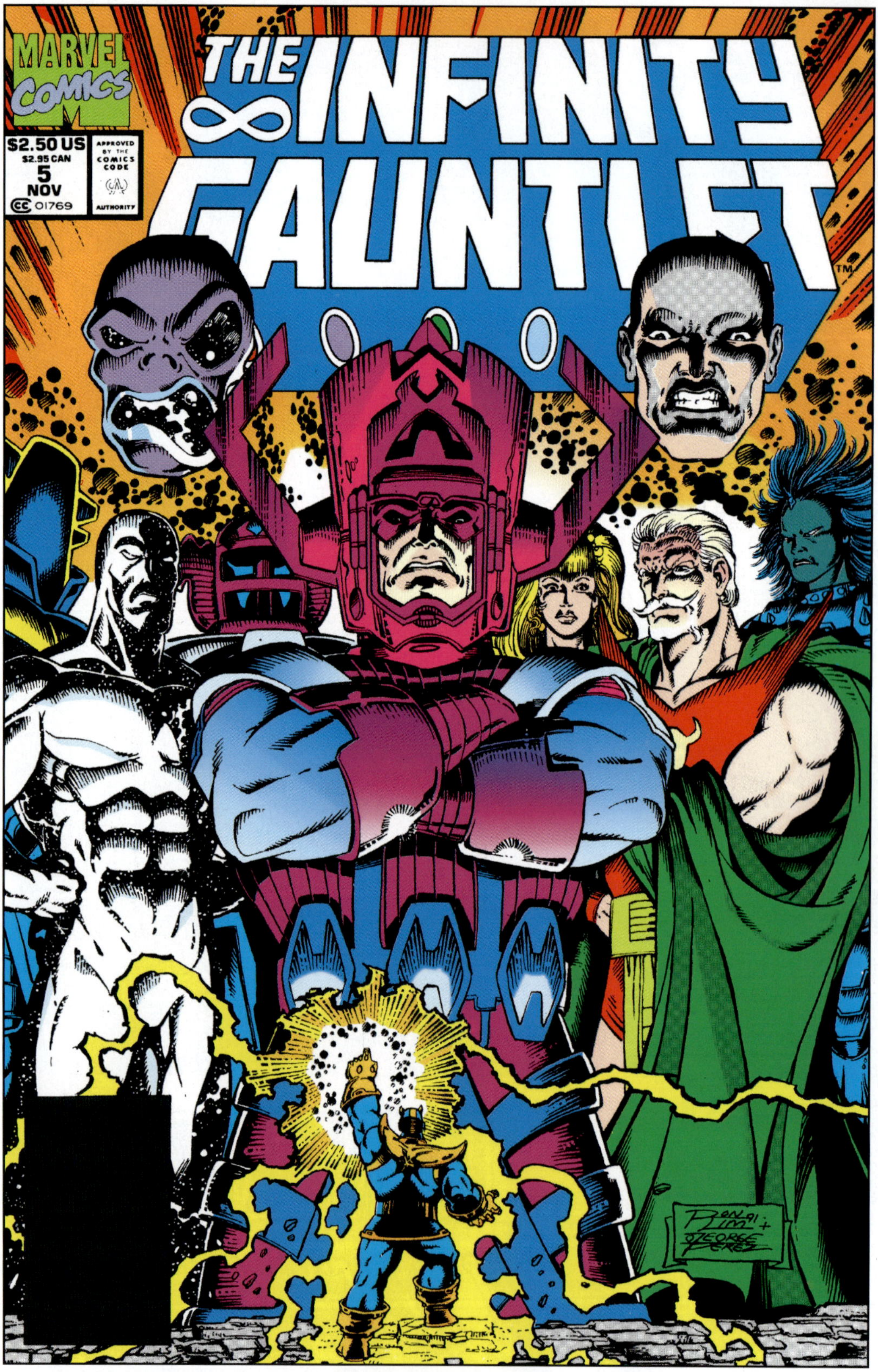

Infinity Gauntlet (1991) 5
Cover von **RON LIM** & **GEORGE PÉREZ**

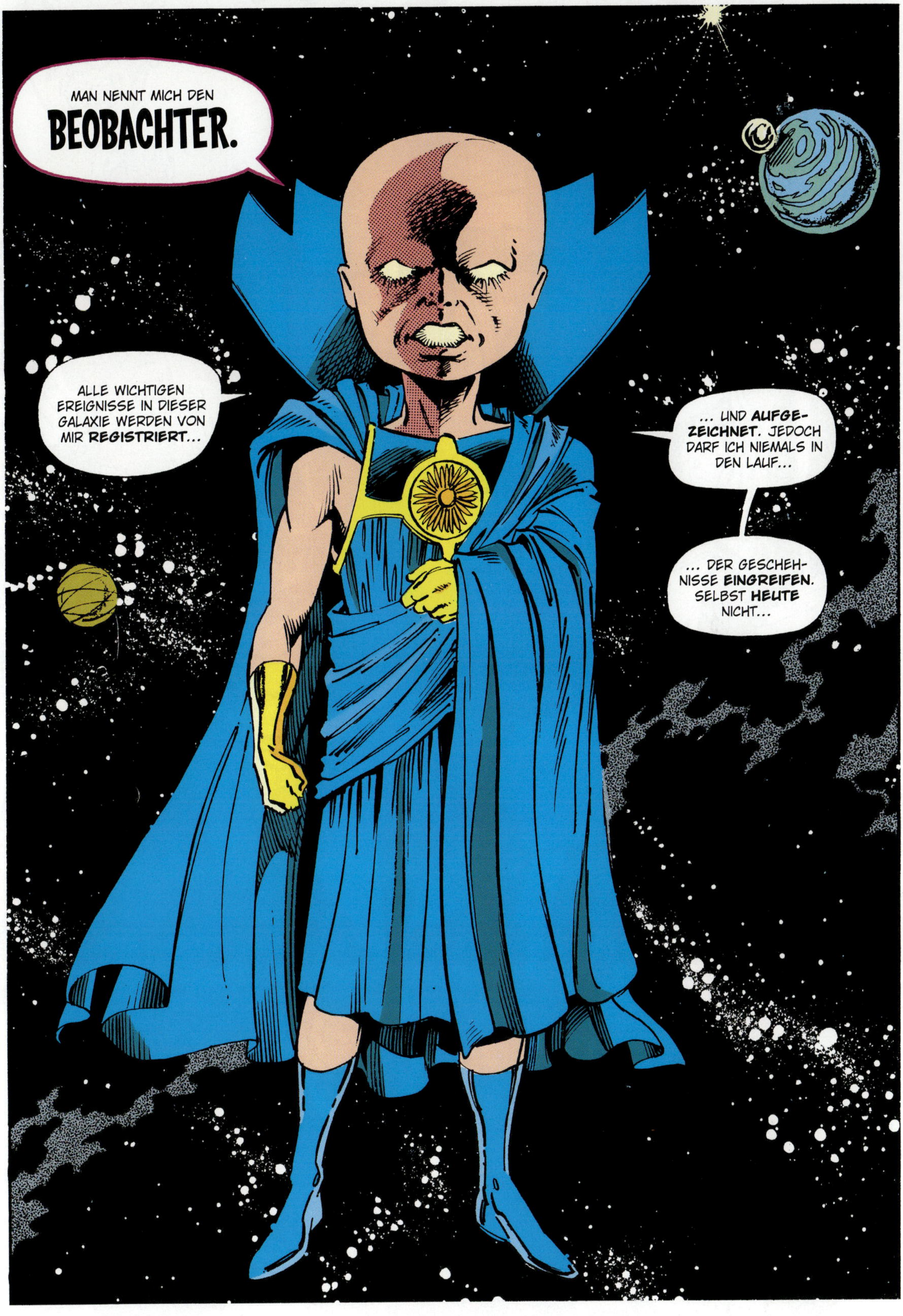
MAN NENNT MICH DEN BEOBACHTER.
ALLE WICHTIGEN EREIGNISSE IN DIESER GALAXIE WERDEN VON MIR REGISTRIERT...
... UND AUFGE-ZEICHNET. JEDOCH DARF ICH NIEMALS IN DEN LAUF...
... DER GESCHEH-NISSE EINGREIFEN. SELBST HEUTE NICHT...

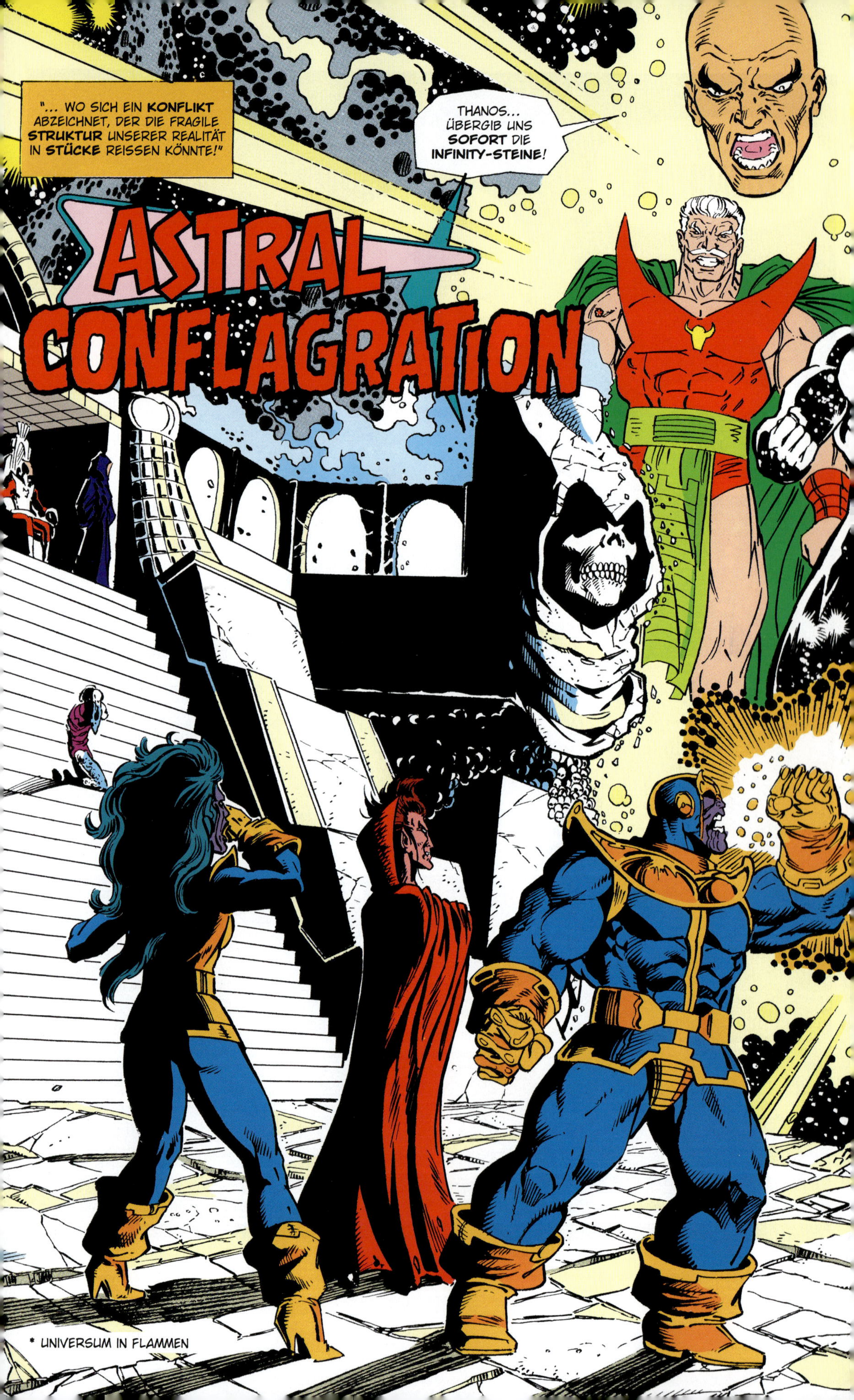
"... WO SICH EIN KONFLIKT ABZEICHNET, DER DIE FRAGILE STRUKTUR UNSERER REALITÄT IN STÜCKE REISSEN KÖNNTE!"
THANOS... ÜBERGIB UNS SOFORT DIE INFINITY-STEINE!
ASTRAL CONFLAGRATION
* UNIVERSUM IN FLAMMEN

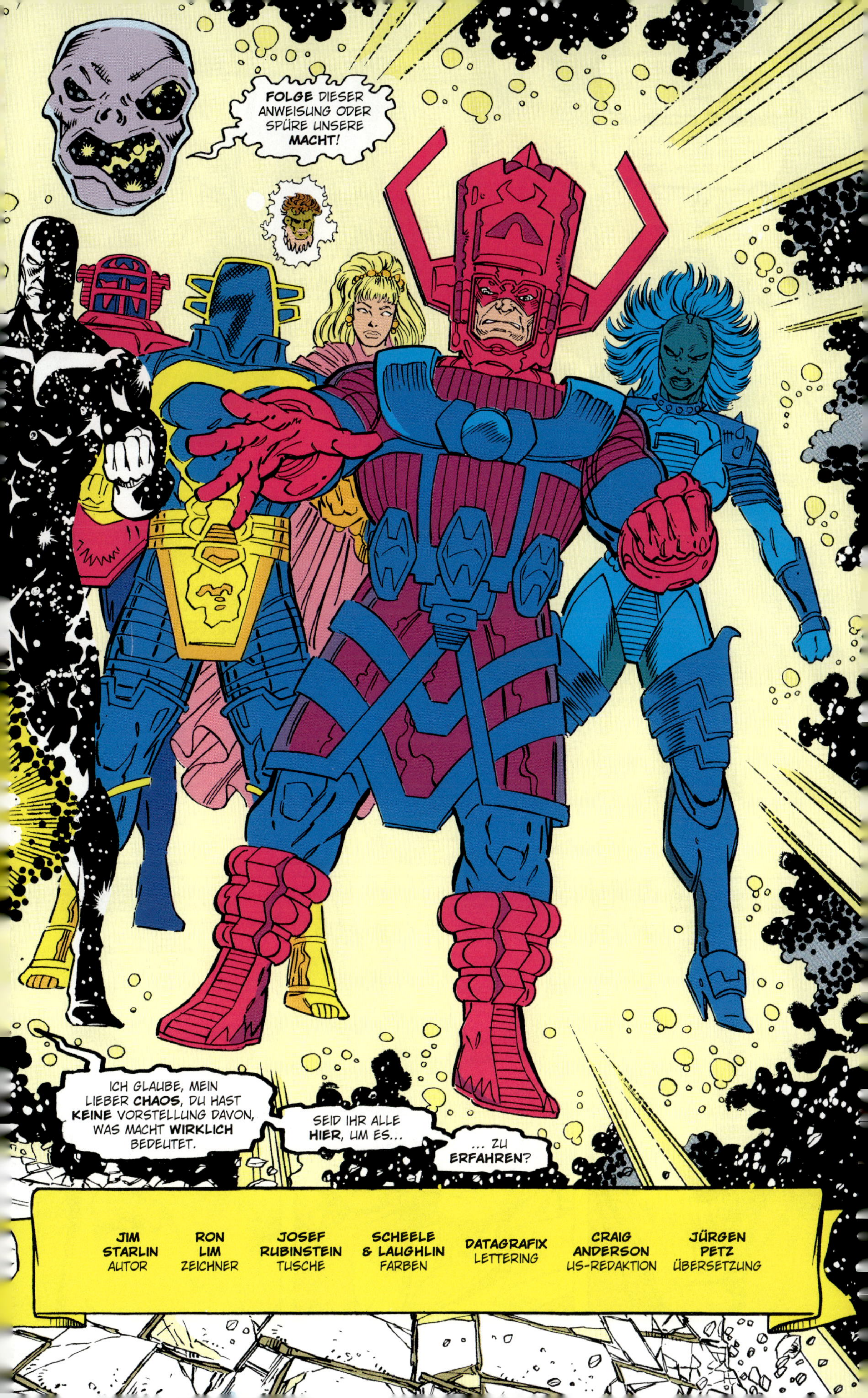

FOLGE DIESER ANWEISUNG ODER SPÜRE UNSERE MACHT!
ICH GLAUBE, MEIN LIEBER CHAOS, DU HAST KEINE VORSTELLUNG DAVON, WAS MACHT WIRKLICH BEDEUTET.
SEID IHR ALLE HIER, UM ES...
... ZU ERFAHREN?
JIM STARLIN AUTOR
RON LIM ZEICHNER
JOSEF RUBINSTEIN TUSCHE
SCHEELE & LAUGHLIN FARBEN
DATAGRAFIX LETTERING
CRAIG ANDERSON US-REDAKTION
JÜRGEN PETZ ÜBERSETZUNG

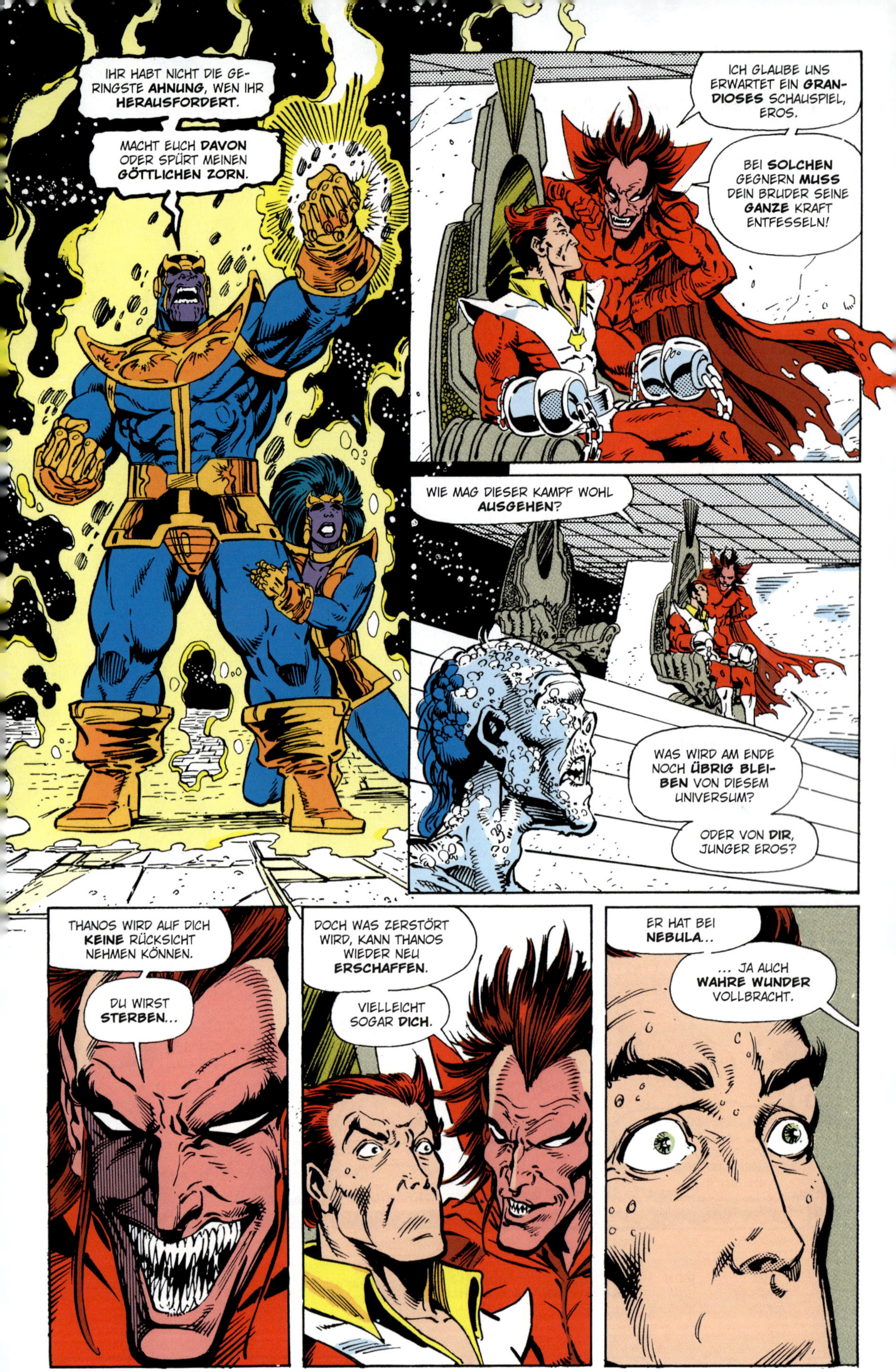
IHR HABT NICHT DIE GERINGSTE AHNUNG, WEN IHR HERAUSFORDERT.
MACHT EUCH DAVON ODER SPÜRT MEINEN GÖTTLICHEN ZORN.
ICH GLAUBE UNS ERWARTET EIN GRANDIOSES SCHAUSPIEL, EROS.
BEI SOLCHEN GEGNERN MUSS DEIN BRUDER SEINE GANZE KRAFT ENTFESSELN!
WIE MAG DIESER KAMPF WOHL AUSGEHEN?
WAS WIRD AM ENDE NOCH ÜBRIG BLEIBEN VON DIESEM UNIVERSUM?
ODER VON DIR, JUNGER EROS?
THANOS WIRD AUF DICH KEINE RÜCKSICHT NEHMEN KÖNNEN.
DU WIRST STERBEN...
DOCH WAS ZERSTÖRT WIRD, KANN THANOS WIEDER NEU ERSCHAFFEN.
VIELLEICHT SOGAR DICH.
ER HAT BEI NEBULA...
... JA AUCH WAHRE WUNDER VOLLBRACHT.

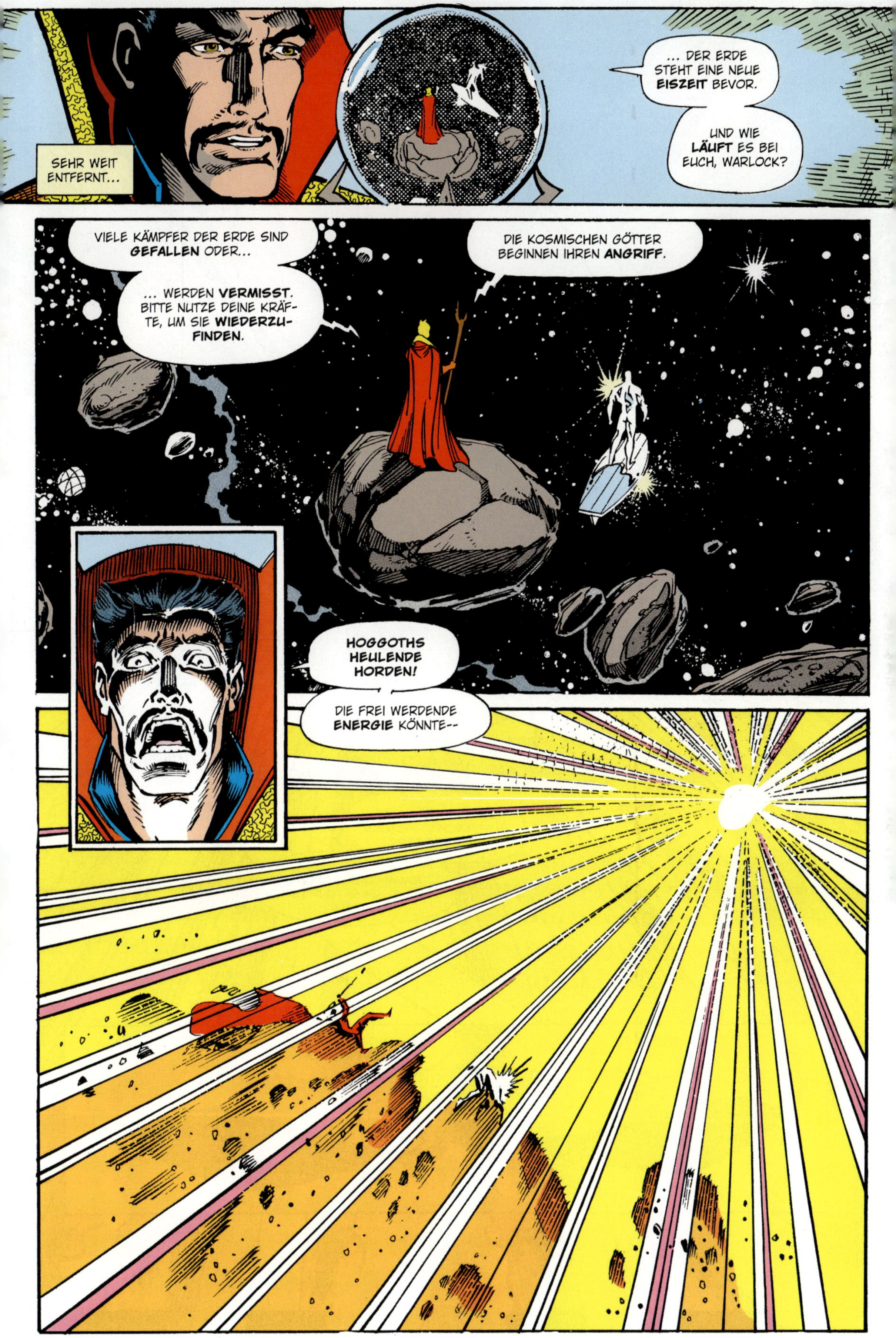
SEHR WEIT ENTFERNT...
... DER ERDE STEHT EINE NEUE **EISZEIT** BEVOR.
UND WIE **LÄUFT** ES BEI EUCH, WARLOCK?
VIELE KÄMPFER DER ERDE SIND **GEFALLEN** ODER...
... WERDEN **VERMISST**. BITTE NUTZE DEINE KRÄFTE, UM SIE **WIEDERZUFINDEN**.
DIE KOSMISCHEN GÖTTER BEGINNEN IHREN **ANGRIFF**.
HOGGOTHS HEULENDE HORDEN!
DIE FREI WERDENDE **ENERGIE** KÖNNTE--

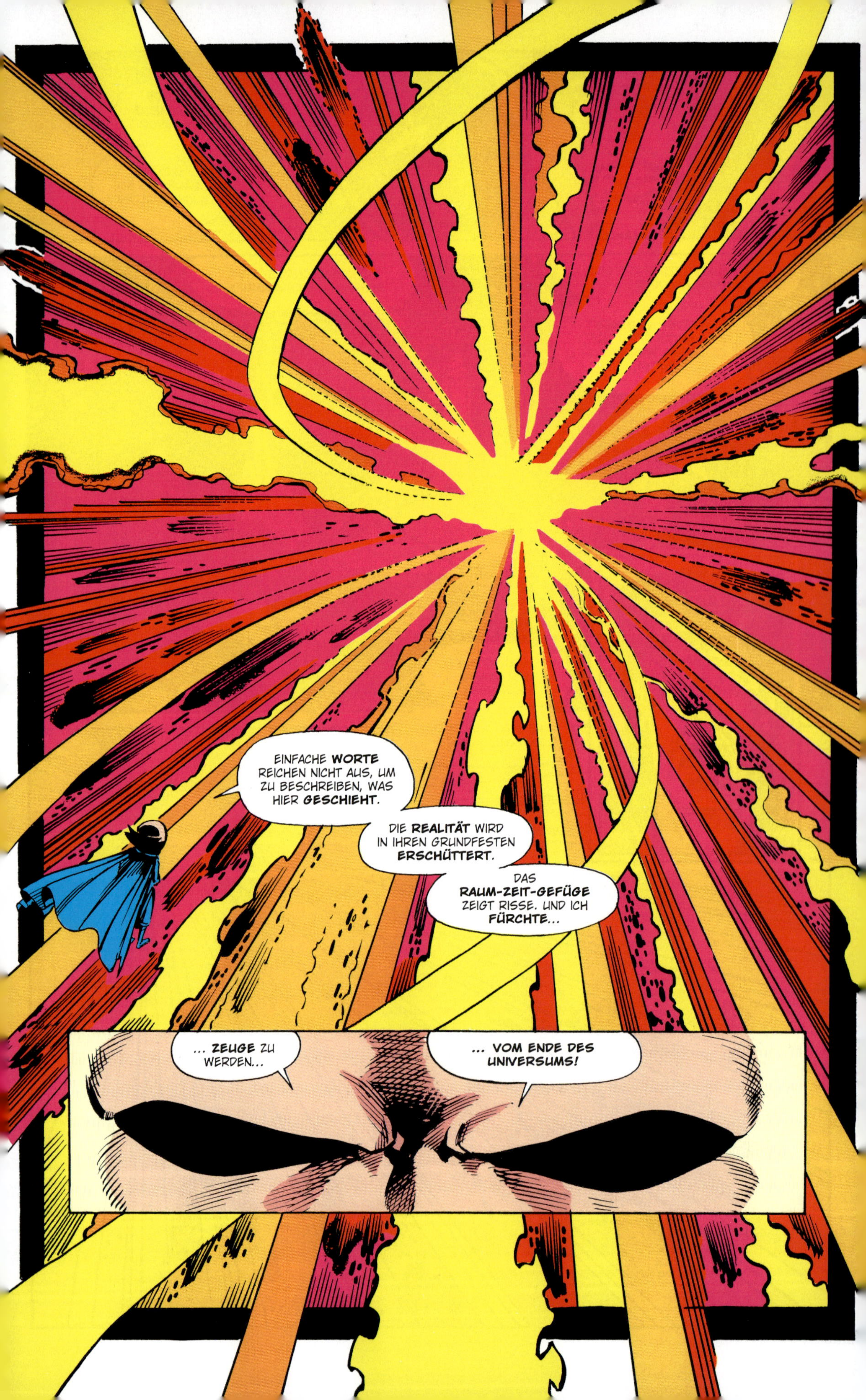

EINFACHE **WORTE** REICHEN NICHT AUS, UM ZU BESCHREIBEN, WAS HIER **GESCHIEHT**.
DIE **REALITÄT** WIRD IN IHREN GRUNDFESTEN **ERSCHÜTTERT**.
DAS **RAUM-ZEIT-GEFÜGE** ZEIGT RISSE. UND ICH **FÜRCHTE**...
... **ZEUGE** ZU WERDEN...
... **VOM ENDE DES UNIVERSUMS!**

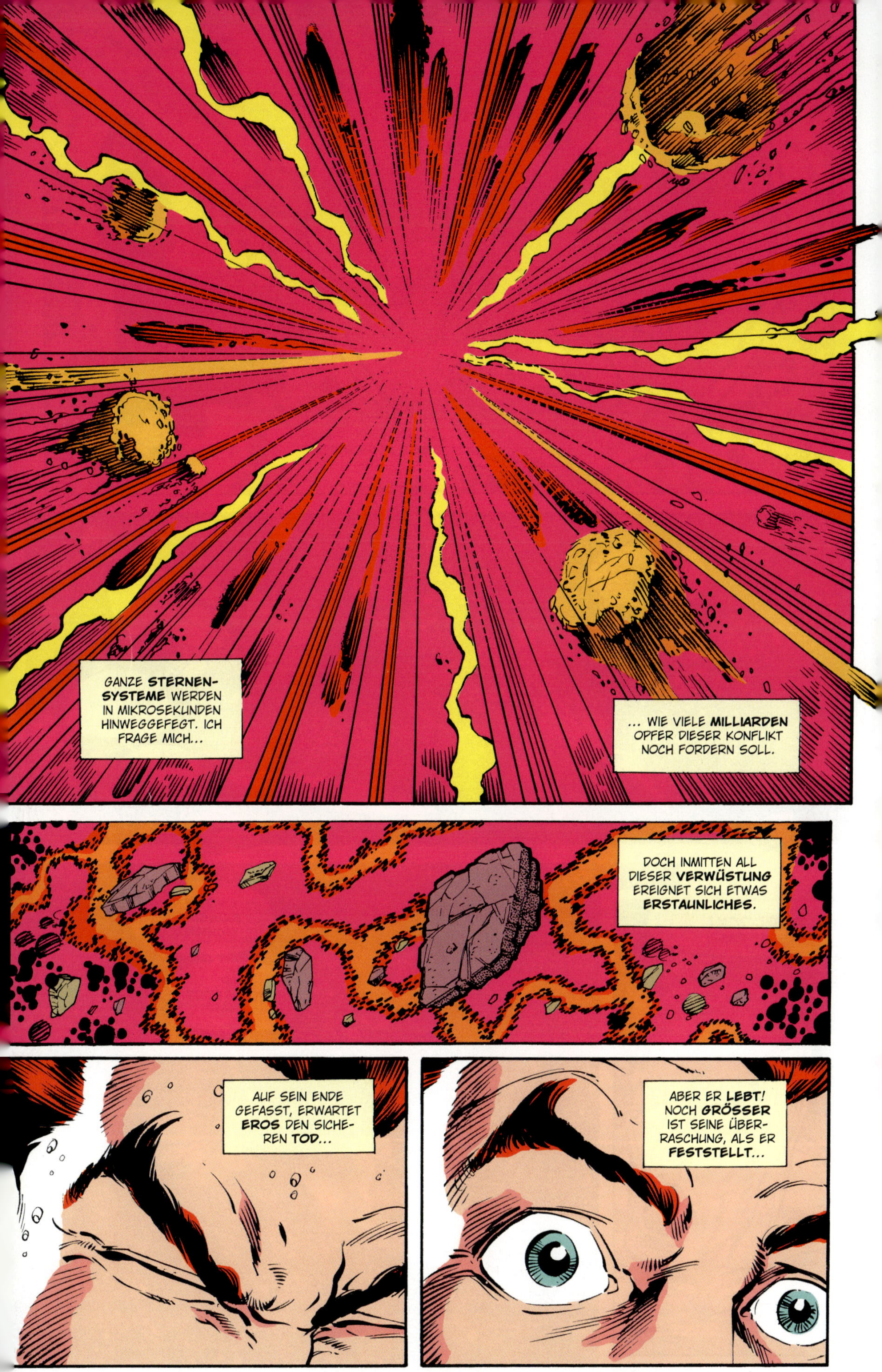
GANZE STERNENSYSTEME WERDEN IN MIKROSEKUNDEN HINWEGGEFEGT. ICH FRAGE MICH...
... WIE VIELE MILLIARDEN OPFER DIESER KONFLIKT NOCH FORDERN SOLL.
DOCH INMITTEN ALL DIESER VERWÜSTUNG EREIGNET SICH ETWAS ERSTAUNLICHES.
AUF SEIN ENDE GEFASST, ERWARTET EROS DEN SICHEREN TOD...
ABER ER LEBT! NOCH GRÖSSER IST SEINE ÜBERRASCHUNG, ALS ER FESTSTELLT...

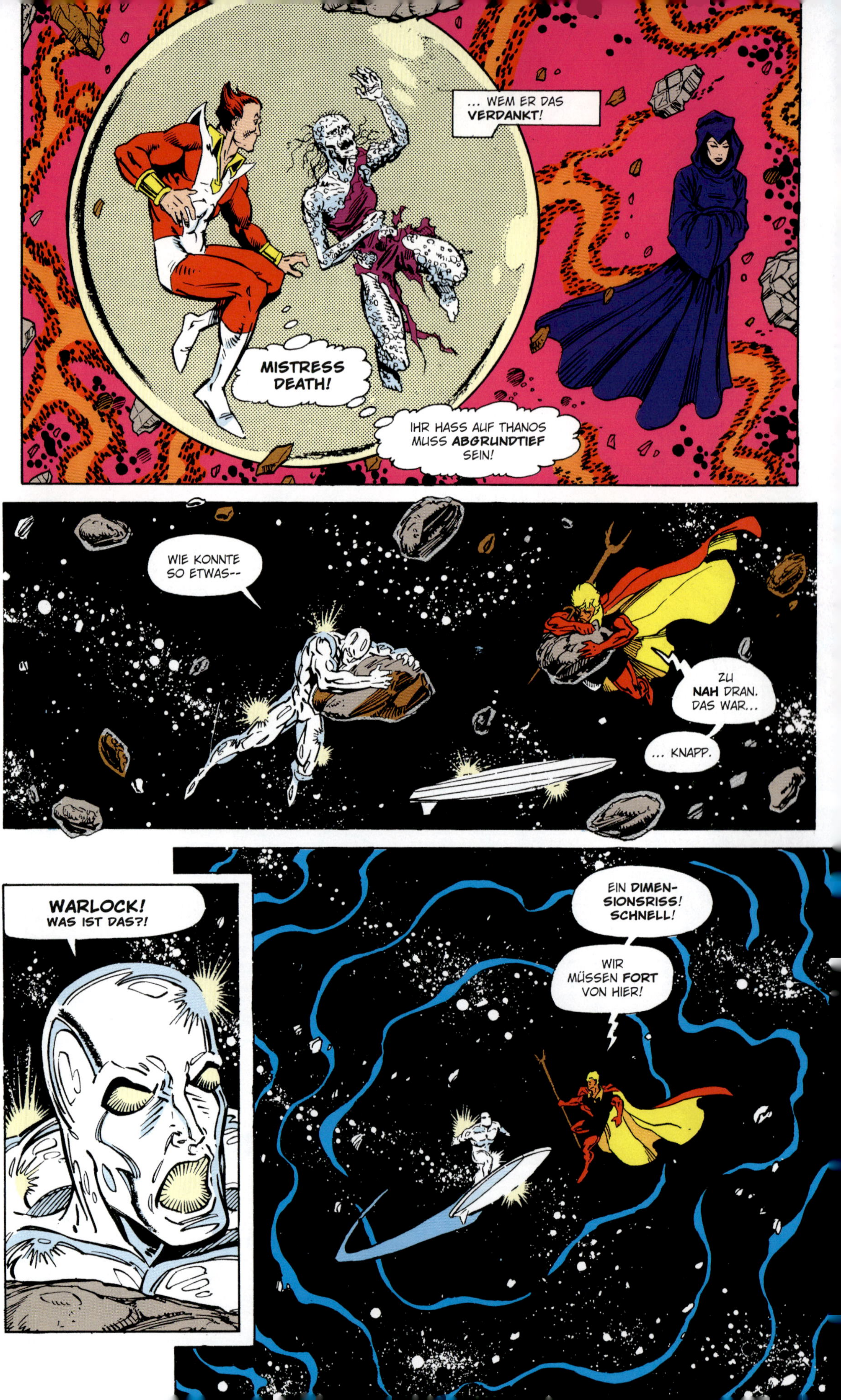
... WEM ER DAS VERDANKT!
MISTRESS DEATH!
IHR HASS AUF THANOS MUSS ABGRUNDTIEF SEIN!
WIE KONNTE SO ETWAS--
ZU NAH DRAN. DAS WAR...
... KNAPP.
WARLOCK! WAS IST DAS?!
EIN DIMENSIONSRISS! SCHNELL!
WIR MÜSSEN FORT VON HIER!

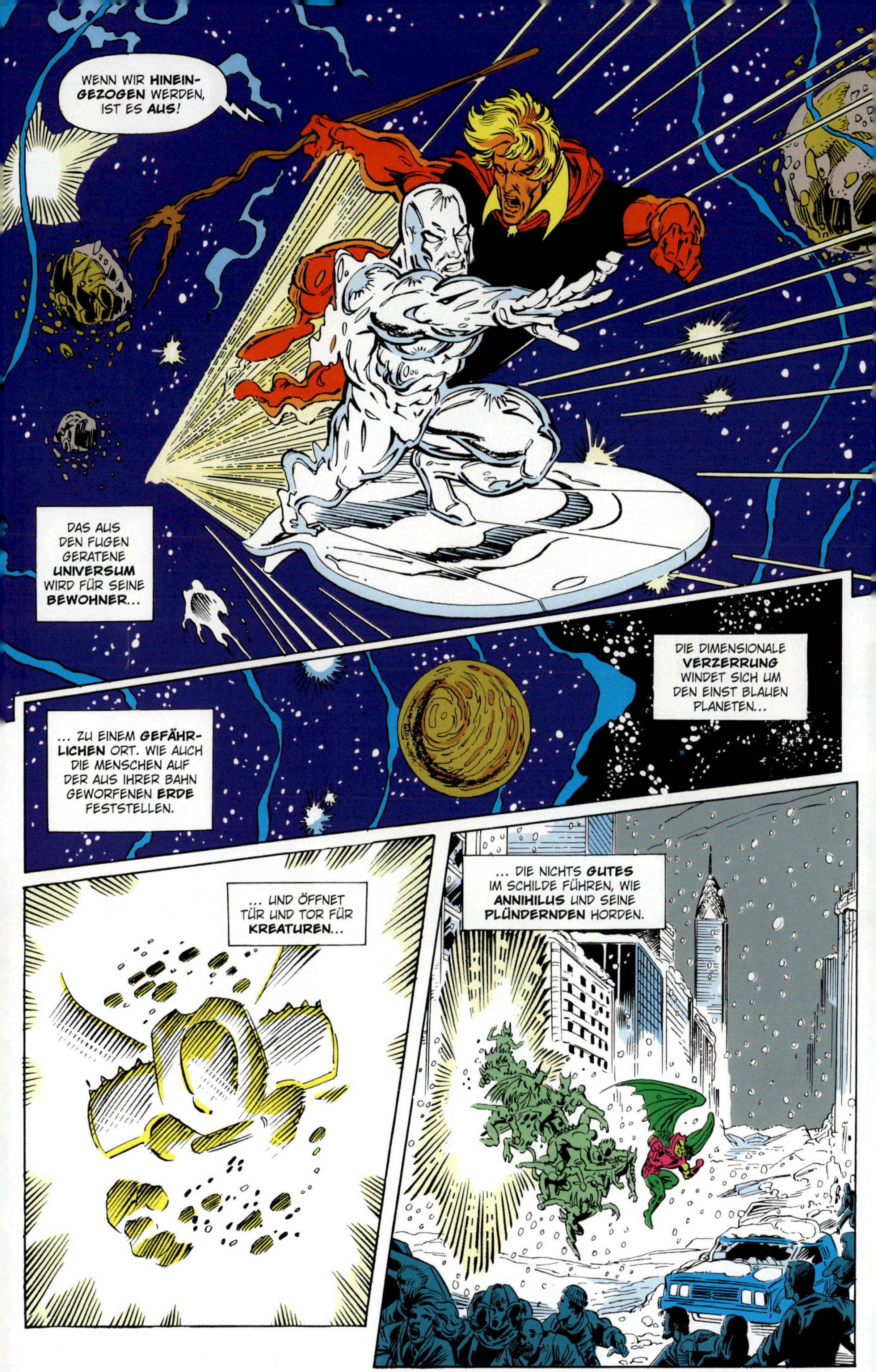

WENN WIR **HINEIN-GEZOGEN** WERDEN, IST ES **AUS!**
DAS AUS DEN FUGEN GERATENE **UNIVERSUM** WIRD FÜR SEINE **BEWOHNER...**
DIE DIMENSIONALE **VERZERRUNG** WINDET SICH UM DEN EINST BLAUEN PLANETEN...
... ZU EINEM **GEFÄHRLICHEN** ORT. WIE AUCH DIE MENSCHEN AUF DER AUS IHRER BAHN GEWORFENEN **ERDE** FESTSTELLEN.
... UND ÖFFNET TÜR UND TOR FÜR **KREATUREN...**
... DIE NICHTS **GUTES** IM SCHILDE FÜHREN, WIE **ANNIHILUS** UND SEINE **PLÜNDERNDEN** HORDEN.

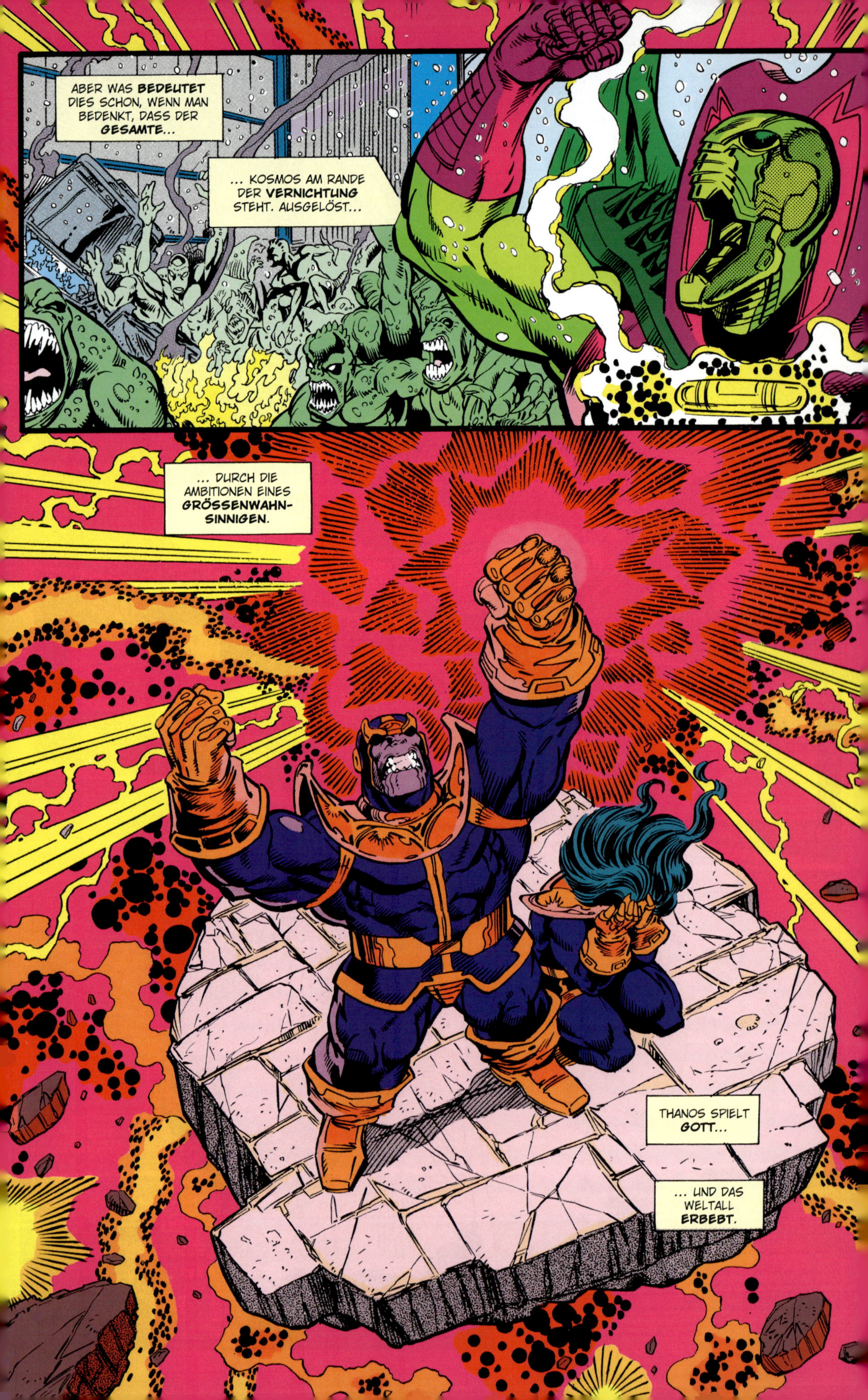
ABER WAS **BEDEUTET** DIES SCHON, WENN MAN BEDENKT, DASS DER **GESAMTE**...
... KOSMOS AM RANDE DER **VERNICHTUNG** STEHT. AUSGELÖST...
... DURCH DIE AMBITIONEN EINES **GRÖSSENWAHNSINNIGEN**.
THANOS SPIELT **GOTT**...
... UND DAS WELTALL **ERBEBT**.

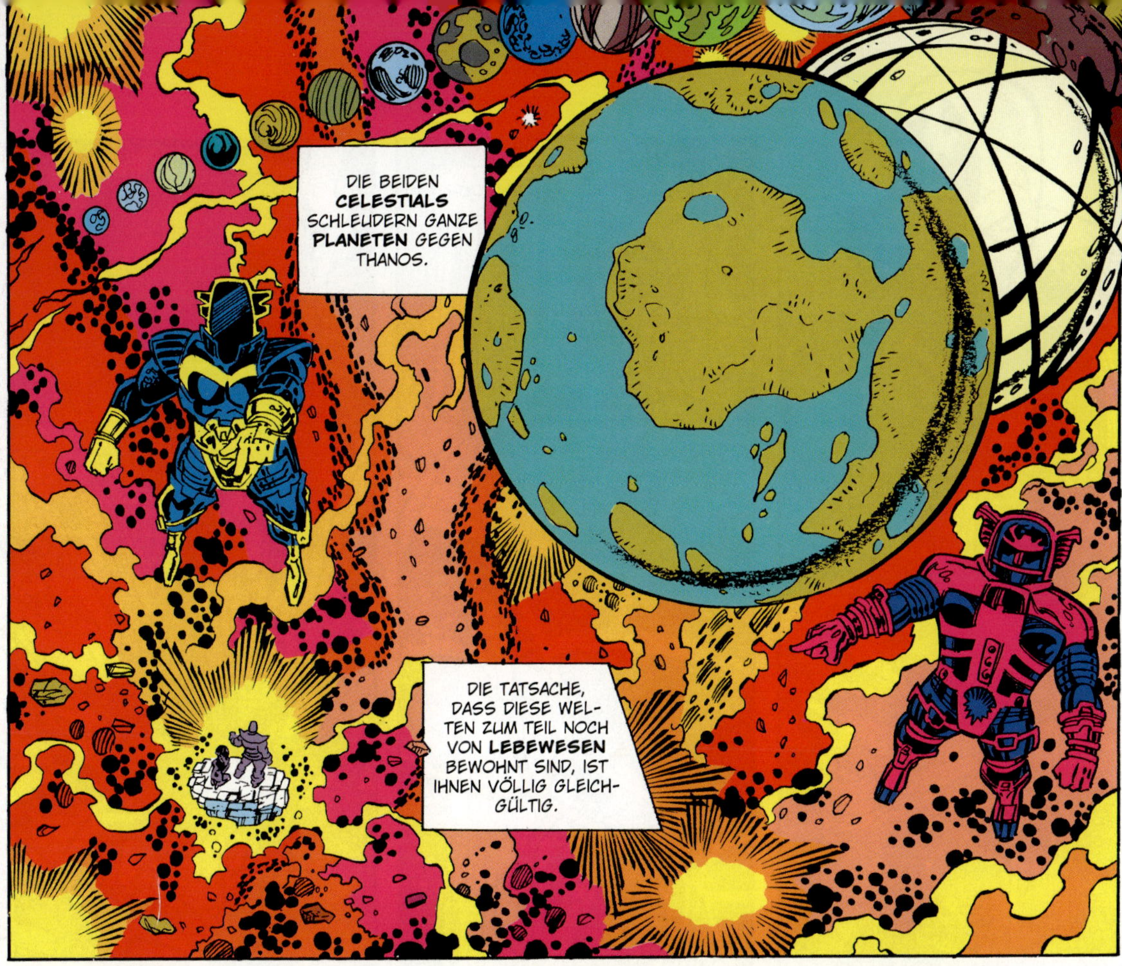
DIE BEIDEN **CELESTIALS** SCHLEUDERN GANZE **PLANETEN** GEGEN THANOS.
DIE TATSACHE, DASS DIESE WELTEN ZUM TEIL NOCH VON **LEBEWESEN** BEWOHNT SIND, IST IHNEN VÖLLIG GLEICHGÜLTIG.

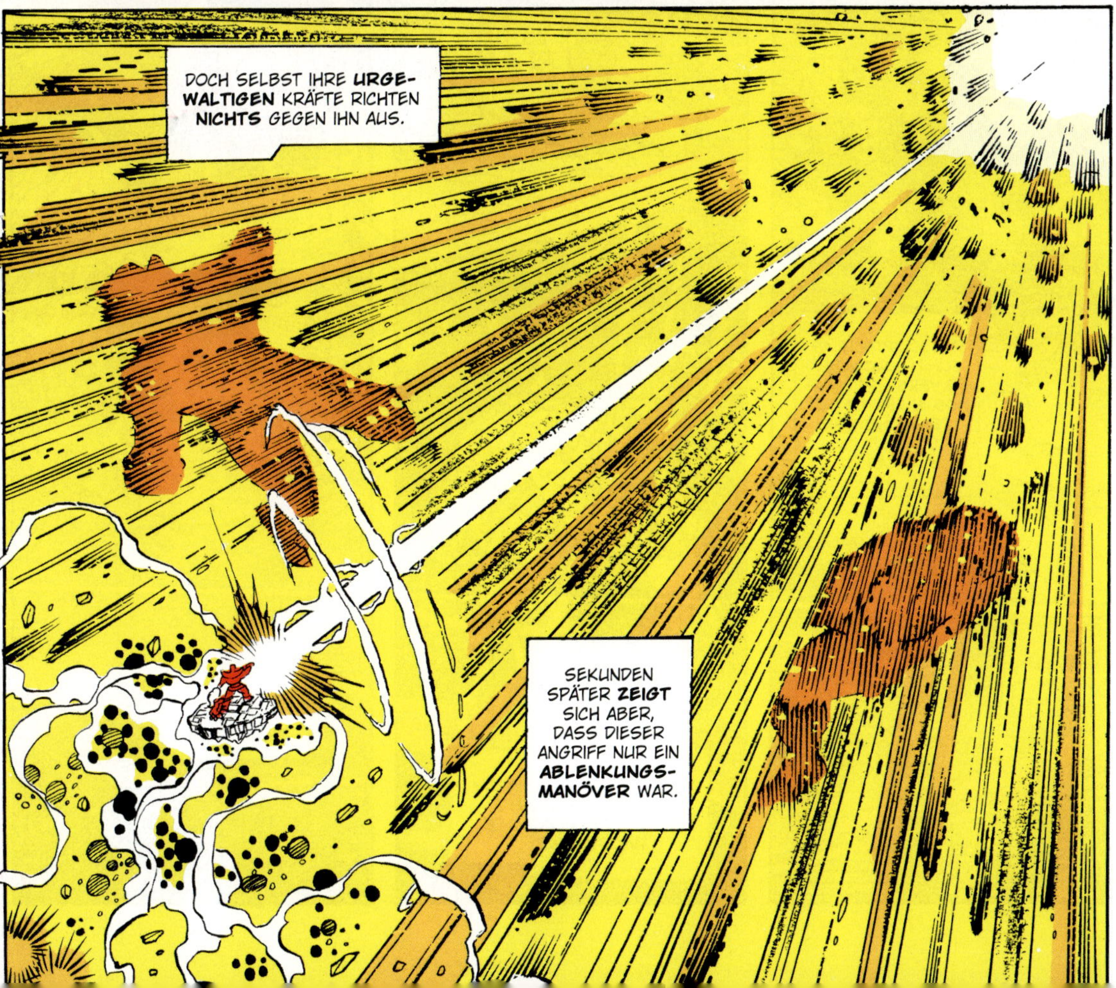
DOCH SELBST IHRE **URGEWALTIGEN** KRÄFTE RICHTEN **NICHTS** GEGEN IHN AUS.
SEKUNDEN SPÄTER **ZEIGT** SICH ABER, DASS DIESER ANGRIFF NUR EIN **ABLENKUNGSMANÖVER** WAR.

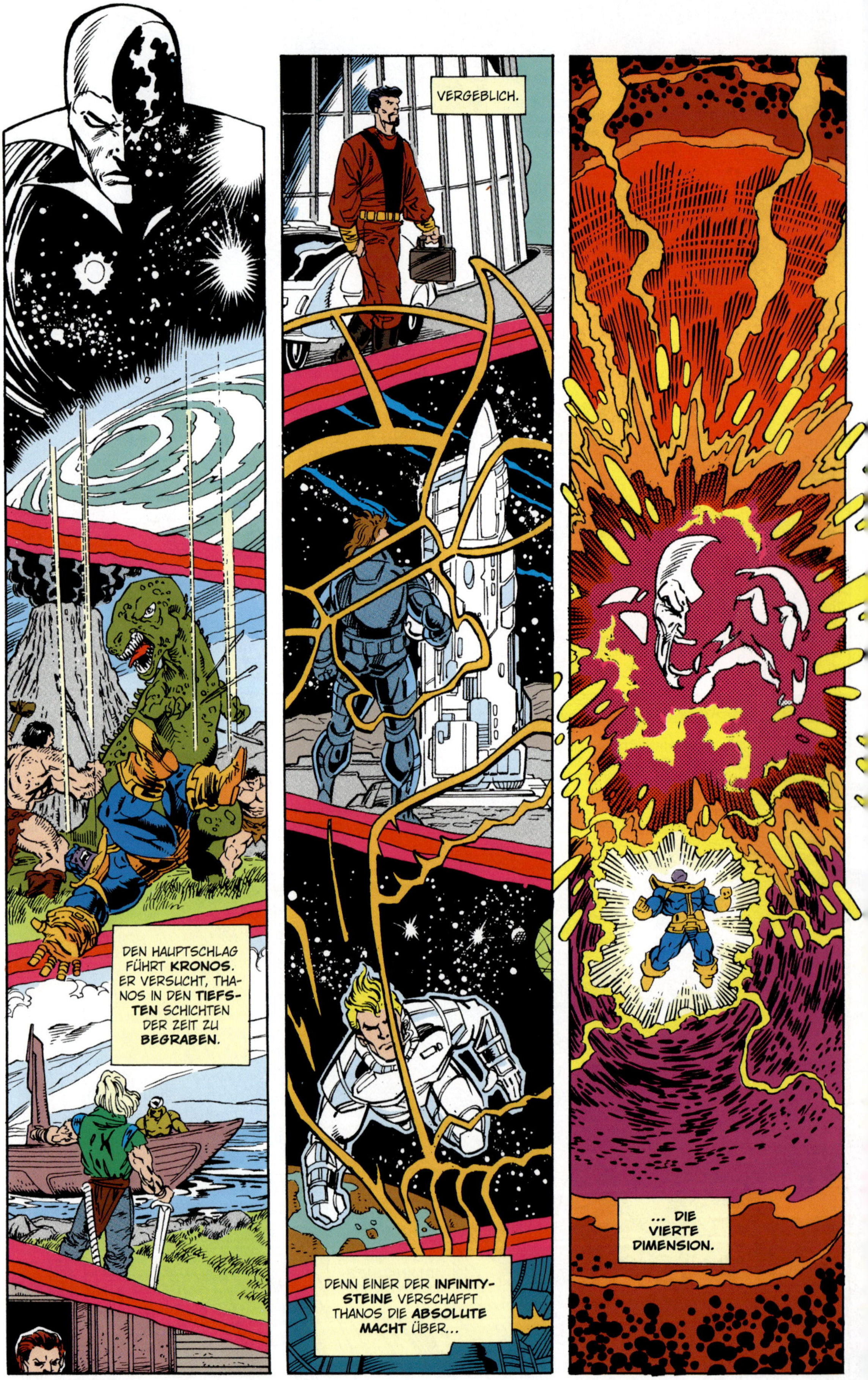
DEN HAUPTSCHLAG FÜHRT KRONOS. ER VERSUCHT, THANOS IN DEN TIEFSTEN SCHICHTEN DER ZEIT ZU BEGRABEN.
VERGEBLICH.
DENN EINER DER INFINITY-STEINE VERSCHAFFT THANOS DIE ABSOLUTE MACHT ÜBER…
… DIE VIERTE DIMENSION.

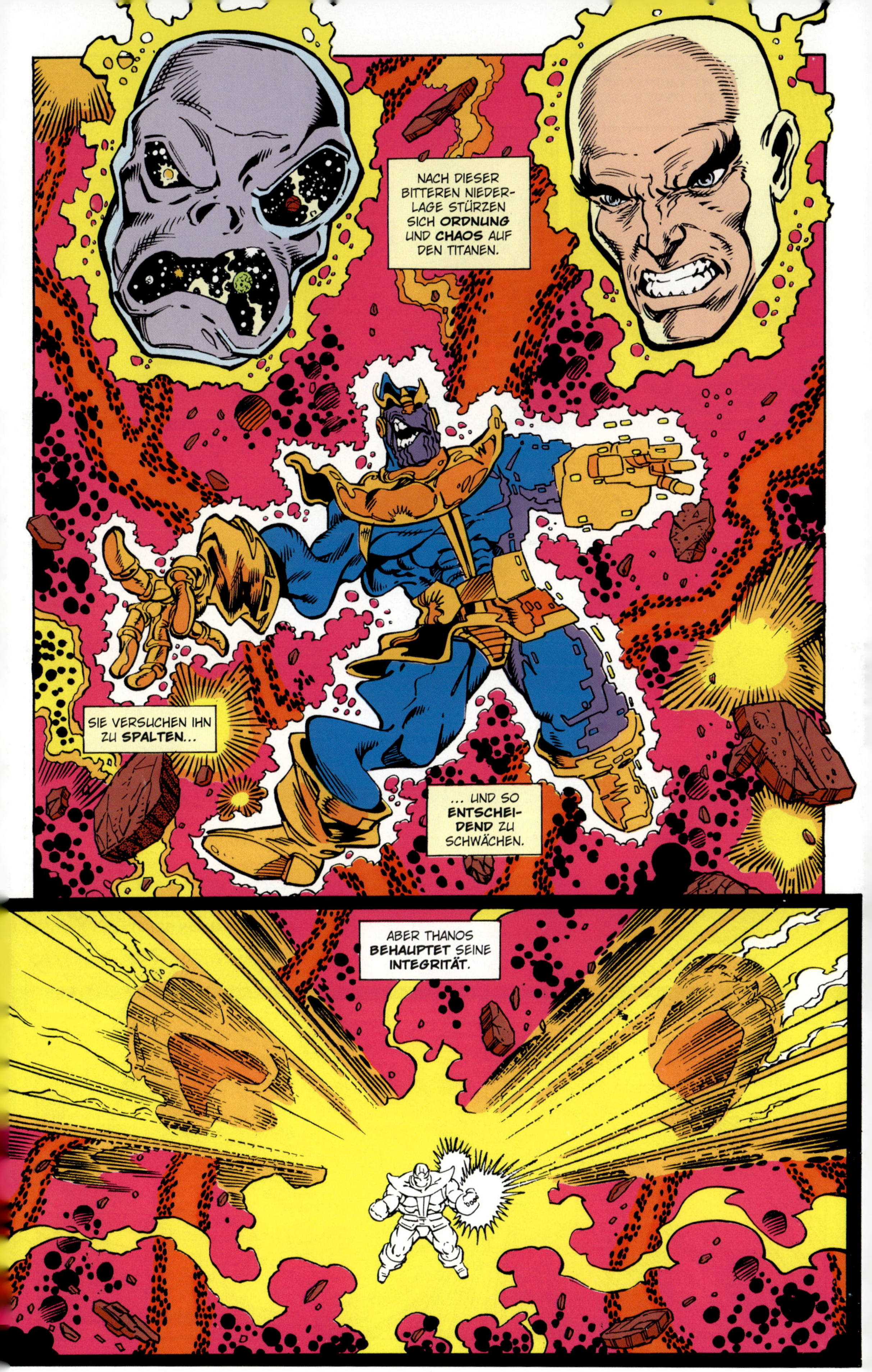
NACH DIESER BITTEREN NIEDERLAGE STÜRZEN SICH ORDNUNG UND CHAOS AUF DEN TITANEN.
SIE VERSUCHEN IHN ZU SPALTEN...
... UND SO ENTSCHEIDEND ZU SCHWÄCHEN.
ABER THANOS BEHAUPTET SEINE INTEGRITÄT.

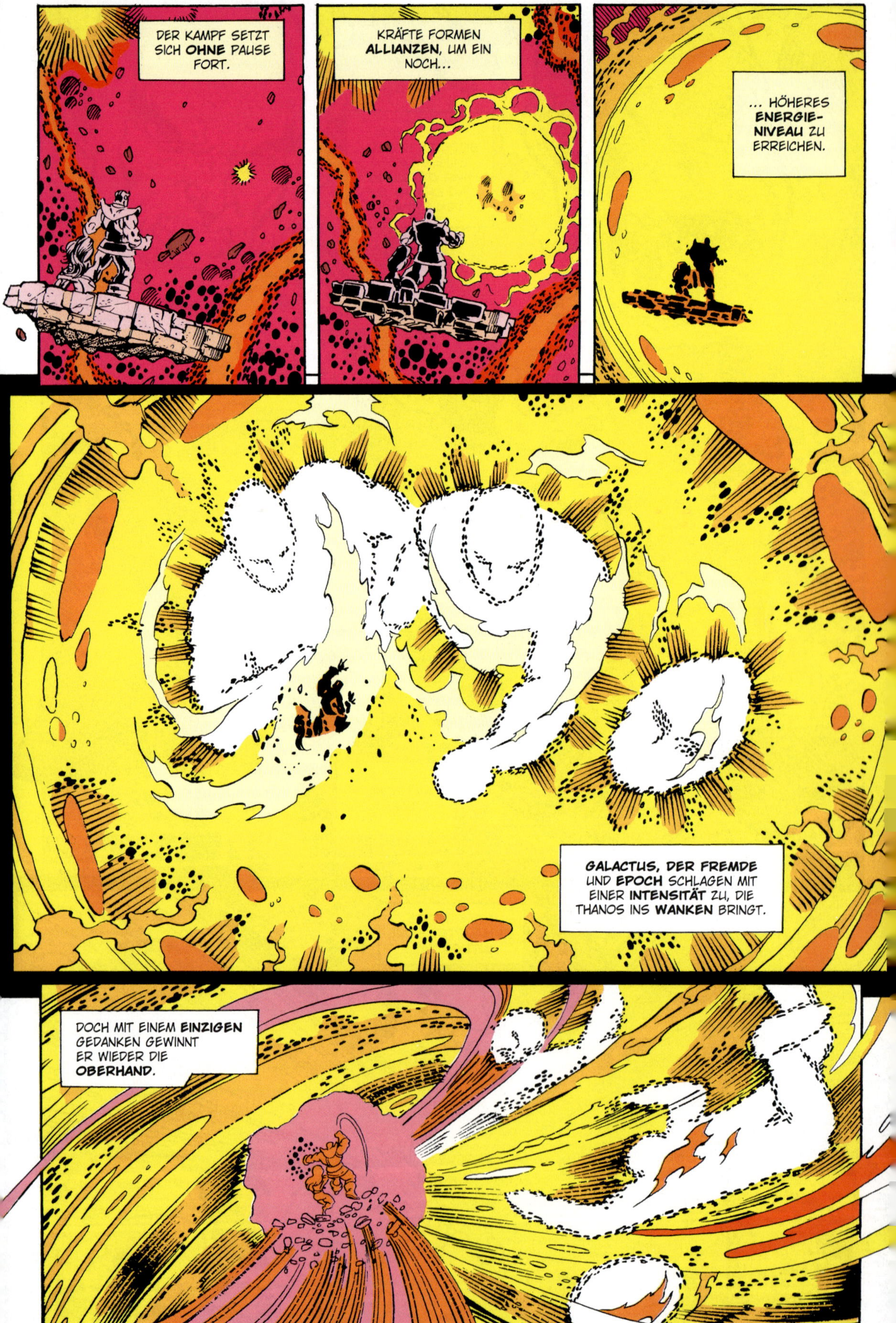
DER KAMPF SETZT SICH **OHNE** PAUSE FORT.
KRÄFTE FORMEN **ALLIANZEN**, UM EIN NOCH...
... HÖHERES **ENERGIE-NIVEAU** ZU ERREICHEN.
GALACTUS, DER FREMDE UND **EPOCH** SCHLAGEN MIT EINER **INTENSITÄT** ZU, DIE THANOS INS **WANKEN** BRINGT.
DOCH MIT EINEM **EINZIGEN** GEDANKEN GEWINNT ER WIEDER DIE **OBERHAND**.

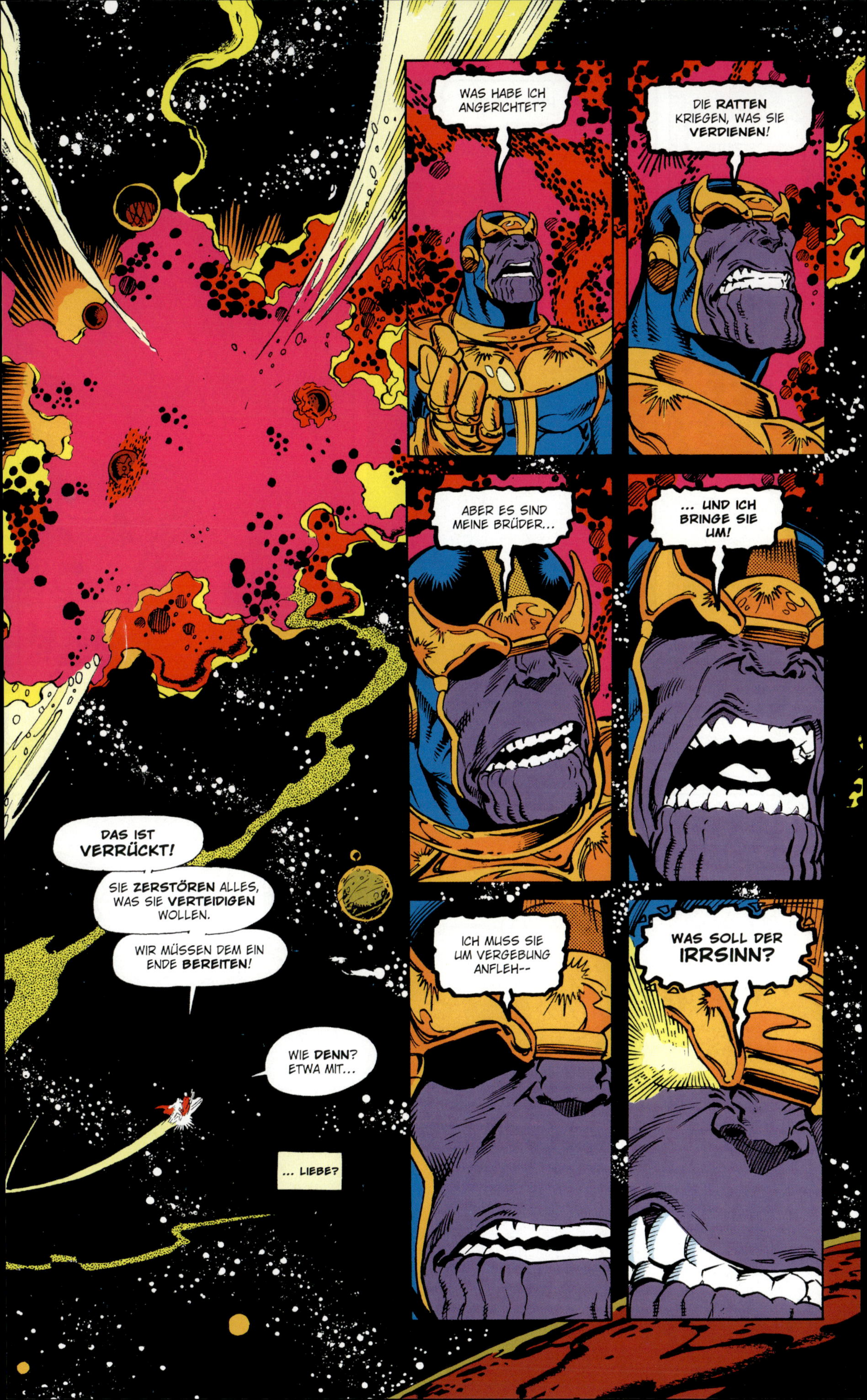

WAS HABE ICH ANGERICHTET?
DIE RATTEN KRIEGEN, WAS SIE VERDIENEN!
ABER ES SIND MEINE BRÜDER...
... UND ICH BRINGE SIE UM!
DAS IST VERRÜCKT!
SIE ZERSTÖREN ALLES, WAS SIE VERTEIDIGEN WOLLEN.
WIR MÜSSEN DEM EIN ENDE BEREITEN!
WIE DENN? ETWA MIT...
... LIEBE?
ICH MUSS SIE UM VERGEBUNG ANFLEH--
WAS SOLL DER IRRSINN?

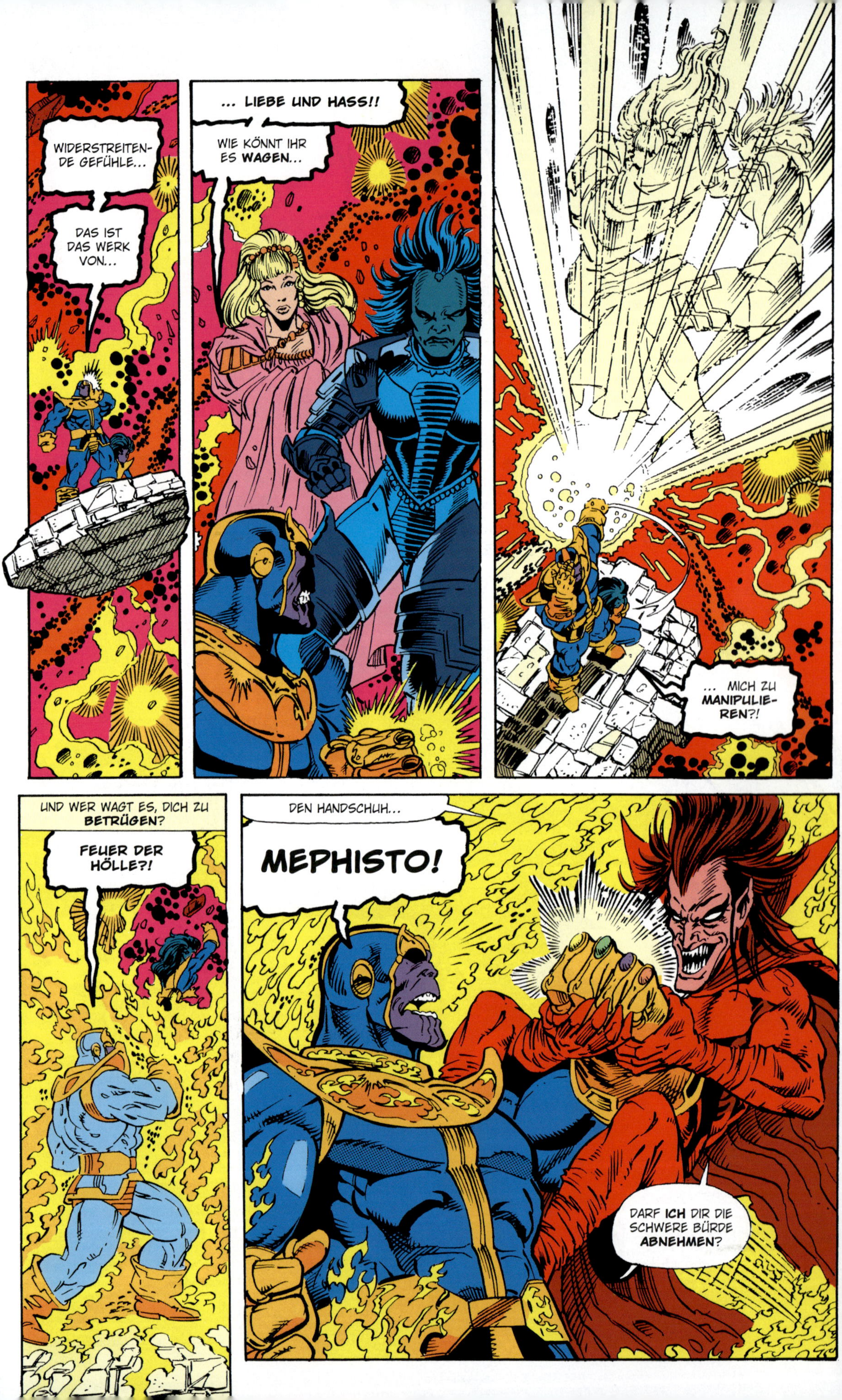
WIDERSTREITEN-DE GEFÜHLE...
DAS IST DAS WERK VON...
... LIEBE UND HASS!!
WIE KÖNNT IHR ES WAGEN...
... MICH ZU MANIPULIE-REN?!
UND WER WAGT ES, DICH ZU BETRÜGEN?
FEUER DER HÖLLE?!
DEN HANDSCHUH...
MEPHISTO!
DARF ICH DIR DIE SCHWERE BÜRDE ABNEHMEN?

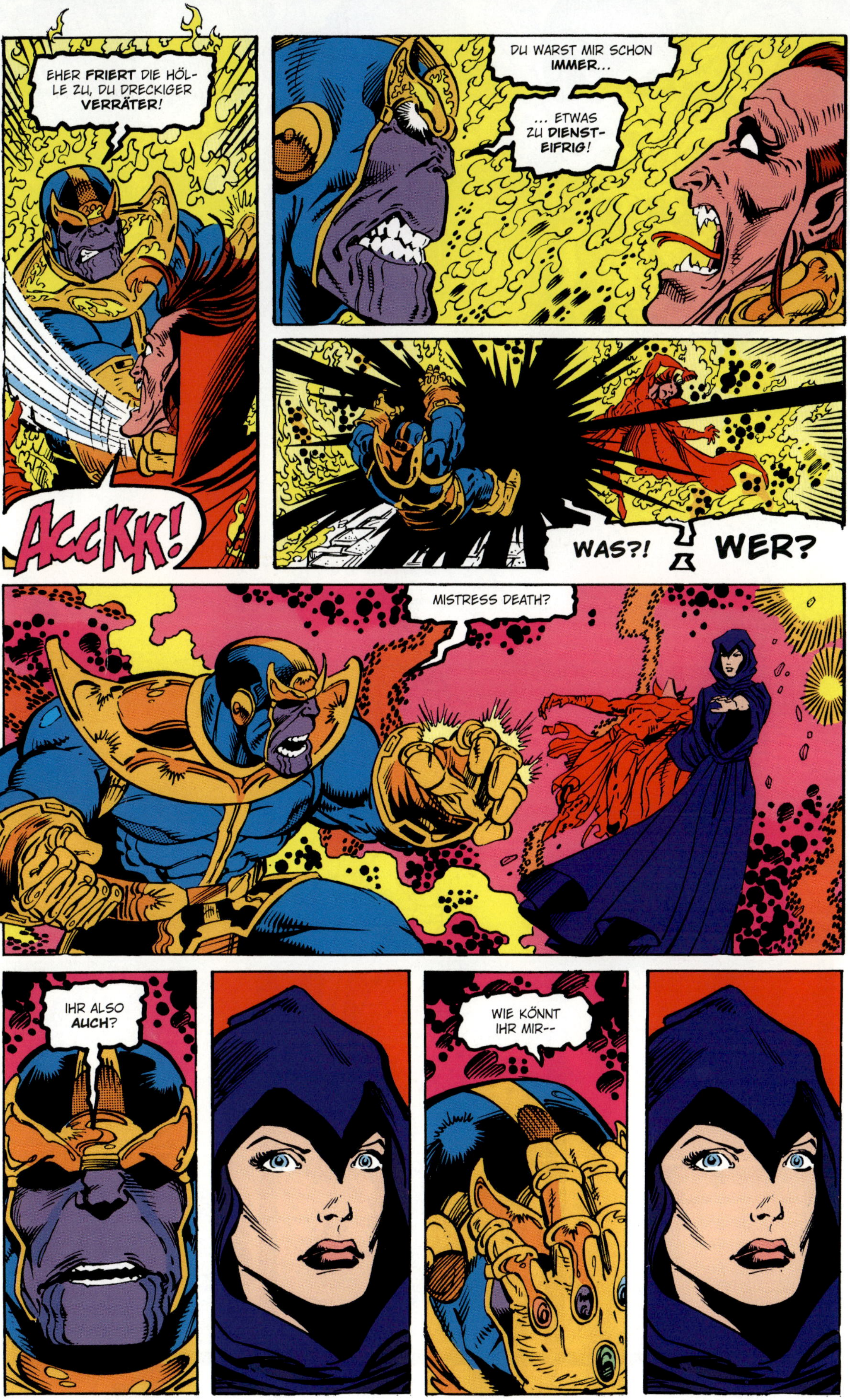
EHER **FRIERT** DIE HÖLLE ZU, DU DRECKIGER **VERRÄTER**!
ACCKK!
DU WARST MIR SCHON **IMMER**...
... ETWAS ZU **DIENST-EIFRIG**!
WAS?!
WER?
MISTRESS DEATH?
IHR ALSO **AUCH**?
WIE KÖNNT IHR MIR--

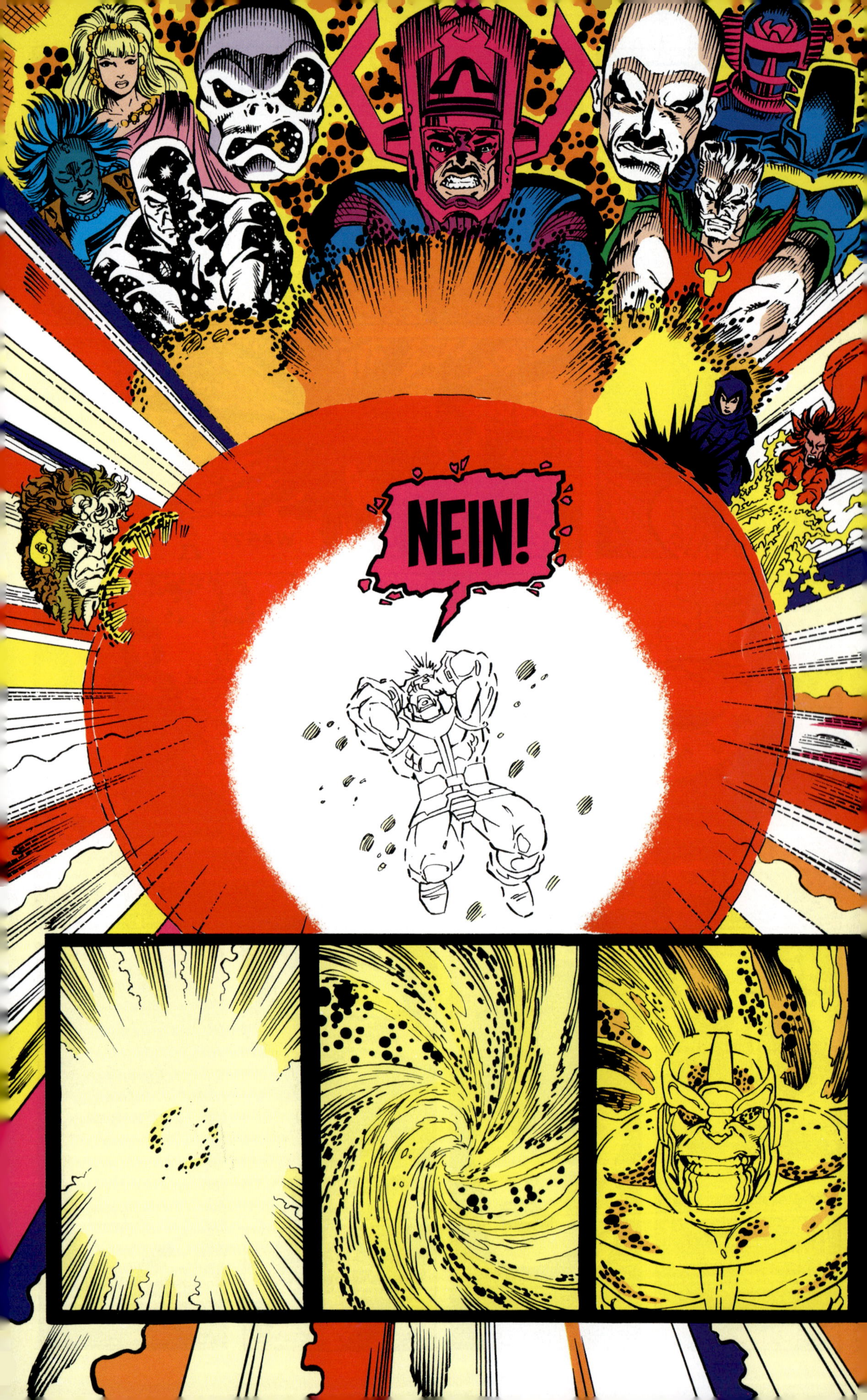
NEIN!

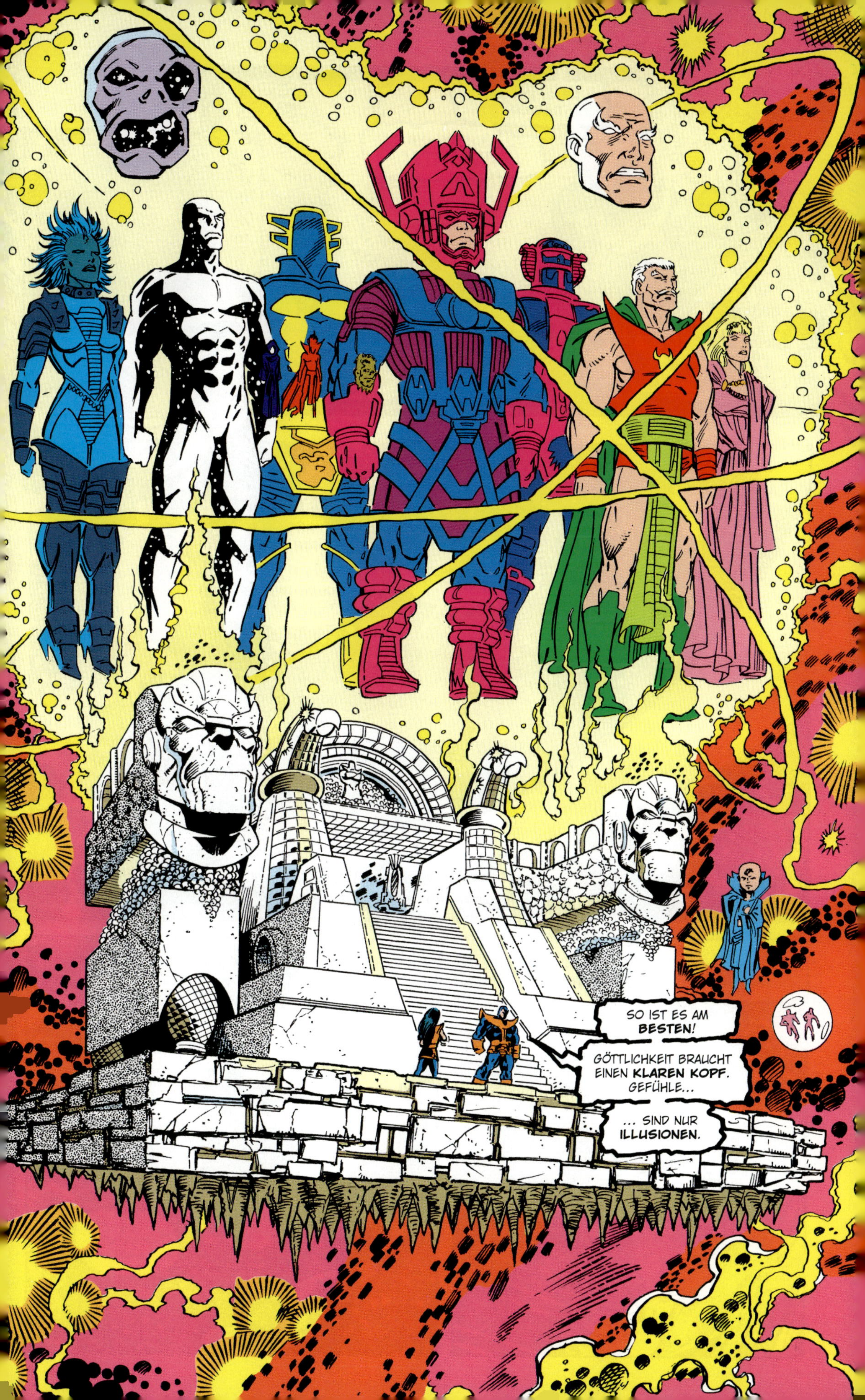
SO IST ES AM BESTEN!
GÖTTLICHKEIT BRAUCHT EINEN KLAREN KOPF. GEFÜHLE...
... SIND NUR ILLUSIONEN.

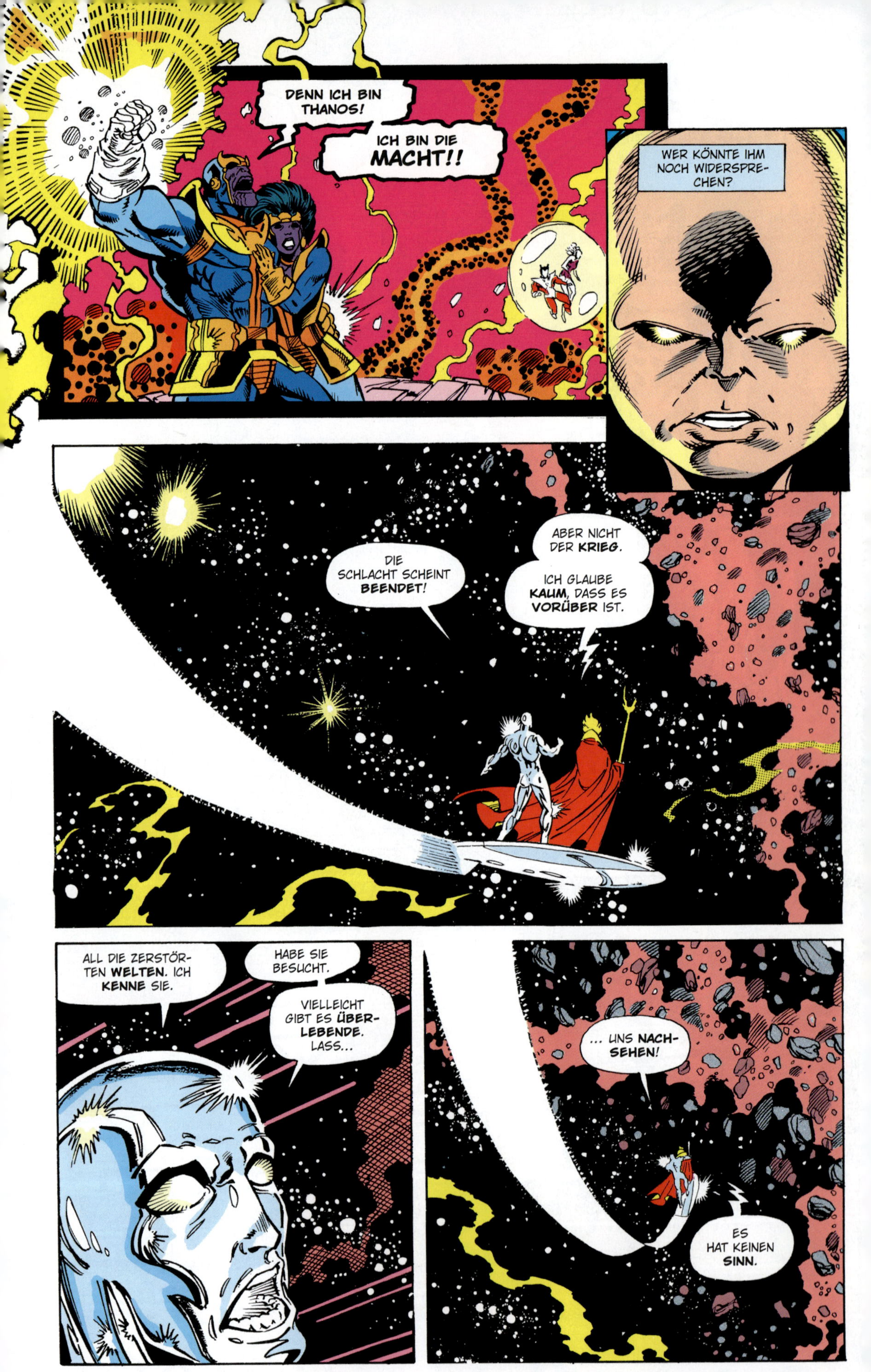
DENN ICH BIN THANOS!
ICH BIN DIE MACHT!!
WER KÖNNTE IHM NOCH WIDERSPRECHEN?
DIE SCHLACHT SCHEINT BEENDET!
ABER NICHT DER KRIEG.
ICH GLAUBE KAUM, DASS ES VORÜBER IST.
ALL DIE ZERSTÖRTEN WELTEN. ICH KENNE SIE.
HABE SIE BESUCHT.
VIELLEICHT GIBT ES ÜBERLEBENDE. LASS...
... UNS NACHSEHEN!
ES HAT KEINEN SINN.

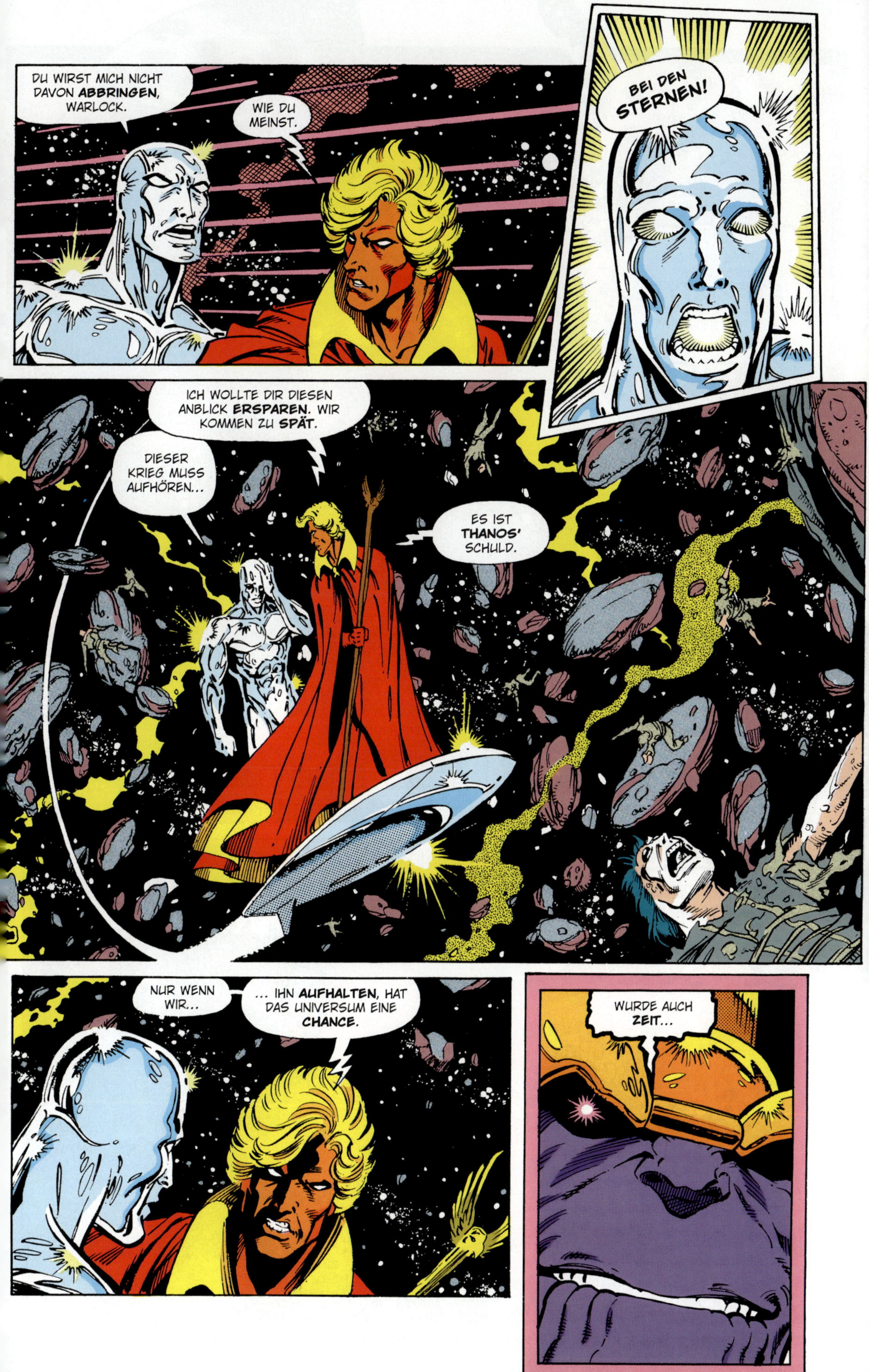
DU WIRST MICH NICHT DAVON ABBRINGEN, WARLOCK.
WIE DU MEINST.
BEI DEN STERNEN!
ICH WOLLTE DIR DIESEN ANBLICK ERSPAREN. WIR KOMMEN ZU SPÄT.
DIESER KRIEG MUSS AUFHÖREN...
ES IST THANOS' SCHULD.
NUR WENN WIR...
... IHN AUFHALTEN, HAT DAS UNIVERSUM EINE CHANCE.
WURDE AUCH ZEIT...

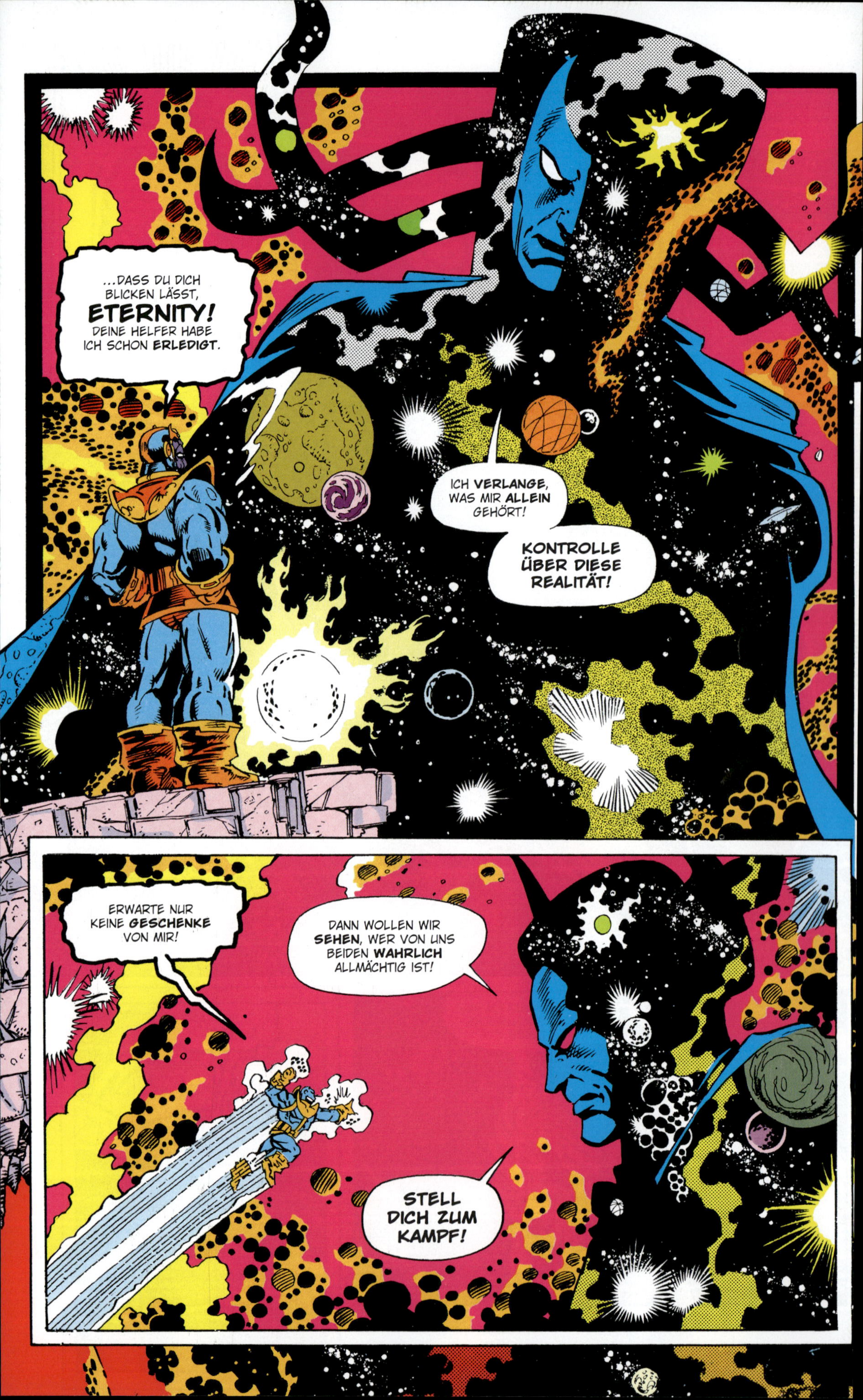

...DASS DU DICH BLICKEN LÄSST, ETERNITY! DEINE HELFER HABE ICH SCHON ERLEDIGT.
ICH VERLANGE, WAS MIR ALLEIN GEHÖRT!
KONTROLLE ÜBER DIESE REALITÄT!
ERWARTE NUR KEINE GESCHENKE VON MIR!
DANN WOLLEN WIR SEHEN, WER VON UNS BEIDEN WAHRLICH ALLMÄCHTIG IST!
STELL DICH ZUM KAMPF!

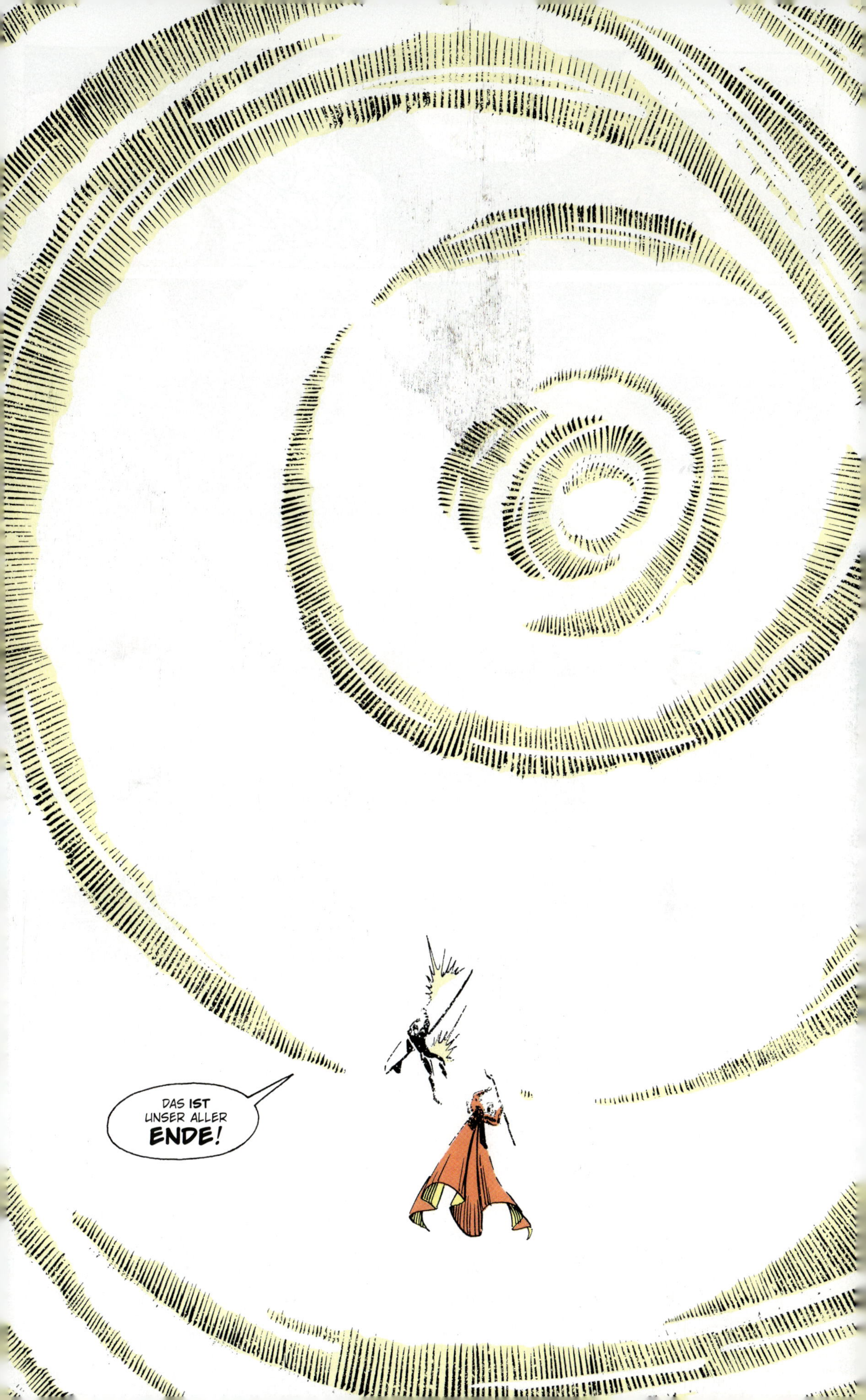
DAS IST UNSER ALLER ENDE!

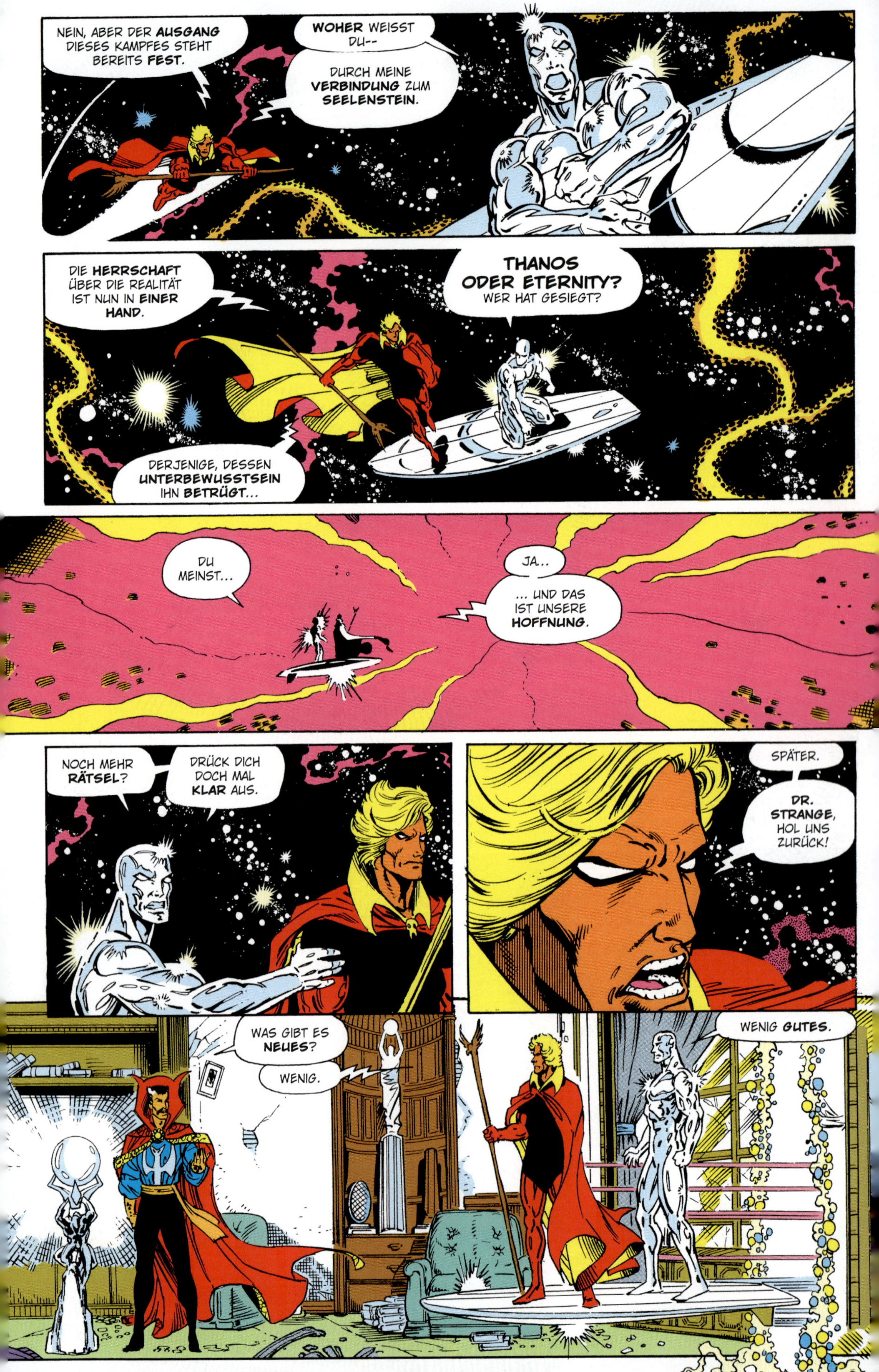

NEIN, ABER DER AUSGANG DIESES KAMPFES STEHT BEREITS FEST.
WOHER WEISST DU--
DURCH MEINE VERBINDUNG ZUM SEELENSTEIN.
DIE HERRSCHAFT ÜBER DIE REALITÄT IST NUN IN EINER HAND.
THANOS ODER ETERNITY? WER HAT GESIEGT?
DERJENIGE, DESSEN UNTERBEWUSSTSEIN IHN BETRÜGT...
DU MEINST...
JA...
... UND DAS IST UNSERE HOFFNUNG.
NOCH MEHR RÄTSEL?
DRÜCK DICH DOCH MAL KLAR AUS.
SPÄTER.
DR. STRANGE, HOL UNS ZURÜCK!
WAS GIBT ES NEUES?
WENIG.
WENIG GUTES.

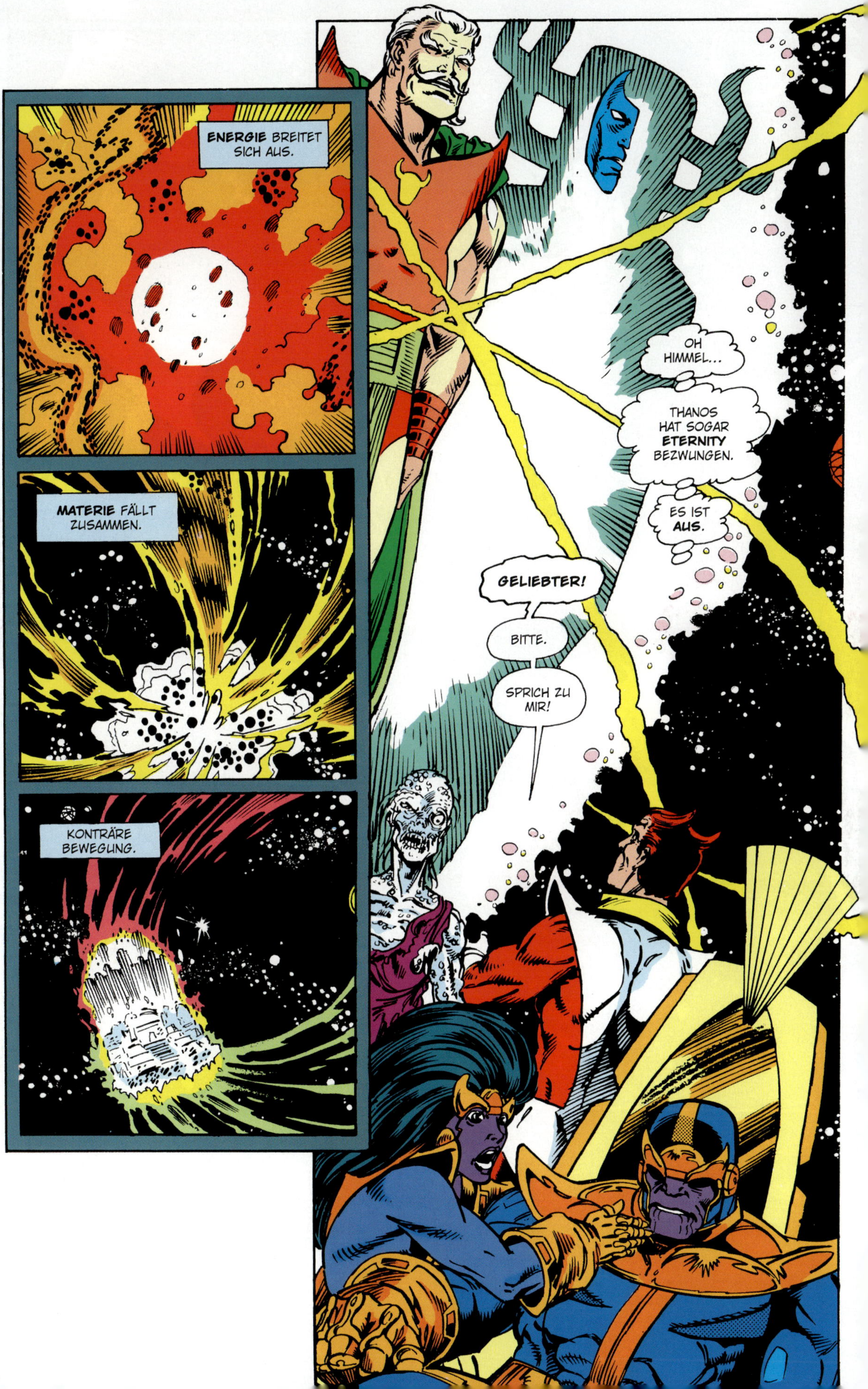
ENERGIE BREITET SICH AUS.
MATERIE FÄLLT ZUSAMMEN.
KONTRÄRE BEWEGUNG.
OH HIMMEL...
THANOS HAT SOGAR ETERNITY BEZWUNGEN.
ES IST AUS.
GELIEBTER!
BITTE.
SPRICH ZU MIR!

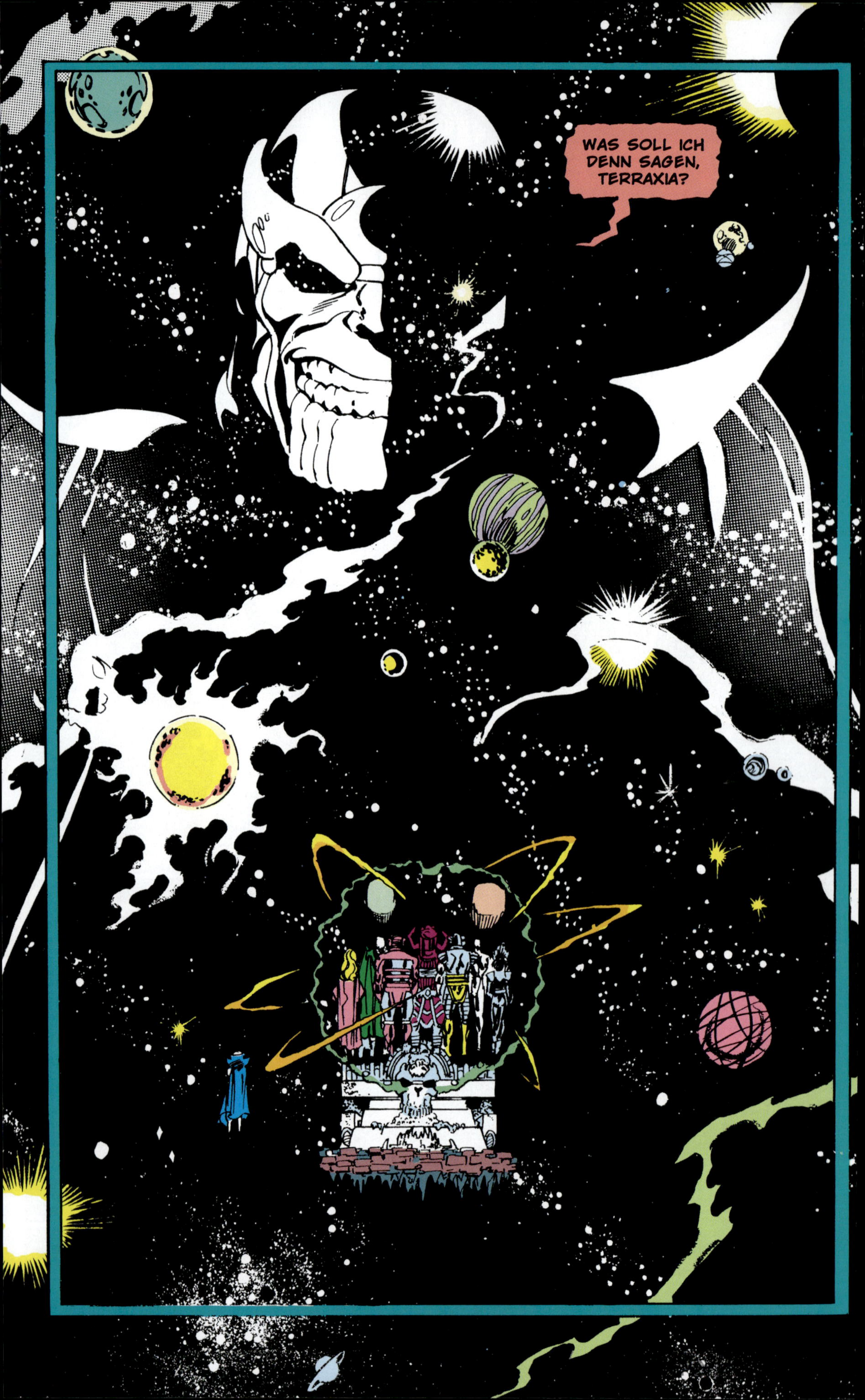
WAS SOLL ICH DENN SAGEN, TERRAXIA?

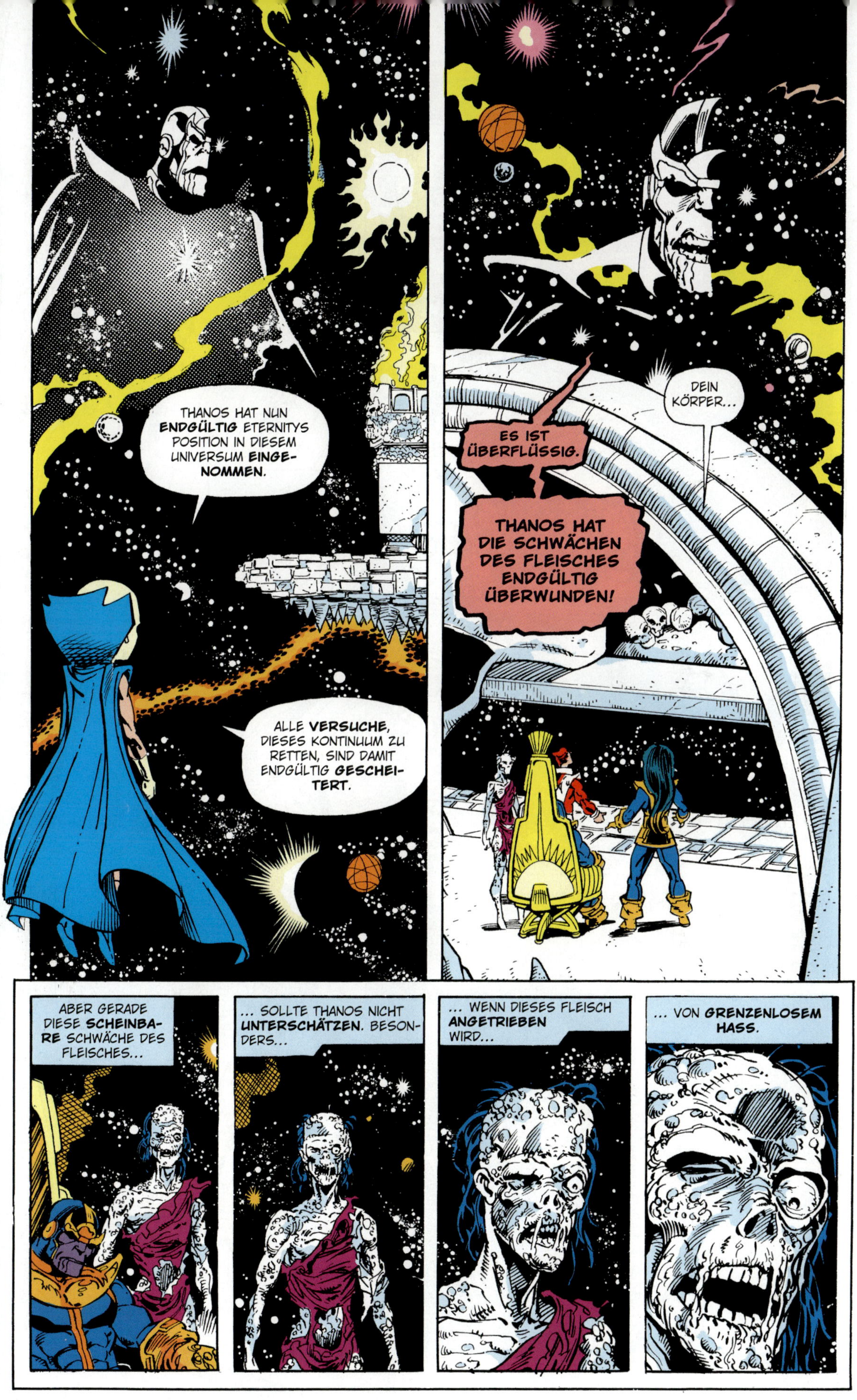
THANOS HAT NUN ENDGÜLTIG ETERNITYS POSITION IN DIESEM UNIVERSUM EINGE-NOMMEN.
ALLE VERSUCHE, DIESES KONTINUUM ZU RETTEN, SIND DAMIT ENDGÜLTIG GESCHEI-TERT.
DEIN KÖRPER...
ES IST ÜBERFLÜSSIG.
THANOS HAT DIE SCHWÄCHEN DES FLEISCHES ENDGÜLTIG ÜBERWUNDEN!
ABER GERADE DIESE SCHEINBA-RE SCHWÄCHE DES FLEISCHES...
... SOLLTE THANOS NICHT UNTERSCHÄTZEN. BESON-DERS...
... WENN DIESES FLEISCH ANGETRIEBEN WIRD...
... VON GRENZENLOSEM HASS.

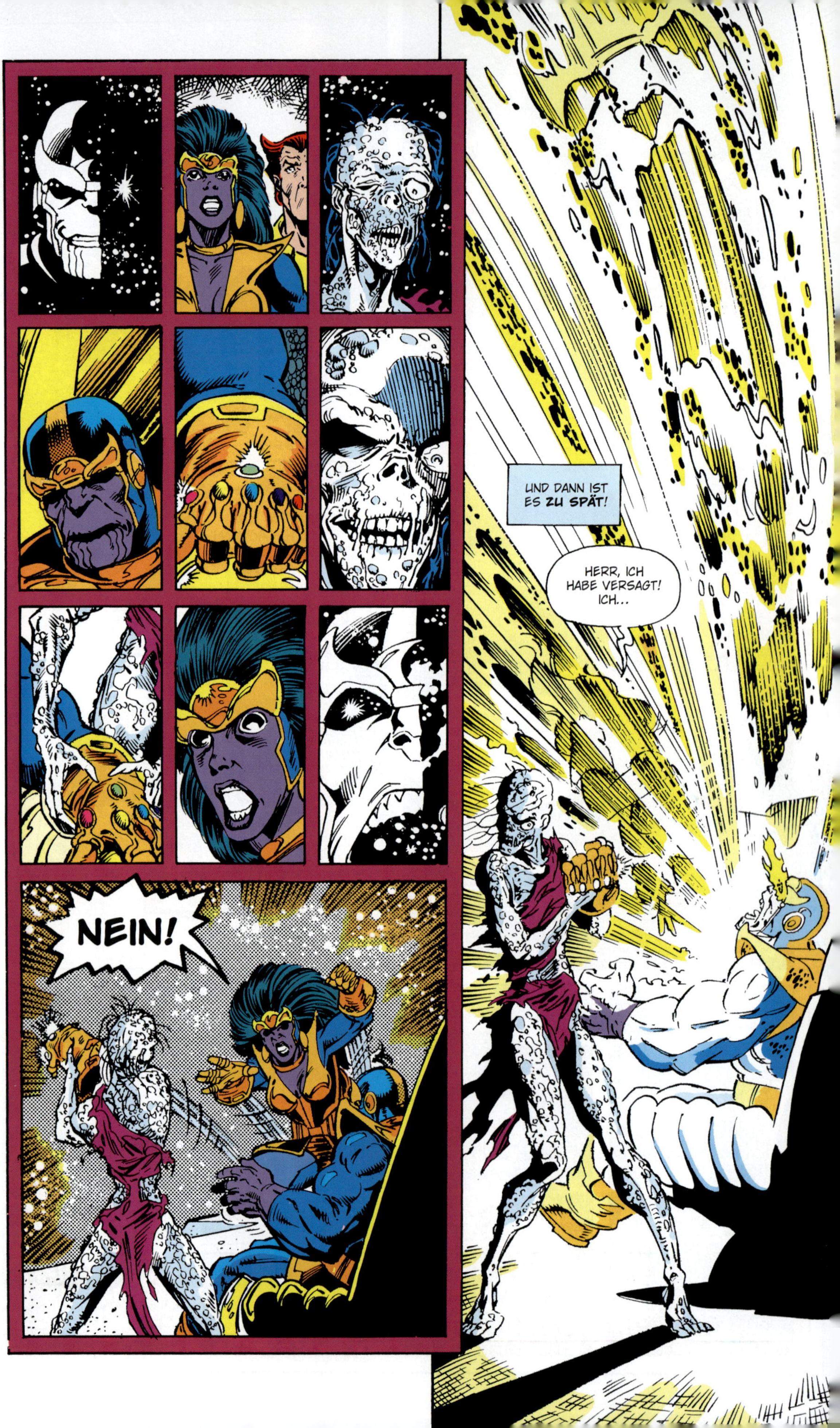
NEIN!
UND DANN IST ES ZU SPÄT!
HERR, ICH HABE VERSAGT! ICH...

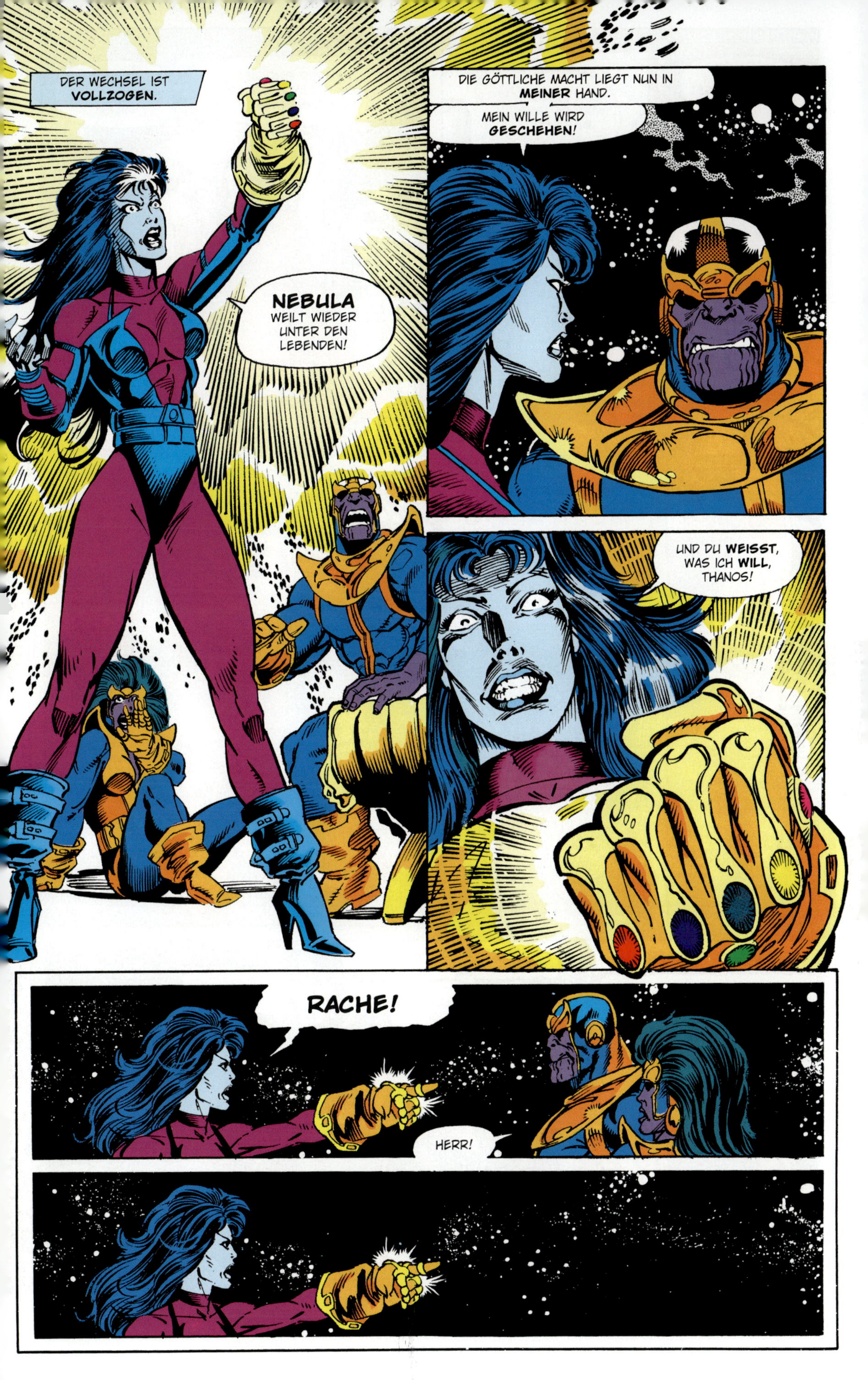
DER WECHSEL IST VOLLZOGEN.
NEBULA WEILT WIEDER UNTER DEN LEBENDEN!
DIE GÖTTLICHE MACHT LIEGT NUN IN MEINER HAND.
MEIN WILLE WIRD GESCHEHEN!
UND DU WEISST, WAS ICH WILL, THANOS!
RACHE!
HERR!

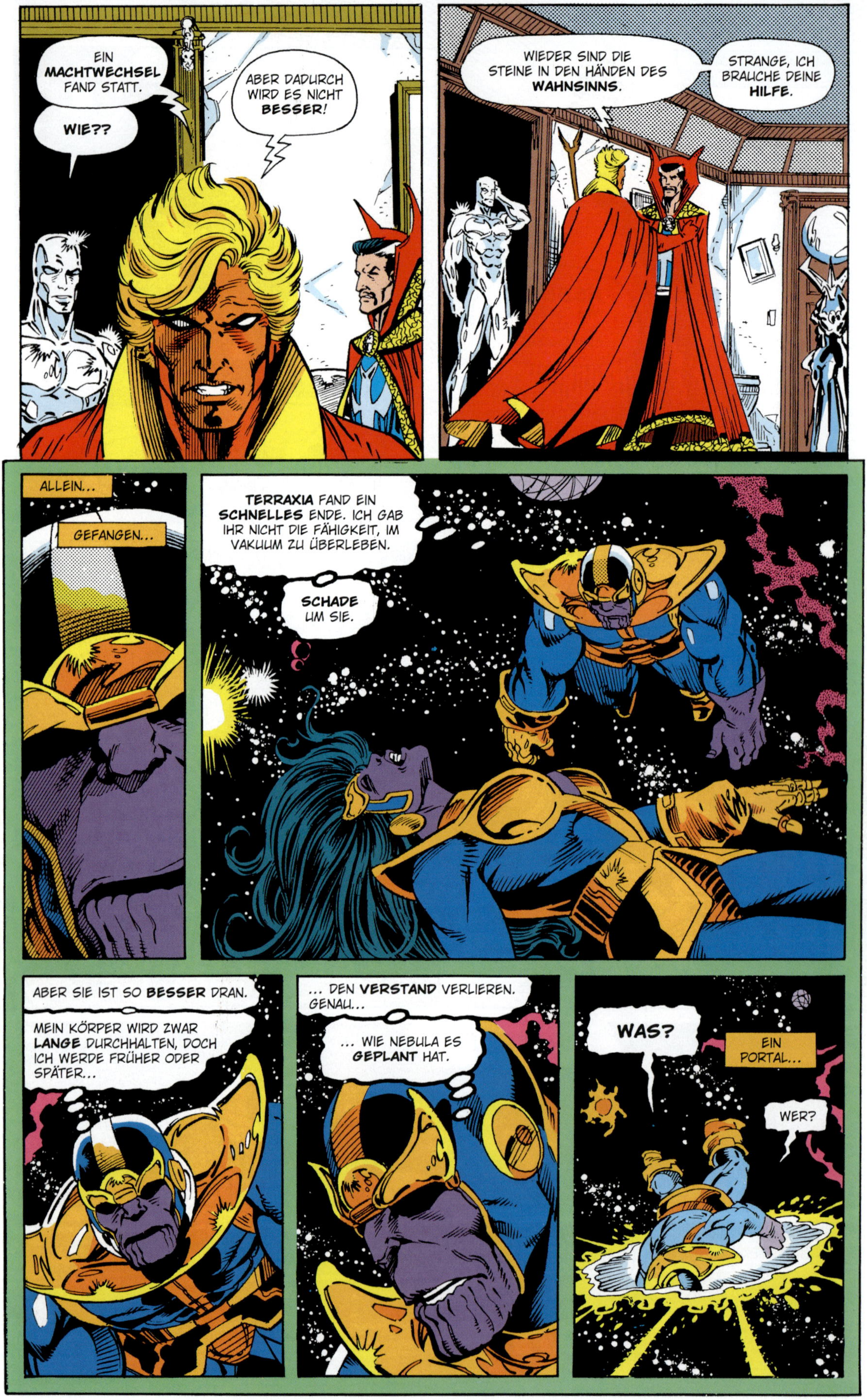

EIN MACHTWECHSEL FAND STATT.
WIE??
ABER DADURCH WIRD ES NICHT BESSER!
WIEDER SIND DIE STEINE IN DEN HÄNDEN DES WAHNSINNS.
STRANGE, ICH BRAUCHE DEINE HILFE.
ALLEIN...
GEFANGEN...
TERRAXIA FAND EIN SCHNELLES ENDE. ICH GAB IHR NICHT DIE FÄHIGKEIT, IM VAKUUM ZU ÜBERLEBEN.
SCHADE UM SIE.
ABER SIE IST SO BESSER DRAN.
MEIN KÖRPER WIRD ZWAR LANGE DURCHHALTEN, DOCH ICH WERDE FRÜHER ODER SPÄTER...
... DEN VERSTAND VERLIEREN. GENAU...
... WIE NEBULA ES GEPLANT HAT.
WAS?
EIN PORTAL...
WER?

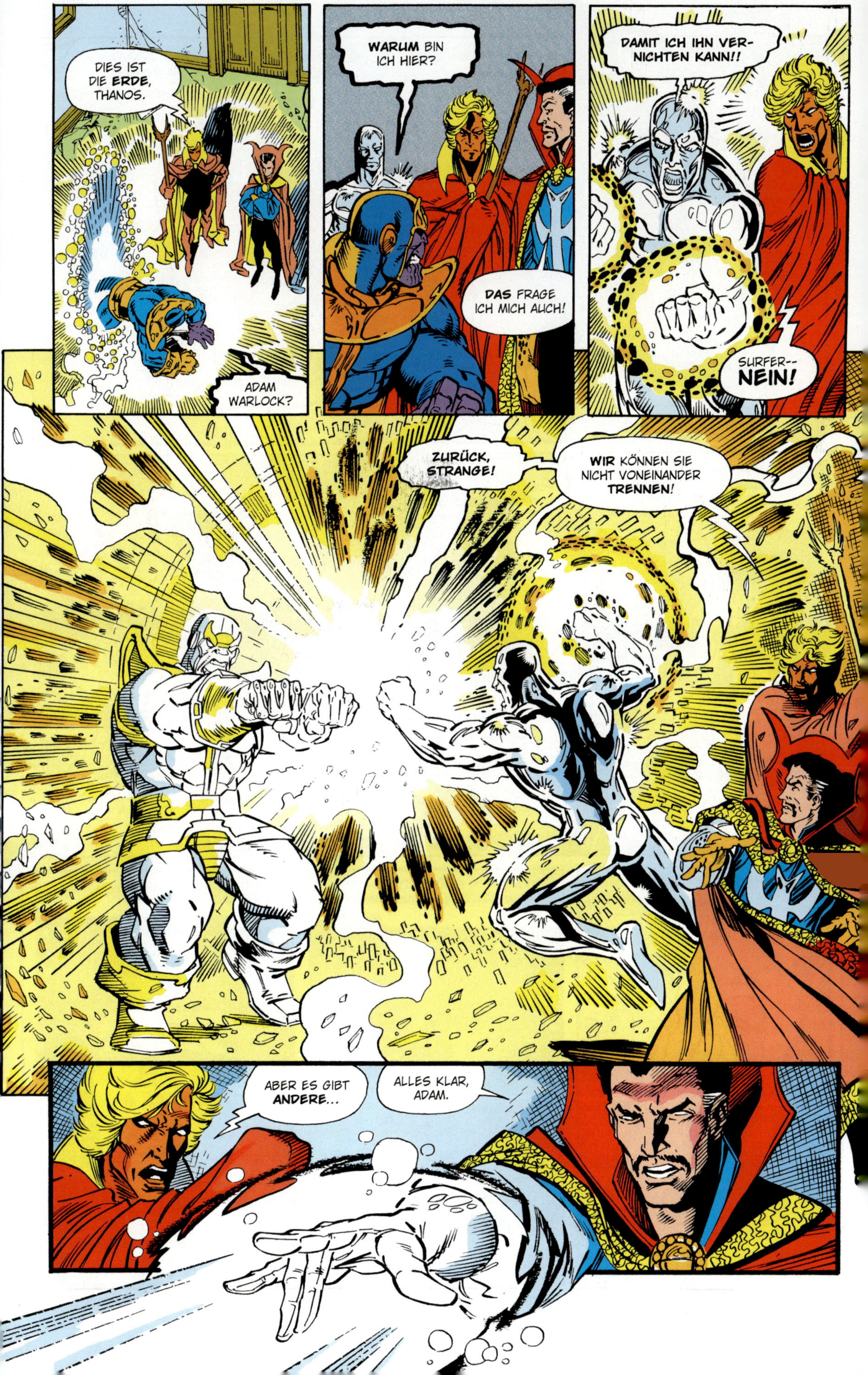

DIES IST DIE ERDE, THANOS.
ADAM WARLOCK?
WARUM BIN ICH HIER?
DAS FRAGE ICH MICH AUCH!
DAMIT ICH IHN VERNICHTEN KANN!!
SURFER-- NEIN!
ZURÜCK, STRANGE!
WIR KÖNNEN SIE NICHT VONEINANDER TRENNEN!
ABER ES GIBT ANDERE...
ALLES KLAR, ADAM.

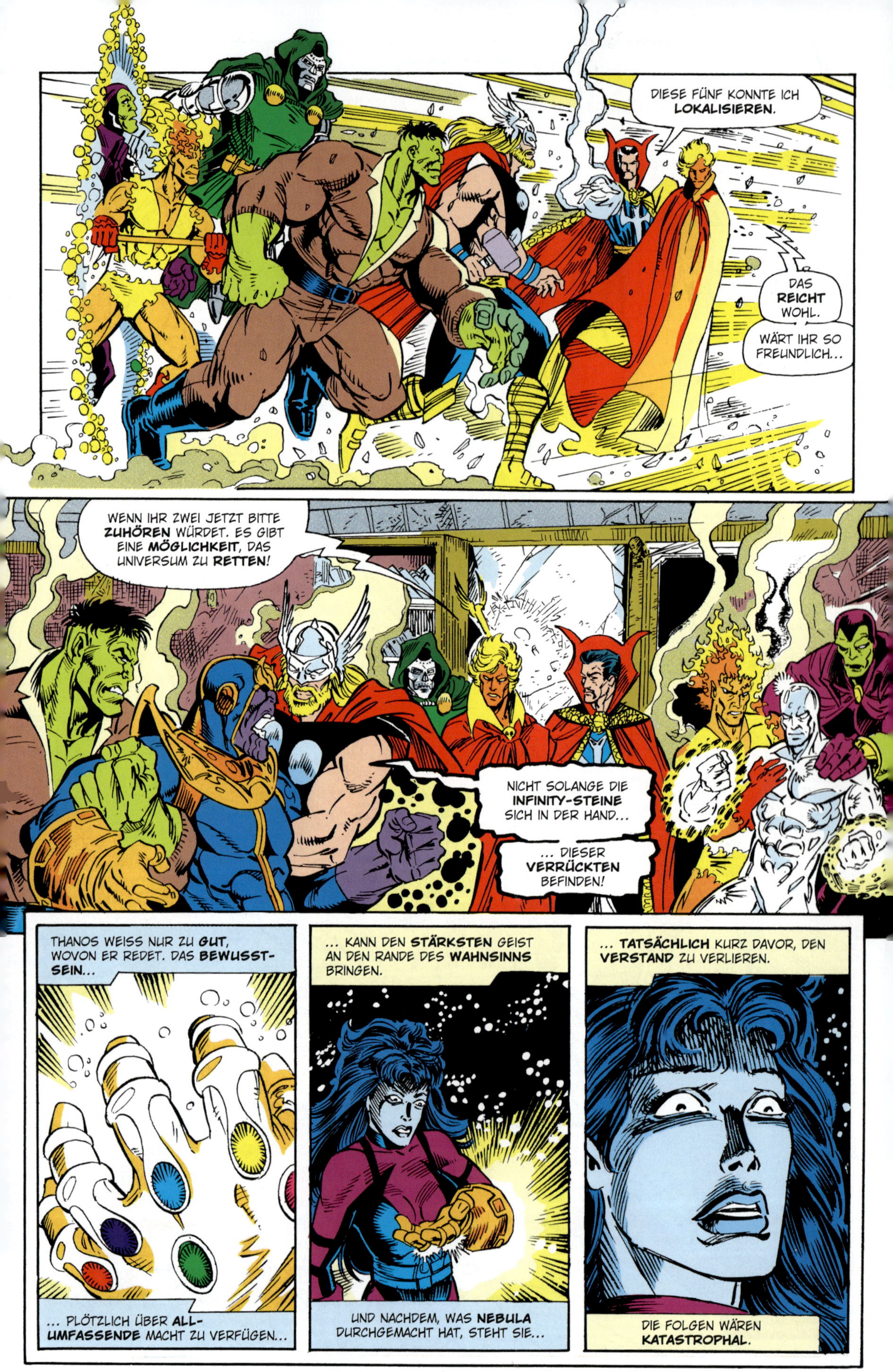
DIESE FÜNF KONNTE ICH LOKALISIEREN.
DAS REICHT WOHL.
WÄRT IHR SO FREUNDLICH...
WENN IHR ZWEI JETZT BITTE ZUHÖREN WÜRDET. ES GIBT EINE MÖGLICHKEIT, DAS UNIVERSUM ZU RETTEN!
NICHT SOLANGE DIE INFINITY-STEINE SICH IN DER HAND...
... DIESER VERRÜCKTEN BEFINDEN!
THANOS WEISS NUR ZU GUT, WOVON ER REDET. DAS BEWUSST-SEIN...
... PLÖTZLICH ÜBER ALL-UMFASSENDE MACHT ZU VERFÜGEN...
... KANN DEN STÄRKSTEN GEIST AN DEN RANDE DES WAHNSINNS BRINGEN.
UND NACHDEM, WAS NEBULA DURCHGEMACHT HAT, STEHT SIE...
... TATSÄCHLICH KURZ DAVOR, DEN VERSTAND ZU VERLIEREN.
DIE FOLGEN WÄREN KATASTROPHAL.

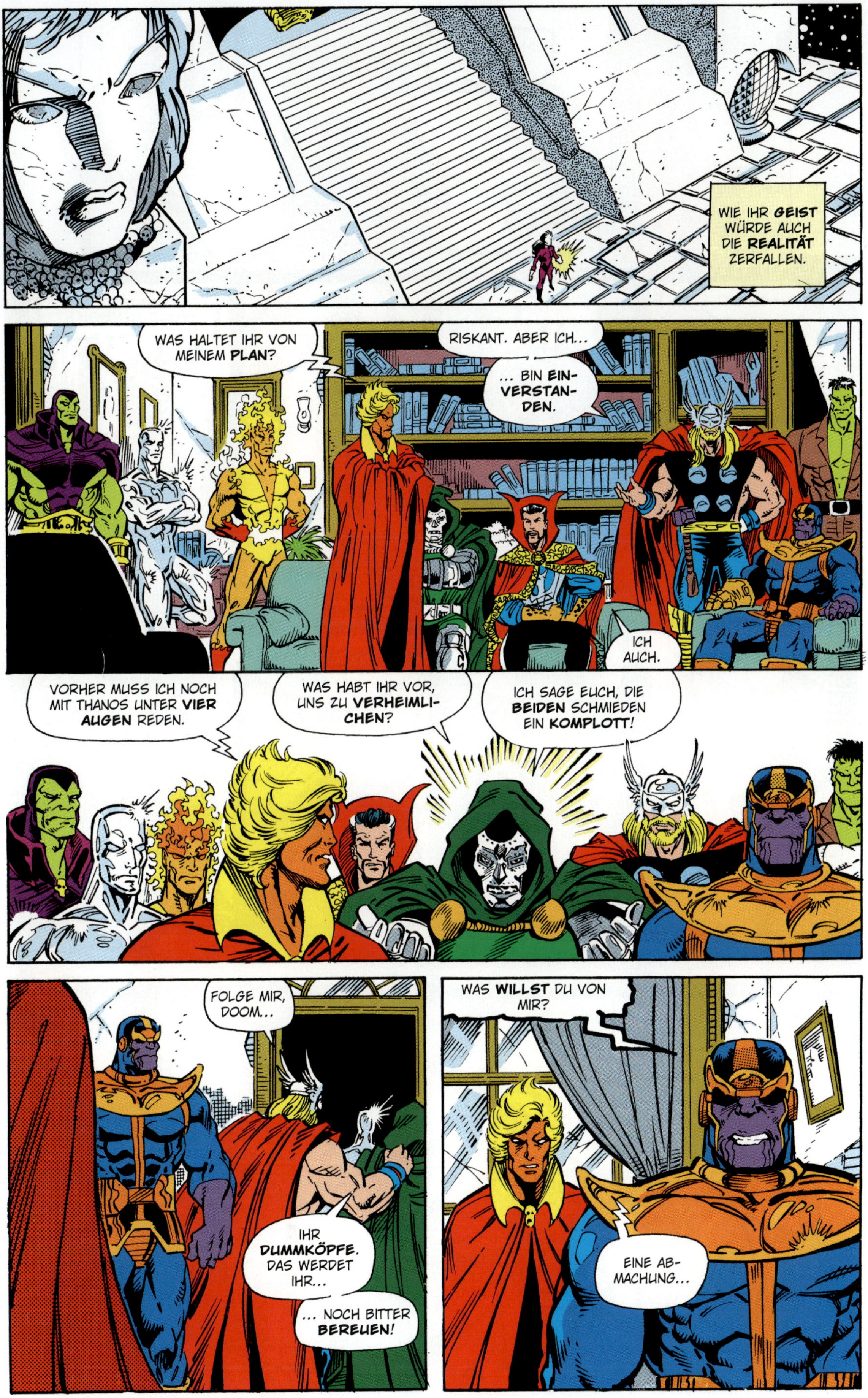
WIE IHR GEIST WÜRDE AUCH DIE REALITÄT ZERFALLEN.
WAS HALTET IHR VON MEINEM PLAN?
RISKANT. ABER ICH...
... BIN EINVERSTANDEN.
ICH AUCH.
VORHER MUSS ICH NOCH MIT THANOS UNTER VIER AUGEN REDEN.
WAS HABT IHR VOR, UNS ZU VERHEIMLICHEN?
ICH SAGE EUCH, DIE BEIDEN SCHMIEDEN EIN KOMPLOTT!
FOLGE MIR, DOOM...
IHR DUMMKÖPFE. DAS WERDET IHR...
... NOCH BITTER BEREUEN!
WAS WILLST DU VON MIR?
EINE ABMACHUNG...

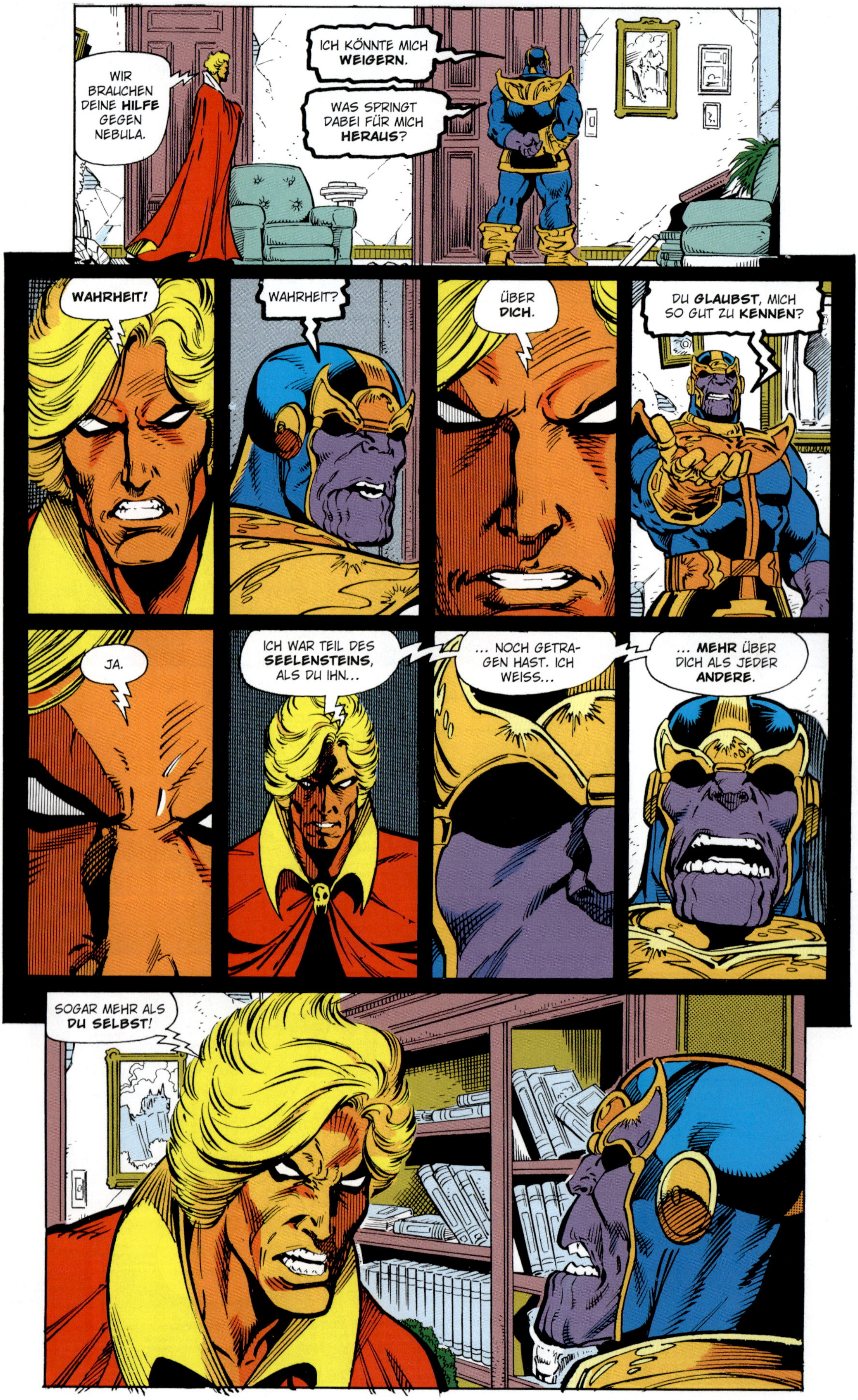
WIR BRAUCHEN DEINE HILFE GEGEN NEBULA.
ICH KÖNNTE MICH WEIGERN.
WAS SPRINGT DABEI FÜR MICH HERAUS?
WAHRHEIT!
WAHRHEIT?
ÜBER DICH.
DU GLAUBST, MICH SO GUT ZU KENNEN?
JA.
ICH WAR TEIL DES SEELENSTEINS, ALS DU IHN...
... NOCH GETRAGEN HAST. ICH WEISS...
... MEHR ÜBER DICH ALS JEDER ANDERE.
SOGAR MEHR ALS DU SELBST!

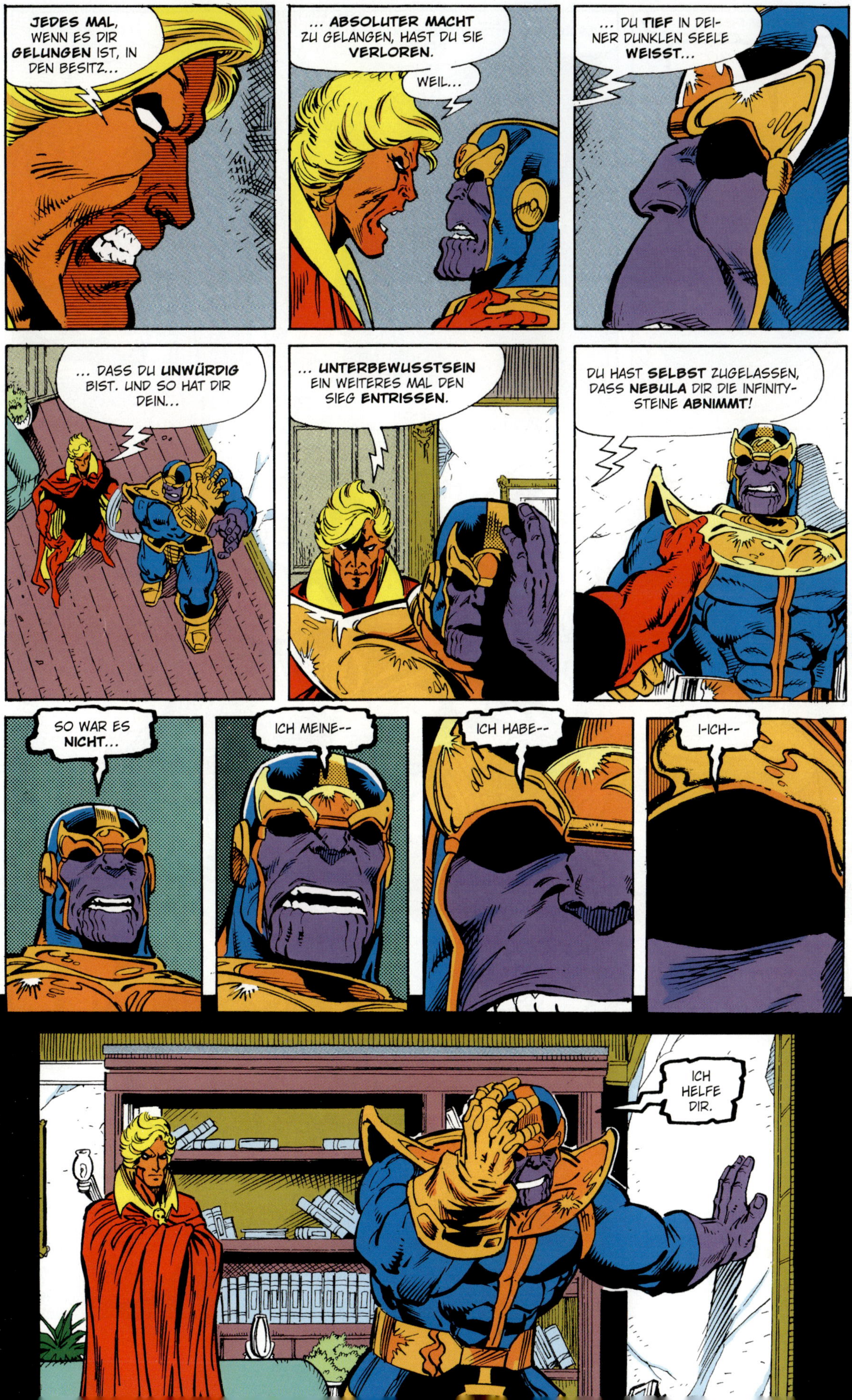
JEDES MAL, WENN ES DIR GELUNGEN IST, IN DEN BESITZ...
... ABSOLUTER MACHT ZU GELANGEN, HAST DU SIE VERLOREN.
WEIL...
... DU TIEF IN DEINER DUNKLEN SEELE WEISST...
... DASS DU UNWÜRDIG BIST. UND SO HAT DIR DEIN...
... UNTERBEWUSSTSEIN EIN WEITERES MAL DEN SIEG ENTRISSEN.
DU HAST SELBST ZUGELASSEN, DASS NEBULA DIR DIE INFINITY-STEINE ABNIMMT!
SO WAR ES NICHT...
ICH MEINE--
ICH HABE--
I-ICH--
ICH HELFE DIR.

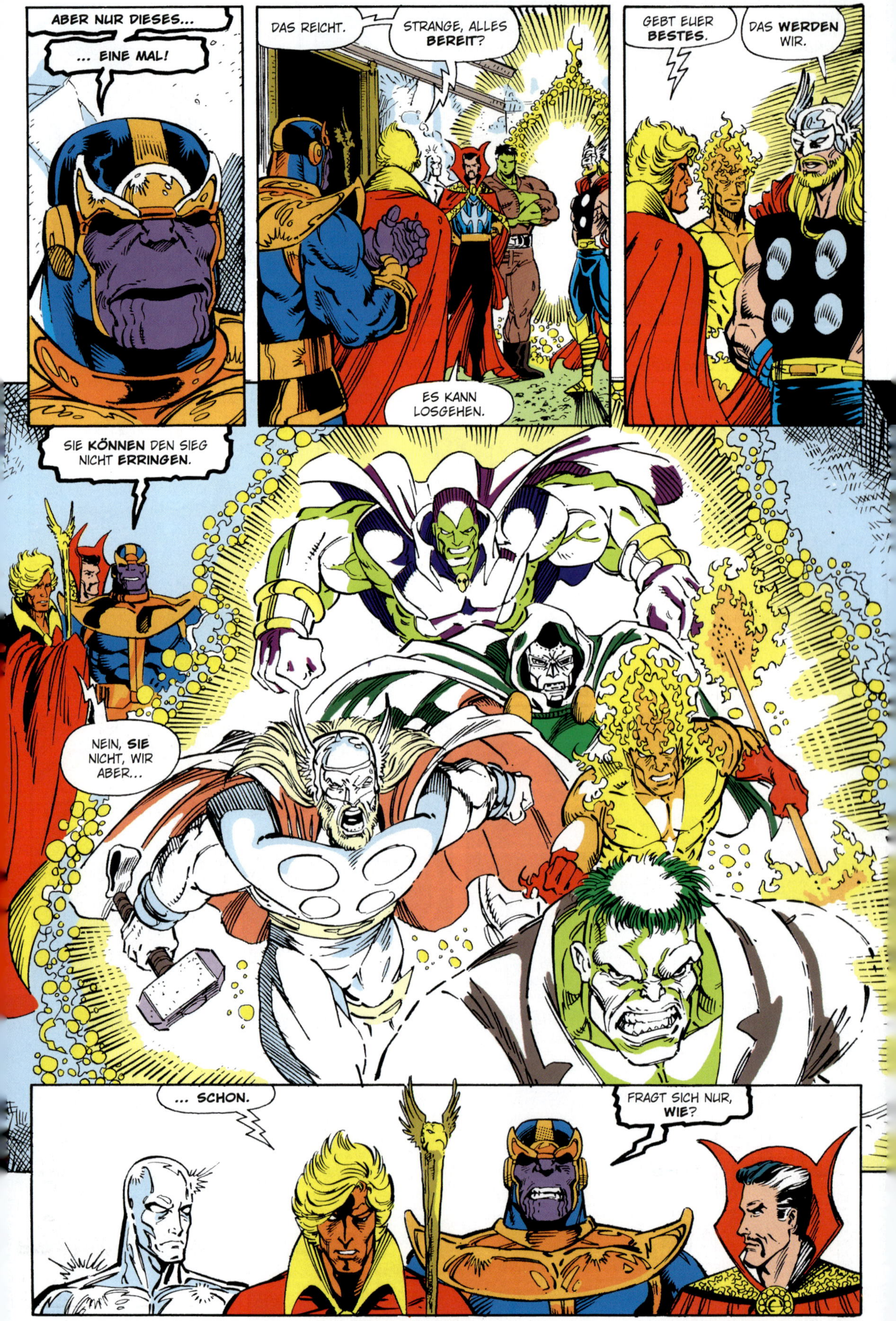

ABER NUR DIESES...
... EINE MAL!
DAS REICHT.
STRANGE, ALLES BEREIT?
ES KANN LOSGEHEN.
GEBT EUER BESTES.
DAS WERDEN WIR.
SIE KÖNNEN DEN SIEG NICHT ERRINGEN.
NEIN, SIE NICHT, WIR ABER...
... SCHON.
FRAGT SICH NUR, WIE?

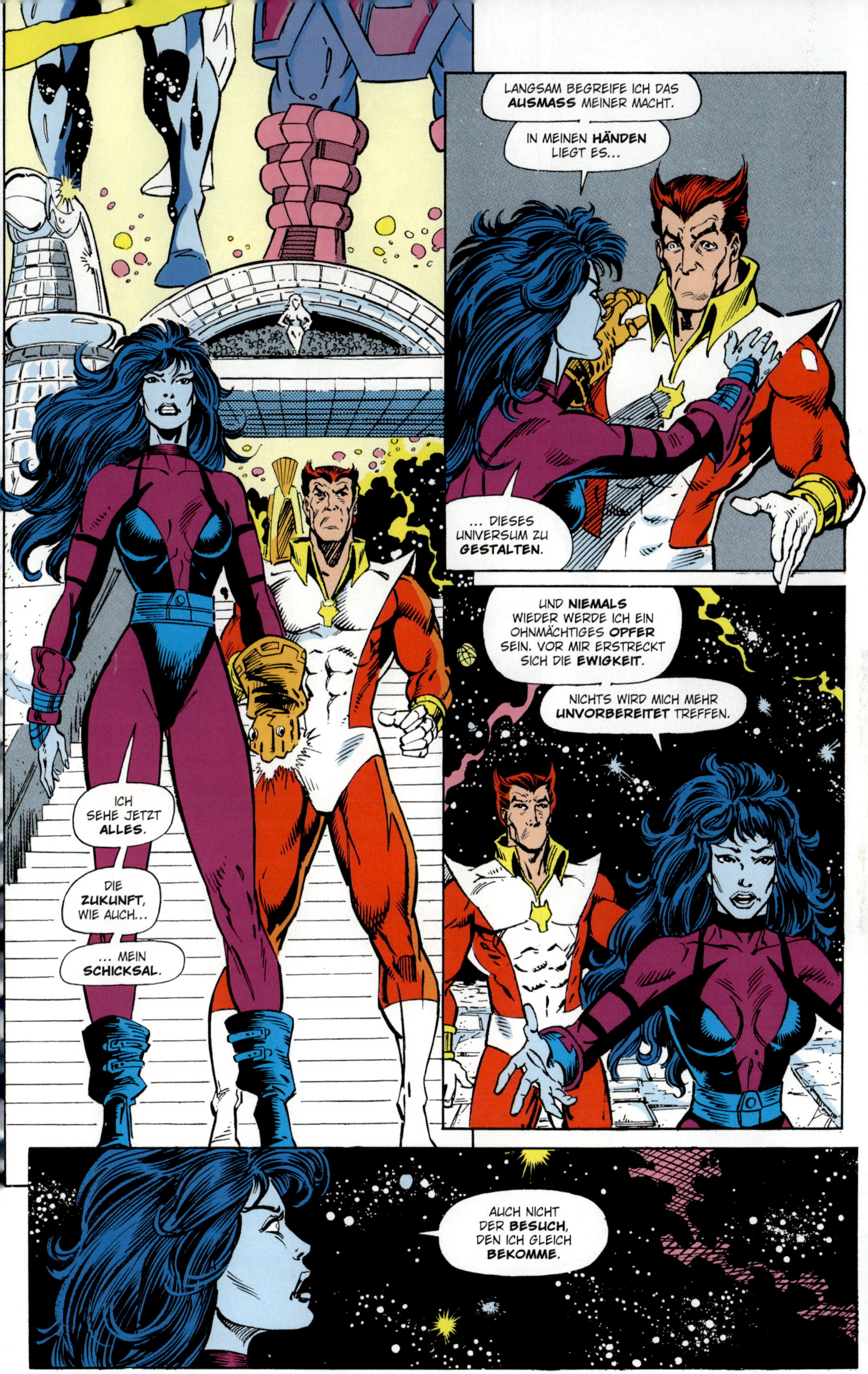
LANGSAM BEGREIFE ICH DAS AUSMASS MEINER MACHT.
IN MEINEN HÄNDEN LIEGT ES...
... DIESES UNIVERSUM ZU GESTALTEN.
ICH SEHE JETZT ALLES.
DIE ZUKUNFT, WIE AUCH...
... MEIN SCHICKSAL.
UND NIEMALS WIEDER WERDE ICH EIN OHNMÄCHTIGES OPFER SEIN. VOR MIR ERSTRECKT SICH DIE EWIGKEIT.
NICHTS WIRD MICH MEHR UNVORBEREITET TREFFEN.
AUCH NICHT DER BESUCH, DEN ICH GLEICH BEKOMME.

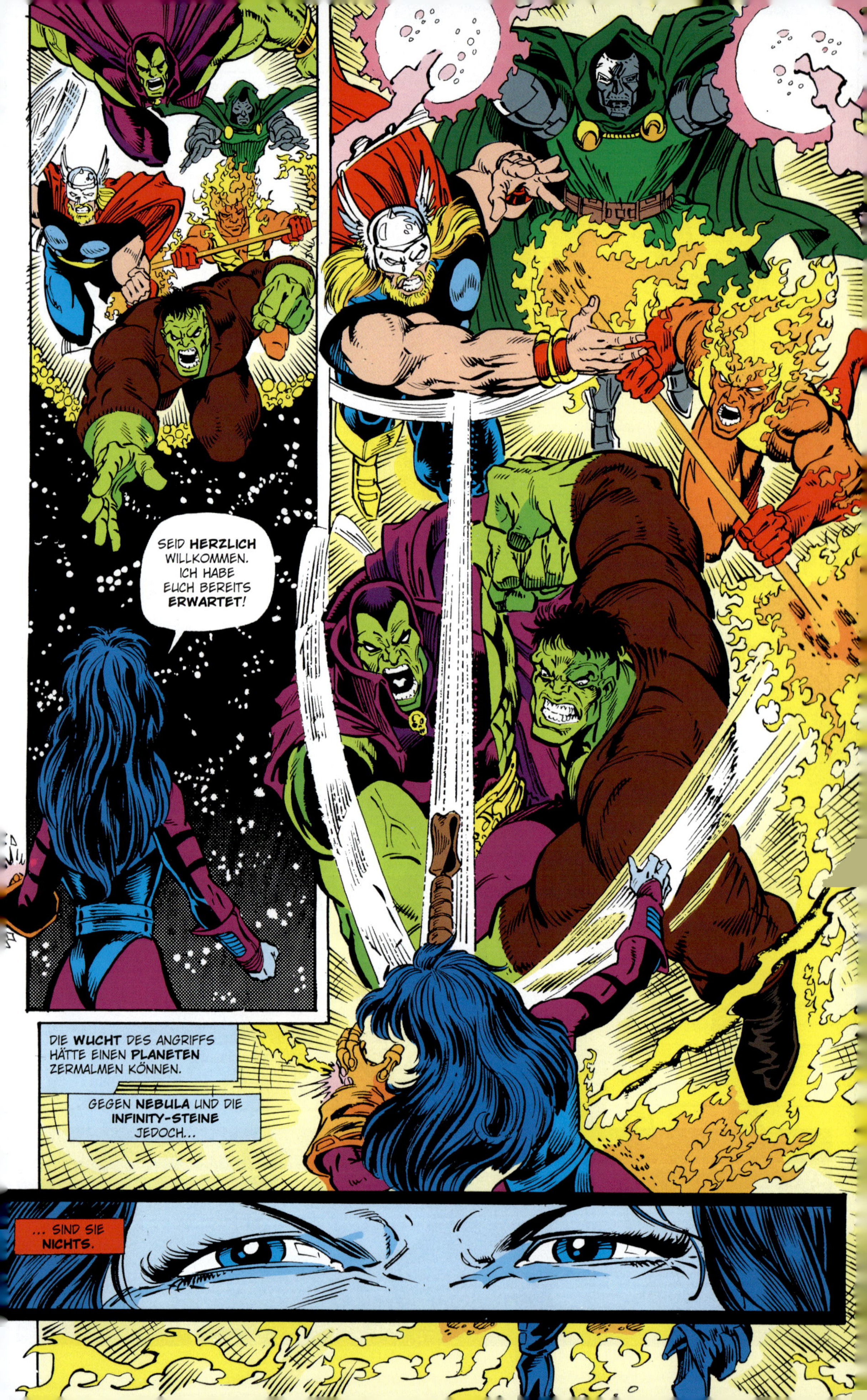
SEID **HERZLICH** WILLKOMMEN. ICH HABE EUCH BEREITS **ERWARTET**!
DIE **WUCHT** DES ANGRIFFS HÄTTE EINEN **PLANETEN** ZERMALMEN KÖNNEN.
GEGEN **NEBULA** UND DIE **INFINITY-STEINE** JEDOCH...
... SIND SIE **NICHTS**.

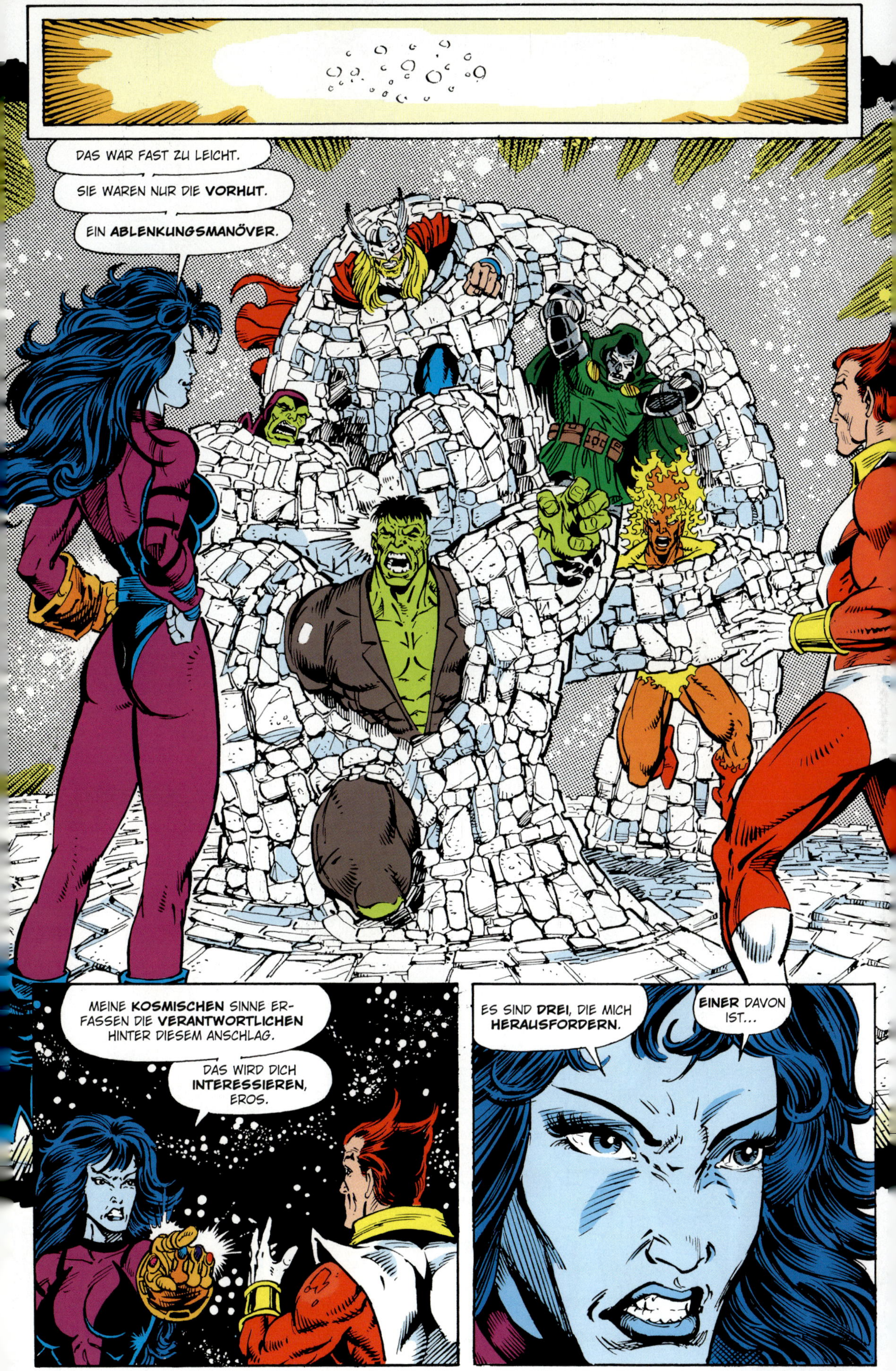
DAS WAR FAST ZU LEICHT.
SIE WAREN NUR DIE **VORHUT**.
EIN **ABLENKUNGSMANÖVER**.
MEINE **KOSMISCHEN** SINNE ERFASSEN DIE **VERANTWORTLICHEN** HINTER DIESEM ANSCHLAG.
DAS WIRD DICH **INTERESSIEREN**, EROS.
ES SIND **DREI**, DIE MICH **HERAUSFORDERN**.
EINER DAVON IST...

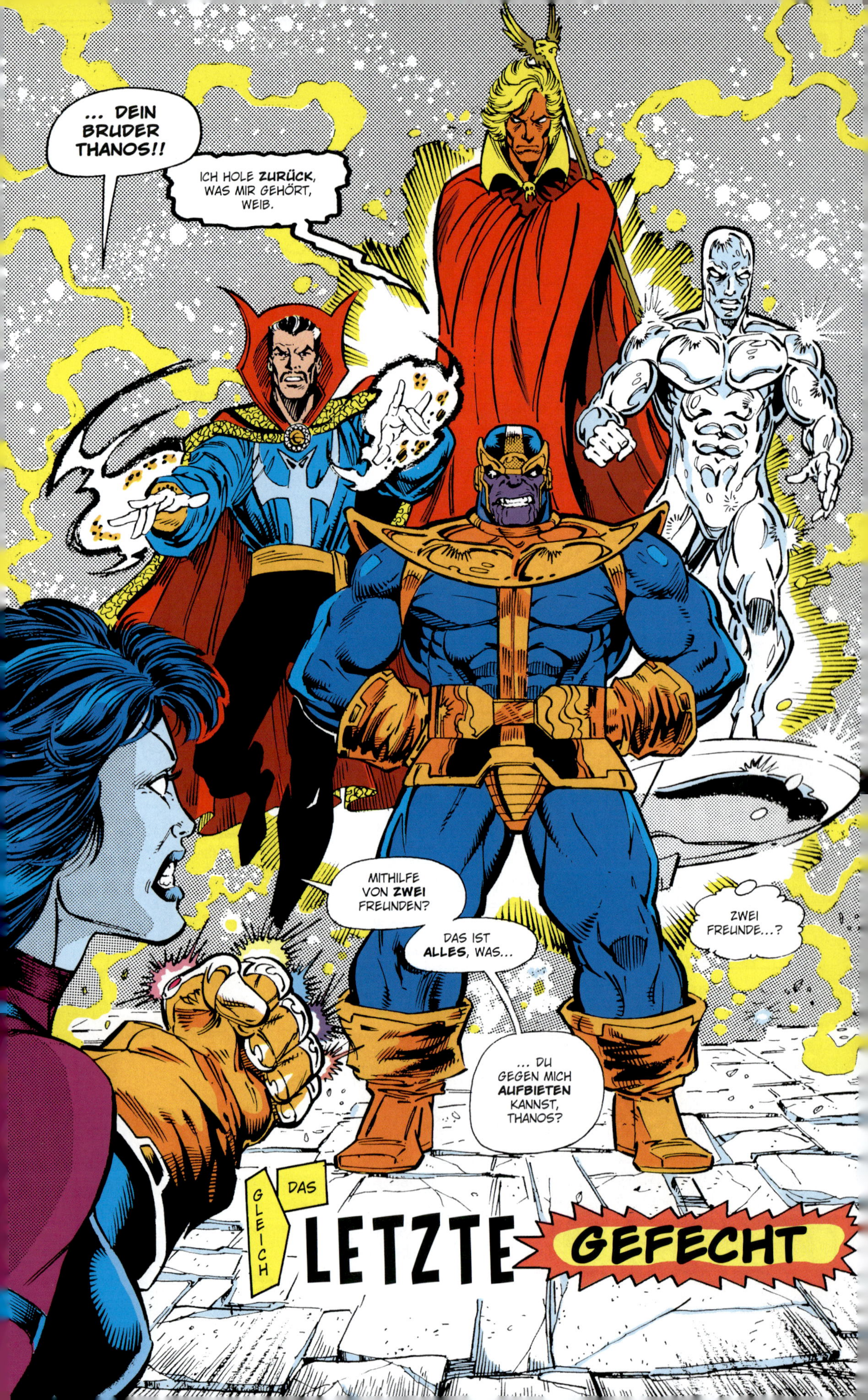
... DEIN BRUDER THANOS!!
ICH HOLE ZURÜCK, WAS MIR GEHÖRT, WEIB.
MITHILFE VON ZWEI FREUNDEN?
DAS IST ALLES, WAS...
... DU GEGEN MICH AUFBIETEN KANNST, THANOS?
ZWEI FREUNDE...?
GLEICH DAS LETZTE GEFECHT

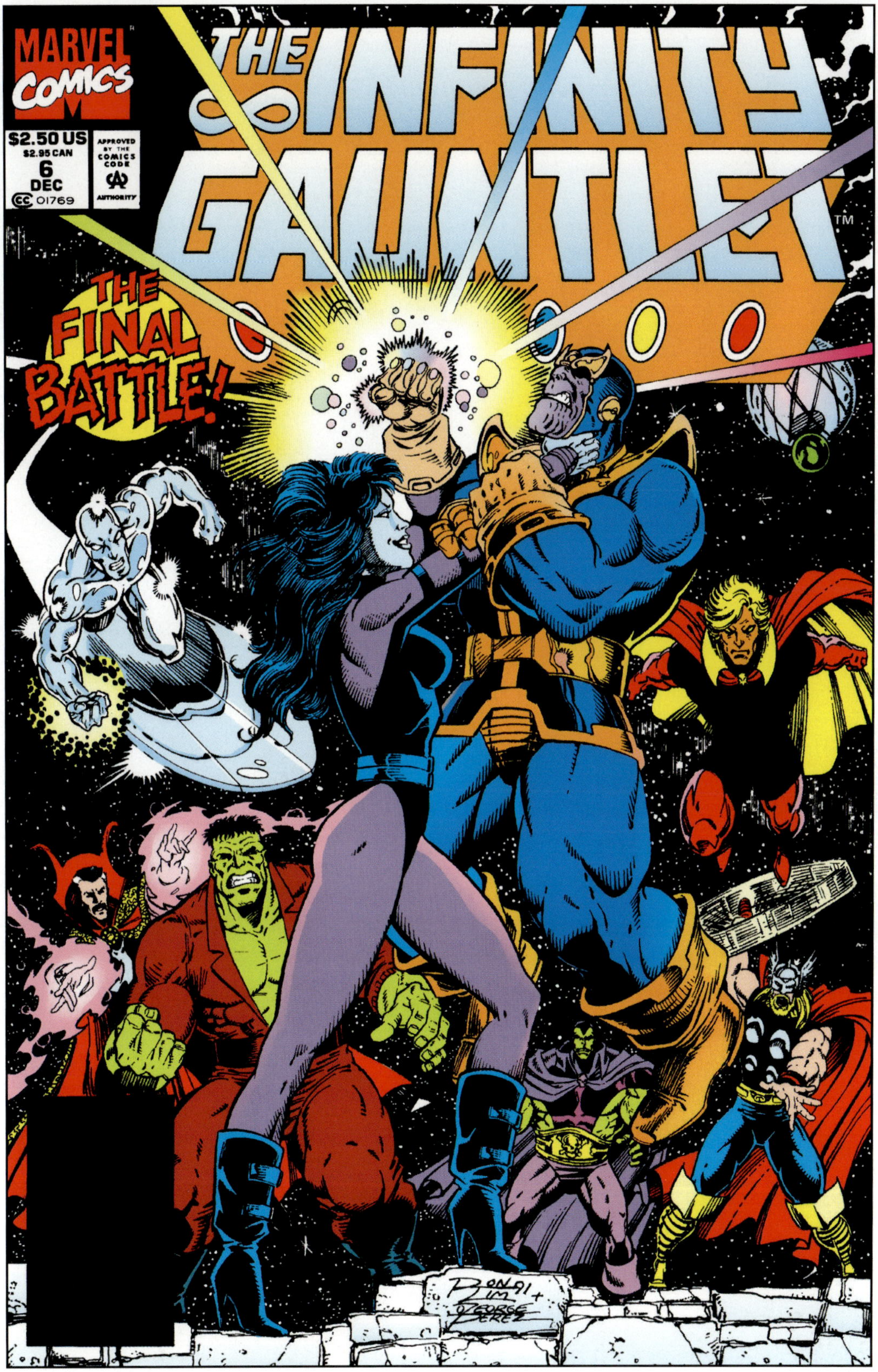

Infinity Gauntlet (1991) 6
Cover von **RON LIM** & **GEORGE PÉREZ**

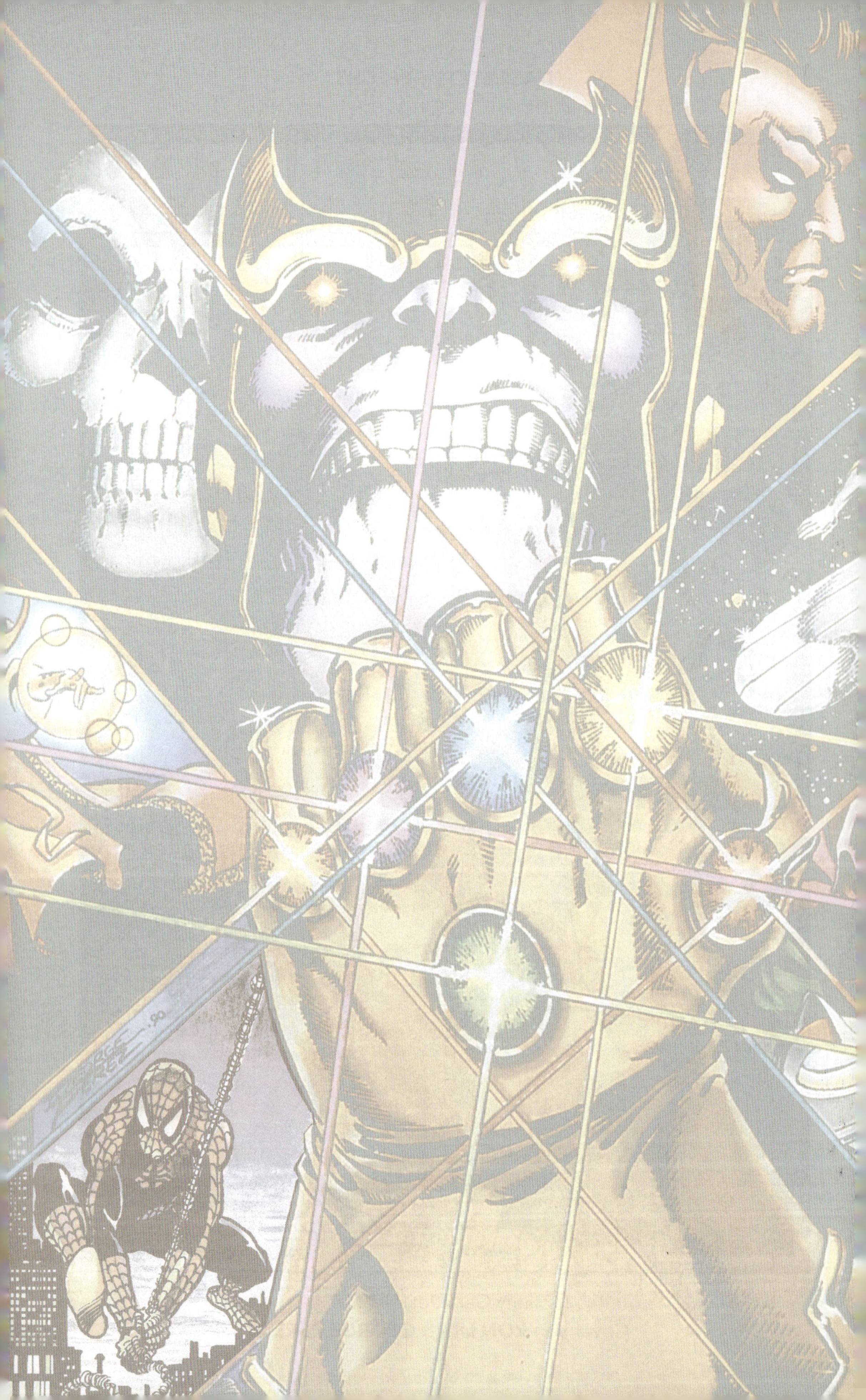

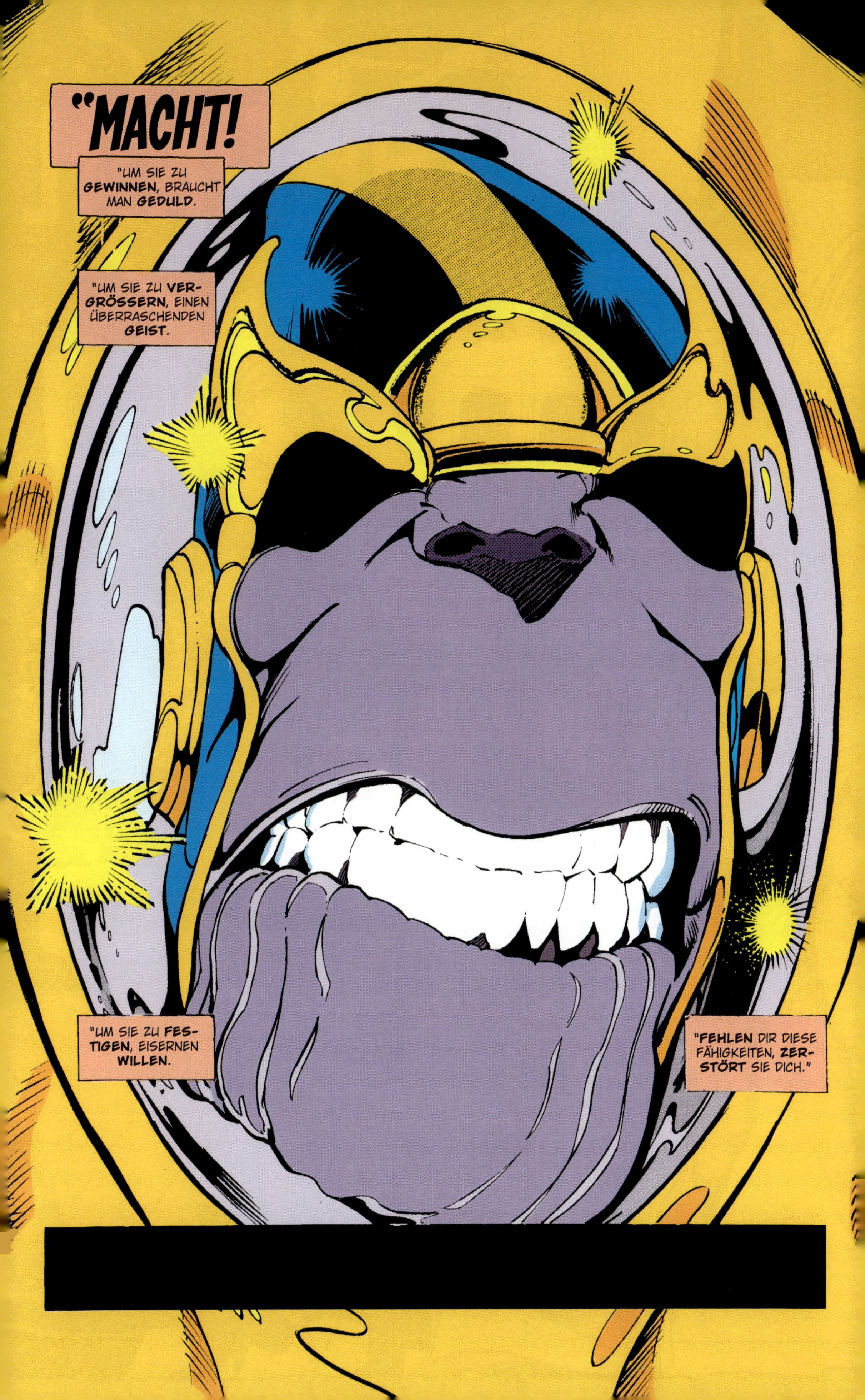
"MACHT!
"UM SIE ZU GEWINNEN, BRAUCHT MAN GEDULD.
"UM SIE ZU VERGRÖSSERN, EINEN ÜBERRASCHENDEN GEIST.
"UM SIE ZU FESTIGEN, EISERNEN WILLEN.
"FEHLEN DIR DIESE FÄHIGKEITEN, ZERSTÖRT SIE DICH."

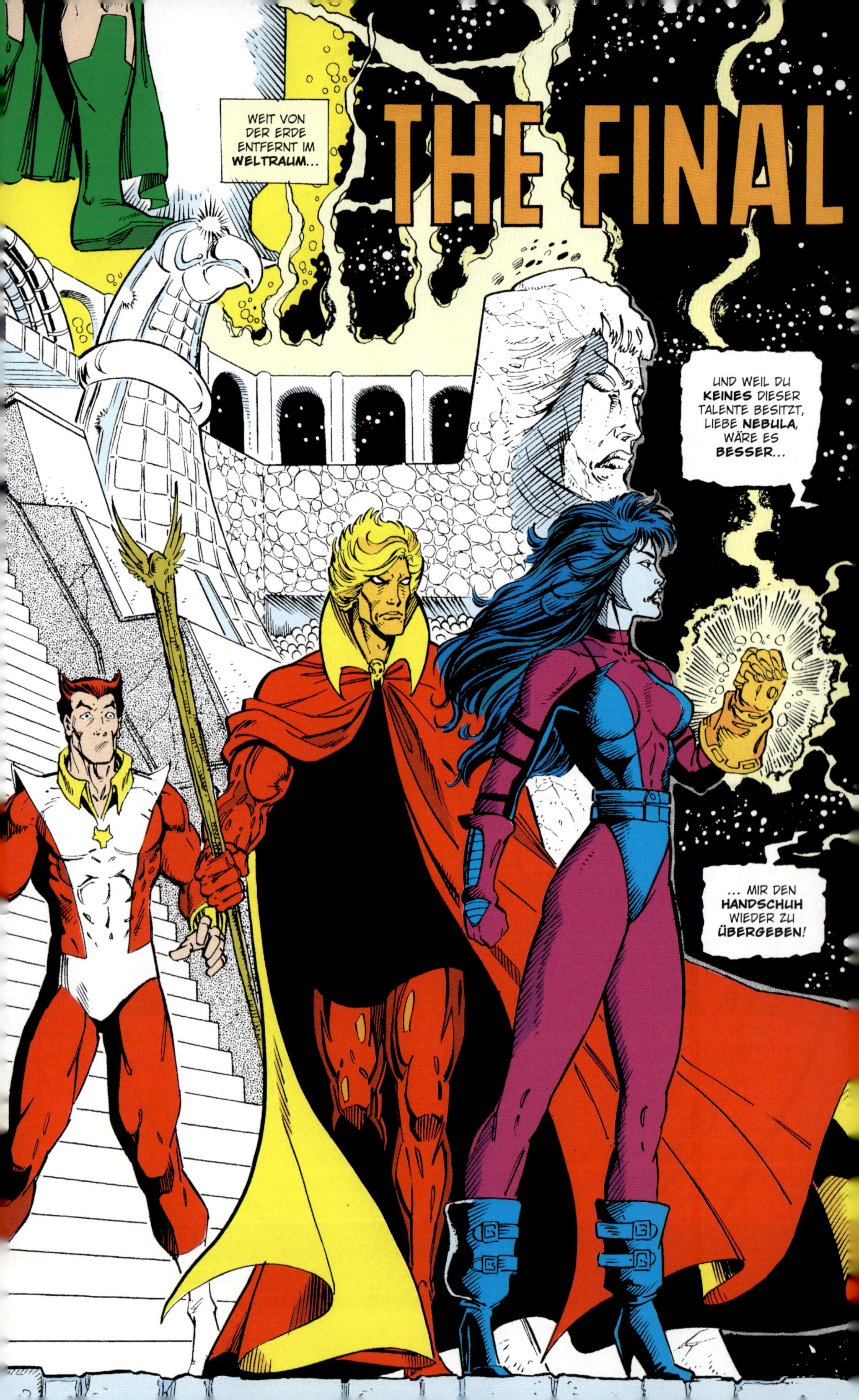
WEIT VON DER ERDE ENTFERNT IM WELTRAUM...
THE FINAL
UND WEIL DU KEINES DIESER TALENTE BESITZT, LIEBE NEBULA, WÄRE ES BESSER...
... MIR DEN HANDSCHUH WIEDER ZU ÜBERGEBEN!

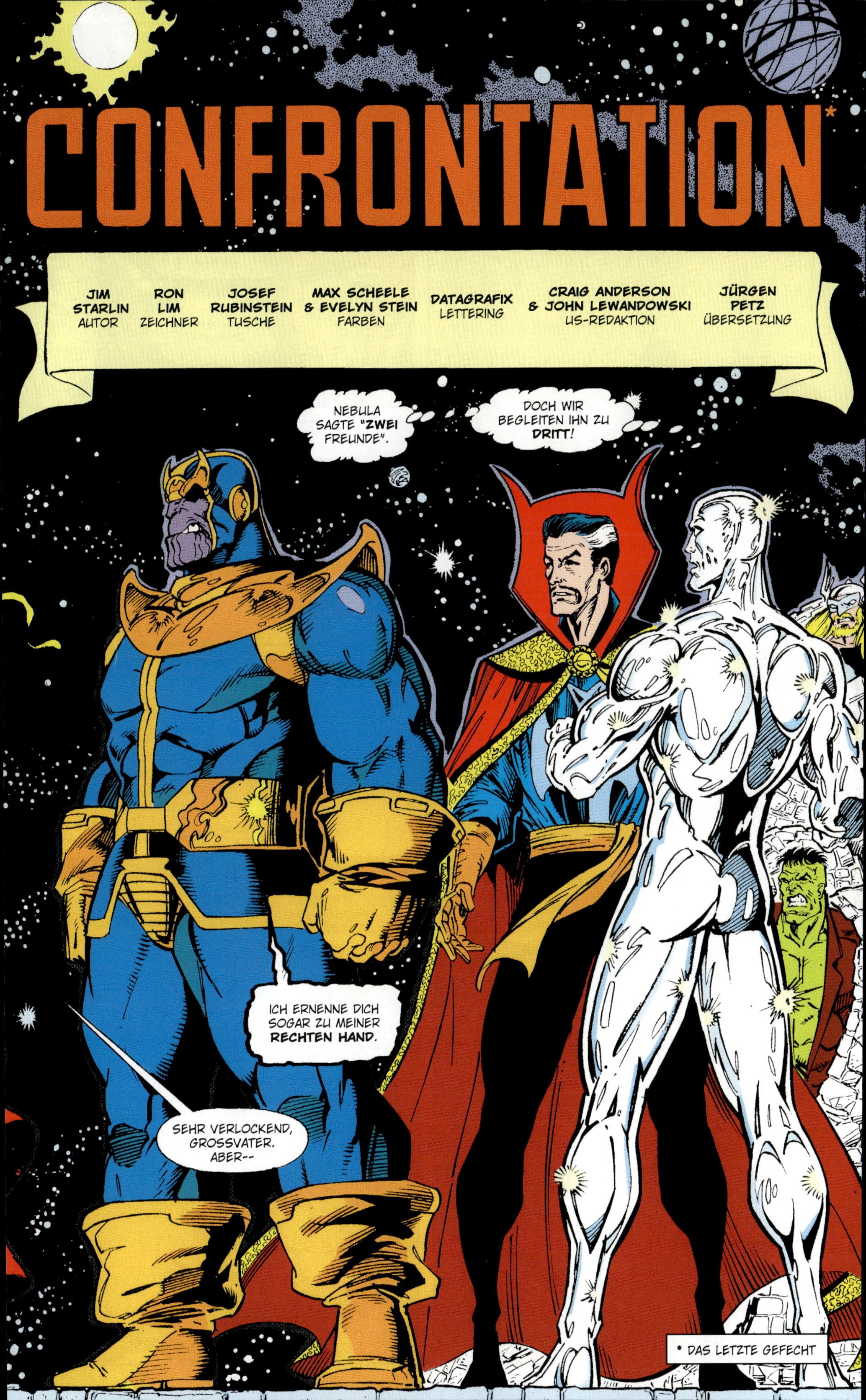
CONFRONTATION*
JIM STARLIN AUTOR
RON LIM ZEICHNER
JOSEF RUBINSTEIN TUSCHE
MAX SCHEELE & EVELYN STEIN FARBEN
DATAGRAFIX LETTERING
CRAIG ANDERSON & JOHN LEWANDOWSKI US-REDAKTION
JÜRGEN PETZ ÜBERSETZUNG
NEBULA SAGTE "ZWEI FREUNDE".
DOCH WIR BEGLEITEN IHN ZU DRITT!
ICH ERNENNE DICH SOGAR ZU MEINER RECHTEN HAND.
SEHR VERLOCKEND, GROSSVATER. ABER--
* DAS LETZTE GEFECHT

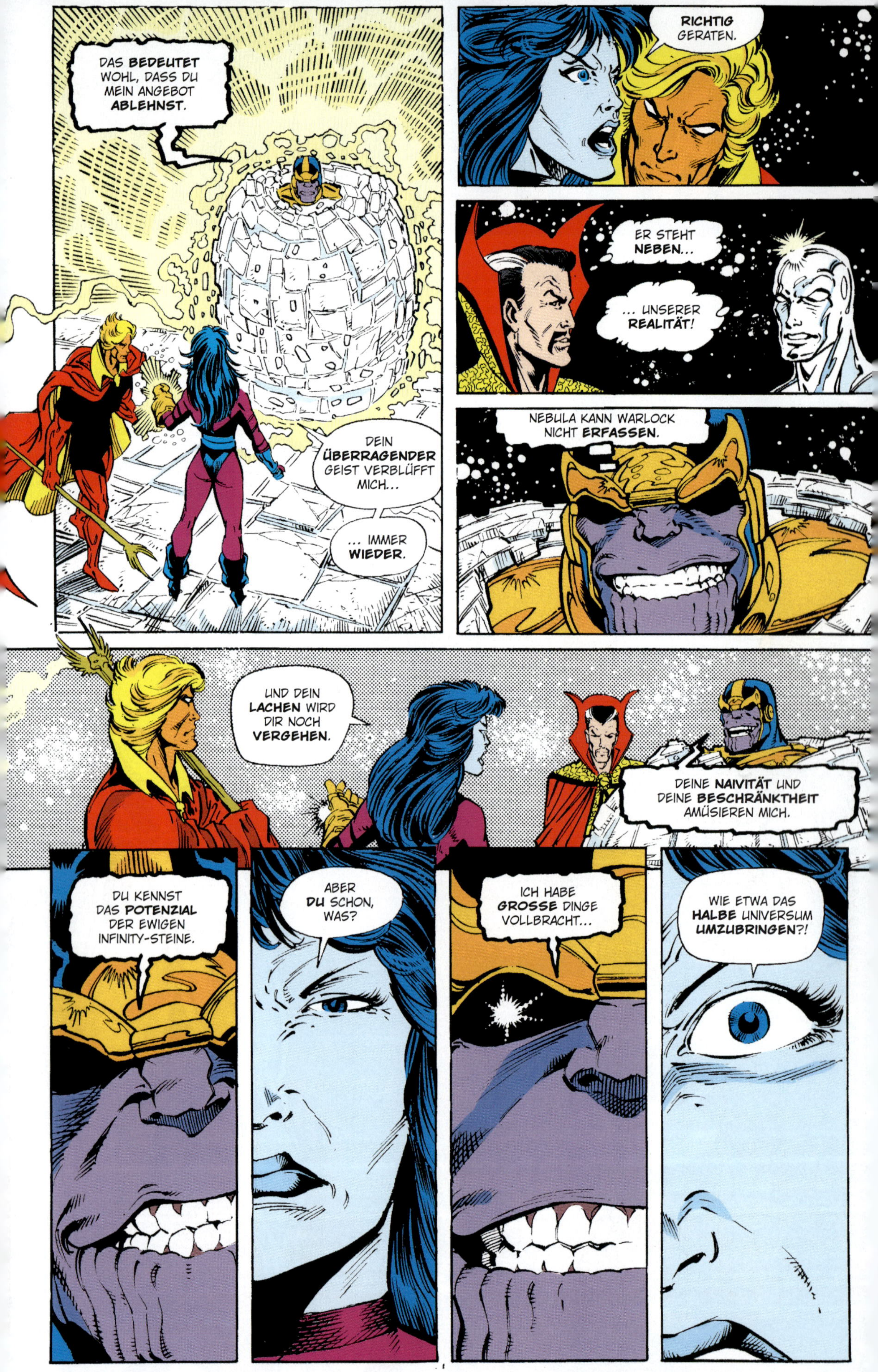
DAS BEDEUTET WOHL, DASS DU MEIN ANGEBOT ABLEHNST.
RICHTIG GERATEN.
ER STEHT NEBEN...
... UNSERER REALITÄT!
DEIN ÜBERRAGENDER GEIST VERBLÜFFT MICH...
... IMMER WIEDER.
NEBULA KANN WARLOCK NICHT ERFASSEN.
UND DEIN LACHEN WIRD DIR NOCH VERGEHEN.
DEINE NAIVITÄT UND DEINE BESCHRÄNKTHEIT AMÜSIEREN MICH.
DU KENNST DAS POTENZIAL DER EWIGEN INFINITY-STEINE.
ABER DU SCHON, WAS?
ICH HABE GROSSE DINGE VOLLBRACHT...
WIE ETWA DAS HALBE UNIVERSUM UMZUBRINGEN?!

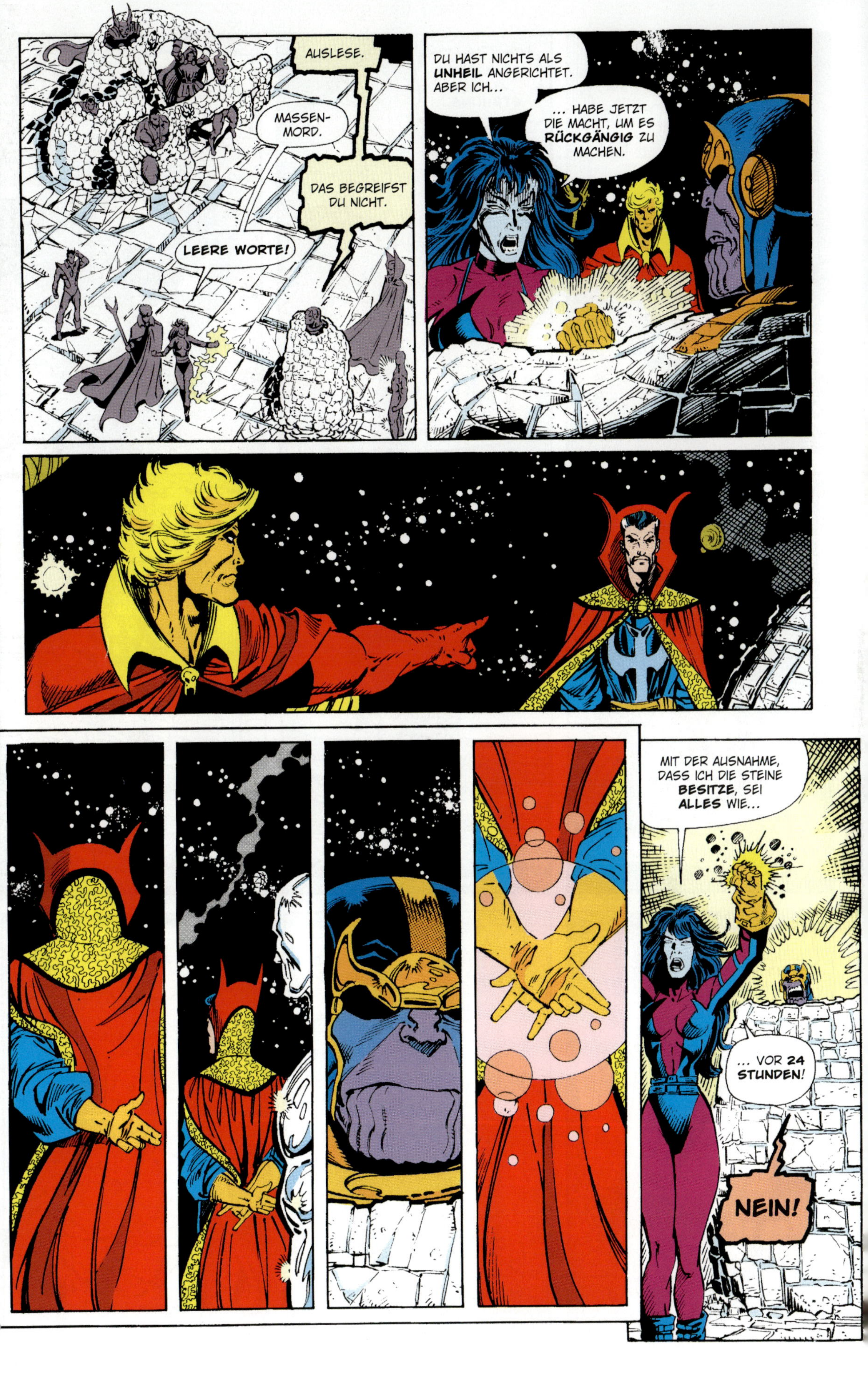
AUSLESE.
MASSEN-
MORD.
DAS BEGREIFST
DU NICHT.
LEERE WORTE!
DU HAST NICHTS ALS
UNHEIL ANGERICHTET.
ABER ICH...
... HABE JETZT
DIE MACHT, UM ES
RÜCKGÄNGIG ZU
MACHEN.
MIT DER AUSNAHME,
DASS ICH DIE STEINE
BESITZE, SEI
ALLES WIE...
... VOR 24
STUNDEN!
NEIN!

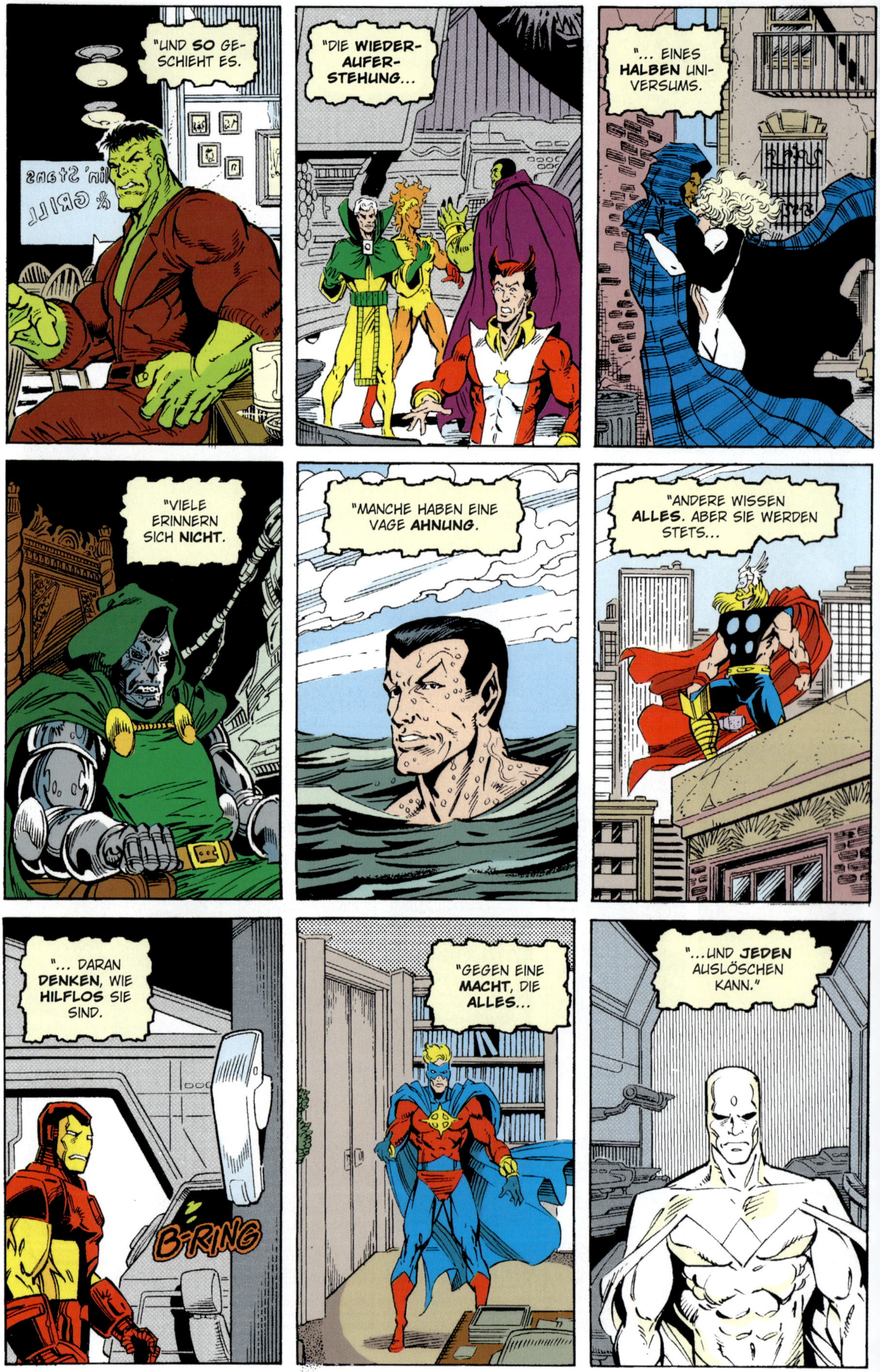
"UND SO GESCHIEHT ES.
"DIE WIEDERAUFERSTEHUNG...
"... EINES HALBEN UNIVERSUMS.
"VIELE ERINNERN SICH NICHT.
"MANCHE HABEN EINE VAGE AHNUNG.
"ANDERE WISSEN ALLES. ABER SIE WERDEN STETS...
"... DARAN DENKEN, WIE HILFLOS SIE SIND.
B-RING
"GEGEN EINE MACHT, DIE ALLES...
"...UND JEDEN AUSLÖSCHEN KANN."

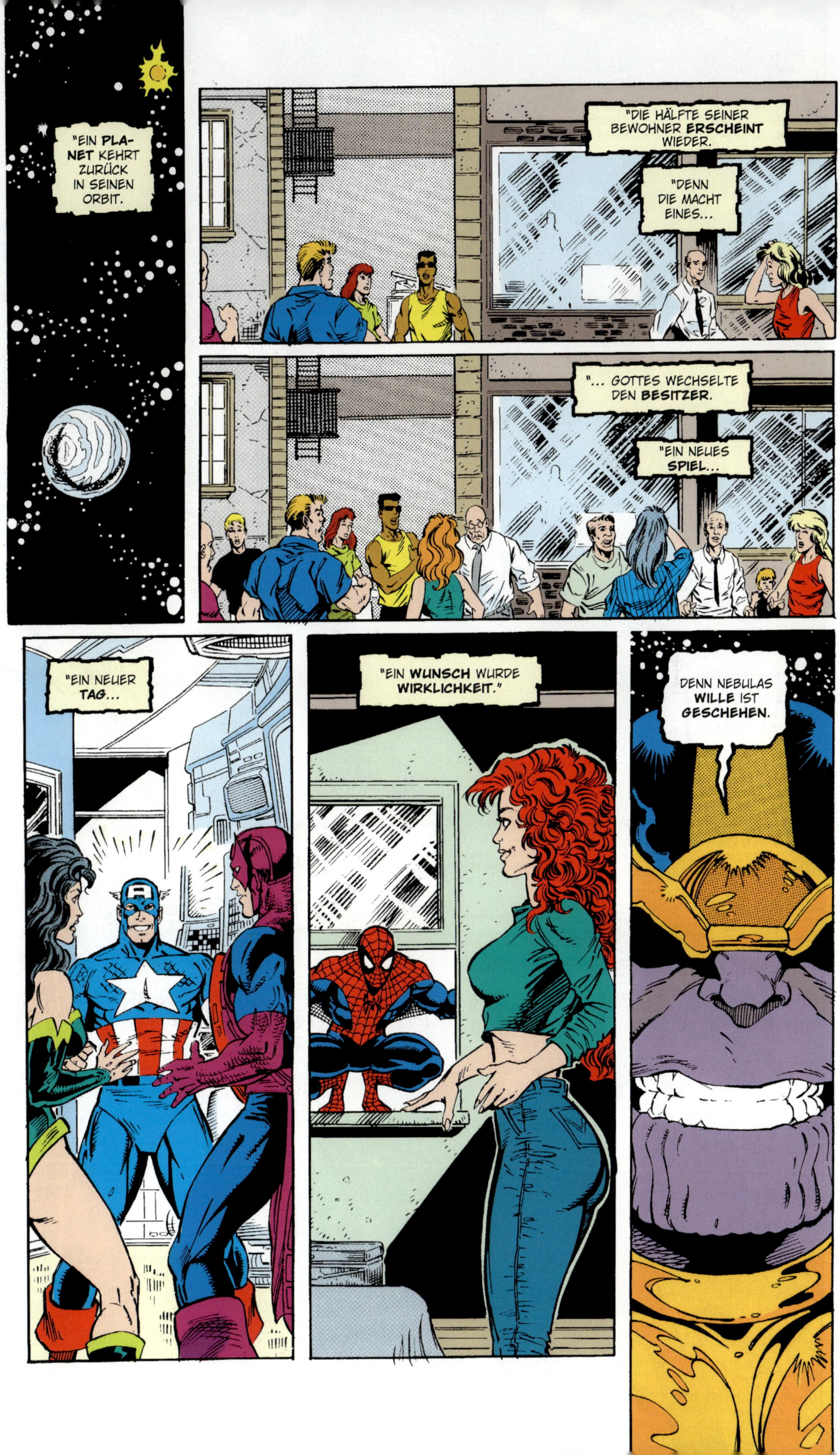
"EIN PLANET KEHRT ZURÜCK IN SEINEN ORBIT.
"DIE HÄLFTE SEINER BEWOHNER ERSCHEINT WIEDER.
"DENN DIE MACHT EINES...
"... GOTTES WECHSELTE DEN BESITZER.
"EIN NEUES SPIEL...
"EIN NEUER TAG...
"EIN WUNSCH WURDE WIRKLICHKEIT."
DENN NEBULAS WILLE IST GESCHEHEN.

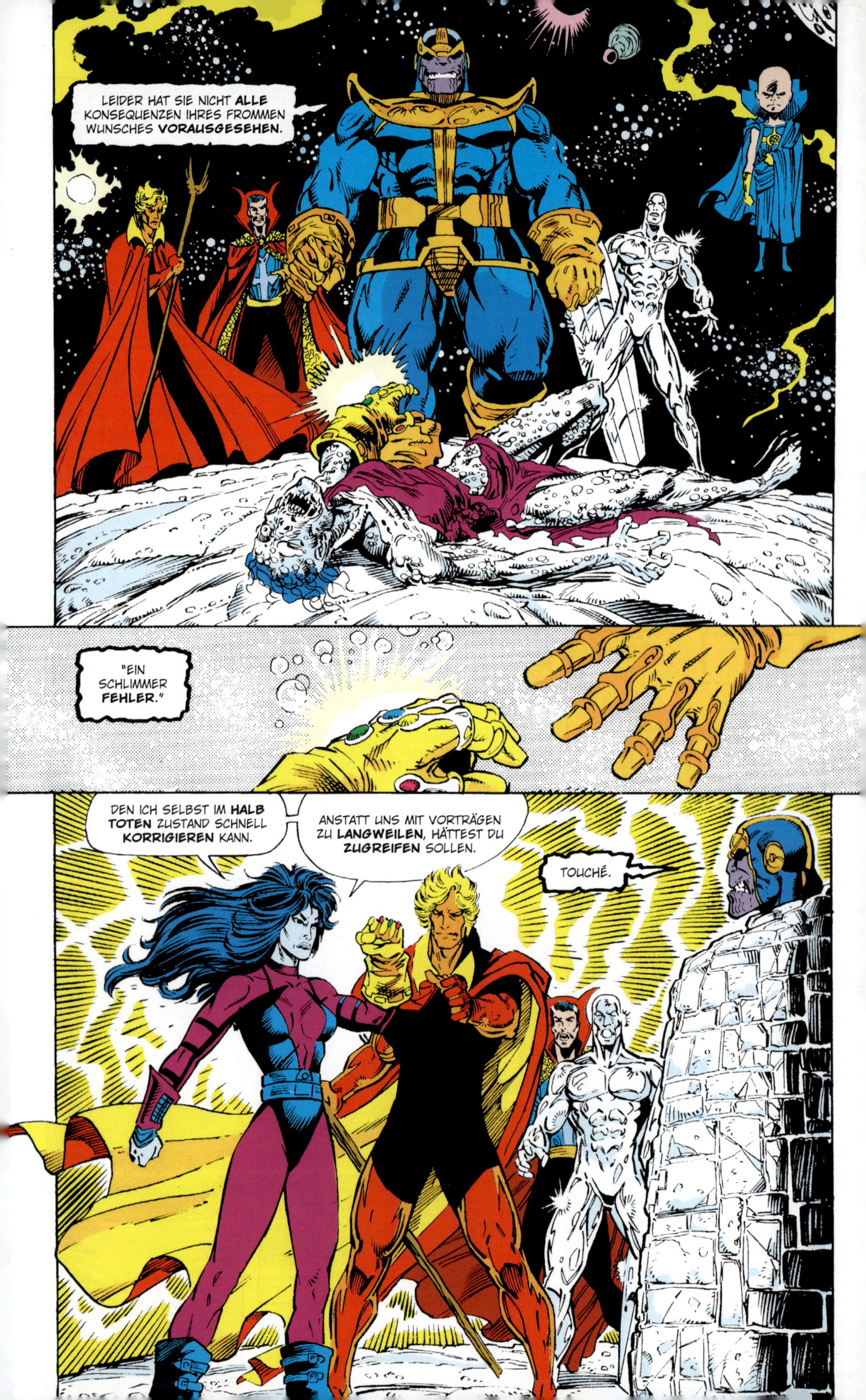
LEIDER HAT SIE NICHT ALLE KONSEQUENZEN IHRES FROMMEN WUNSCHES VORAUSGESEHEN.
"EIN SCHLIMMER FEHLER."
DEN ICH SELBST IM HALB TOTEN ZUSTAND SCHNELL KORRIGIEREN KANN.
ANSTATT UNS MIT VORTRÄGEN ZU LANGWEILEN, HÄTTEST DU ZUGREIFEN SOLLEN.
TOUCHÉ.

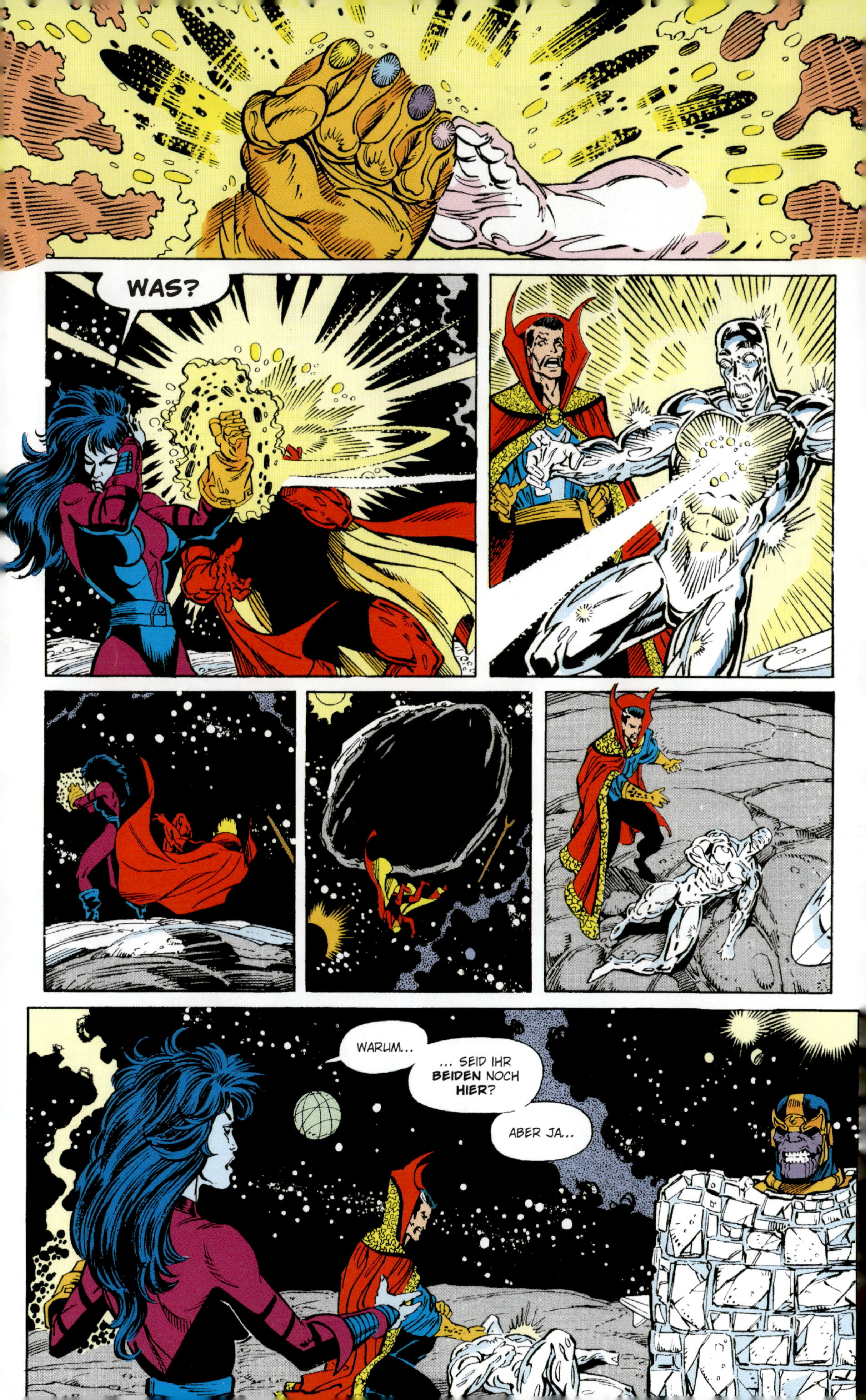
WAS?
WARUM...
... SEID IHR BEIDEN NOCH HIER?
ABER JA...

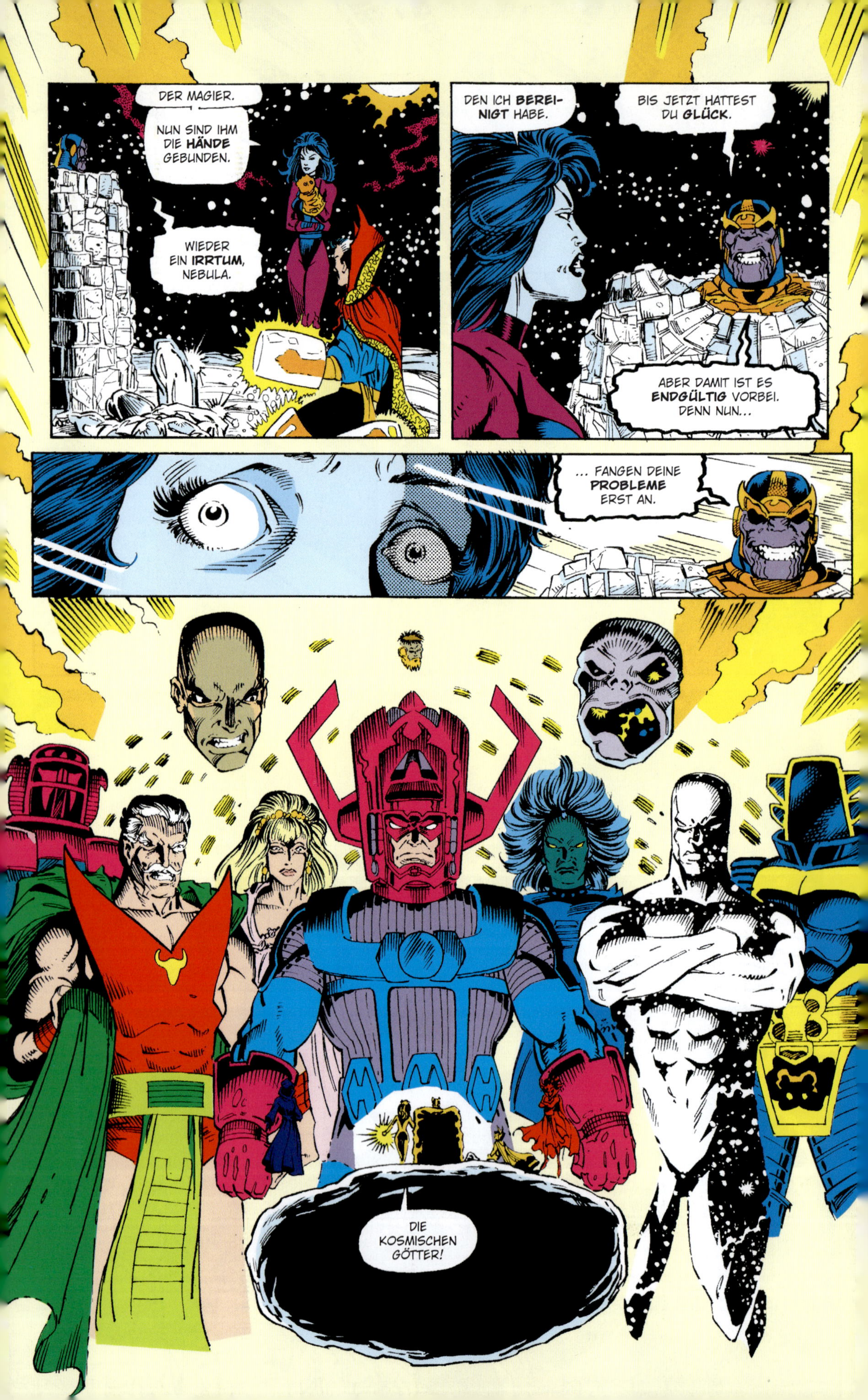

DER MAGIER.
NUN SIND IHM DIE **HÄNDE** GEBUNDEN.
WIEDER EIN **IRRTUM**, NEBULA.
DEN ICH **BEREI-NIGT** HABE.
BIS JETZT HATTEST DU **GLÜCK**.
ABER DAMIT IST ES **ENDGÜLTIG** VORBEI. DENN NUN...
... FANGEN DEINE **PROBLEME** ERST AN.
DIE KOSMISCHEN GÖTTER!

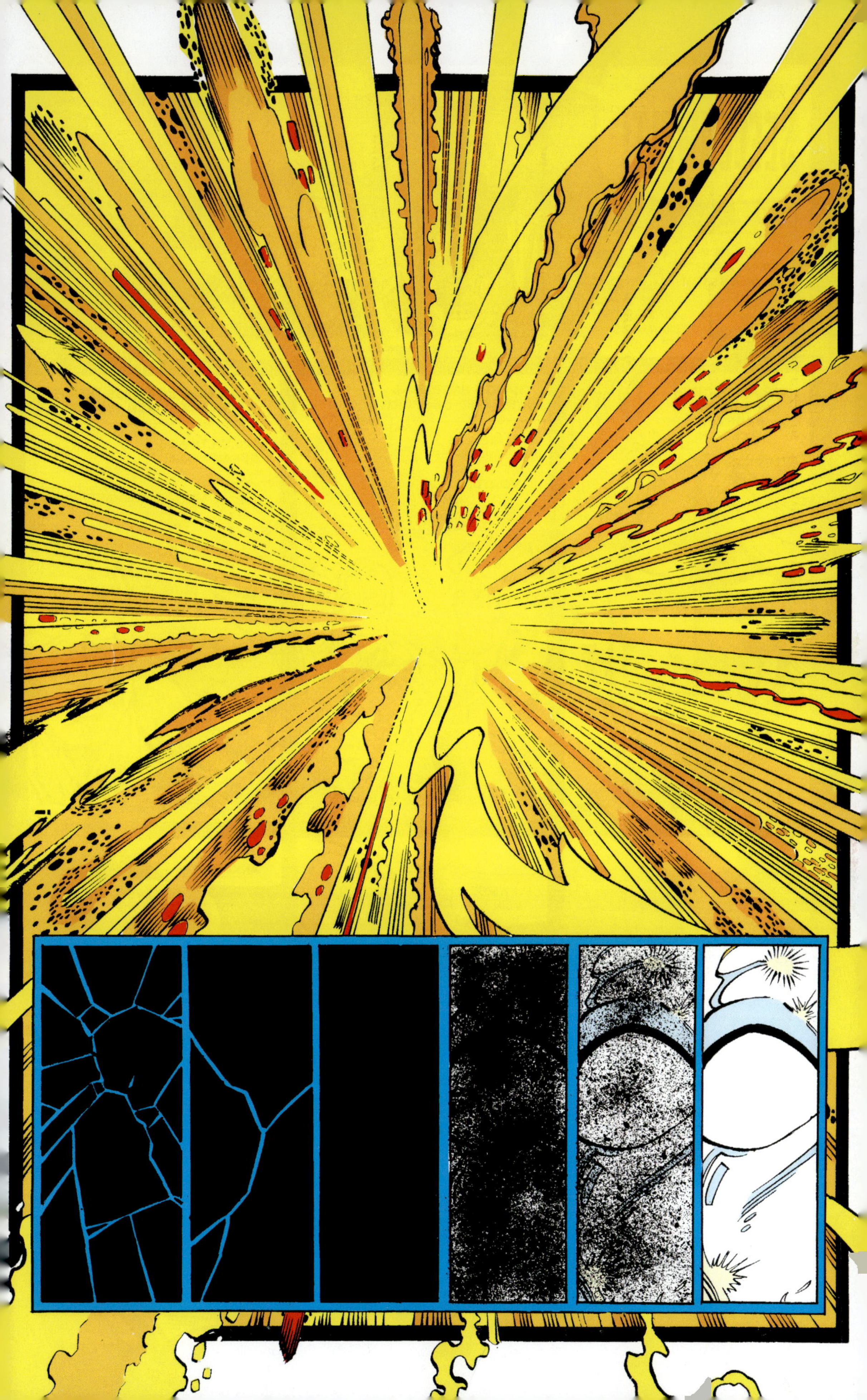

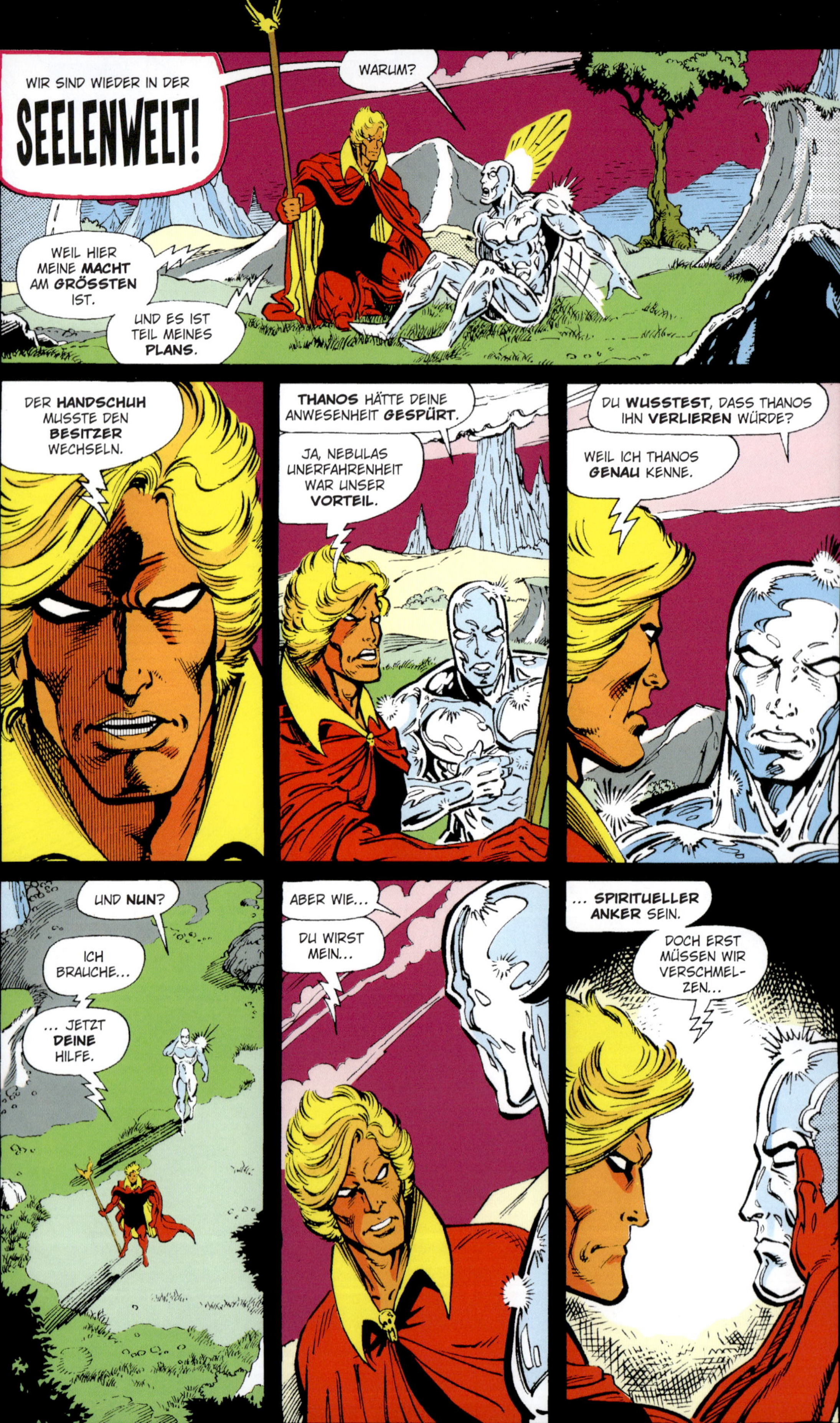

WIR SIND WIEDER IN DER SEELENWELT!
WARUM?
WEIL HIER MEINE MACHT AM GRÖSSTEN IST.
UND ES IST TEIL MEINES PLANS.
DER HANDSCHUH MUSSTE DEN BESITZER WECHSELN.
THANOS HÄTTE DEINE ANWESENHEIT GESPÜRT.
JA, NEBULAS UNERFAHRENHEIT WAR UNSER VORTEIL.
DU WUSSTEST, DASS THANOS IHN VERLIEREN WÜRDE?
WEIL ICH THANOS GENAU KENNE.
UND NUN?
ICH BRAUCHE…
… JETZT DEINE HILFE.
ABER WIE…
DU WIRST MEIN…
… SPIRITUELLER ANKER SEIN.
DOCH ERST MÜSSEN WIR VERSCHMEL-ZEN…

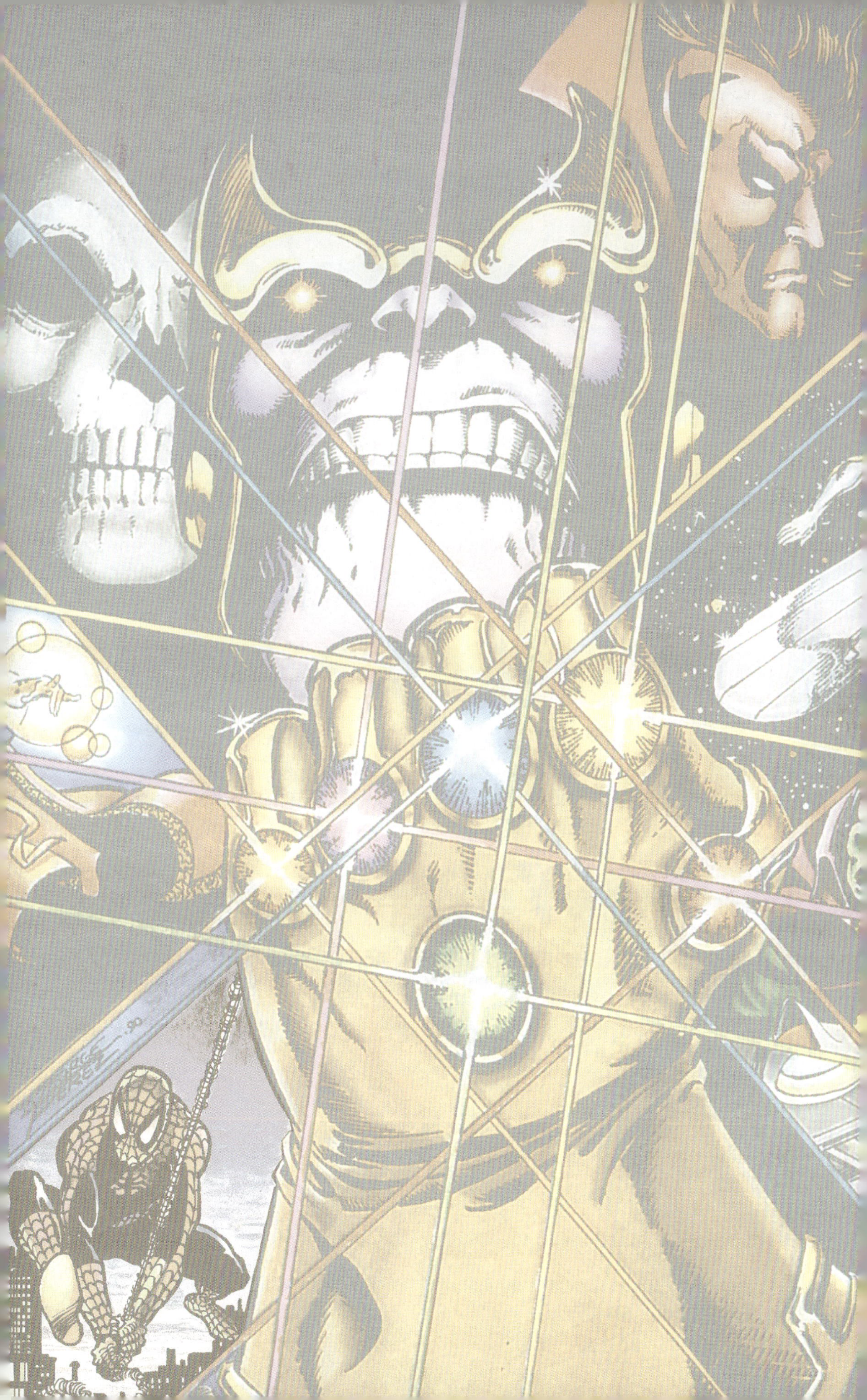

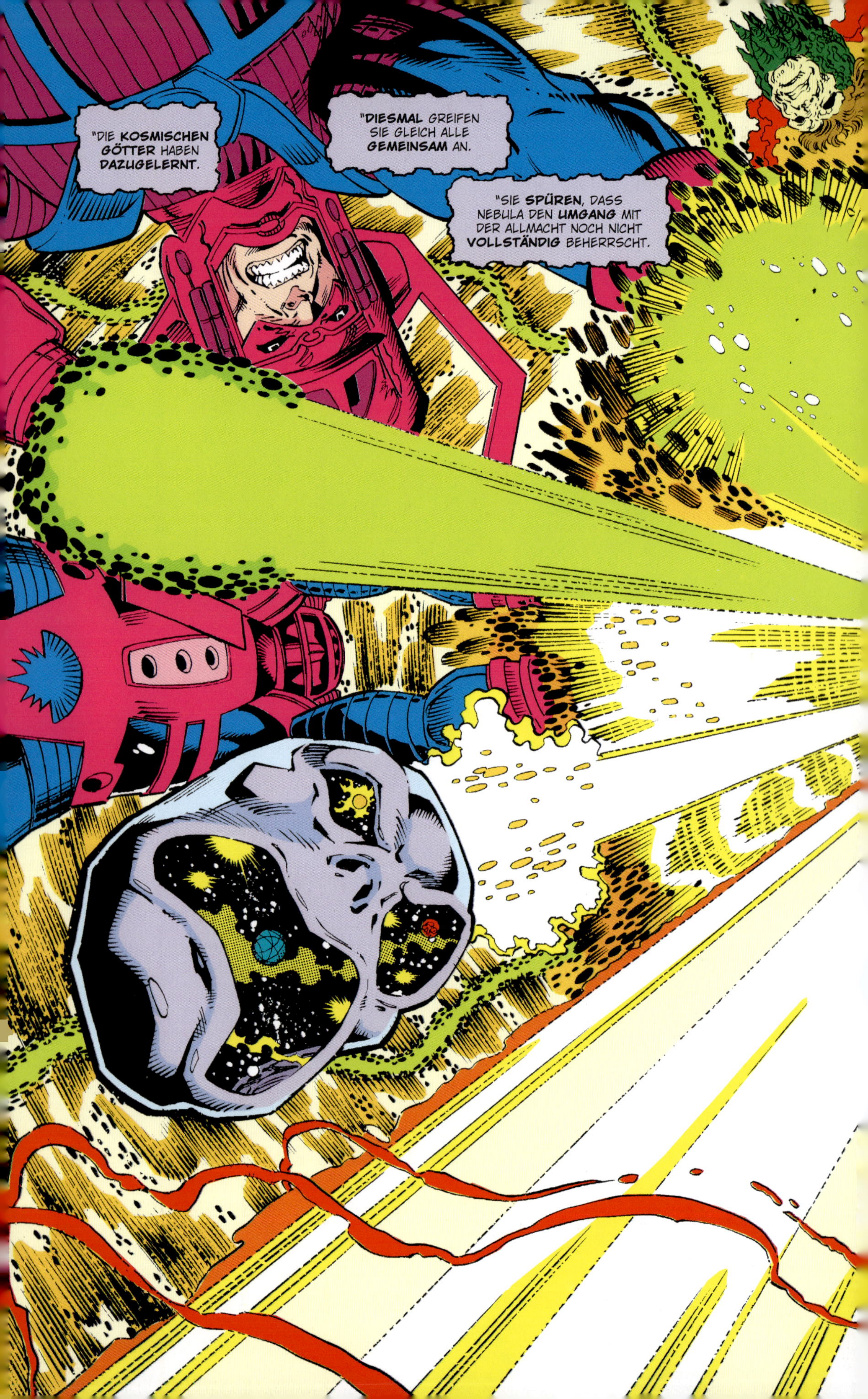
"DIE KOSMISCHEN GÖTTER HABEN DAZUGELERNT.
"DIESMAL GREIFEN SIE GLEICH ALLE GEMEINSAM AN.
"SIE SPÜREN, DASS NEBULA DEN UMGANG MIT DER ALLMACHT NOCH NICHT VOLLSTÄNDIG BEHERRSCHT.

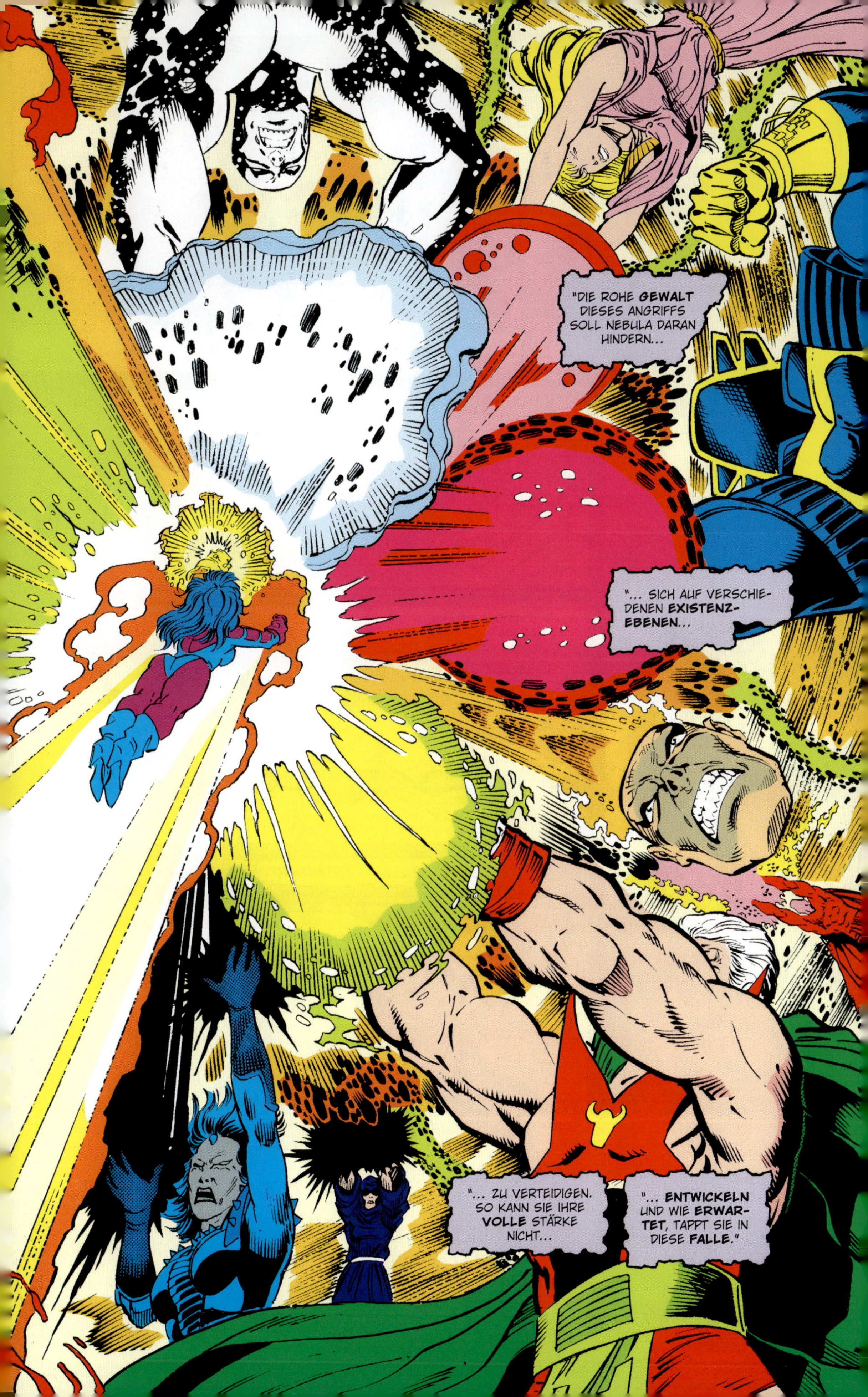
"DIE ROHE GEWALT DIESES ANGRIFFS SOLL NEBULA DARAN HINDERN...
"... SICH AUF VERSCHIEDENEN EXISTENZEBENEN...
"... ZU VERTEIDIGEN. SO KANN SIE IHRE VOLLE STÄRKE NICHT...
"... ENTWICKELN UND WIE ERWARTET, TAPPT SIE IN DIESE FALLE."

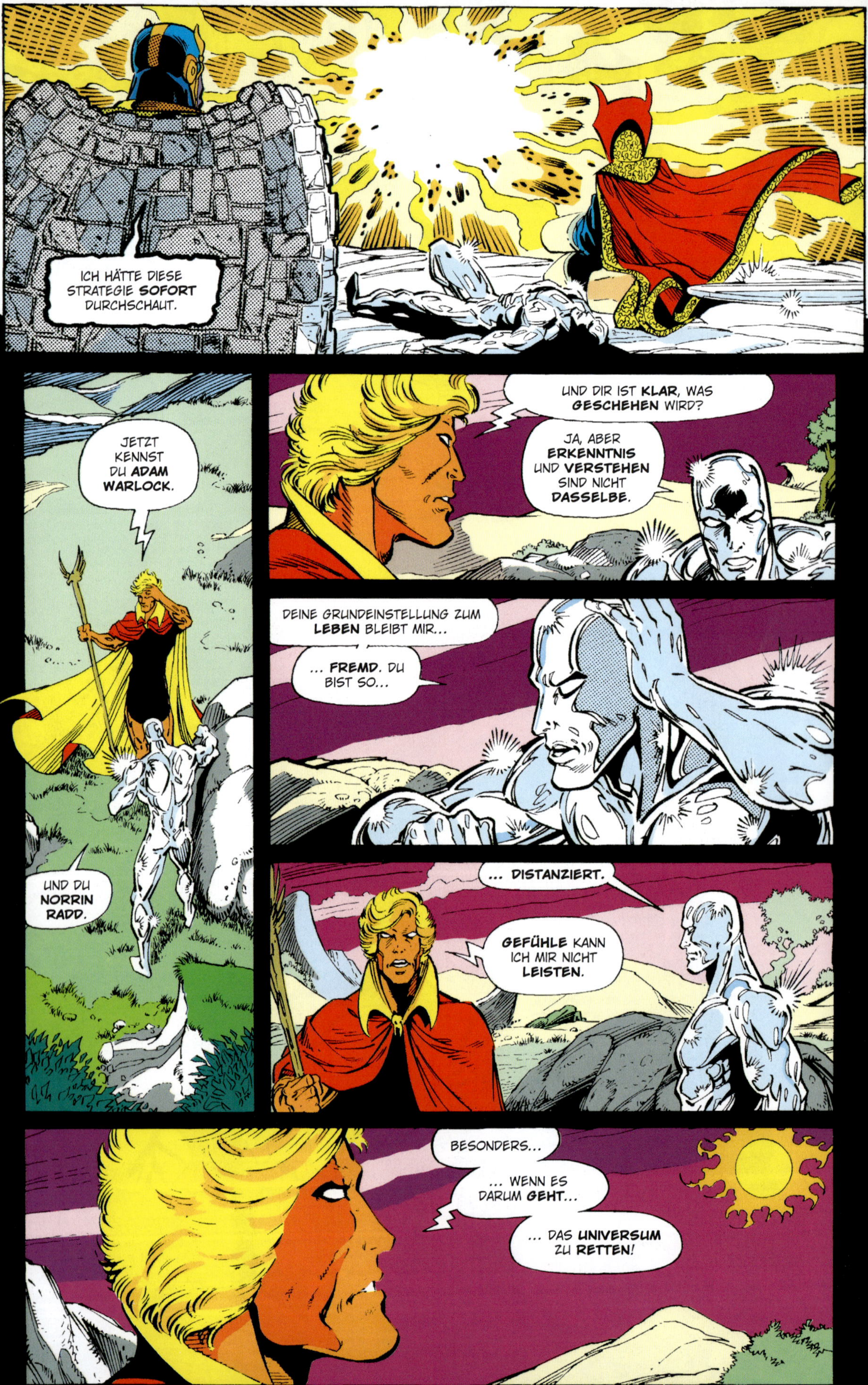

ICH HÄTTE DIESE STRATEGIE SOFORT DURCHSCHAUT.
JETZT KENNST DU ADAM WARLOCK.
UND DU NORRIN RADD.
UND DIR IST KLAR, WAS GESCHEHEN WIRD?
JA, ABER ERKENNTNIS UND VERSTEHEN SIND NICHT DASSELBE.
DEINE GRUNDEINSTELLUNG ZUM LEBEN BLEIBT MIR...
... FREMD. DU BIST SO...
... DISTANZIERT.
GEFÜHLE KANN ICH MIR NICHT LEISTEN.
BESONDERS...
... WENN ES DARUM GEHT...
... DAS UNIVERSUM ZU RETTEN!

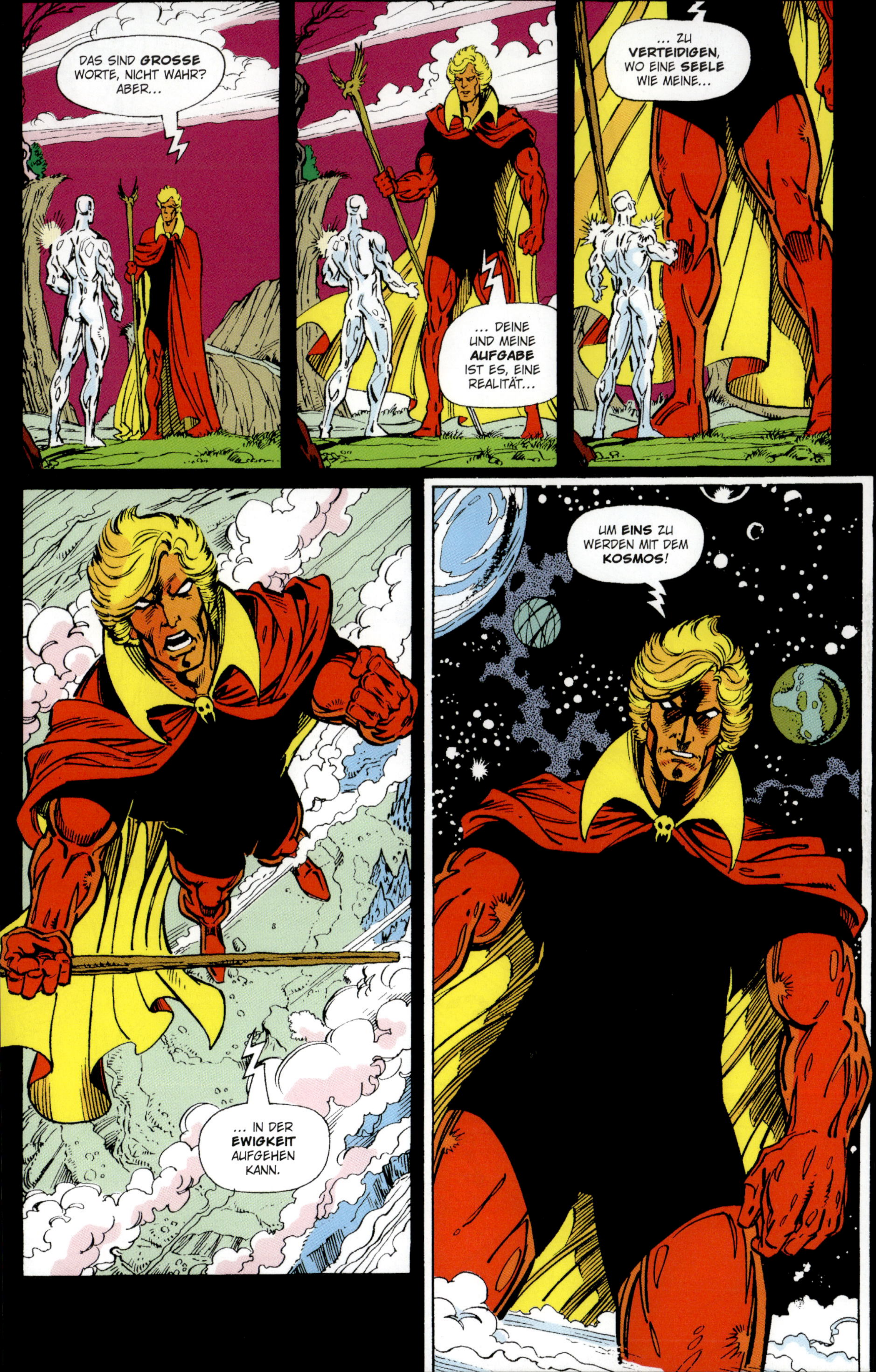
DAS SIND GROSSE WORTE, NICHT WAHR? ABER...
... DEINE UND MEINE AUFGABE IST ES, EINE REALITÄT...
... ZU VERTEIDIGEN, WO EINE SEELE WIE MEINE...
... IN DER EWIGKEIT AUFGEHEN KANN.
UM EINS ZU WERDEN MIT DEM KOSMOS!

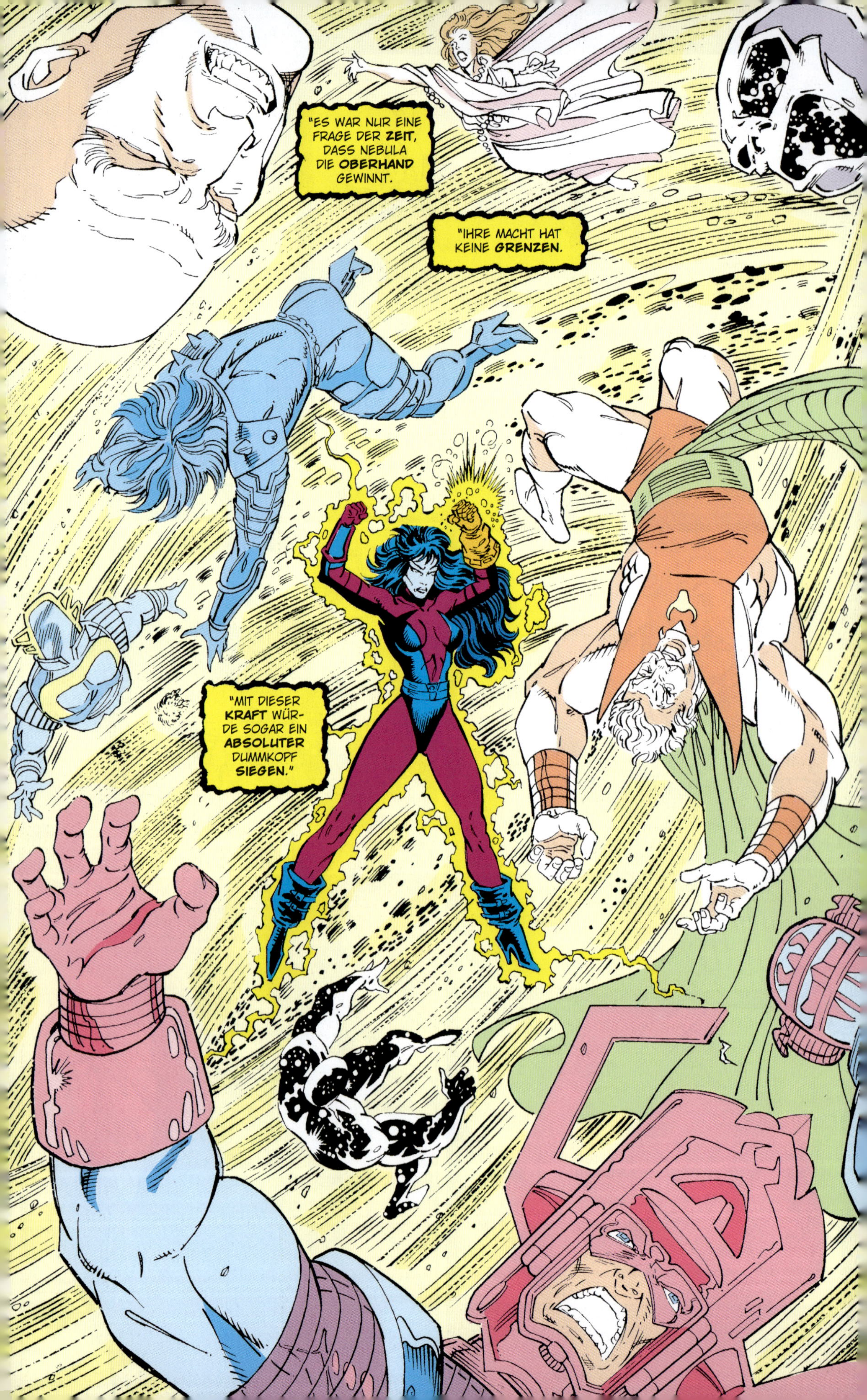
"ES WAR NUR EINE FRAGE DER ZEIT, DASS NEBULA DIE OBERHAND GEWINNT.
"IHRE MACHT HAT KEINE GRENZEN.
"MIT DIESER KRAFT WÜRDE SOGAR EIN ABSOLUTER DUMMKOPF SIEGEN."

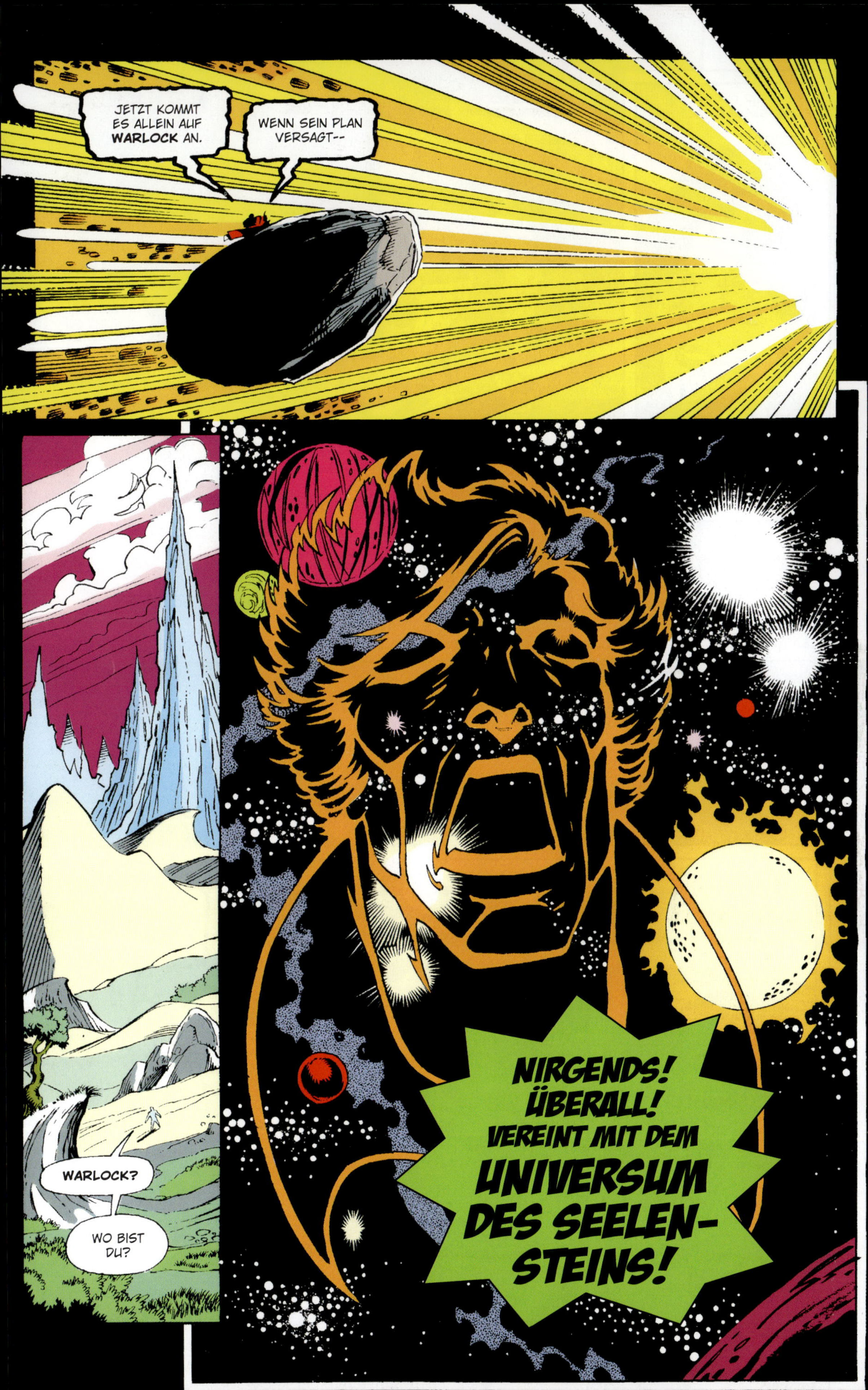

JETZT KOMMT ES ALLEIN AUF WARLOCK AN.
WENN SEIN PLAN VERSAGT--
WARLOCK?
WO BIST DU?
NIRGENDS! ÜBERALL! VEREINT MIT DEM UNIVERSUM DES SEELEN-STEINS!

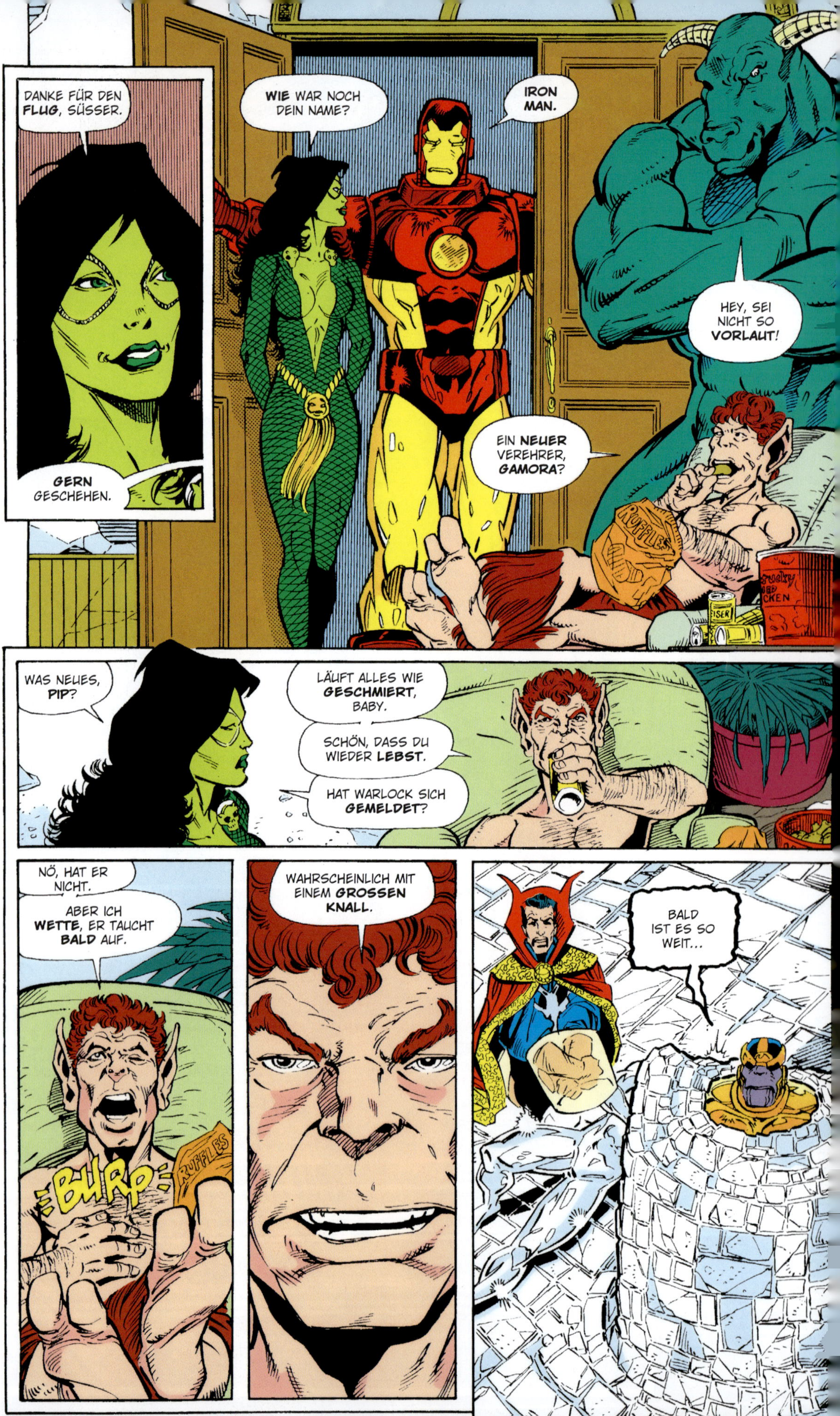

DANKE FÜR DEN FLUG, SÜSSER.
GERN GESCHEHEN.
WIE WAR NOCH DEIN NAME?
IRON MAN.
HEY, SEI NICHT SO VORLAUT!
EIN NEUER VEREHRER, GAMORA?
WAS NEUES, PIP?
LÄUFT ALLES WIE GESCHMIERT, BABY.
SCHÖN, DASS DU WIEDER LEBST.
HAT WARLOCK SICH GEMELDET?
NÖ, HAT ER NICHT.
ABER ICH WETTE, ER TAUCHT BALD AUF.
BURP
WAHRSCHEINLICH MIT EINEM GROSSEN KNALL.
BALD IST ES SO WEIT...

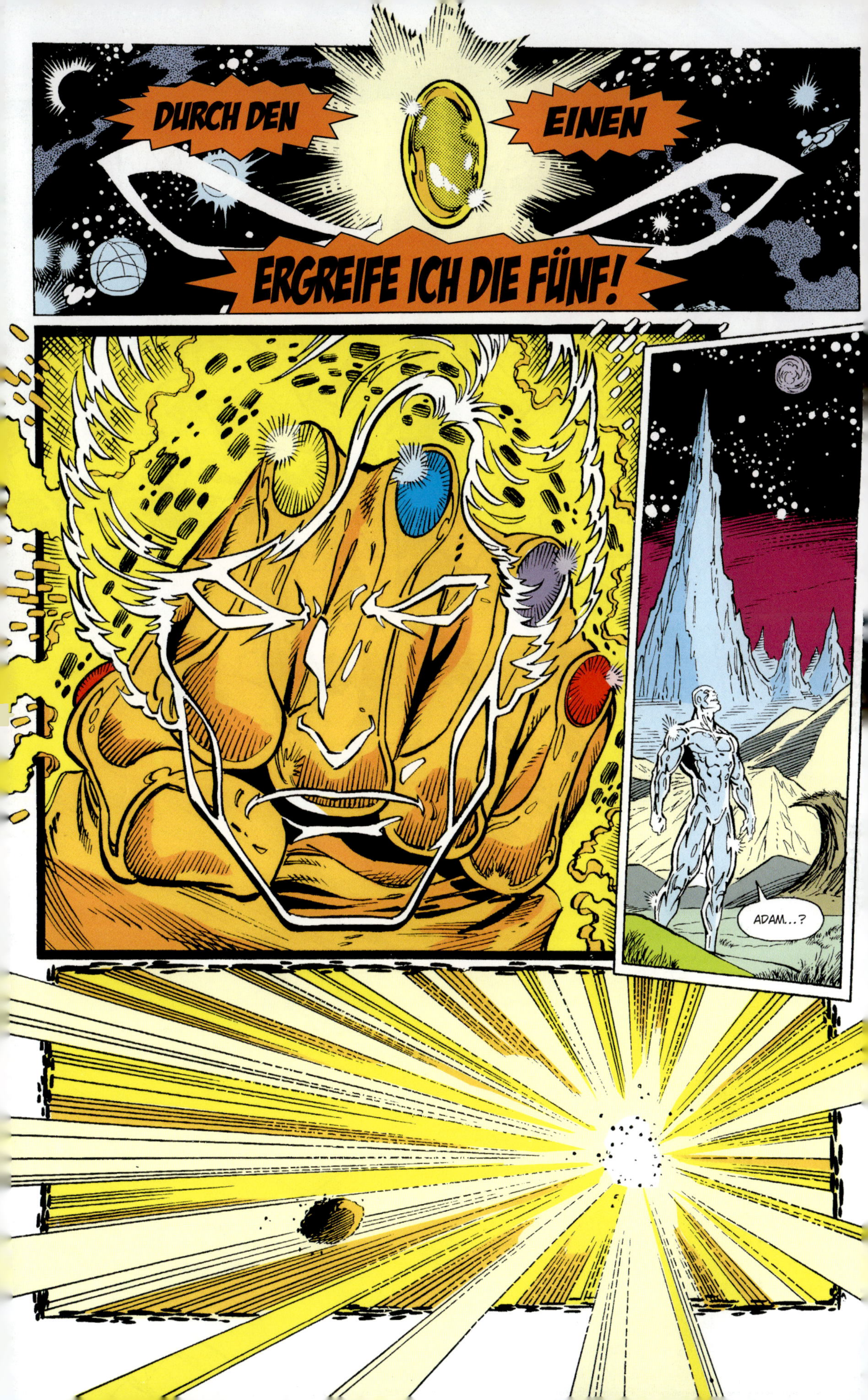
DURCH DEN
EINEN
ERGREIFE ICH DIE FÜNF!
ADAM...?

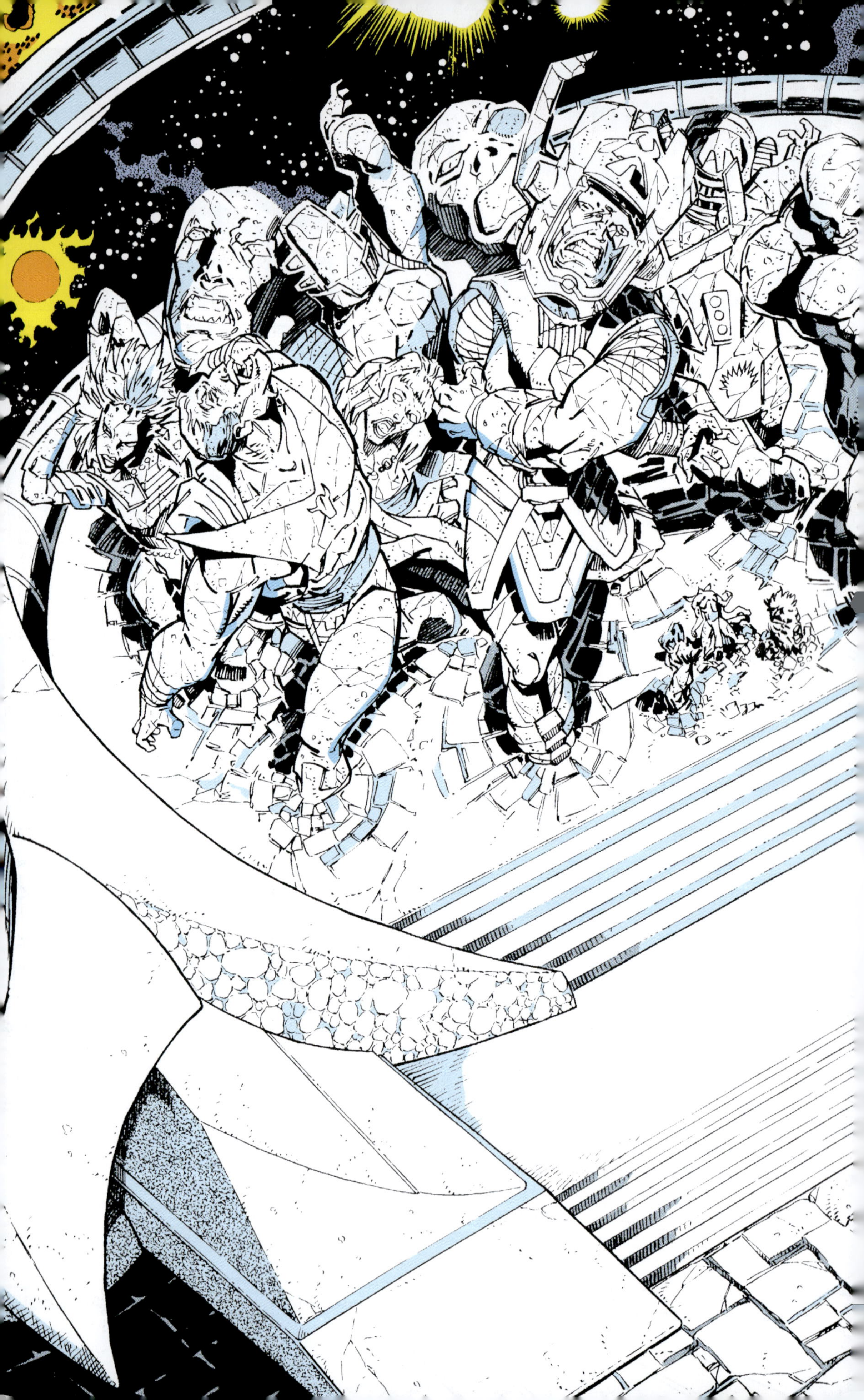

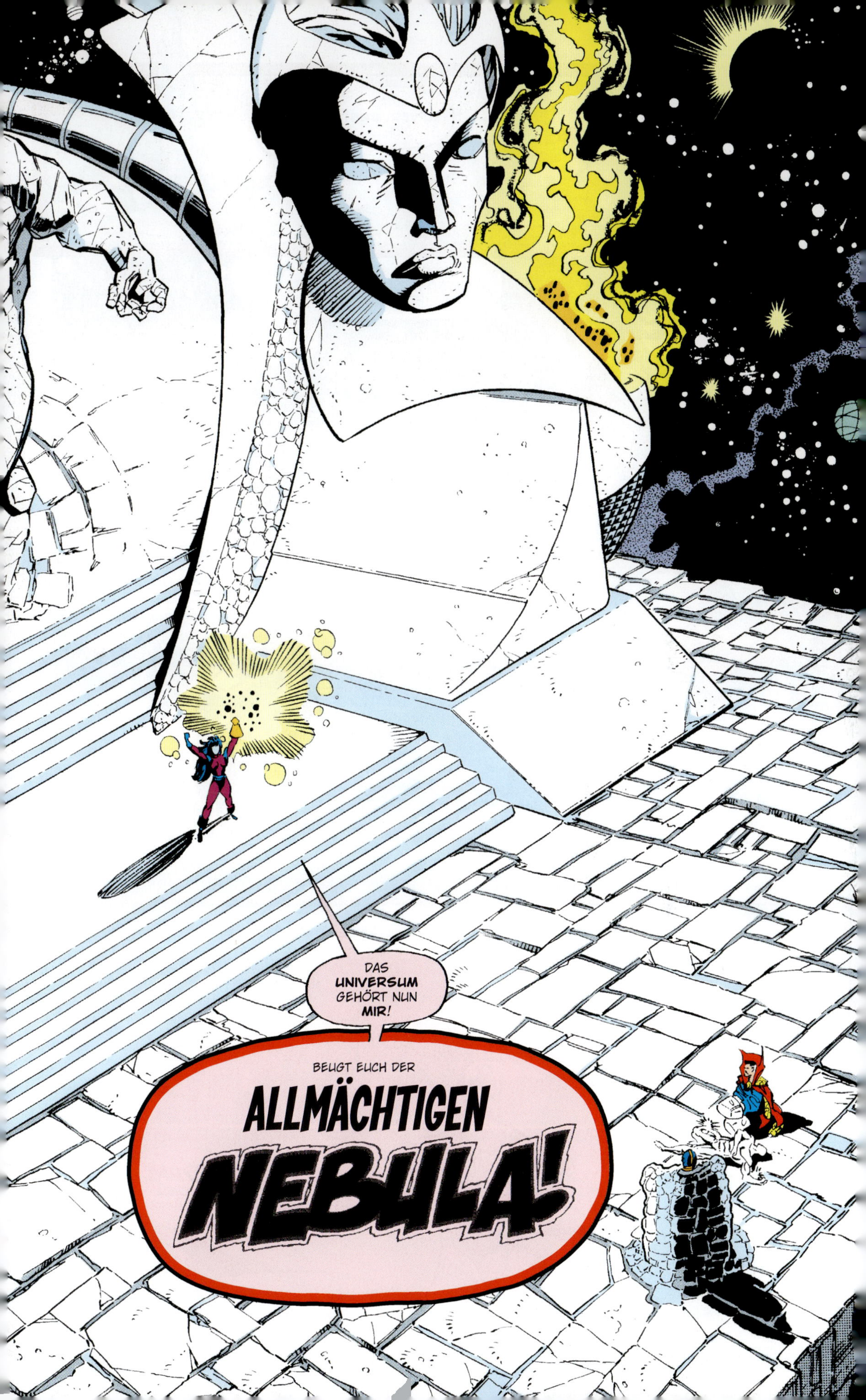
DAS UNIVERSUM GEHÖRT NUN MIR!
BEUGT EUCH DER ALLMÄCHTIGEN NEBULA!

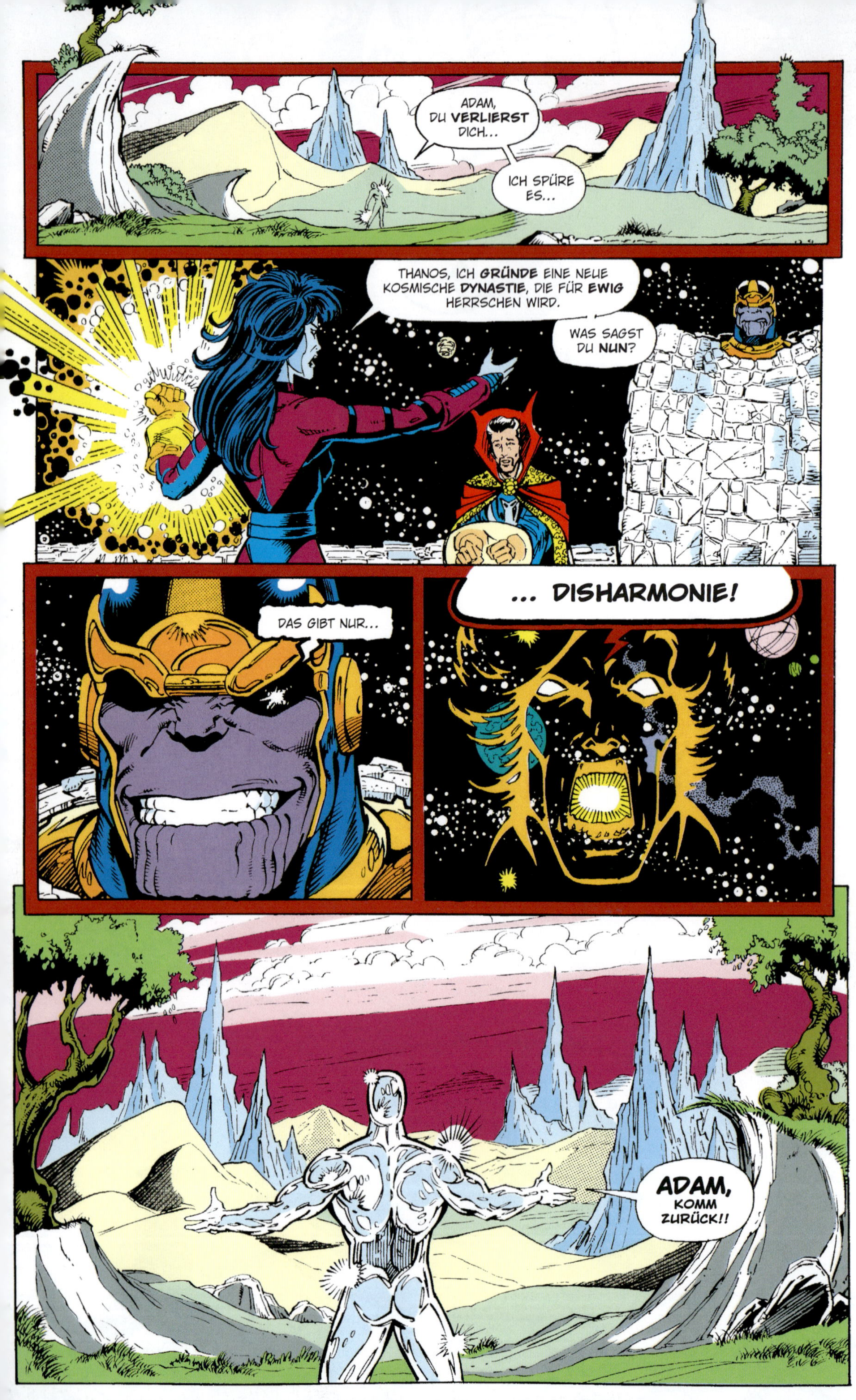
ADAM, DU **VERLIERST** DICH…
ICH SPÜRE ES…
THANOS, ICH **GRÜNDE** EINE NEUE KOSMISCHE **DYNASTIE**, DIE FÜR **EWIG** HERRSCHEN WIRD.
WAS SAGST DU **NUN**?
DAS GIBT NUR…
… DISHARMONIE!
ADAM, KOMM ZURÜCK!!

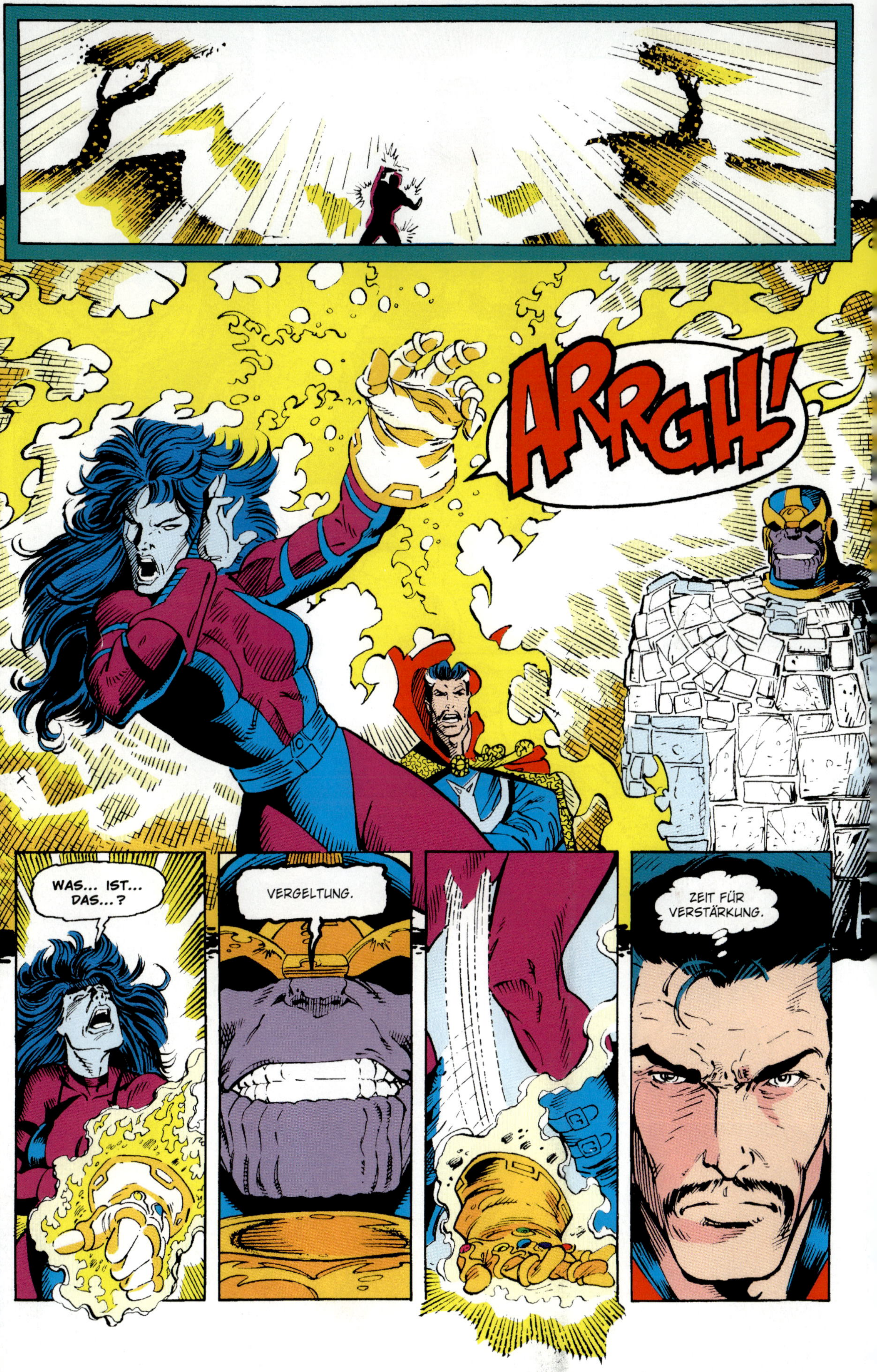
ARRGH!
WAS... IST... DAS...?
VERGELTUNG.
ZEIT FÜR VERSTÄRKUNG.

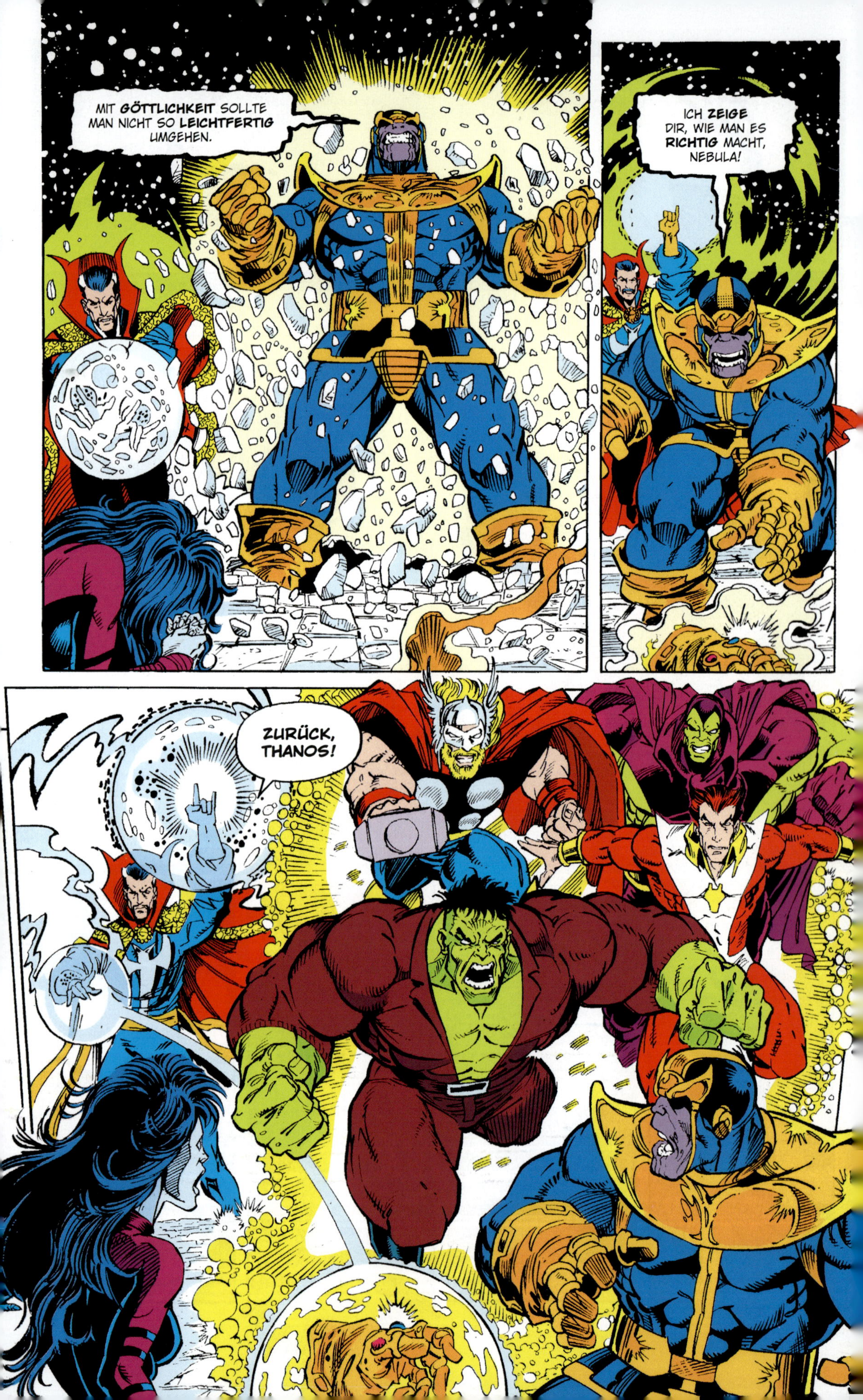
MIT GÖTTLICHKEIT SOLLTE MAN NICHT SO LEICHTFERTIG UMGEHEN.
ICH ZEIGE DIR, WIE MAN ES RICHTIG MACHT, NEBULA!
ZURÜCK, THANOS!

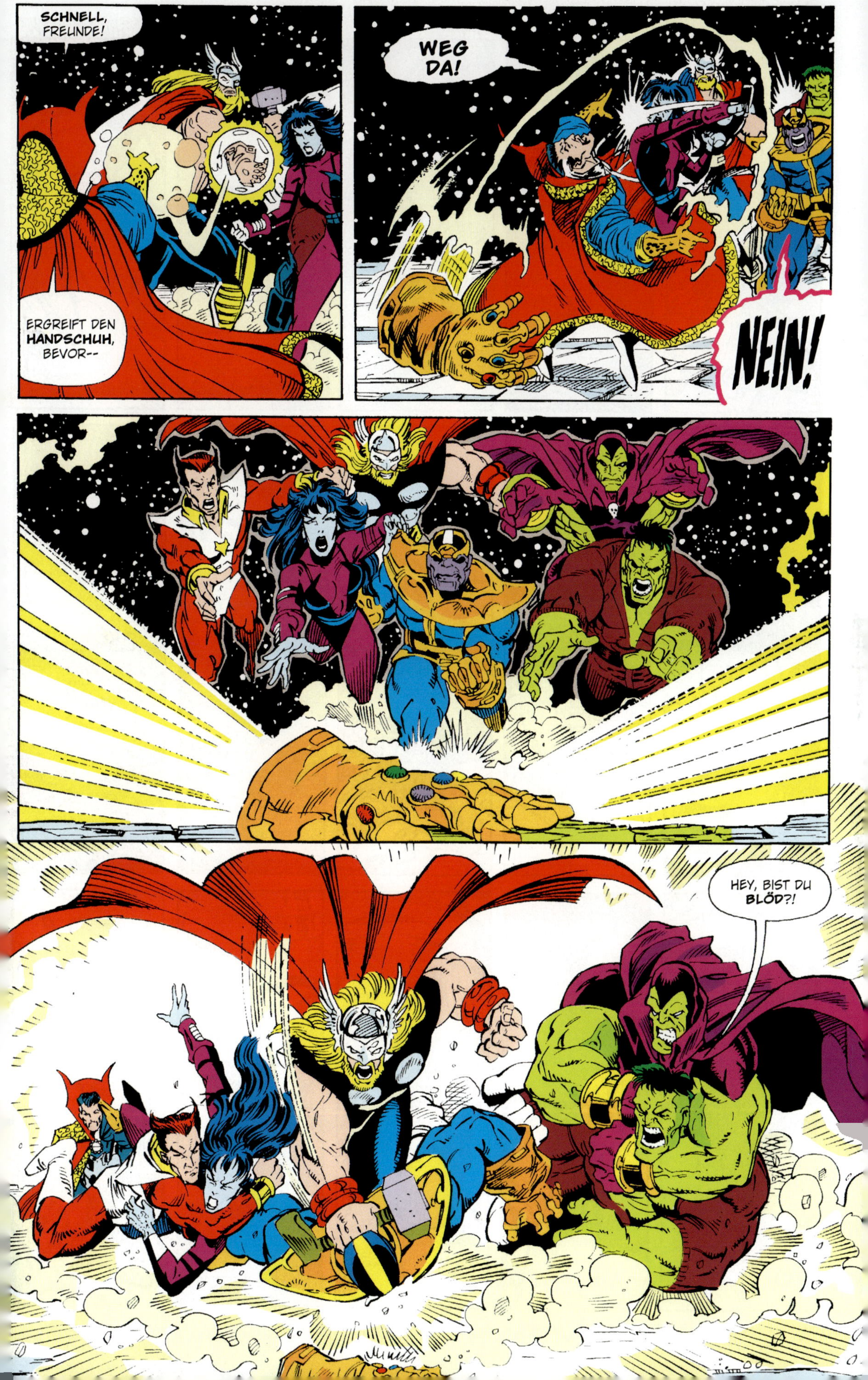
SCHNELL, FREUNDE!
ERGREIFT DEN HANDSCHUH, BEVOR--
WEG DA!
NEIN!
HEY, BIST DU BLÖD?!

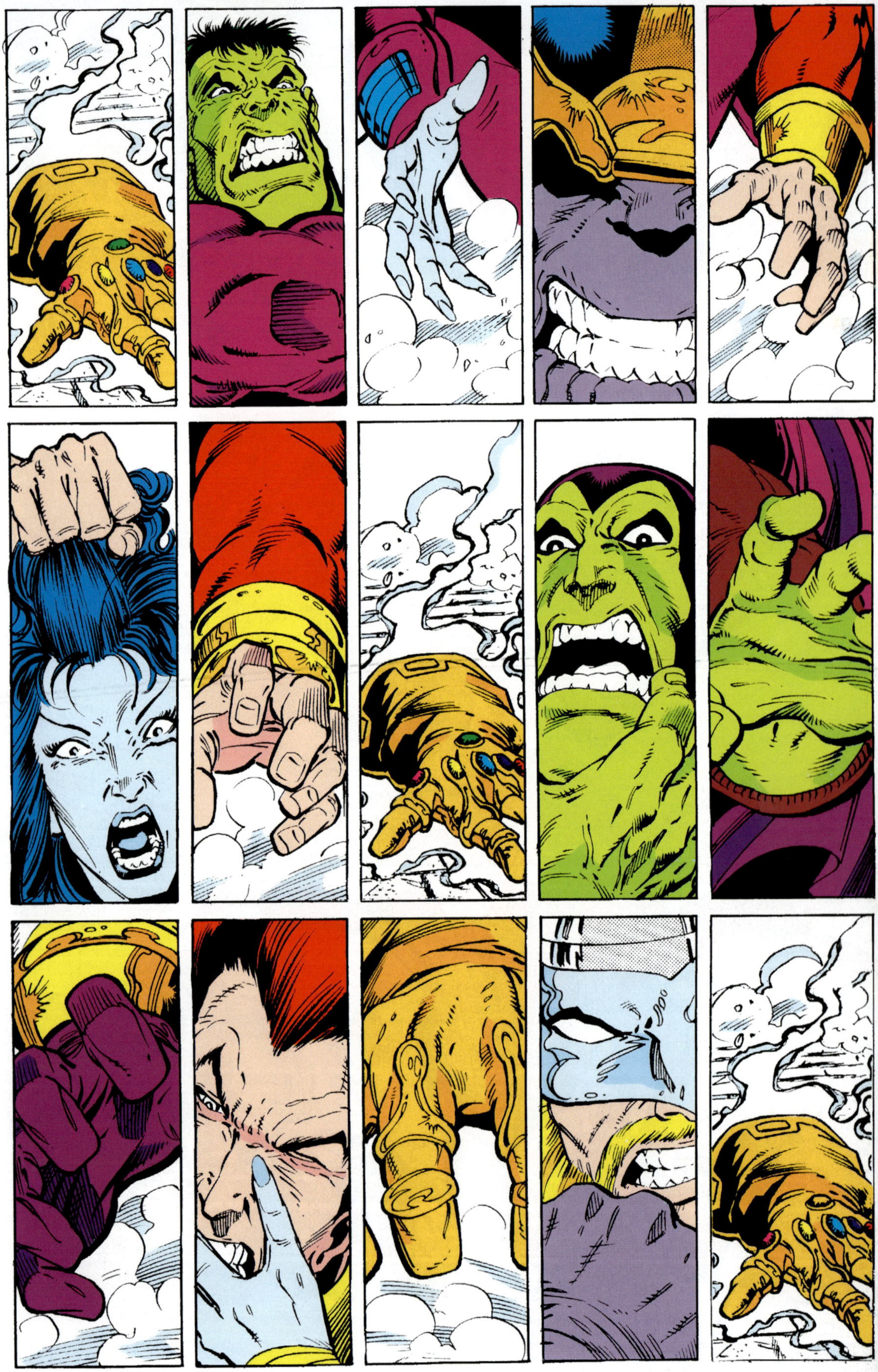

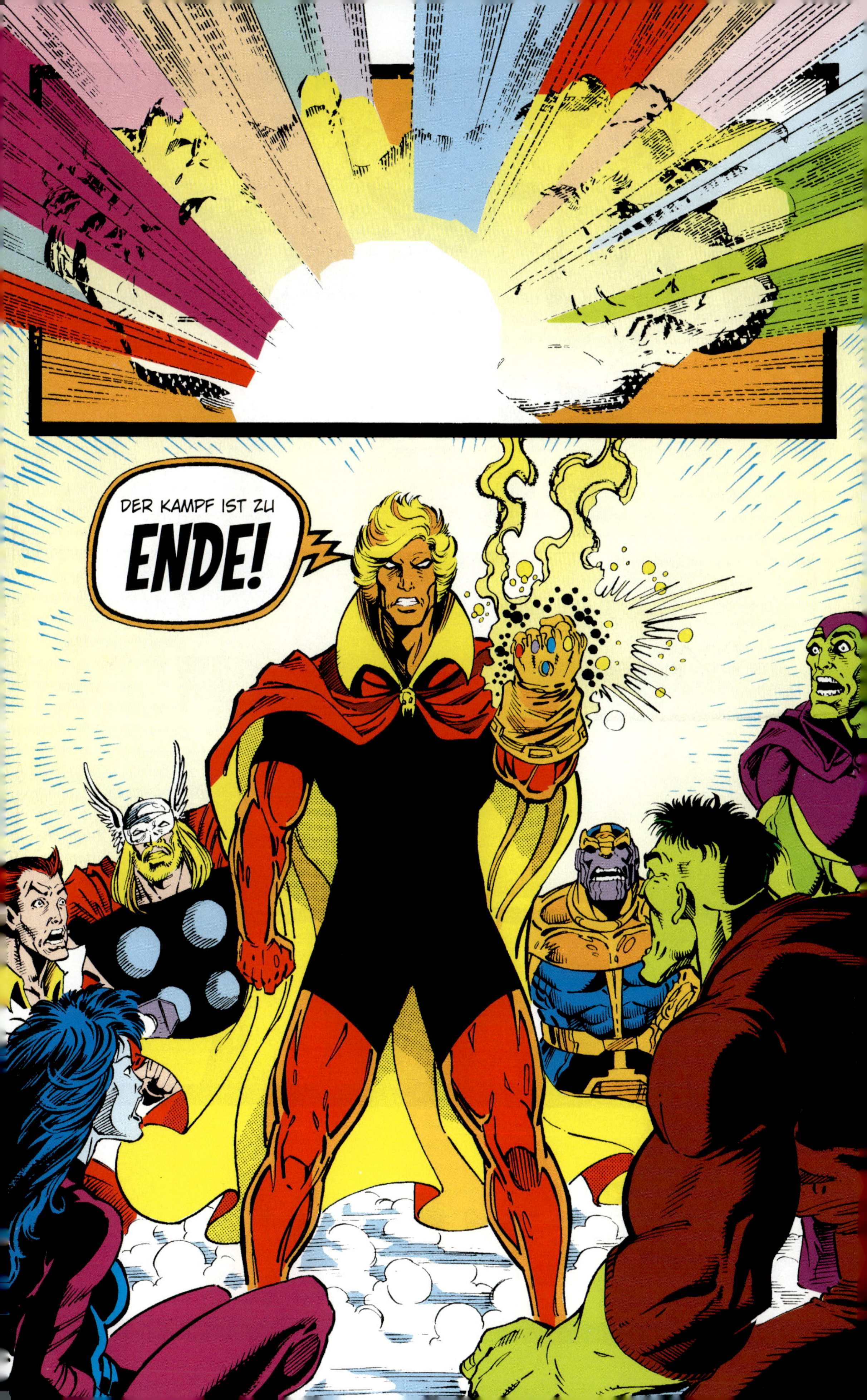
DER KAMPF IST ZU
ENDE!

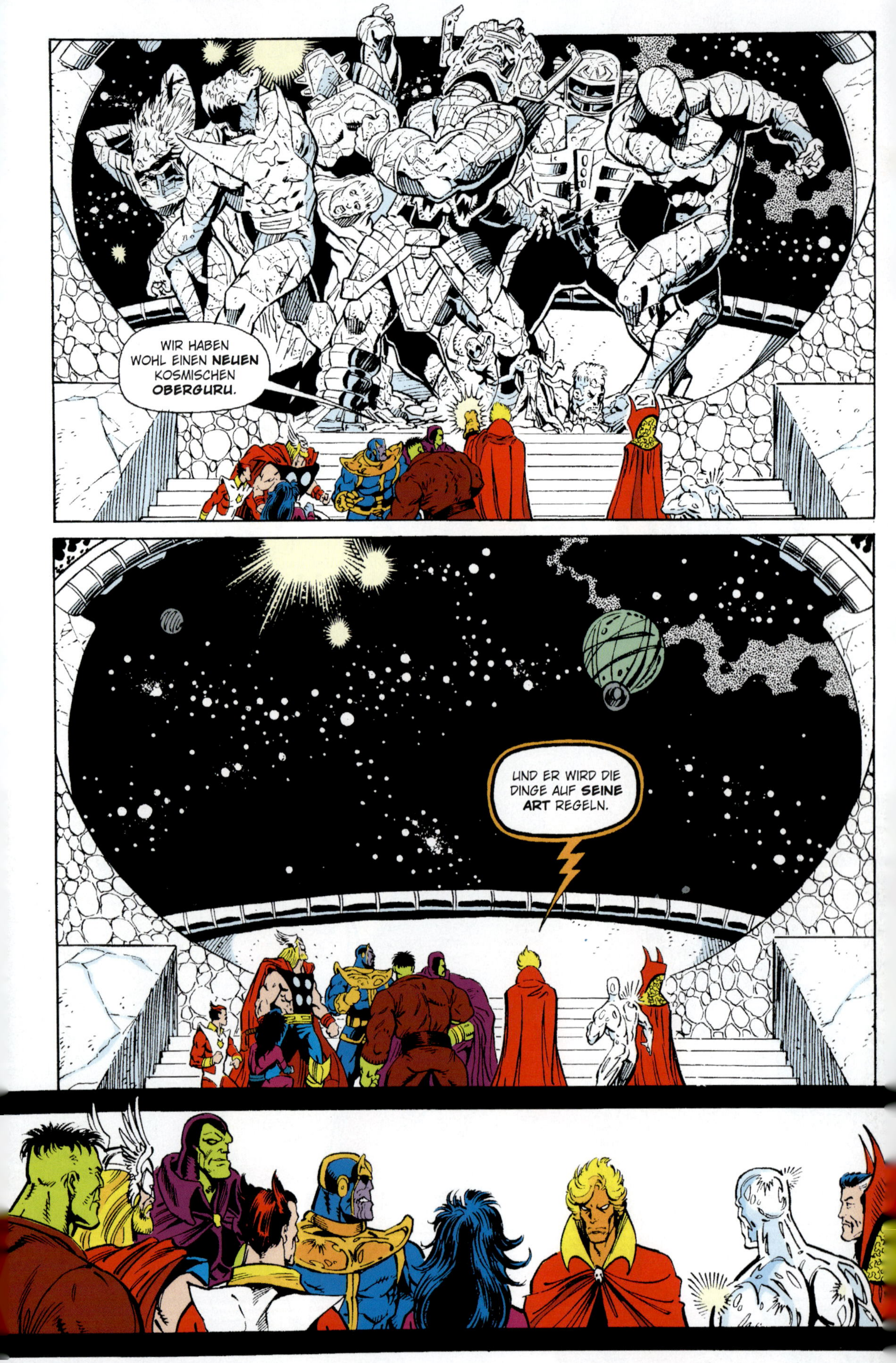
WIR HABEN WOHL EINEN **NEUEN** KOSMISCHEN **OBERGURU**.
UND ER WIRD DIE DINGE AUF **SEINE ART** REGELN.

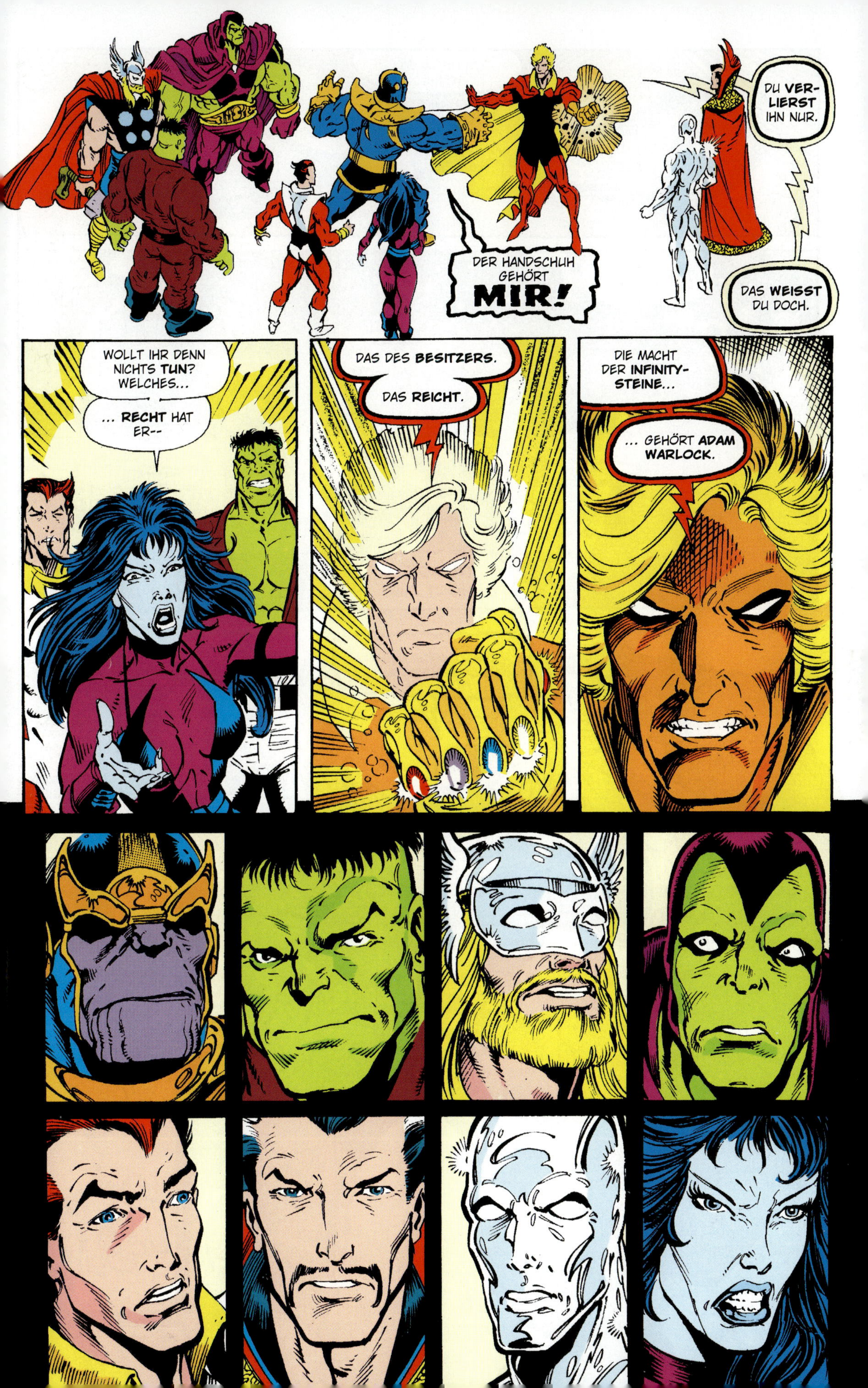

DER HANDSCHUH GEHÖRT MIR!
DU VERLIERST IHN NUR.
DAS WEISST DU DOCH.
WOLLT IHR DENN NICHTS TUN? WELCHES...
... RECHT HAT ER--
DAS DES BESITZERS.
DAS REICHT.
DIE MACHT DER INFINITY-STEINE...
... GEHÖRT ADAM WARLOCK.

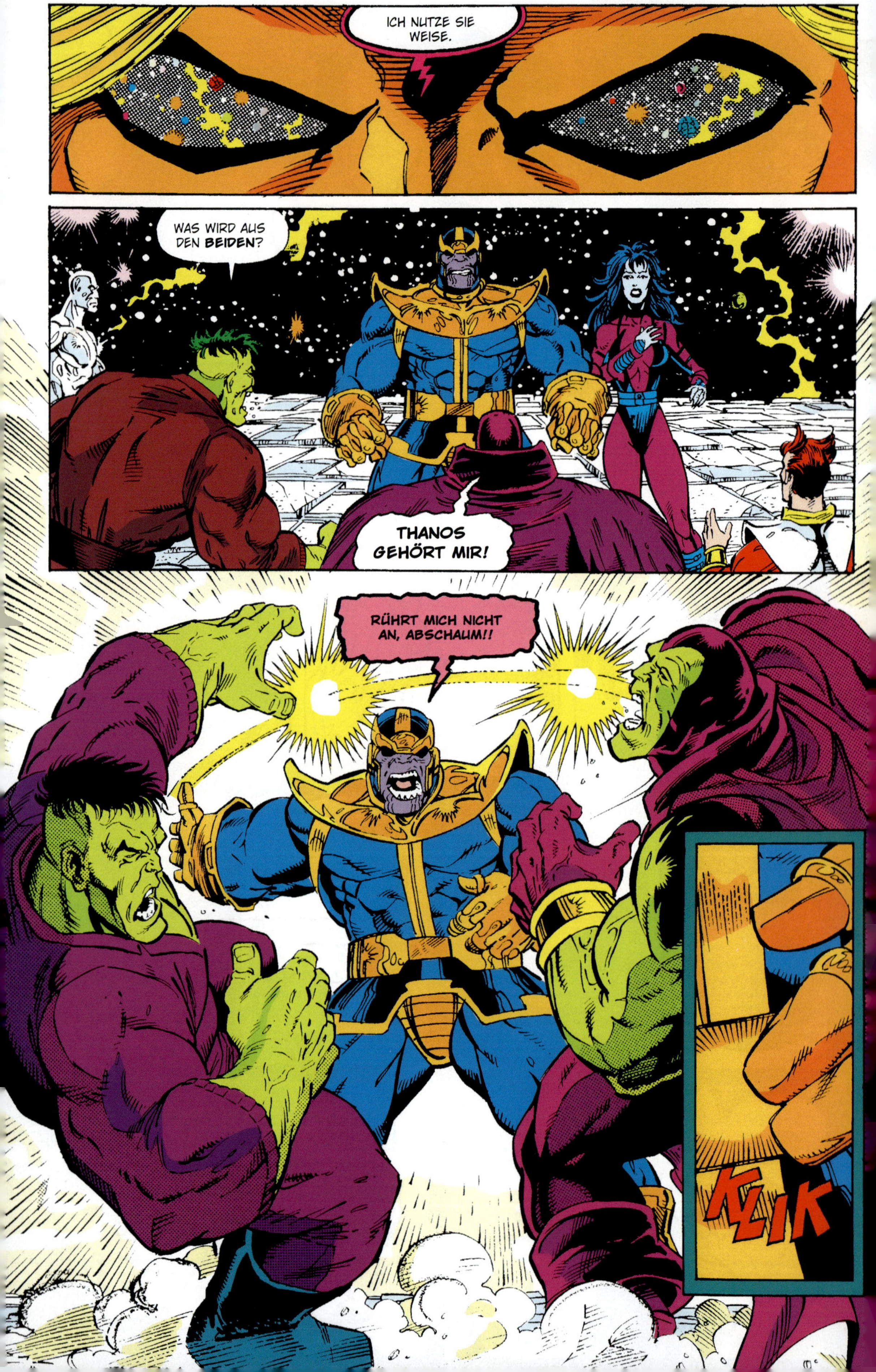
ICH NUTZE SIE WEISE.
WAS WIRD AUS DEN BEIDEN?
THANOS GEHÖRT MIR!
RÜHRT MICH NICHT AN, ABSCHAUM!!
KLIK

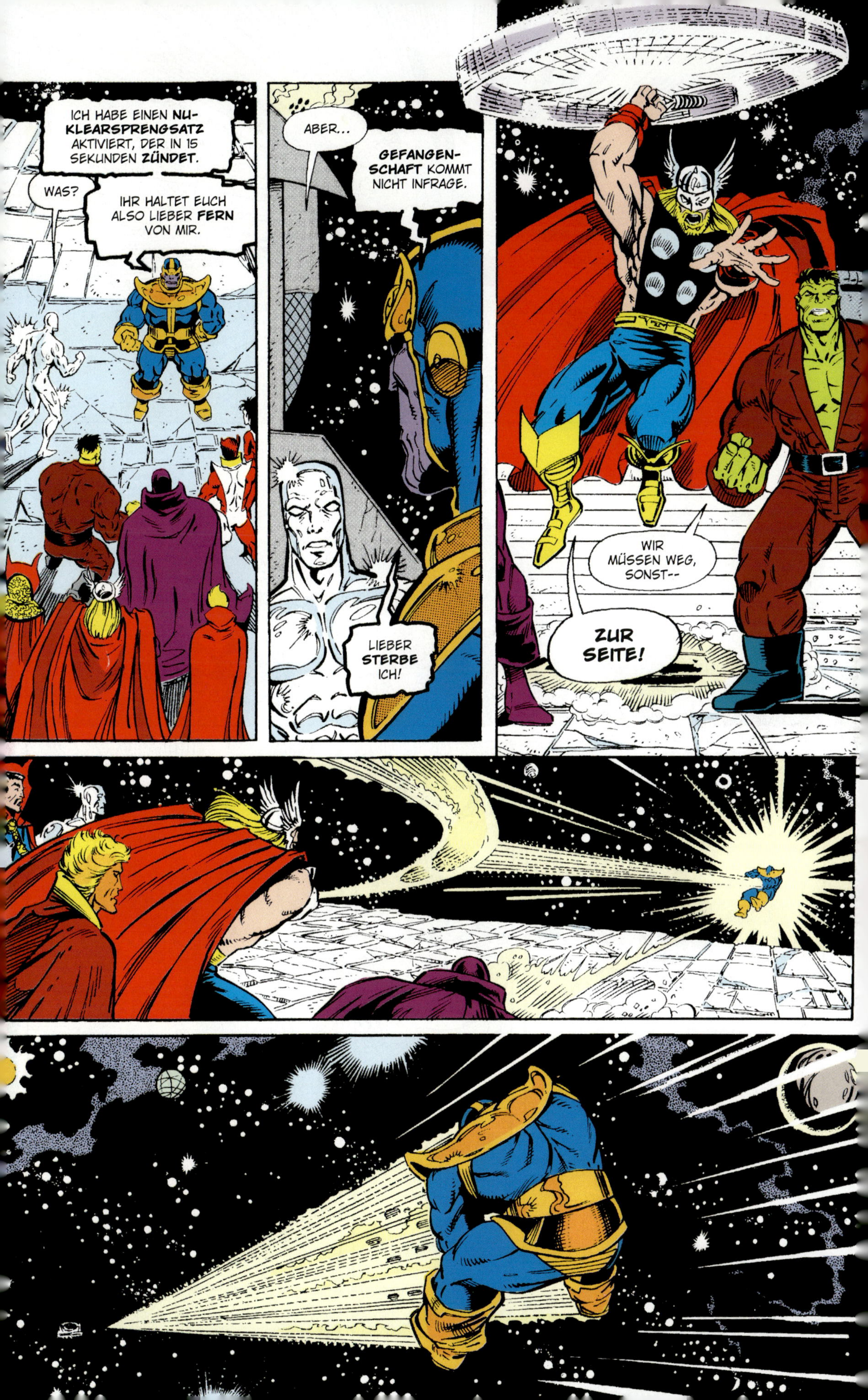
ICH HABE EINEN NUKLEARSPRENGSATZ AKTIVIERT, DER IN 15 SEKUNDEN ZÜNDET.
WAS?
IHR HALTET EUCH ALSO LIEBER FERN VON MIR.
ABER...
GEFANGENSCHAFT KOMMT NICHT INFRAGE.
LIEBER STERBE ICH!
WIR MÜSSEN WEG, SONST--
ZUR SEITE!

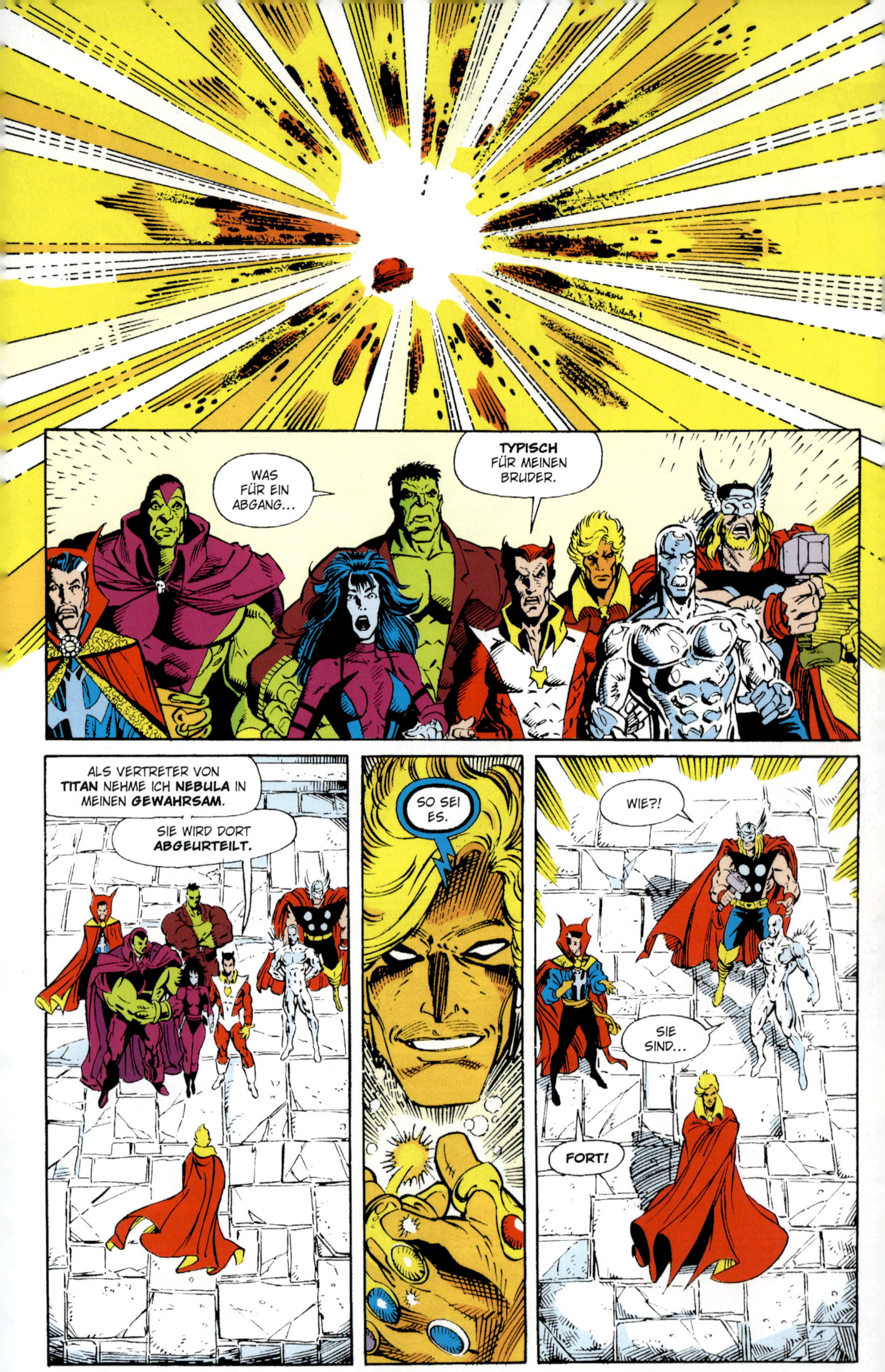

WAS FÜR EIN ABGANG...
TYPISCH FÜR MEINEN BRUDER.
ALS VERTRETER VON TITAN NEHME ICH NEBULA IN MEINEN GEWAHRSAM.
SIE WIRD DORT ABGEURTEILT.
SO SEI ES.
WIE?!
SIE SIND...
FORT!

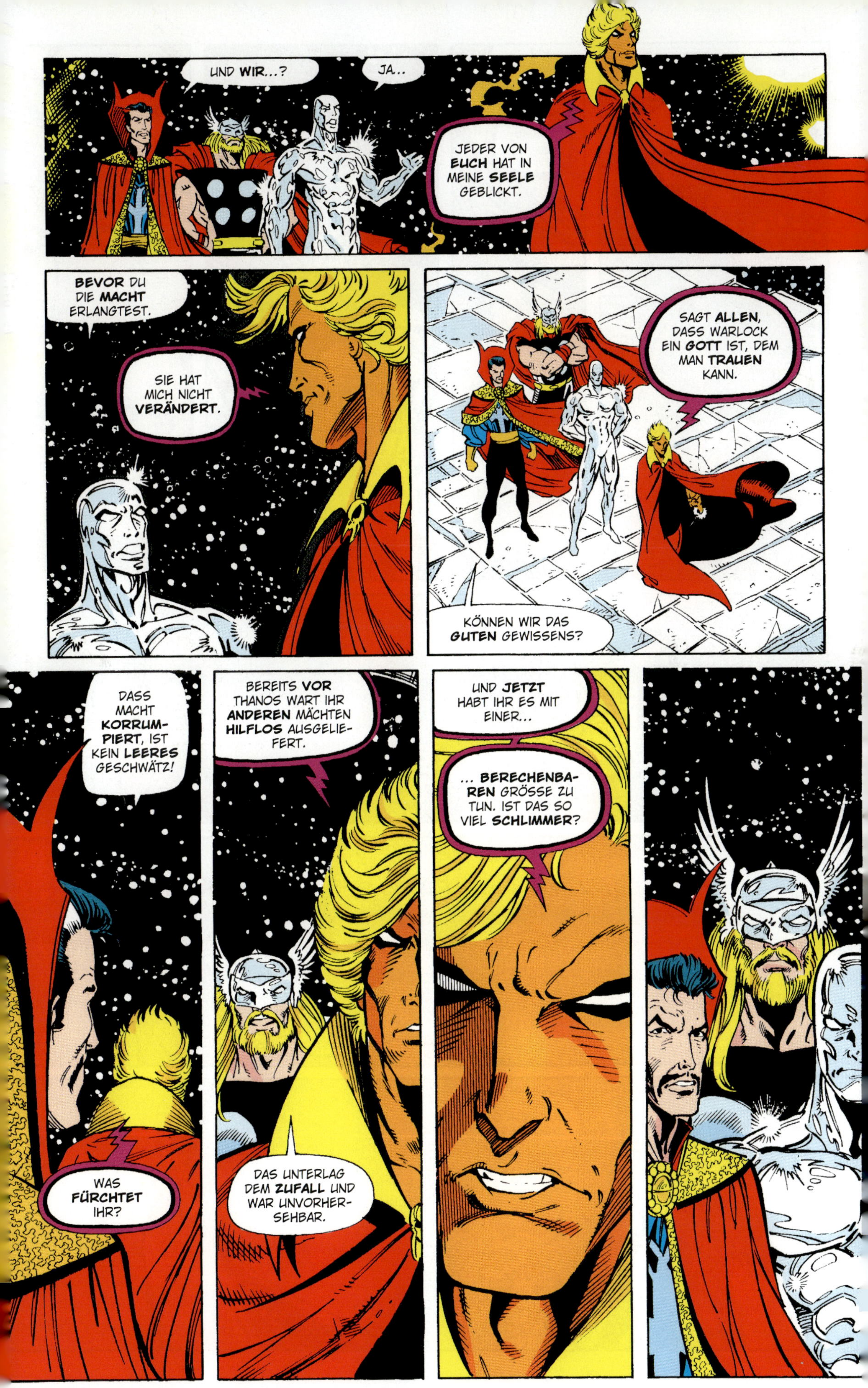
UND WIR...?
JA...
JEDER VON EUCH HAT IN MEINE SEELE GEBLICKT.
BEVOR DU DIE MACHT ERLANGTEST.
SIE HAT MICH NICHT VERÄNDERT.
SAGT ALLEN, DASS WARLOCK EIN GOTT IST, DEM MAN TRAUEN KANN.
KÖNNEN WIR DAS GUTEN GEWISSENS?
DASS MACHT KORRUMPIERT, IST KEIN LEERES GESCHWÄTZ!
WAS FÜRCHTET IHR?
BEREITS VOR THANOS WART IHR ANDEREN MÄCHTEN HILFLOS AUSGELIEFERT.
DAS UNTERLAG DEM ZUFALL UND WAR UNVORHERSEHBAR.
UND JETZT HABT IHR ES MIT EINER...
... BERECHENBAREN GRÖSSE ZU TUN. IST DAS SO VIEL SCHLIMMER?

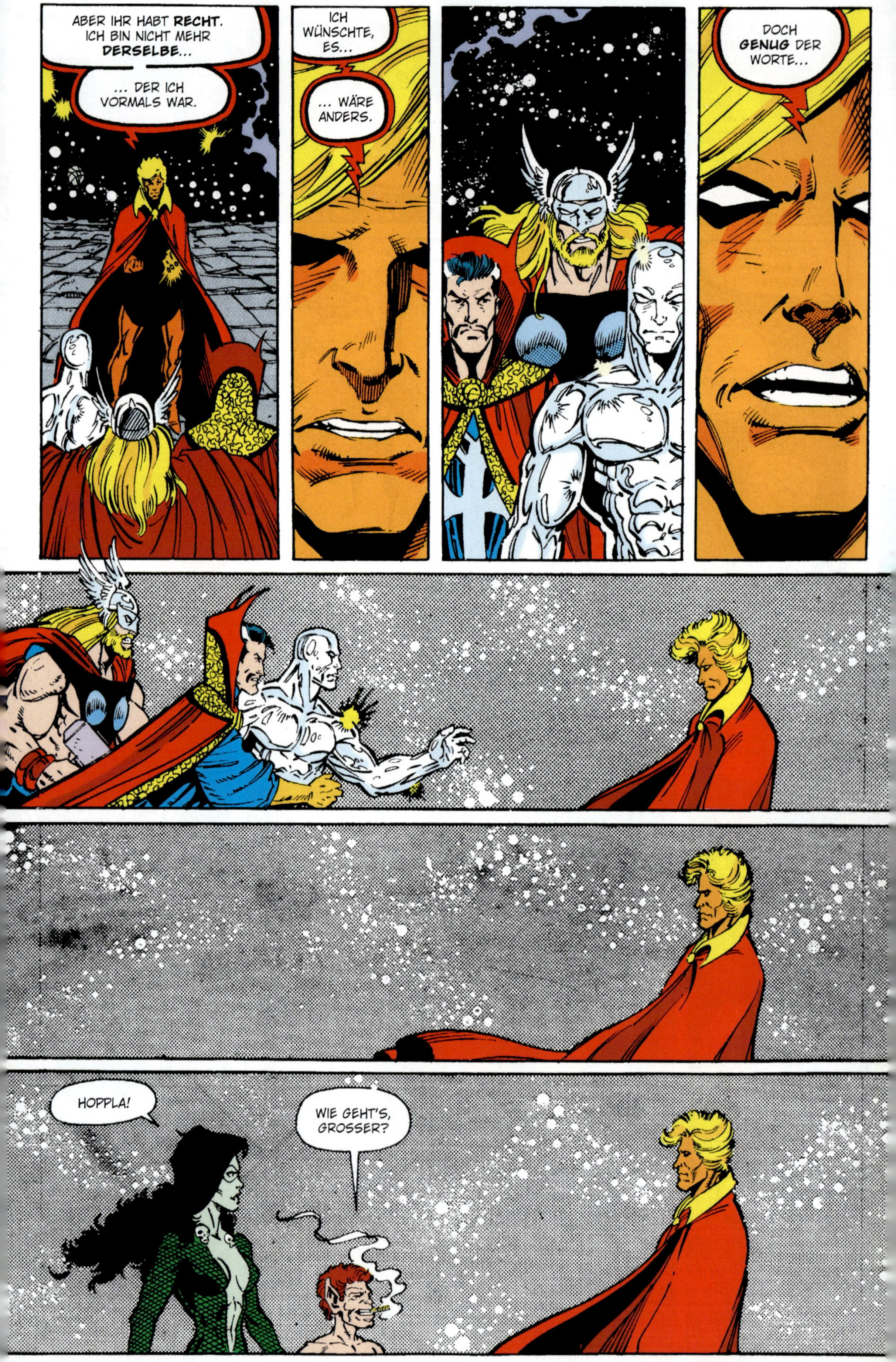
ABER IHR HABT RECHT. ICH BIN NICHT MEHR DERSELBE...
... DER ICH VORMALS WAR.
ICH WÜNSCHTE, ES...
... WÄRE ANDERS.
DOCH GENUG DER WORTE...
HOPPLA!
WIE GEHT'S, GROSSER?

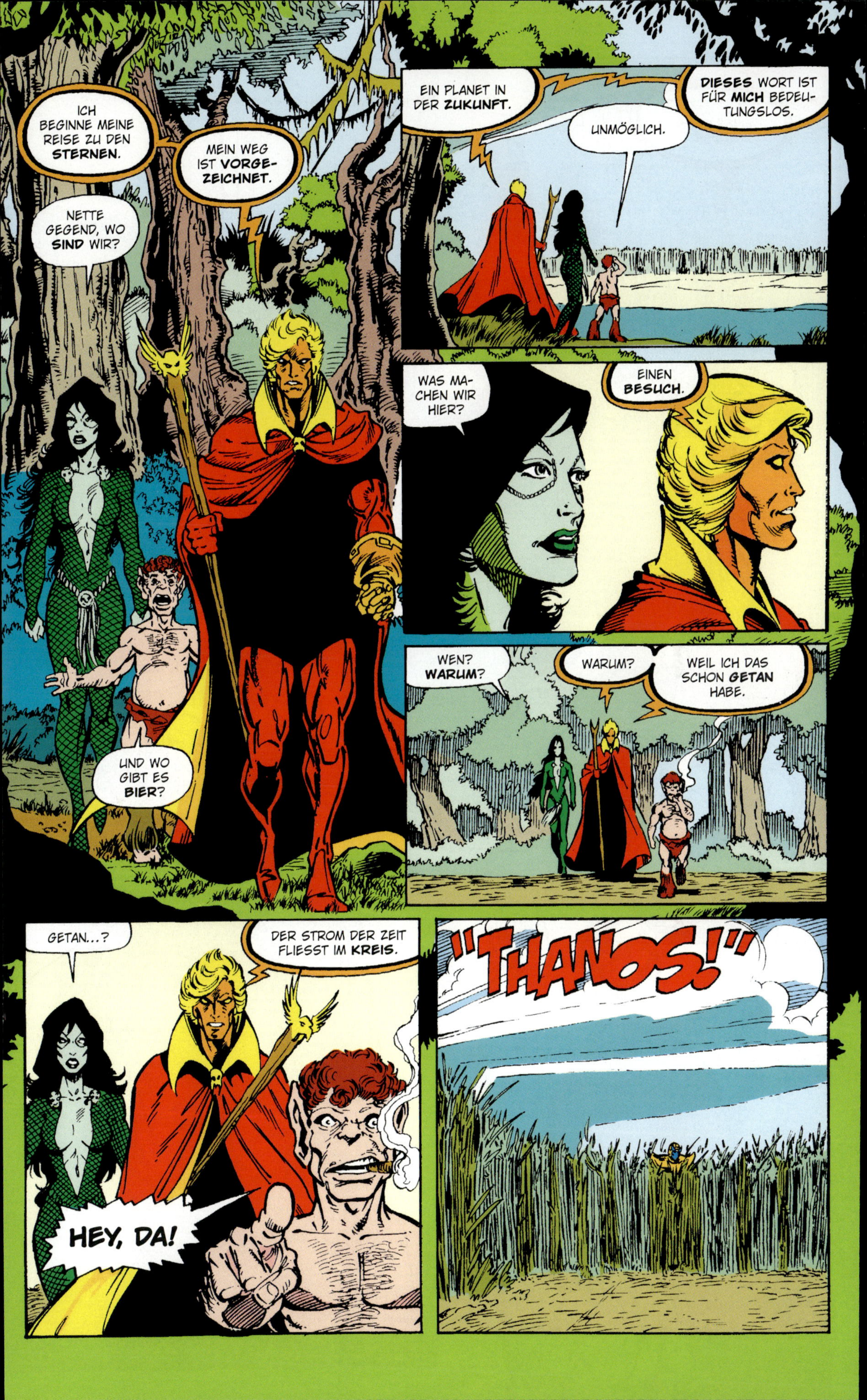

ICH BEGINNE MEINE REISE ZU DEN **STERNEN**.
MEIN WEG IST **VORGE-ZEICHNET**.
NETTE GEGEND, WO **SIND** WIR?
UND WO GIBT ES **BIER**?
EIN PLANET IN DER **ZUKUNFT**.
UNMÖGLICH.
DIESES WORT IST FÜR **MICH** BEDEU-TUNGSLOS.
WAS MA-CHEN WIR HIER?
EINEN **BESUCH**.
WEN? **WARUM**?
WARUM?
WEIL ICH DAS SCHON **GETAN** HABE.
GETAN...?
DER STROM DER ZEIT FLIESST IM **KREIS**.
HEY, DA!
"THANOS!"

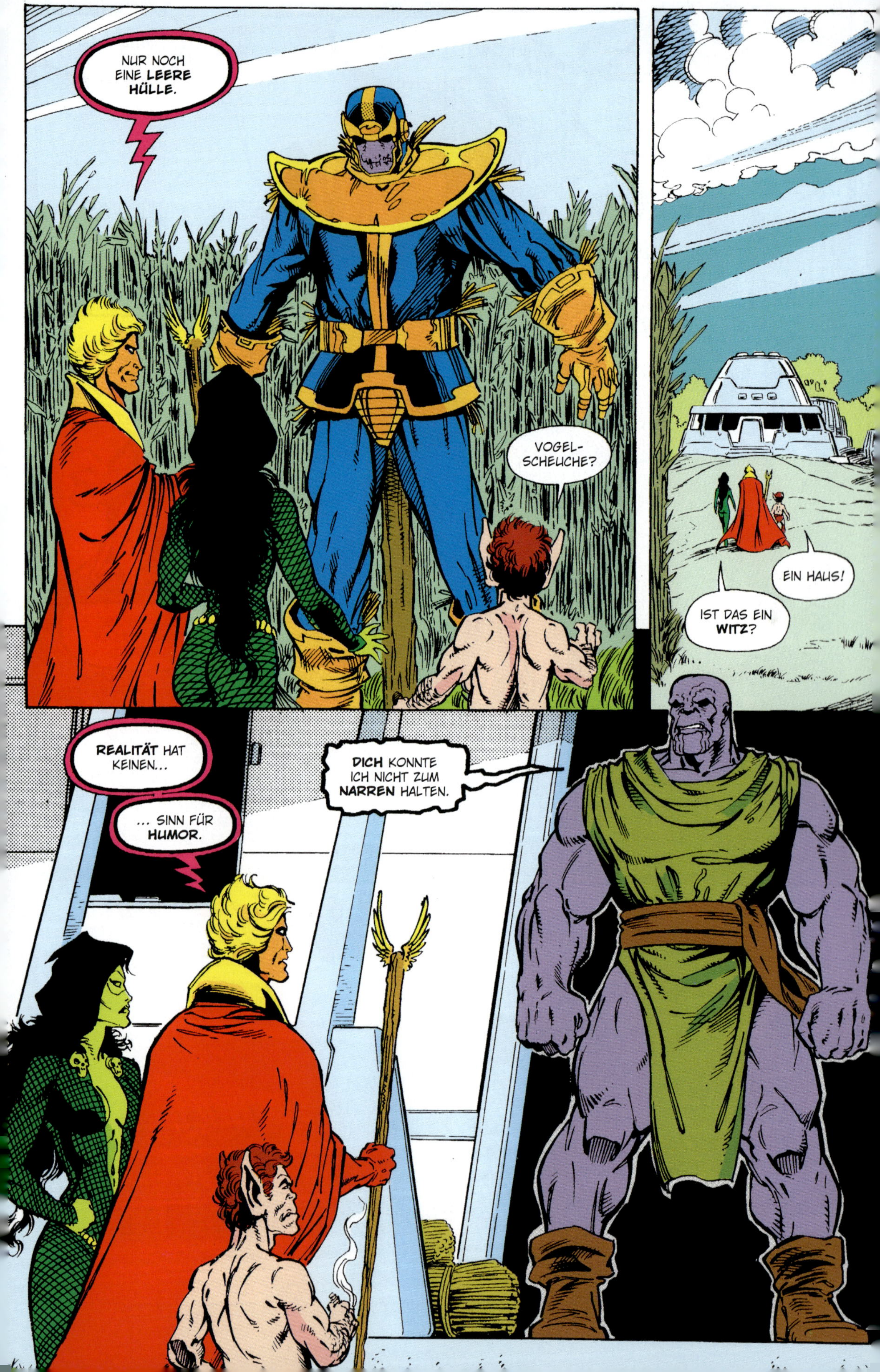
NUR NOCH EINE LEERE HÜLLE.
VOGEL-SCHEUCHE?
EIN HAUS!
IST DAS EIN WITZ?
REALITÄT HAT KEINEN...
... SINN FÜR HUMOR.
DICH KONNTE ICH NICHT ZUM NARREN HALTEN.

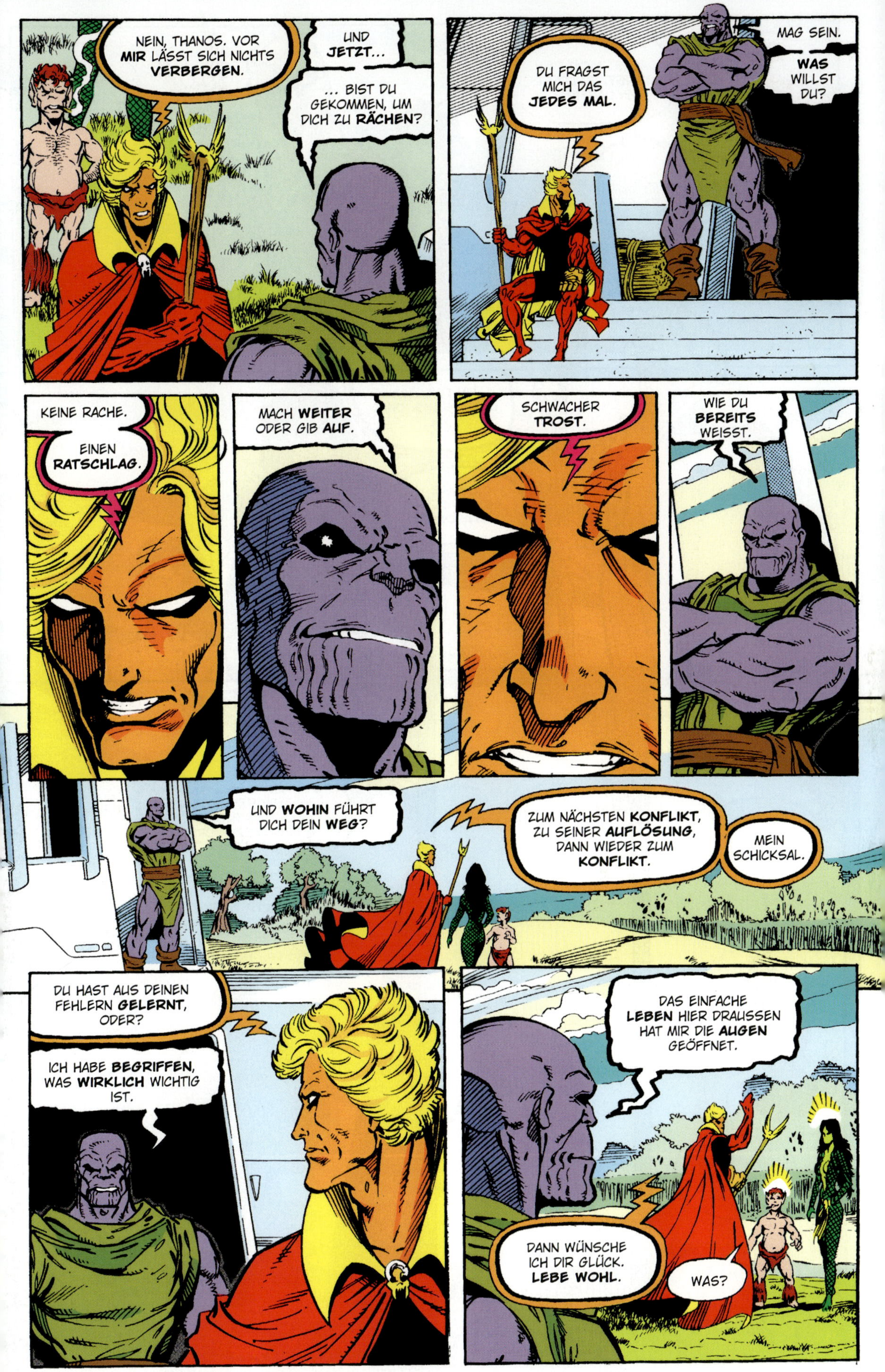
NEIN, THANOS. VOR **MIR** LÄSST SICH NICHTS **VERBERGEN**.
UND **JETZT**...
... BIST DU GEKOMMEN, UM DICH ZU **RÄCHEN**?
DU FRAGST MICH DAS **JEDES MAL**.
MAG SEIN.
WAS WILLST DU?
KEINE RACHE.
EINEN **RATSCHLAG**.
MACH **WEITER** ODER GIB **AUF**.
SCHWACHER **TROST**.
WIE DU **BEREITS** WEISST.
UND **WOHIN** FÜHRT DICH DEIN **WEG**?
ZUM NÄCHSTEN **KONFLIKT**, ZU SEINER **AUFLÖSUNG**, DANN WIEDER ZUM **KONFLIKT**.
MEIN SCHICKSAL.
DU HAST AUS DEINEN FEHLERN **GELERNT**, ODER?
ICH HABE **BEGRIFFEN**, WAS **WIRKLICH** WICHTIG IST.
DAS EINFACHE **LEBEN** HIER DRAUSSEN HAT MIR DIE **AUGEN** GEÖFFNET.
DANN WÜNSCHE ICH DIR GLÜCK. **LEBE WOHL**.
WAS?

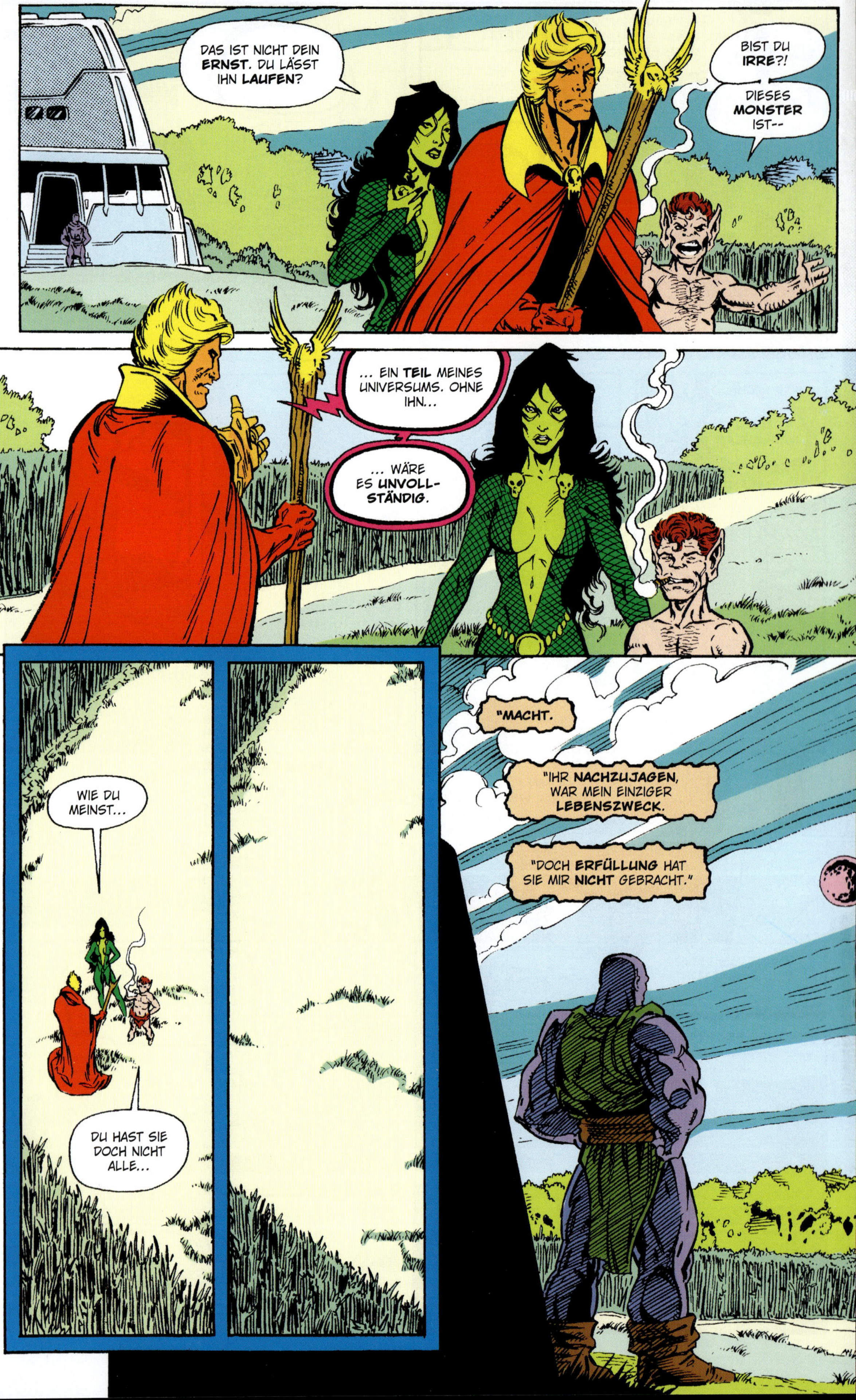

DAS IST NICHT DEIN ERNST. DU LÄSST IHN LAUFEN?
BIST DU IRRE?!
DIESES MONSTER IST--
... EIN TEIL MEINES UNIVERSUMS. OHNE IHN...
... WÄRE ES UNVOLL-STÄNDIG.
WIE DU MEINST...
DU HAST SIE DOCH NICHT ALLE...
"MACHT.
"IHR NACHZUJAGEN, WAR MEIN EINZIGER LEBENSZWECK.
"DOCH ERFÜLLUNG HAT SIE MIR NICHT GEBRACHT."

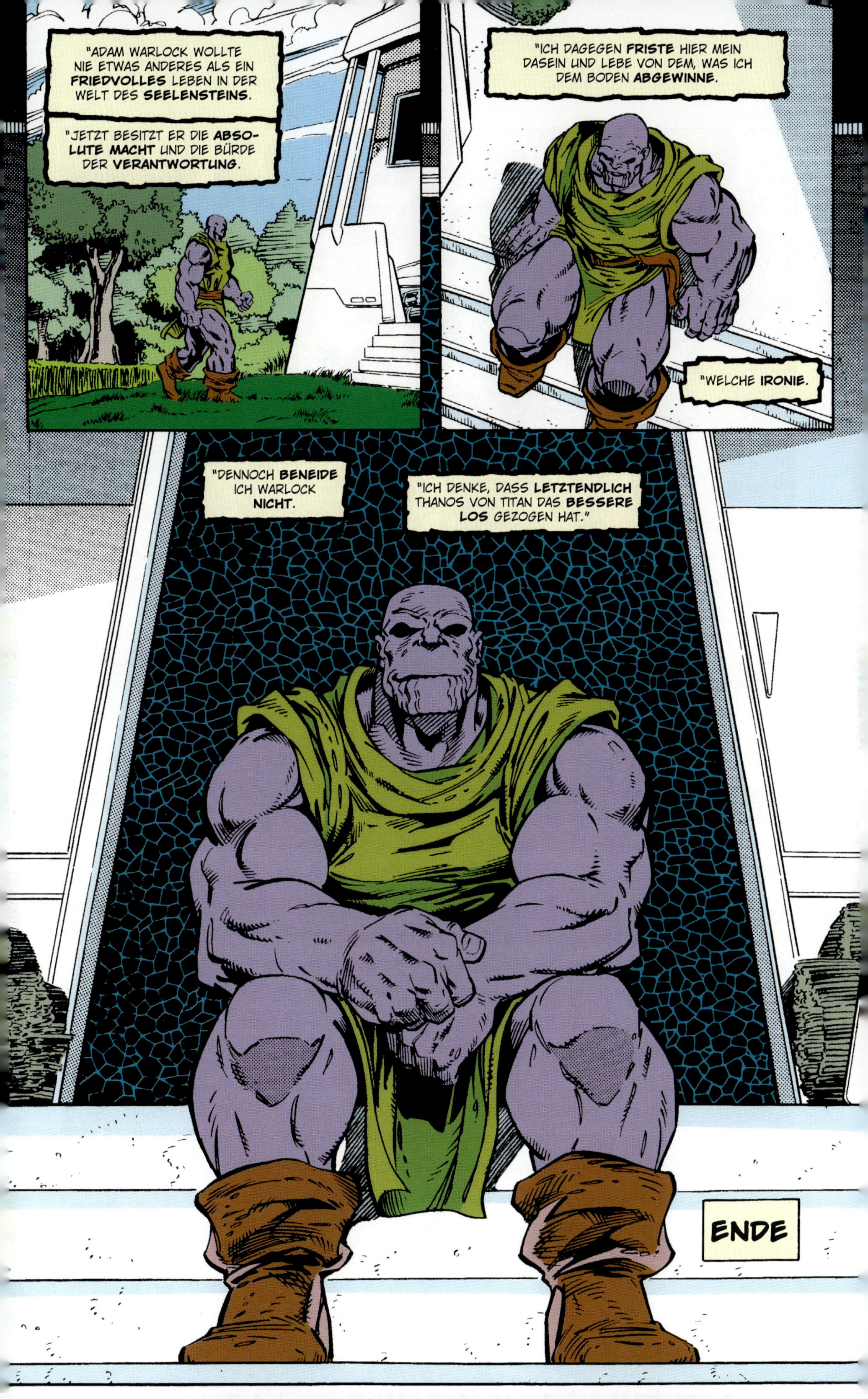
"ADAM WARLOCK WOLLTE NIE ETWAS ANDERES ALS EIN **FRIEDVOLLES** LEBEN IN DER WELT DES **SEELENSTEINS**.
"JETZT BESITZT ER DIE **ABSOLUTE MACHT** UND DIE BÜRDE DER **VERANTWORTUNG**.
"ICH DAGEGEN **FRISTE** HIER MEIN DASEIN UND LEBE VON DEM, WAS ICH DEM BODEN **ABGEWINNE**.
"WELCHE **IRONIE**.
"DENNOCH **BENEIDE** ICH WARLOCK **NICHT**.
"ICH DENKE, DASS **LETZTENDLICH** THANOS VON TITAN DAS **BESSERE LOS** GEZOGEN HAT."
ENDE

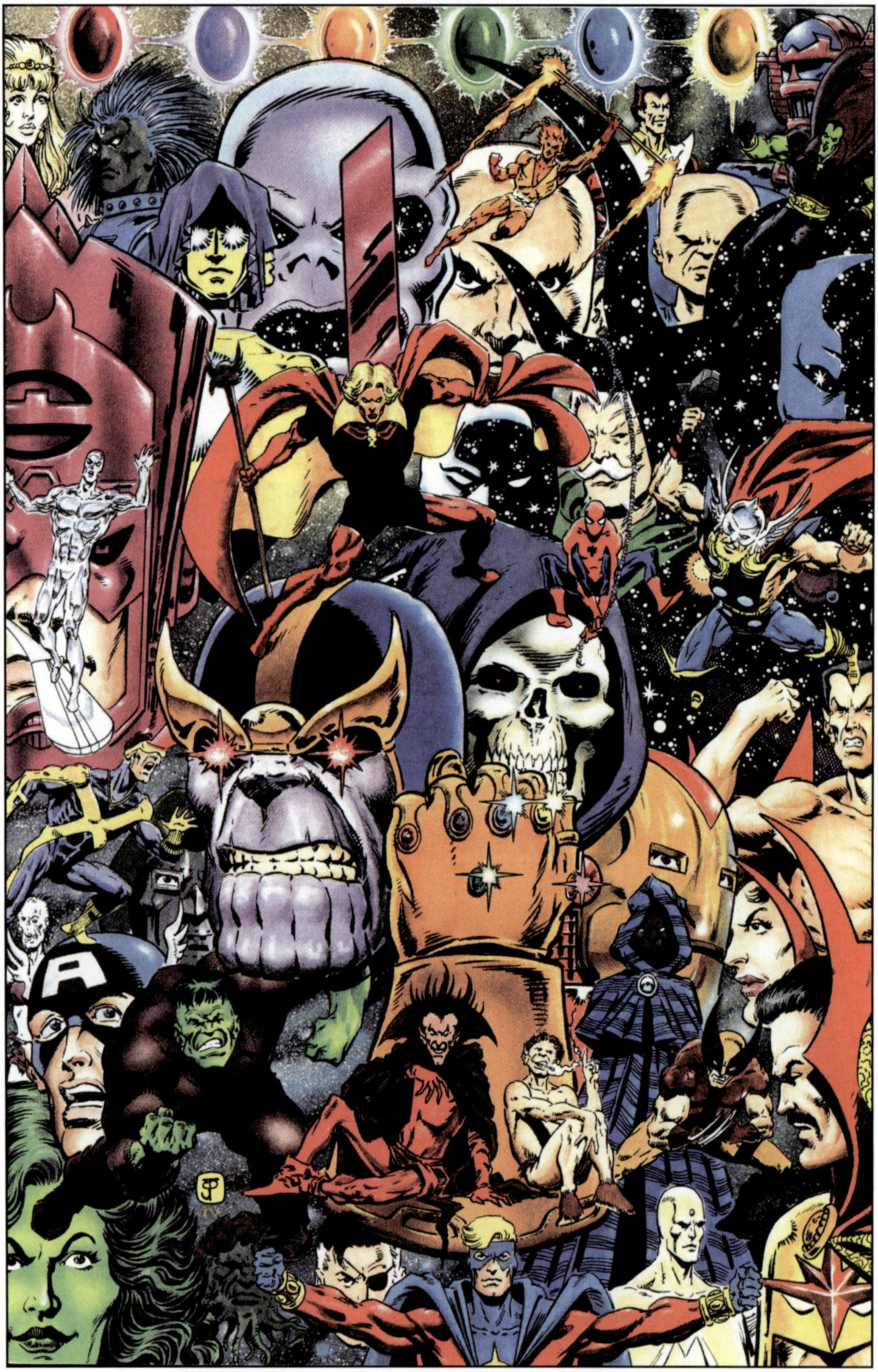

Infinity Gauntlet (1992) TPB, 1. Auflage
Cover von **JIM STARLIN**

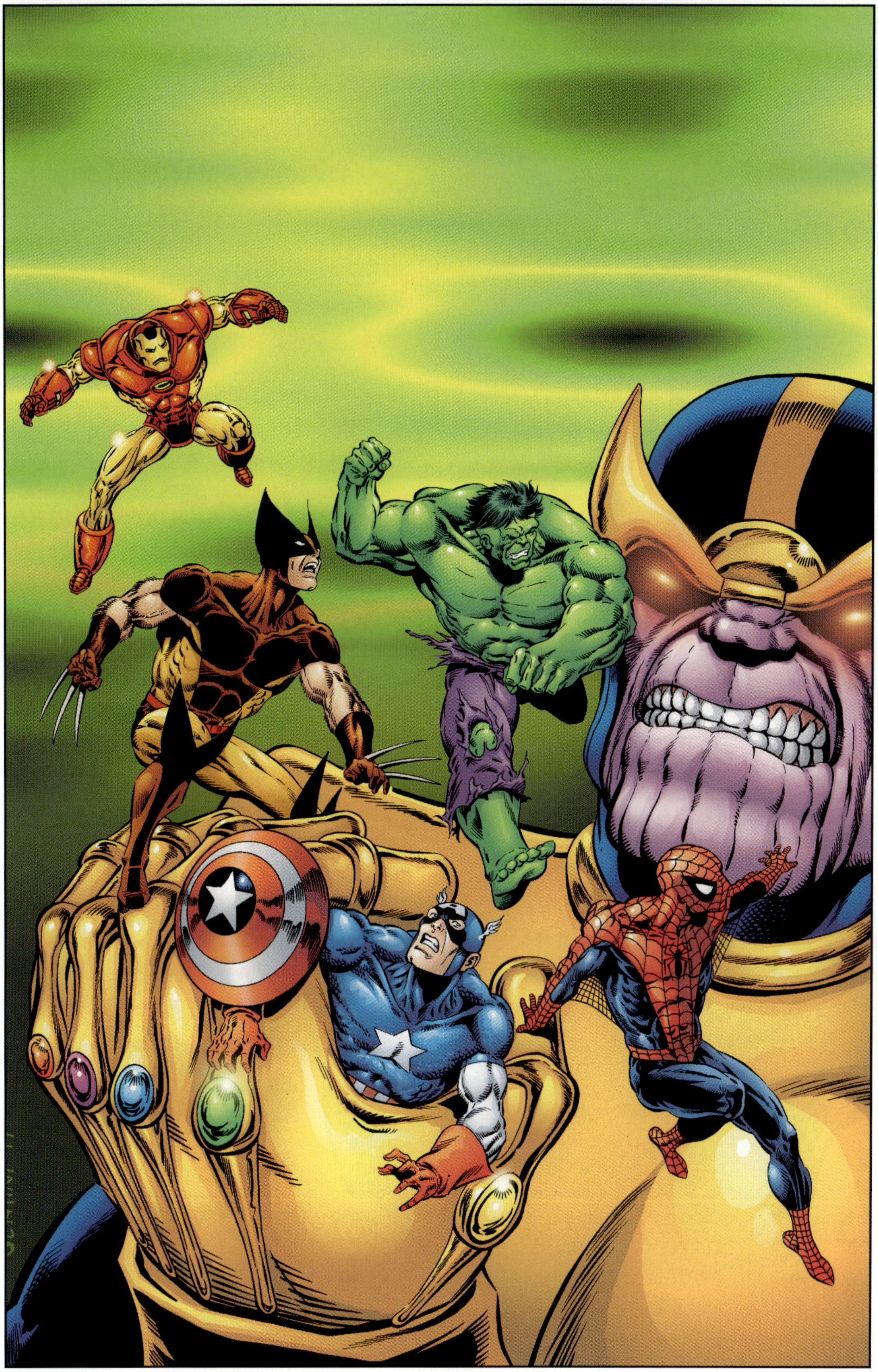

Infinity Gauntlet (1999) TPB, 2. Auflage
Cover von **JIM STARLIN**

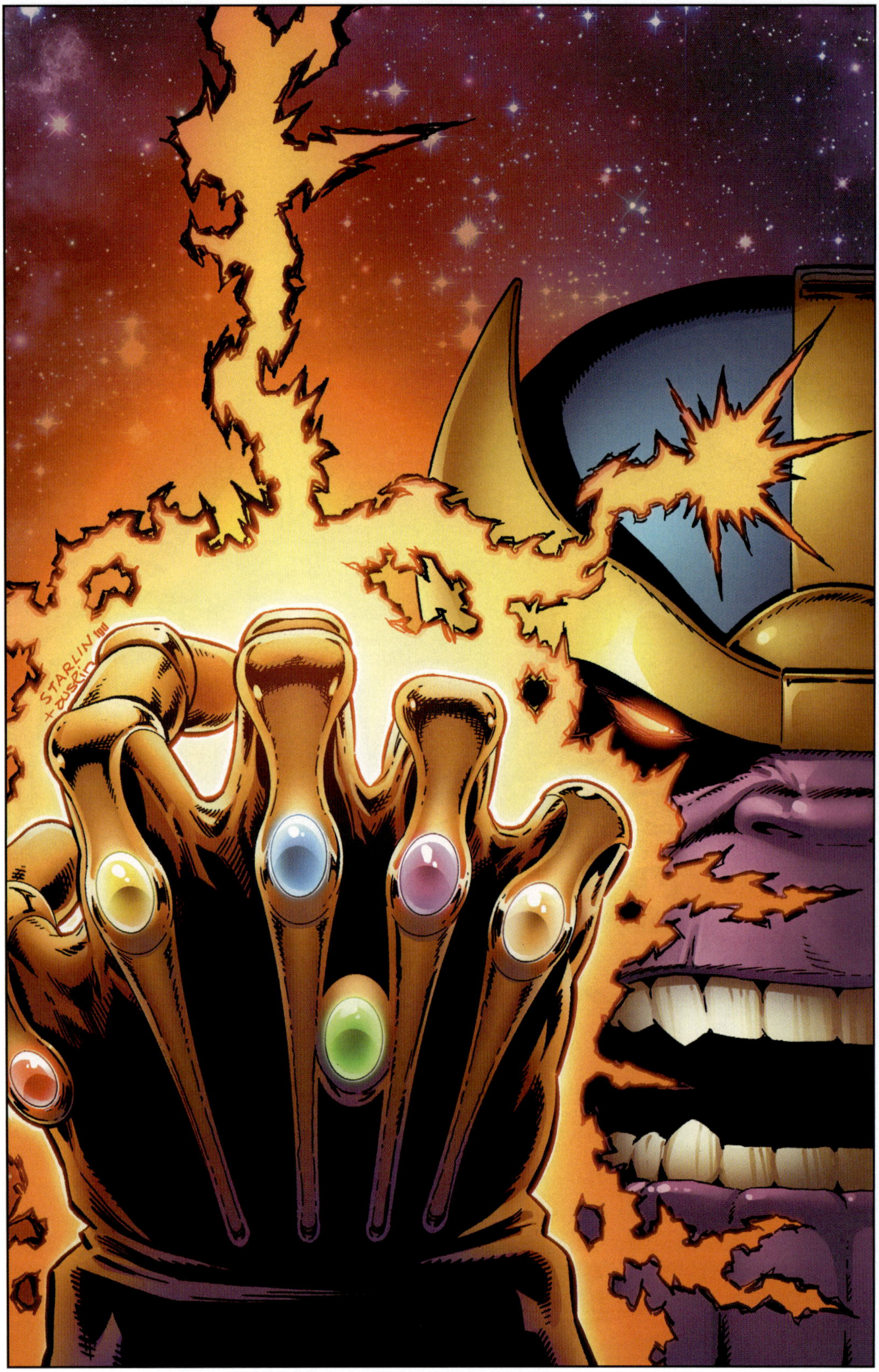

Infinity Gauntlet Omnibus HC
Variant-Cover von **JIM STARLIN**

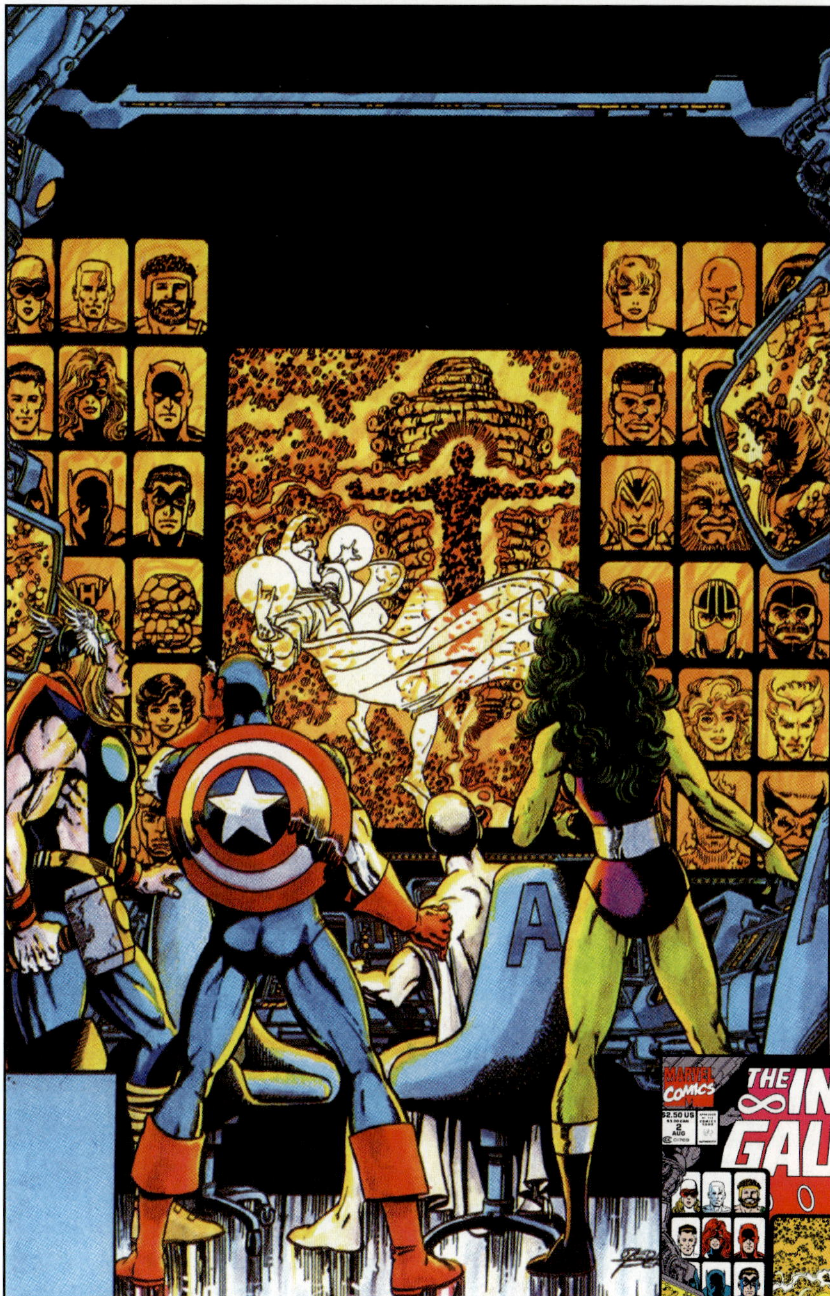

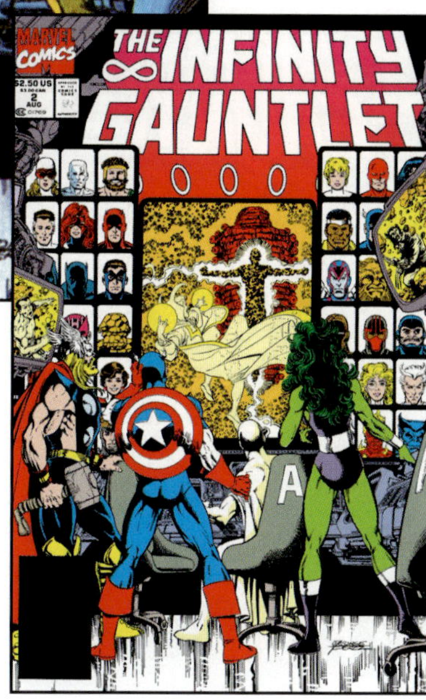

Infinity Gauntlet (1991) 2,
abgeändertes Cover mit neuer
Kolorierung von **GEORGE PÉREZ**

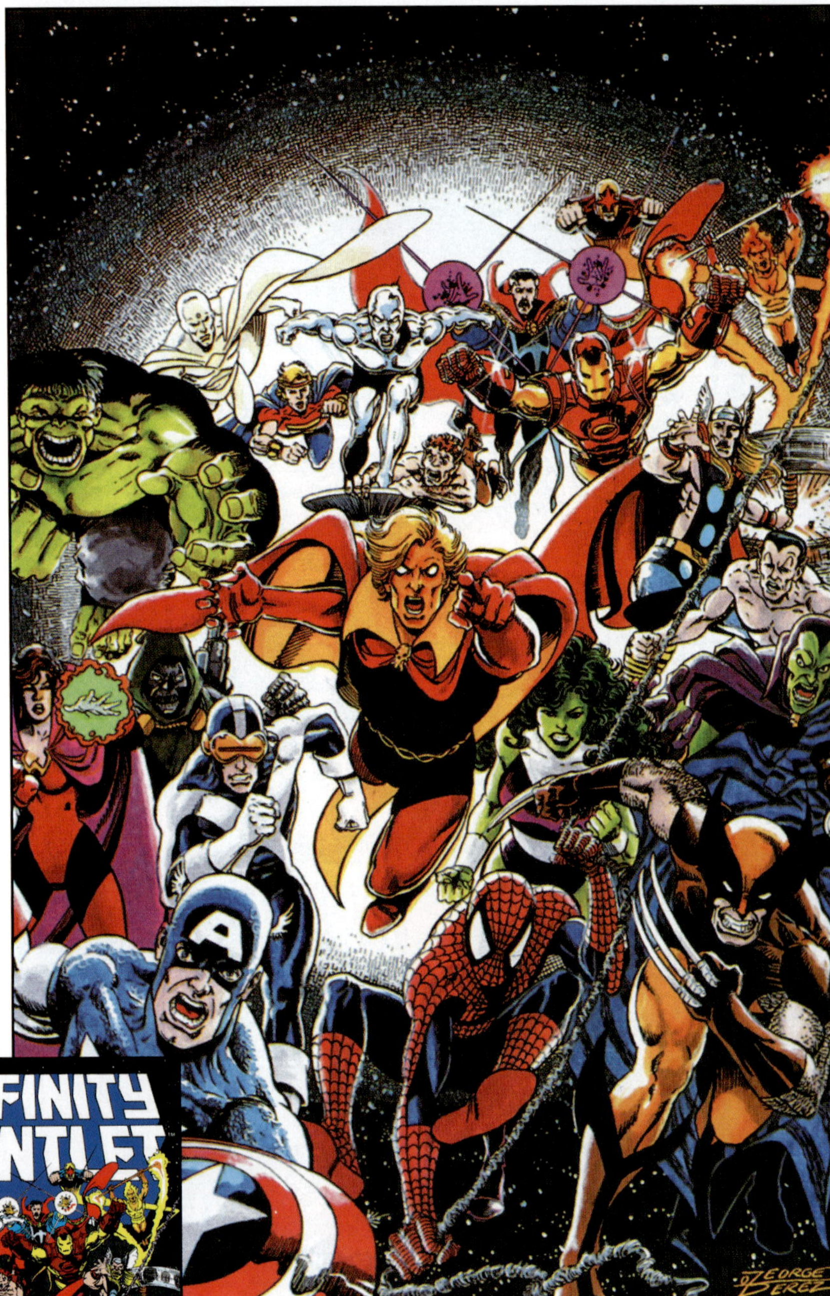

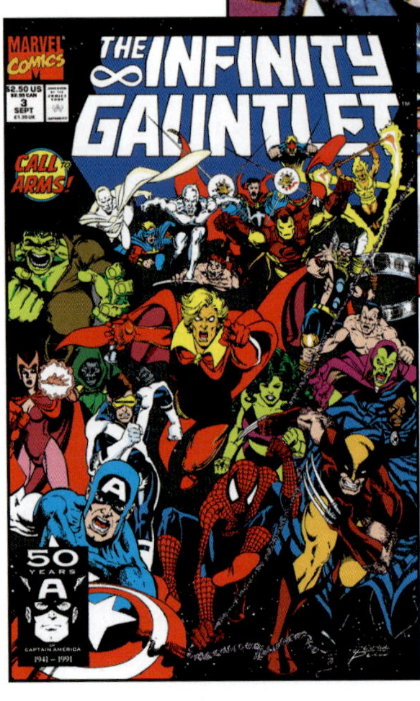

Infinity Gauntlet (1991) 3,
abgeändertes Cover mit neuer
Kolorierung von **GEORGE PÉREZ**

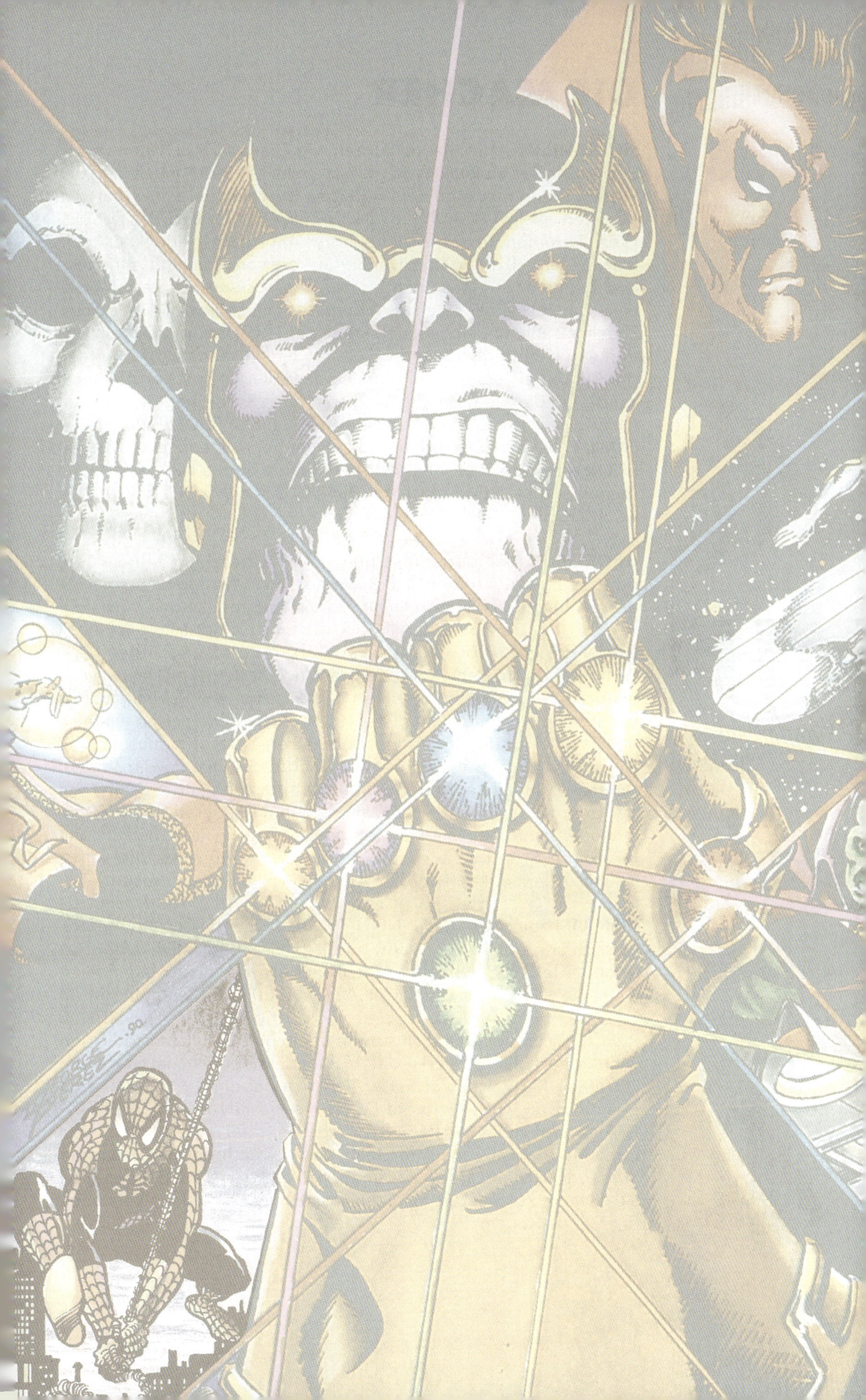

DIE MACHER

JIM STARLIN schuf Marvel-Ikonen wie Thanos, Drax, Gamora und Shang-Chi. Das Multitalent prägte fast ein halbes Jahrhundert lang den Titanen Thanos in vielen denkwürdigen Geschichten, allen voran den Klassikern INFINITY GAUNTLET, INFINITY WAR und INFINITY CRUSADE. Hinzu kommen unvergessliche Storys mit Adam Warlock, Captain Marvel Mar-Vell und dem Silver Surfer – die von Starlin geschriebene und gezeichnete Geschichte über den Tod von Captain Marvel erschien 1982 sogar als erstes Album der Reihe *Marvel Graphic Novel*. Zudem ersann, schrieb und bebilderte der 1949 geborene Amerikaner den eigenständigen Science-Fiction-Comic *Dreadstar,* der Anfang der 1980er als erster Titel bei Marvels Ableger Epic veröffentlicht wurde, wo die Kreativen die Rechte an ihren Schöpfungen behielten. Für DC verfasste er Klassiker wie BATMAN: EIN TODESFALL IN DER FAMILIE, *Batman: Der Kult* und die Event-Serie *Unendliche Odyssee*. In jüngerer Vergangenheit realisierte Starlin neben allerhand neuen Thanos-Graphic Novels noch den Band GUARDIANS OF THE GALAXY: KOSMISCHE ALBTRÄUME.

GEORGE PÉREZ begann seine große Karriere 1973. In seinem riesigen Portfolio finden sich Superheldencomic-Meilensteine wie die revolutionäre *Crisis on Infinite Earths*, mehrere lange AVENGERS-Sagas, das Crossover JLA/DIE RÄCHER und natürlich INFINITY GAUNTLET. Darüber hinaus definierten Pérez und Autor Marv Wolfman das Heldenteam Teen Titans neu, indem sie Dick Grayson erstmals zu Nightwing machten und Figuren wie Raven, Cyborg, Starfire und Deathstroke ins DC-Universum einführten. Und natürlich gehört der 1954 in New York geborene Pérez, der sich auch um den Silver Surfer, Superman, Green Arrow oder das Duo Power Girl und Huntress kümmerte, zu den wichtigsten Autoren und Zeichnern in der Geschichte von Wonder Woman, deren Welt er in den 1980ern erneuerte und über Jahre hinweg prägte. George Pérez beeinflusste mit seiner Arbeit viele nachfolgende Comic-Künstler und selbst aktuelle Adaptionen der großen Helden in Film und Fernsehen.

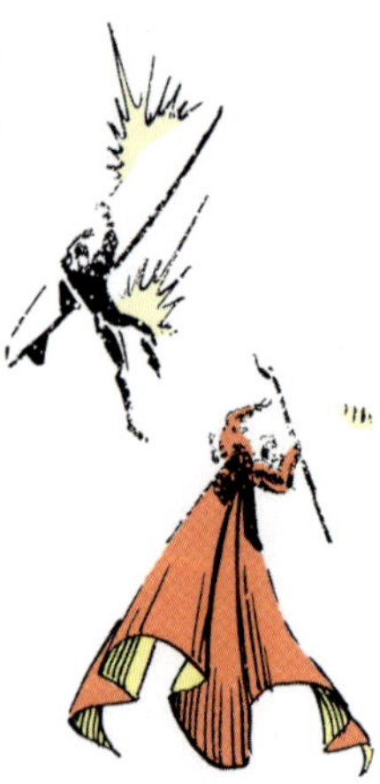

RON LIM zeichnete nach INFINITY GAUNTLET noch die direkten Fortsetzungen INFINITY WAR und INFINITY CRUSADE. Überdies steuerte der 1965 geborene Amerikaner Artwork zu den legendären Events SPIDER-MAN: DIE KLONSAGA und SPIDER-MAN: MAXIMUM CARNAGE und zu Venoms erster Soloserie VENOM: TÖDLICHER BESCHÜTZER bei. Damit illustrierte er einige der bekanntesten und wichtigsten Marvel-Werke der 1990er. Daneben visualisierte Lim jahrelang Marvels *Silver Surfer*-Serie, die ebenso von Jim Starlin geschrieben wurde wie die DC-Miniserie FINAL CRISIS: RANN-THANAGAR HOLY WAR. Weitere Helden, die Lim zeichnete, sind Captain America, Conan, Iron Man, Cable, Deadpool, Sonic, Badger, Xena und Green Lantern, aber auch die Heroen aus Spider-Girls alternativer Zukunft des Marvel-Universums und die Film-Versionen der Marvel-Ikonen.

INFINITY GAUNTLET

DIE EWIGE FEHDE

Im Jahr 1991 waren Crossover-Events in Comics noch etwas relativ Neues, aber **Jim Starlins** *Infinity Gauntlet* sollte das für immer ändern. Die Rückkehr von **Thanos** und **Warlock** war für Comic-Fans eine große Sache, da Starlins kosmische Epen bereits zu Legenden geworden waren. *Infinity Gauntlet* hatte auf der Stelle Erfolg und diente als Inspiration für zwei unmittelbare Fortsetzungen und unzählige zukünftige Geschichten.

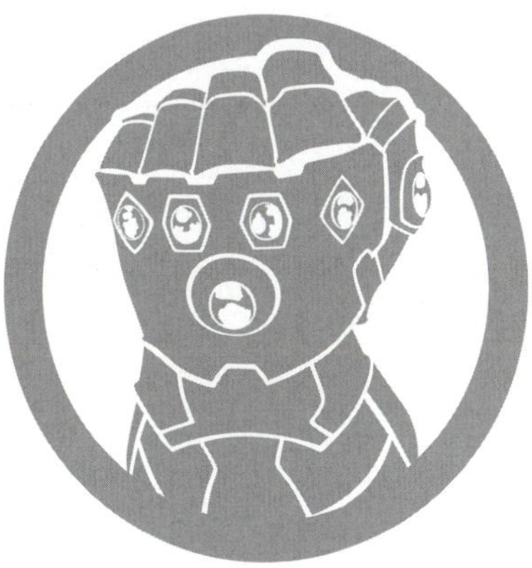

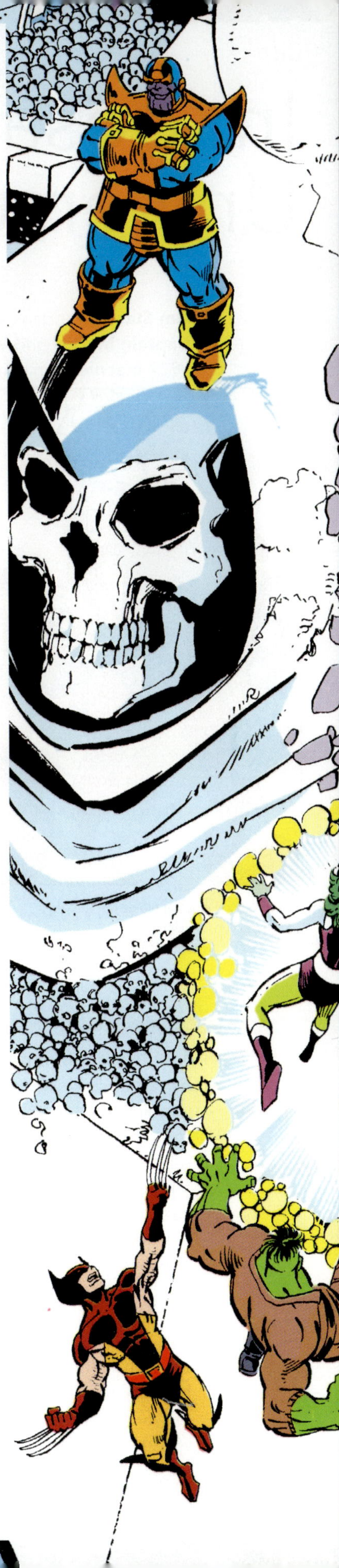

Im gesamten Universum

Jim Starlin war dank seiner früheren Arbeiten an den zwei Weltraumhelden **Captain Marvel** und **Warlock** als „kosmischer" Autor bekannt. Von 1973 bis 1977 machten ihn seine kriegerischen **Thanos**-Storys zu einem absoluten Liebling der Fans. Diese epische Geschichte fand damals ihren Höhepunkt im vermeintlichen Tod von sowohl Thanos als auch seinem Erzfeind Adam Warlock.

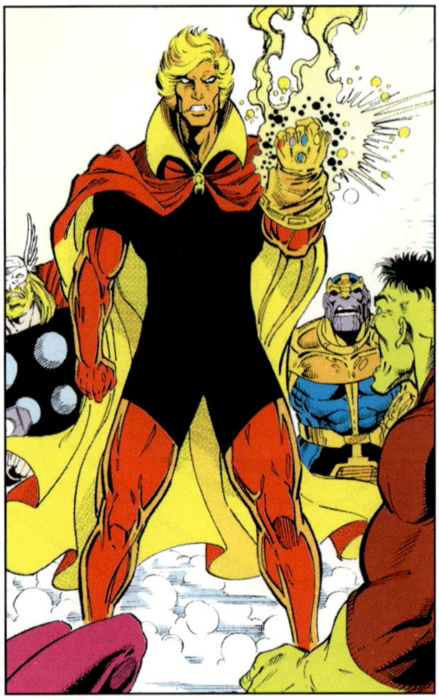

Adam Warlock, eine paranoide Messias-Figur. Zeichnung von Ron Lim.

Natürlich blieben weder Warlock noch Thanos lange tot. Auf den Seiten von *Silver Surfer* 34 von 1990 erweckte Starlin Thanos erneut zum Leben. Daraufhin folgte *Thanos Quest*, geschrieben von Starlin und illustriert von **Ron Lim**. Diese zweiteilige Geschichte erzählt von der obsessiven Mission des wahnsinnigen Titanen, die **Infinity-Steine** zu finden. Eigentlich hatte Starlin geplant, die Saga auf den Seiten von *Thanos Quest* enden zu lassen, aber die Serie war so populär, dass Pläne für ein Spin-off geschmiedet wurden, aus dem schließlich *Infinity Gauntlet* wurde.
Aber was ist mit den Steinen selbst? Diejenigen, die mehr über diese sagenhaften Steine wissen wollten, nach denen es Thanos so sehr verlangte, mussten das in *Marvel Premiere* 1 von 1972 nachlesen. Diese von **Gil Kane** gezeichnete und von **Roy Thomas** erzählte Ausgabe fasste den Ursprung von Warlock zusammen und zeigte, wie **High Evolutionary** dem Helden den Seelenstein übergab.

Als Jim Starlin ein paar Jahre später begann, Warlock zu schreiben, lieferte er uns einen ganz neuen Ansatz für die Figur. „Als ich Warlock bekam, sagte ich zu mir selbst: Ich fange hier mit einem Messias an, aber was mache ich daraus? Ich entschied, dass ein paranoider Schizophrener genau das Richtige wäre", erinnerte er sich. Und er machte den Seelenstein zum Auslöser für den Wahnsinn der Figur.

Das Konzept mehrerer Infinity-Steine entstand dank einem Skript von **Bill Mantlo** in *Marvel Team-Up* 55 von 1977, mit Zeichnungen von **John Byrne**. Hier waren der Stein der Macht und der

▶ Ron Lim wurde von Marvel im Jahr 1987 bei einer Comic-Convention entdeckt und machte sich in den Jahren 1988 bis 1994 mit seinen Illustrationen für *Silver Surfer* wahrlich einen Namen. Zur selben Zeit arbeitete er am Klassiker *Captain America*, bevor er seinen Teil zu den beiden Serien *Infinity War* und *Infinity Crusade* beitrug, die auf *Infinity Gauntlet* folgten.

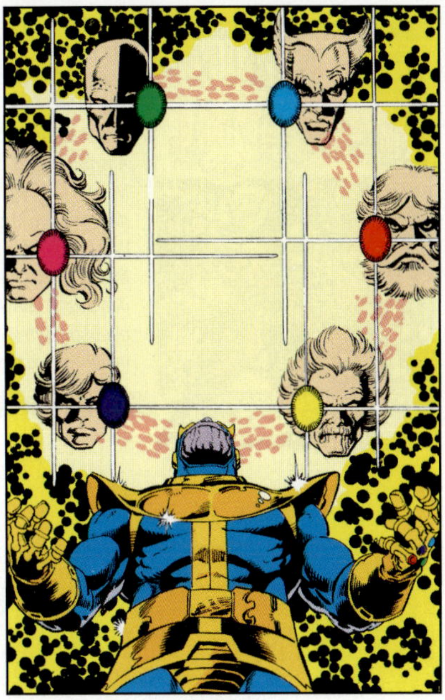

Die Infinity-Steine und ihre früheren Besitzer. Zeichnung von George Pérez.

Stein der Zeit das Eigentum zweier **Ältester des Universums** namens **Gardener** und **Stranger**. Diese Ältesten enthüllten die Existenz der anderen Steine und Thanos kam zu dem Schluss, dass er allmächtig werden würde, wenn er die Steine nur vereinen könnte.

Während *Thanos Quest* fuhr Starlin damit fort, der berühmten Figur des wahnsinnigen Titanen weitere Schichten hinzuzufügen. Laut Starlin war Thanos ein Antiheld mit einem Unterschied: „Er sammelt die Steine nicht auf die normale Art und Weise, indem er jeden der Ältesten direkt herausfordert, sondern erreicht sein Ziel durch Lug und Betrug."

Weiterhin führte er aus: „Thanos ist auf vielerlei Art eine sehr vielschichtige Figur. Er denkt sich eine Menge Pläne aus und sorgt dafür, dass sie auch aufgehen. Er ist eine Metapher des Todes, der ultimative Nihilist und im Prinzip unbesiegbar."

Infinity Gauntlet sollte das Marvel-Event im Sommer 1991 werden, aber vermutlich aufgrund des noch relativ neuen Konzepts gewaltiger Crossover, bestimmte der *X-Men*-Redakteur **Bob Harras**, dass nur **Wolverine** und **Cyclops** auf den Seiten von *Infinity Gauntlet* erscheinen dürften. Der Rest von Marvels Mutanten wurde mutmaßlich durch Thanos' Taten außerhalb der Geschichte getötet.

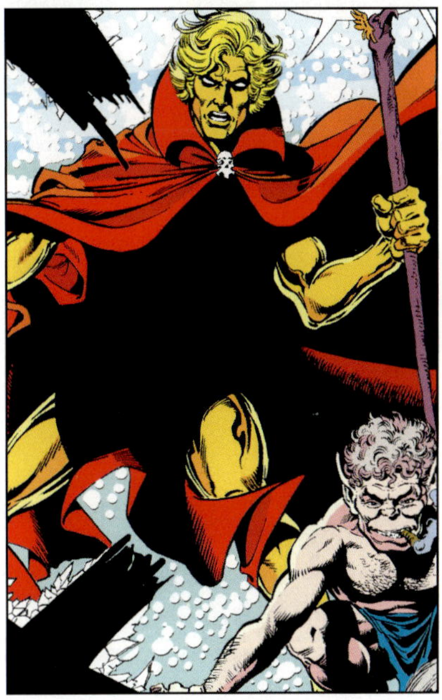

Der enigmatische Adam Warlock war die einzige Hoffnung des Universums gegen Thanos. Zeichnung von George Pérez.

Als die Pläne für die Serie in vollem Gange waren, kehrte **George Pérez** zu Marvel zurück und es wurde ein neuer Plan entwickelt, um einen der besten Comic-Autoren mit einem der legendärsten Comic-Künstler der Welt zu vereinen. Allerdings war Pérez auch noch mit anderen Projekten beschäftigt und es gab Probleme mit den Abgabeterminen. Also wurde entschieden, den *Silver Surfer*-Künstler Ron Lim an Bord zu holen, um die Arbeit an *Infinity Gauntlet* 4 zu beenden und damit die Serie abzuschließen.

Mitten in seiner Arbeit an der Serie bat das Marvel-Management um eine Fortsetzung, was Starlins ursprüngliche Idee einer abschließenden Thanos-Geschichte über den Haufen warf. Ihm wurde klar, dass es auf eine Trilogie hinauslaufen würde, und im Jahr 1992 erschien *Infinity War*, 1993 dicht gefolgt von *Infinity Crusade*.

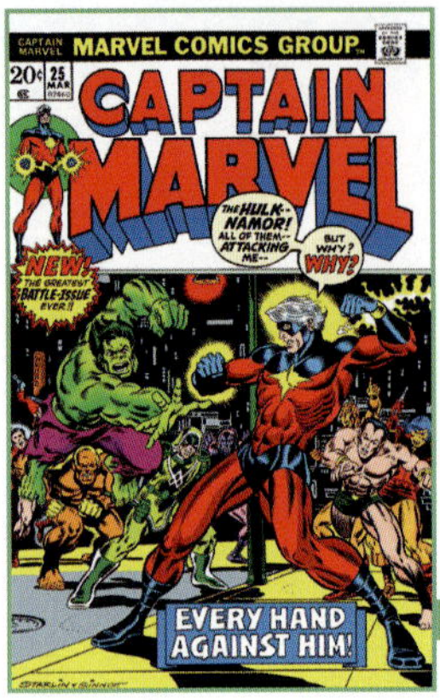

***Captain Marvel* 25**
(1973)
MIKE FRIEDRICH
JIM STARLIN
Jim Starlins *erste Ausgabe von* Captain Marvel *war der Start der epischen* Thanos War*-Handlung, in der* ***Masterlord (Thanos)*** *den* ***Super-Skrull*** *benutzte, um seine Pläne in die Tat umzusetzen.*

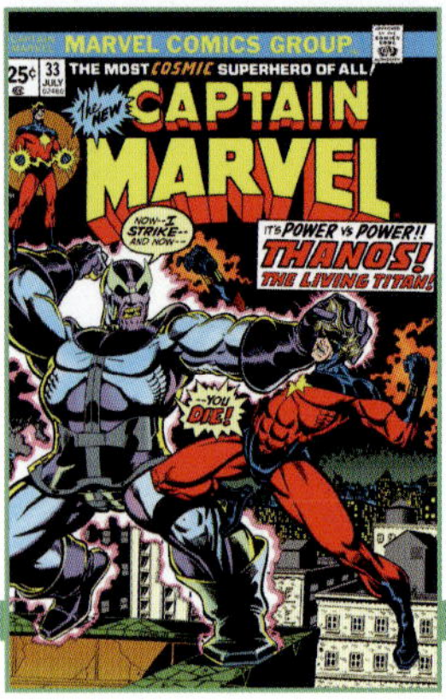

***Captain Marvel* 33**
(1974)
STEVE ENGLEHART
JIM STARLIN
Der erste Thanos War *endete, als* ***Captain Marvel*** *den kosmischen Würfel erhielt und damit das Universum wieder in den Zustand versetzte, in dem es war, bevor der wahnsinnige Titan an die Macht gekommen war.*

INFINITY GAUNTLET
DIE EWIGE FEHDE

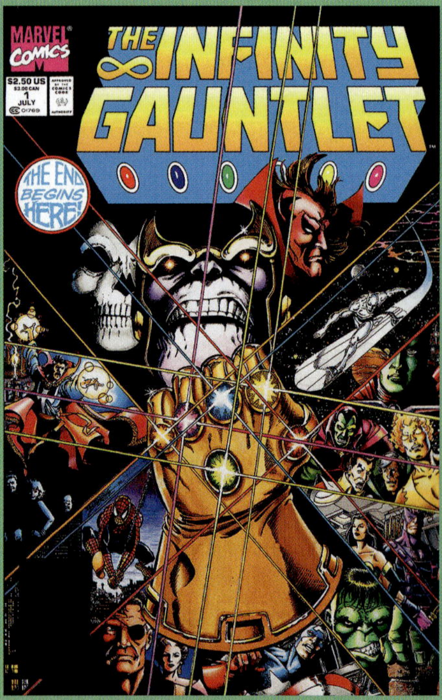

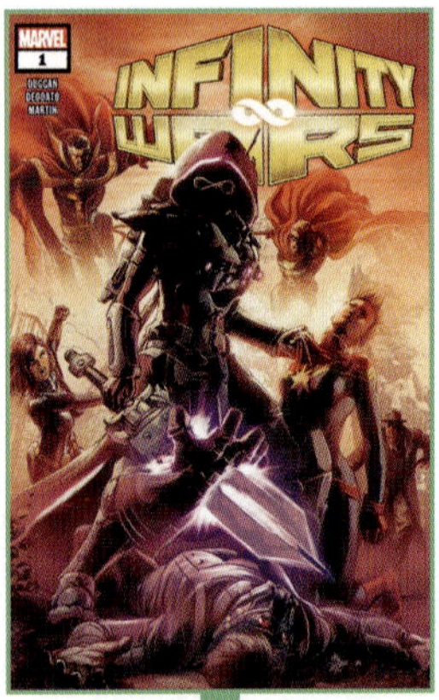

***Infinity Wars* 1**
(2018)
GERRY DUGGAN
MIKE DEODATO JR.
In der Infinity Wars*-Saga schaffte es* ***Gamora*** *endlich, Thanos zu töten, indem sie* ***Requiems*** *Identität annahm. Wieder einmal brauchte es die Superhelden, um das Problem der Infinity-Steine zu lösen.*

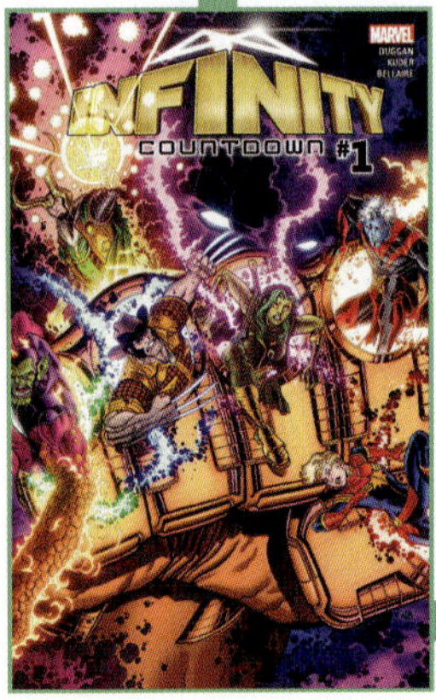

***Infinity Countdown* 1**
(2018)
GERRY DUGGAN
MIKE DEODATO JR.
AARON KUDER
Erneut tauchten die Infinity-Steine im gesamten Kosmos auf und diesmal war ***Hank Pym/Ultron*** *fest entschlossen, sie zu sammeln, bevor irgendwelche machthungrigen Despoten es versuchen konnten.*

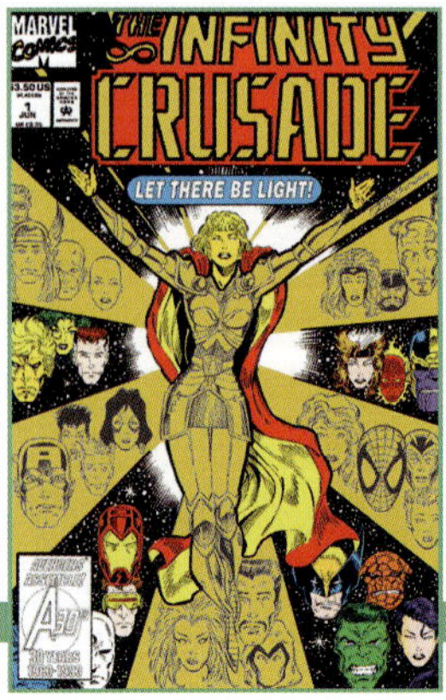

***The Infinity Crusade* 1**
(1993)
JIM STARLIN
RON LIM
Hier schlossen sich Thanos und Warlock mit den Marvel-Helden zusammen, um gegen ***Goddess*** *zu kämpfen, die vorhatte, das Böse auszurotten, indem sie jegliches Leben im Universum auslöscht.*

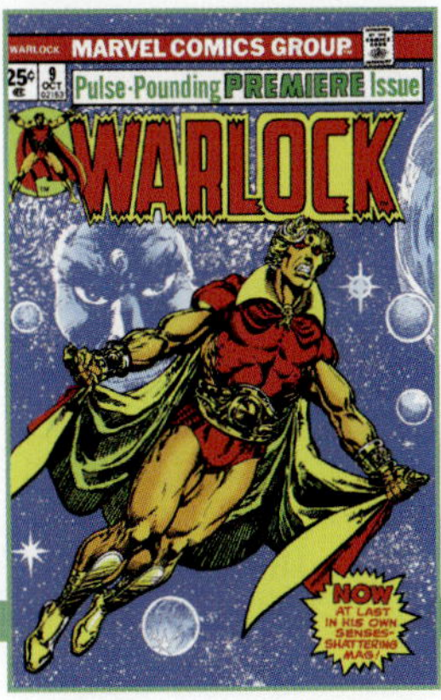

***Warlock* 9 (1975)**
JIM STARLIN
Als ***Adam Warlock*** *sich seinem korrupten zukünftigen Ich* ***Magus*** *stellen musste, ging er eine unbehagliche Allianz mit Thanos ein, der diesen bösen Doppelgänger als Bedrohung seiner eigenen dunklen Pläne ansah.*

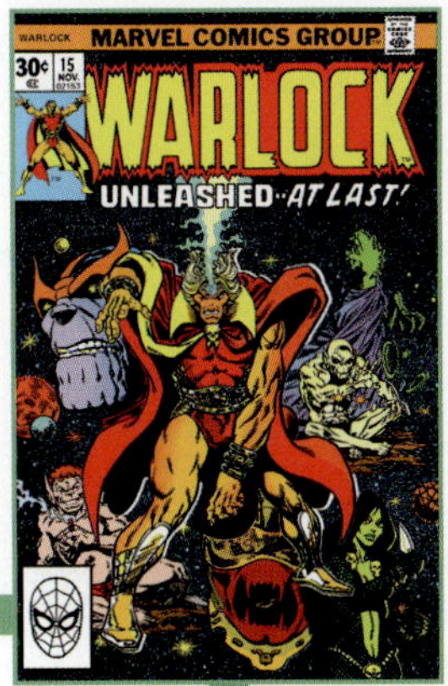

***Warlock* 15 (1976)**
JIM STARLIN
Hier enthüllte Thanos seinen Plan eines totalen stellaren Genozids und Warlock fand heraus, dass sein eigener Seelenstein nur einer von sechs ähnlichen Steinen war.

Die Wurzeln von *Infinity Gauntlet* finden sich in den 70er-Jahren. Hier sehen wir die Rückkehr von **Thanos** und seinem einstmaligen Verbündeten und Feind **Adam Warlock**. Eine Geschichte, die das gesamte Marvel-Universum bis auf die Grundfesten erschütterte. Der Einfluss und die Nachbeben dieser sechsteiligen Serie waren gewaltig und sorgten nicht nur für zwei unmittelbare Fortsetzungen, sondern auch für viele weitere Ausgaben und Handlungsstränge. Hier ein Überblick über den essenziellen Lesestoff für alle Fans des Tod-liebenden Titanen und seiner Besessenheit, die Steine zu vereinen und das Universum zu vernichten!

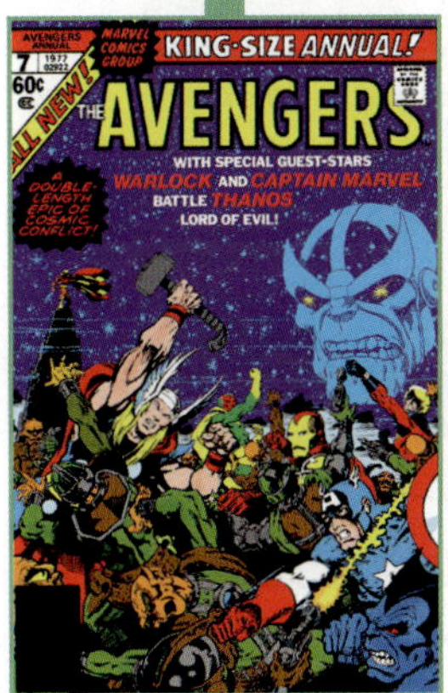

***The Avengers Annual* 7 (1977)**
JIM STARLIN
Warlock, ***Mar-Vell*** *und die* ***Avengers*** *stellten sich Thanos entgegen, der zum ersten Mal mit allen* ***Infinity-Steinen*** *bewaffnet war und vorhatte, das gesamte Universum als Liebesbeweis an* ***Mistress Death*** *zu vernichten.*

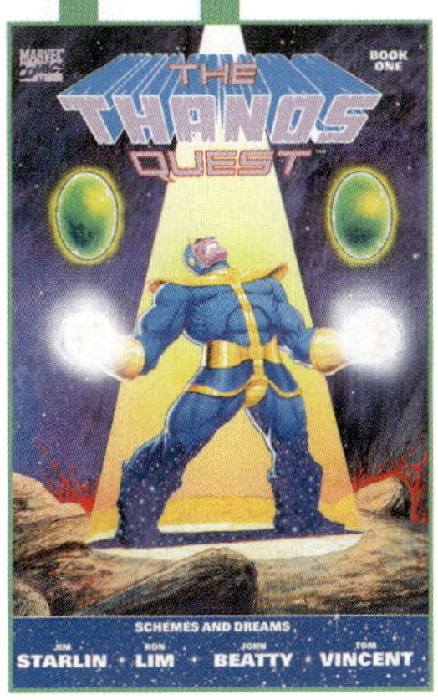

***The Thanos Quest* 1 (1990)**
JIM STARLIN
RON LIM
Thanos betrügt die ***Ältesten des Universums****, um die Infinity-Steine in die Hände zu bekommen, damit er seiner geliebten Mistress Death ebenbürtig sein kann.*

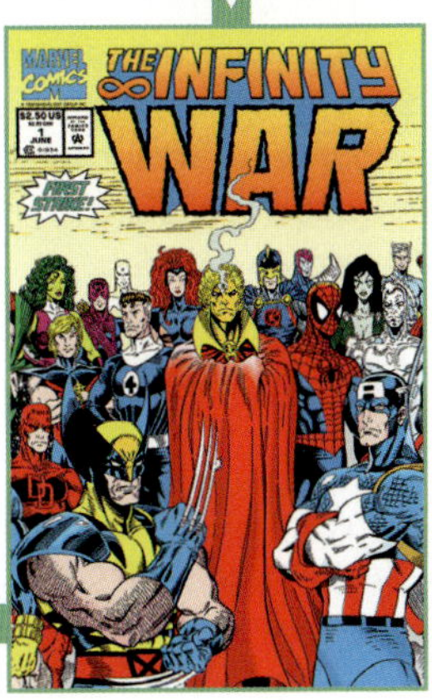

***The Infinity War* 1 (1992)**
JIM STARLIN
RON LIM
In der ersten Fortsetzung von Infinity Gauntlet *schließt sich Thanos mit Warlock und den Helden der Erde gegen einen wiedererweckten Magus zusammen.*

Infinity-Besessenheit

Nicht nur **Thanos** ist von den **Infinity-Steinen** besessen, sondern auch mehrere andere Schlüsselfiguren im Marvel-Universum. In **Jim Starlins** und **Ron Lims** *Infinity War* von 1992 enthüllte **Adam Warlock** ein Geheimnis aus *Infinity Gauntlet*, welches für die Zukunft verheerende Folgen haben würde. Er erklärt, dass er vor der Inbesitznahme des Infinity-Handschuhs die guten und schlechten Seiten seiner Persönlichkeit ausgemerzt hatte, um vollkommen logisch zu werden. Unglücklicherweise führte das zur Wiederauferstehung seines bösen Ichs, **Magus**, das auf Rache gegen Warlock und Thanos aus war. Magus trug fünf kosmische Würfel zusammen, erschuf seine eigene Welt und bevölkerte sie mit einer Armee böser Doppelgänger der Helden der Erde. Thanos tat sich daraufhin mit Warlock und den Erdenhelden zusammen und nachdem Magus besiegt war, entschied **Eternity**, dass die Infinity-Steine nie wieder zusammen benutzt werden dürften, ganz gleich in welcher Gefahr das Universum auch schwebt.

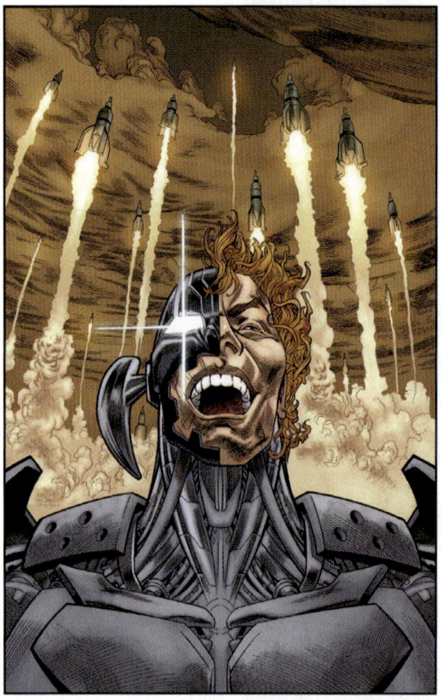

In *Infinity Countdown* (2018) versuchte Hank Pym/ Ultron die Macht der Infinity-Steine für sich zu nutzen. Zeichnung von Mike Deodato Jr.

Mit *Infinity Crusade* von 1993 führten Starlin und Lim die Infinity-Saga schließlich weiter. Diesmal sammelte das gute Ich von Adam Warlock, ein Wesen namens **Goddess**, die kosmischen Würfel, die Magus angehäuft hatte. Und indem sie diese mit einem kosmischen Ei vereinte, erschuf sie eine Welt namens **Paradise Omega** und unterzog etliche der Erdenhelden einer Gehirnwäsche, um sie als ihre Armee zu missbrauchen. Ihr Krieg gegen das Böse führte sie schließlich zu der Entscheidung, jegliches bewusstes Leben im Universum zu vernichten. Doch erneut tat sich Thanos mit Warlock und seinen Verbündeten der Erde zusammen, um die Gefahr zu beseitigen. Goddess wurde durch einen Trick besiegt und von Warlocks Seelenstein absorbiert.

► *Infinity Wars* erschien 2018, geschaffen von Gerry Duggan, Mike Deodato Jr. und **Frank Martin Jr.** In dieser Saga versuchte Thanos, die **Chitauri** auf seine Seite zu ziehen, um an die Steine zu kommen. Aber seine Versuche waren vergebens und er wurde schließlich von **Gamora** getötet. Außerdem wendete sie sich gegen die **Guardians of the Galaxy** und ihre Verbündeten auf der Erde.

Im Jahr 2018 schenkten uns **Gerry Duggan**, **Mike Deodato Jr.** und **Aaron Kuder** *Infinity Countdown*. Hier konnten wir erleben, wie **Loki**, **Ultron**, **Kang der Eroberer** und mehrere andere sich auf die Suche nach den Steinen begaben. Dies führte zu einer Reformation der **Infinity Watch**, eine Gruppe, die sich dem Schutz der allmächtigen Steine verschrieben hatte.

Kosmische Wesen

Infinity Gauntlet ist vollgepackt mit kosmischen Wesen und außerirdischen Lebensformen. Und obwohl viele Leser mit Figuren wie **Thanos** und **Adam Warlock** vertraut sind, gibt es noch viele andere, die nicht ganz so berühmt sind. **Quasar** war in Wahrheit ein ehemaliger **SHIELD**-Agent namens **Wendell Vaughn**, geschaffen von **Don Glut**, **Roy Thomas** und **John Buscema**. Seinen ersten Auftritt hatte er 1978 in *Captain America* 217 als **Marvel Boy**. Seine kosmischen Kräfte erhielt er, als er Teil eines Security-Teams in einer Geheimbasis war, in der Experimente an den Quanten-Bändern durchgeführt wurden, die dem ursprünglichen Marvel Boy (alias **Crusader**) gehört hatten, der mittlerweile verstorben war. Als die Basis von **AIM** angegriffen wurde, trug er die Bänder und schlug den Angriff zurück. Bald darauf änderte er seinen Namen von Marvel Boy zu **Marvel Man** und schließlich zu Quasar.

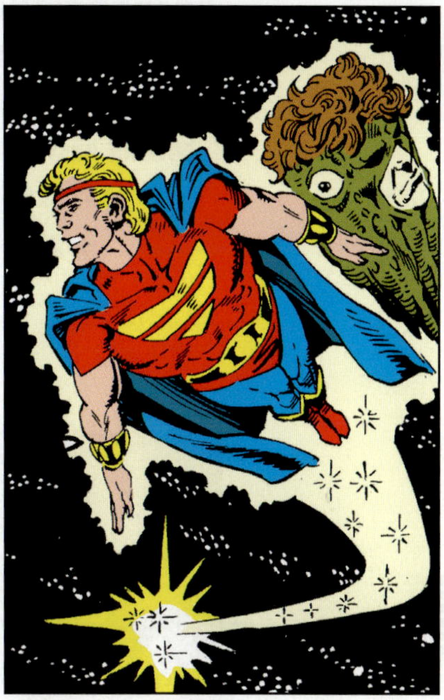

Quasar und sein Mentor Eon, Vater von Epoch. Zeichnung von **Paul Ryan**.

Als er später das kosmische Wesen namens **Eon** traf, erfuhr Quasar, dass die Bänder eigentlich für den Beschützer des Universums bestimmt waren (**Mar-Vell**, der erste **Captain Marvel**). Aber Eon bot Quasar diese Rolle an, die dieser schnell akzeptierte. Sowohl Eon als auch Quasar wurden vom kosmischen Attentäter **Maelstrom** getötet, allerdings wurde Quasar von **Infinity** in Energieform wiedererweckt, die in *Infinity Gauntlet* ebenfalls eine Rolle spielt.

Eon erschuf die Quanten-Bänder, die den Beschützern des Universums gegeben wurden. Nach Eons Tod war Quasar im Körper des Wesens gefangen und musste dabei helfen, den Nachwuchs des kosmischen Wesens, **Epoch**, zur Welt zu bringen. Epoch absorbierte alle Erinnerungen ihrer Eltern und sorgte an Eons Stelle dafür, dass es immer einen Beschützer des Universums geben würde.

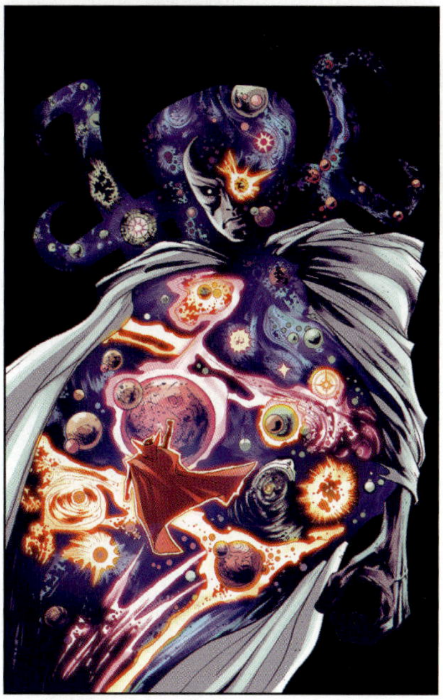

Dr. Strange kommuniziert mit Epochs Großvater Eternity. Zeichnung von **Paul Davidson**.

Epoch ist außerdem das Enkelkind von **Eternity**, ein von **Stan Lee** und **Steve Ditko** geschaffenes kosmisches Wesen. Eternity repräsentiert das kollektive Bewusstsein allen Lebens und obwohl er nur selten mit Sterblichen interagiert, hatte er mit **Dr. Strange** und seinem Mentor, dem **Uralten**, zu tun.